Veza und Elias Canetti
Briefe an Georges

Herausgegeben von Karen Lauer
und Kristian Wachinger

Carl Hanser Verlag

1 2 3 4 5 10 09 08 07 06

ISBN-10: 3-446-20760-0
ISBN-13: 978-3-446-20760-8

Satz: Satz für Satz. Barbara Reischmann, Leutkirch
Druck und Bindung: Ebner & Spiegel, Ulm
Printed in Germany

Inhalt

Es ist eine Fügung, dass die zwei Götter, die ich anerkenne, der Künstler und der Arzt, Brüder sind, und es könnte eine glückliche Fügung sein, hätte nicht das Auftreten des Arztes meine Liebe gespalten.

Veza an Georges, 24. September 1937

Wien–Paris, Juni 1933

VENETIANA TAUBNER-CALDERON, 35, geboren in Wien am 21. November 1897, Autorin von Erzählungen, die sie unter dem Pseudonym VEZA MAGD u.a. in der sozialdemokratischen Wiener *Arbeiter-Zeitung* veröffentlicht hat; seit acht Jahren liiert mit

ELIAS CANETTI, 27, ältester von drei Brüdern, geboren am 25. Juli 1905 in Rustschuk/Bulgarien am Unterlauf der Donau, nach einer Jugend in Manchester, Wien, Zürich und Frankfurt Absolvent eines Chemiestudiums in Wien und Autor eines noch unveröffentlichten Romans.

GEORG CANETTI, 22, jüngster der drei Brüder, geboren in Rustschuk am 23. Januar 1911, angehender Arzt, seit zwei Jahren in Paris, wo auch seine Mutter Mathilde und der mittlere Bruder Nissim leben, und gerade unter dem Namen GEORGES »naturalisierter« Franzose.

Veza und Elias Canetti werden im Herbst 1938, nachdem sie aus ihrer Wiener Wohnung vertrieben wurden, über Paris nach London fliehen. Georges Canetti wird die Briefe seines Bruders und seiner Schwägerin sorgfältig aufheben (ebenso wie einige seiner eigenen Briefentwürfe), im Gegensatz zu Elias, der die Briefe seiner Frau und seines Bruders vernichtet. Erhalten ist trotzdem: der Briefroman einer Dreiecksgeschichte.

Georges Canetti, dreißiger Jahre

Paris, den 10. Juni 1933

Meine allerbeste Veza,

soeben ist Ihr Brief angekommen und ich muß wirklich sagen daß er geradezu unverständlich ist – obwohl ich ihn sehr gut verstehe. Nur eines ist ganz klar, daß nämlich ich der einzige halbwegs normale Mensch unter uns 4 (Sie, Elias, Mama und ich) bin. Sie haben meinen Brief in einer Weise mißverstanden, die einfach haarsträubend ist; haben allerhand zwischen, unter und neben den Zeilen gelesen, nur darauf geantwortet – und überhaupt, wer wollte denn in der Sache zwischen Mama und Elias eine Antwort von Ihnen? Daß ich Ihnen darüber schrieb sollte doch nicht heißen daß ich Ihnen darin auch nur die geringste Rolle beimaß: Sie hatten sie gewiß, aber nur passiv, waren nur ein Vorwand an dem der ganz gesetzmäßige Konflikt zwischen Mama und Elias neue Nahrung fand genau so wie er sie bei hundert anderen Anlässen gefunden hätte und gefunden hat. Ich schrieb Ihnen darüber wie man mit einem Freund etwas besonders trauriges, das einen beschäftigt, bespricht, sich bei ihm Rat und Hoffnung einholt, wie man sich überhaupt gerne von Zeit zu Zeit ausspricht – und Sie? Mit einer gewiß schönen, hier aber ganz unangebrachten Leidenschaft haben Sie das mißverstanden, einen Vertrauensbeweis – einen der höchsten, die es geben kann, nämlich Dinge, die meine Mutter betreffen mit irgendwem – selbst wenn Sie es sind – zu besprechen – haben Sie in weiß Gott welche geheime Anklage umgedeutet die nun selbstverständlich ebenso fruchtlos erscheinen müßte, wenn sie überhaupt berechtigt wäre, als sie in Wirklichkeit unsinnig ist. Haben Sie denn bei mir noch nicht begriffen, Veza, daß ich nie Ziele verfolge, die ich nicht ausspreche, oder, viel eher, daß ich sie nur vor dem nicht ausspreche, dem sie zugute kommen sollen? Sie dürften darin den Beweis eines unverschämten Hochmuts sehen, doch ist es nun einmal so. Und welche Ziele hätte nun mein Brief verfolgen können? Höchstens das, Ihnen zu zeigen, was der Elias mit anderen

Menschen – mit seiner Mutter! – angerichtet hat und Ihnen so die Schwere, die unerträgliche Schwere der eigenen gegenseitigen Beziehung zu ihm irgendwie erträglicher zu gestalten – aber wie falsch wäre das gedacht! Als ob in solchen Fällen nicht gerade das Bewußtsein der Einsamkeit das kostbarste ist, was einem bleibt – wenigstens bei wertvollen Menschen. Jedenfalls hab ich mir darin nichts zu Schulde kommen lassen, weil ich gar nichts erreichen wollte. – Es bleibt wie Sie sehen, kein Angriff zurück, kein »empörender«, es sei denn, daß das empörende im Gegenangriff liegt. Wie können Sie sich denn ernstlich vorstellen daß ich von irgend welch idiotischem Gerede überhaupt wußte – und wenn schon, daß ich Ihnen dann nicht *direkt* darüber geschrieben hätte und nicht »par faits interposés«, wie man sagt. Wie können Sie sich ferner vorstellen, daß meine Mutter dessen Urheber ist! Sie ist es nicht, ich gebe Ihnen mein Ehrenwort darauf. Und zu guter letzt, daß sie aus meinen Briefen spricht! Darüber muß ich lachen, und Sie, die Sie meine geistige Unabhängigkeit kennen und nur im Affekt vergessen konnten, doch jetzt wohl auch. Meine liebe gute Veza, lassen wir doch in unseren Briefen den Jammer der Umwelt außer Spiel: ich *erlebe* ihn mit und wollte Ihnen darüber berichten, Sie aber *erleiden* ihn mit und glauben in Ihrem Leid daß

Georges an Veza (Entwurf) *25. Oktober 1933*

Paris, den 25. Oktober 33

Meine liebe Veza,

Also sind aus den 3 Tagen Gnadenfrist, die Sie mir gewährt hatten, – nach Ende der Prüfung –, 14 geworden. Für die ersten Tage versteht sich das ja sehr leicht, und ich brauche Ihnen gar nicht erst zu erklären wie nötig es ist nach so großen Anstrengungen seine Nerven auszuspannen – eigentlich eher, sie anders zu spannen. Aber das Wichtigere war schon, ich muß das ohne weiters zugeben, die Schwierigkeit, wieder anzuknüpfen. Nicht, daß zwischen uns beiden irgend etwas wieder geknüpft werden müßte, nicht wahr, aber es haben sich halt sagen wir, viele Knoten gebildet, die ebenso verbinden als stören. Nun ließen sie sich ja durchschneiden, so wie es etwa einer der »blonden Germanen« tun würde – die so auffallend oft in Ihren Briefen wiederkehren – dies ganz nebenbei. Ich bin da anders und muß Ihnen zunächst also mitteilen, daß der Canetti seit Freitag nicht mehr in Paris ist, sondern in Straßburg. 1½ Monate hat sein Aufenthalt gedauert. Es wäre viel darüber zu berichten, obwohl wir wenig beisammen waren und obwohl die recht unangenehme Atmosphäre, an der vor allem Nissims Braut Schuld trug, es zu einer wirklichen und dauernden Herzlichkeit nie kommen ließ. Aber auch anderes war daran Schuld. Der Elias ist wohl einer jener Menschen die eine ganz spezielle Optik, ganz bestimmte Treffwinkel und Beleuchtungsgrade brauchen, um voll zur Geltung zu kommen, und die hatte er in Paris entschieden nicht. Beim Elias darf die unleugbare Diskrepanz zwischen dem Dichter und dem restlichen Menschen nicht in allzu grellem Licht erscheinen und das ist nur dann möglich wenn der Dichter übermächtig wird und alles andere beschattet: das war aber in Paris notwendigerweise unmöglich, und deshalb war auch vieles am Elias nicht so wie es hätte sein sollen. Damit will ich Ihnen aber durchaus nicht sagen, daß ich dank dieser Umstände, den Elias anders beurteilen lernte, sondern Ihnen nur erklären, weshalb er, der ja solche Sachen sofort fühlt, sich hier unwohl fühlte und trotz vieler schöner Detailerinnerungen von Paris nur ein unangenehmes Gesamtbild zurückbehalten haben kann. Es gefällt einem halt dorten am besten wo man am besten gefällt – wem immer es auch sei. Das gilt bei Gott für die Spezi »Dichter«.

Georges an Elias (Entwurf) *26. November 1933*

Den 26. November 1933

Mein lieber Bruder Elias,
gerade heute drängt es mich besonders, Dir zu schreiben, und so tue ich es auch.

Seit über einem Monat ist mein Leben von all den Dingen, die es unmittelbar vorher so ganz ausgefüllt haben, vollkommen abgewendet: ich lese mich durch Berge von Büchern hindurch, und immer größer wird mein Hunger, die Nachklänge, die sie zurücklassen, lauter und lauter werden zu lassen. Ich bin wie ein Insekt, das sich häutet; unter dem übergroßen Druck der Arbeit fürs Internat – er sollte noch fürs Mündliche anhalten, aber das ist mir ganz gleichgültig –, unter der unerträglichen Spannung der letzten Monate ist plötzlich ein Damm gebrochen und nun wogt und flutet in unaufhaltbarem Strom ein unendlicher Reichtum wirklichen Lebens in mir: findet er, vorläufig wenigstens, seinen Ausdruck in, besser nach Büchern anderer. Gerade deshalb bin ich so traurig darüber, daß Du jetzt nicht hier bist; denn es wäre viel von unserer gegenseitigen Fremdheit, die unser guter Wille nicht immer zu beseitigen verstand, durch eine Gleichgestimmtheit geschwunden, die, eben weil zeitbegrenzt, bei Dir organisch und dauernd, bei mir dagegen funktionell und vorübergehend bedingt, umso stärker und nachhaltiger gewirkt hätte. Vielleicht kann dieser Brief wenigstens andeuten, was da alles möglich gewesen wäre. Zwar nicht eine Konsonanz, denn das gibt es nicht, aber eine Assonanz, wenigstens nicht die hämische Unduldsamkeit deinem inneren Erlebnisreichtum gegenüber, die ich, mich an noch oft unglücklichen Ausdrücken – Oberflächenerscheinungen Deiner 28 Jahre – stoßend, Dir immer und immer wieder entgegenbrachte, sondern freudige Erwartung, Manches sich doch in jene Ausdruckswelt emporarbeiten zu sehen, die Dir heute noch nicht in Haltung und Gebärde, wohl aber im geschriebenen Wort offensteht und durch die, welcher Form sie auch sei, zwei wirklich reiche Menschen sich stets erkennen und so auch gegenseitig festigen. Aber ich suchte nicht ernstlich danach bei Dir, weil ich es nicht am selben Orte wie bei mir fand; ganz unsinnigerweise vergaß ich, daß Du ein Dichter bist, gab vielmehr diesem Begriff nur den Sinn eines Fälschers ohne mir zu vergegenwärtigen, um wie vieles hier der Zwang zu fälschen wichtiger ist als die Kunst im Fälschen, ohne das seltsame Wesen einer Fälschung – es bleibt ja trotz allem eine – zu erkennen, die durch den tiefsten Zwang angestrebt werden muß, um am wenigsten eine Fälschung zu sein, und deren Gift nur denen erspart bleibt die am meisten danach verlangt: denn als ebensolch ein Prinzip, das seinen eigenen Gegensatz als letzte Lehre in sich trägt, muß das Dichten angesehen werden. – Ich war also ungerecht und will es nicht mehr sein, solange mir wenigstens mein klarer Blick durch die Reibungen des täglichen Beisammenseins nicht getrübt wird: welch letztere mir nämlich diese andere Einsicht gar nicht erlaubt hätten, wahrscheinlich.

Veza Taubner, um 1934

Es hat mir aber dabei ein ganz wunderbares Buch geholfen, »Wolf Solent« von John Cowper Powys: ich glaube es ist das, von dem Du mir einmal als von etwas ganz großem sprachst: jedenfalls tauchte es in meiner Erinnerung als ebendas Buch auf, als ich es zufällig auf den Quais fand und deshalb kaufte.

Veza an Georges *16. Dezember 1933*

Herrn
Georg Canetti
9, rue du Pavillon
Boulogne sur Seine
Frankreich

16. Dez

Liebster Georg,
Ihr Brief war gescheit, schrecklich gescheit und schön, aber ich antworte Ihnen noch lange nicht, jetzt lass ich *Sie mindestens* ebenso lang warten wie Sie mich.

Dafür schick ich Ihnen mit gleicher Post eine Novelle aus einem Novellenzyklus »Die Gelbe Strasse«, der im Jänner fertig sein wird. Die Vierte darunter erzählt die Geschichte Ihrer Cousine Mathilde. Die erste, die ich Ihnen schicke, hat noch Mängel jede folgende ist natürlich reifer. Ich muss Sie aber bitten mir diesmal die Kopie *zurückzuschicken*, denn ich brauche sie für den Band; die Vierte, die über Ihre Cousine, folgt in einigen Tagen und die mögen Sie behalten. Canetti wird bald laut*e* Erfolge haben er hungert sich tapfer durch. Ich fange an Geduld zu bekommen. Meine Novelle bitte den *A's nicht* zu zeigen was ist es mit Ihnen Sie schrieben nichts darüber.

Herzlichst
Veza

Georges an Elias (Entwurf) *10. Februar 1934*

Den 10. Februar 1934

Mein lieber Elias,
Heute endlich hätte ich einen langen Brief begonnen, einen »richtigen«, wenn nicht eine Nachricht dazwischengekommen

wäre, die mich zwingt Dir raschestens und daher kurz zu schreiben. Es heißt, daß Du Dich mit Veza verheiratest, daß ihr im Tempel ausgeschrieben seid, bereits einmal ausgerufen wurdet und alles nach der 3. Ausrufung zu Ende sein wird. Ich kann nicht glauben, daß irgend jemand Dir so übel gesinnt sein kann, um eine derartig positive Lüge zu erfinden und zu verbreiten. Folglich muß ich die Nachricht als wahr ansehen, genau so wie ich mich immer geweigert habe, alles diesbezügliche, was sich als blödes Gerücht interpretieren ließ, auch nur im entferntesten ernst zu nehmen.

Ich will Dich nicht im geringsten in Deiner Handlungsweise beeinflussen, und weiß auch gar nicht, ob das überhaupt noch möglich ist. Halte mich mit dem Nichtbeeinflussenwollen nicht für einen Heuchler, ist es doch klar, daß Du alles, was Du hier lesen wirst, bereits weißt, und es Dir also möglich wäre, *aus eigenen Stücken* zu erkennen ob zwischen dem, was du *weißt* und dem, was Du jetzt *tust* auch nur der geringste Zusammenhang besteht. Ich will also nur Dein Gedächtnis auffrischen. Ich darf es, denn Du weißt wie hoch ich Veza achte, wie gerne ich sie habe und wie sehr ich andrerseits, als gerader – wenn auch verschlossener – Mensch, ihr, weil ich sie achte und gern habe, alles gute wünsche. Folglich schreibe ich hier nur *für Dich* und nicht *gegen sie*. Du bist im Begriff, die größte Dummheit zu begehen, die Du begehen kannst. Von wo man die Sache betrachtet, bleibt kein andrer Schluß übrig. Ich lasse jede materielle Frage außer Spiel, denn nie werde ich glauben, daß materielles auch nur das geringste beeinflußt haben kann: und solltest Du selbst, in Ermangelung andrer Gründe, diesen einen trotz allem aufführen wollen, so wird er für mich nur eine zynische Pose darstellen und nicht eine zynische Tat. Und übrigens ist für dergleichen Dinge eine Heirat ganz überflüssig. Es bleiben also wertvollere Beweggründe. Du willst der Veza helfen: ihr ihre Stellung in Eurem Kreis festigen, ihr als jemandem zu Dir und Deinem Aufstieg ständig gehörigem eine definitive Geltung verschaffen – denn selbst wenn Ihr Euch eines Tages trennt bleibt sie dann für alle das, was sie einmal war: und gleichzeitig willst Du ihr durch die Formalität der Heirat das Leben in dem spaniolischen Kreis, von dem sie nun einmal nicht loskommen kann, ermöglichen. Es frägt sich aber nicht nur, ob Du das alles überhaupt erreichen kannst, sondern vor allem was Du dabei unvermeidlicherweise miterreichen mußt: ein großes Unglück, das du der Veza zu den ganz geringen Kommoditäten draufgibst.

Elias an Georges *2. März 1934*

Wien, den 2. März 1934

Mein lieber Georg!

Ich verstehe, dass Dich das so sinnlose und zufällige Pech bei der mündlichen Prüfung gekränkt hat, aber wenn man jetzt, aus der Ferne, darüber nachdenkt, kann man sich nur darüber freuen. Du bist verflucht jung, was Du an Erfahrung in diesem Jahr sammelst, wird Dir praktisch nur nützen, und die Vertiefung des idiotisch mechanischen Wissens, das Du bloss für die Prüfung erbüffeln musstest, ist für eine ernsthaft wissenschaftliche Leistung unumgänglich. Je mehr Gewächse man in sich anlegt und je tiefer man sie wurzeln lässt, umso bessere Frucht trägt man. An der Zahl von Gewächsen leidest Du ja allerdings keinen Mangel, wohl aber hattest Du viel zu wenig Zeit zur Vermehrung. Überhaupt ist mir nicht bange um Dich – soweit einem nicht um die Welt im Ganzen bange sein muss. Du hast eine so glückliche Mischung von musischen und Gelehrten-Eigenschaften; und da Du gerade vor kurzem John Cowper Powys kennengelernt hast: ich sehe den Tag kommen, da Du nach einer bedeutenden Leistung als Gelehrter die Welt, nicht Dein Bruder, mit einem grossen Roman überraschst – es gibt drei Brüder Powys, alle drei Schriftsteller, und der grösste von ihnen hat zuletzt mit der Kunst begonnen, er war früher reiner Philosoph. Ich hoffe, Du weisst diese ehrende Bemerkung zu schätzen.

Carlo hast Du sehr gut gefallen; er hat mir einen begeisterten Brief über Dich geschrieben und meint, ich hätte durchaus nicht zuviel von Dir erzählt.

Nun zu meiner »seltsamen Hochzeit«. Ich weiss nicht, in welcher idiotischen Form die Nachricht zu Dir gedrungen ist. Ich schreibe Dir jetzt die Wahrheit, von der nur Renée und einige engste Freunde wissen; entscheide bitte Du selbst, ob Du sie der Mama auch erzählen sollst. Es handelt sich nämlich darum, dass sie (die Wahrheit) auf Umwegen nach Wien

Elias Canetti, 30er Jahre

zurücksickern könnte, wo sie uns ungemein schaden *müsste*. Veza hat sehr böse Monate hinter sich. Sie war bereits im Januar, als Mit-Arbeiterin einer hiesigen Zeitung und jugoslawische Staatsbürgerin von einer Abschiebung nach Jugoslawien bedroht. Wie es aber dort in solchen Fällen zugeht, dürftest Du ja wissen. *Ich* kam also auf die ausgezeichnete Idee, sie zu *heiraten*. Da ich als staatenlos gelte, verliert sie durch die Ehe ihre Staatsbürgerschaft und kann sich, im Falle einer Abschiebung, das Land selber aussuchen. Mein Plan war leichter zu fassen als auszuführen. Eine zivile Trauung war mit meinen Papieren unmöglich, nur im spaniolischen Tempel ist die Schlamperei für solche Dinge gross genug. Da die Gefahr gross war (eine Zeitlang sah es geradezu lebensgefährlich aus, Du musst bedenken, was für ein feiner und empfindlicher Mensch Veza ist) bissen wir beide in die harte Nuss und spielten vor den Spaniolen alles was dazu gehört. Wir sind also jetzt offiziell verheiratet, und beide, laut amtlichem Trauungszeugnis *staatenlos*. Das ist auch für mich von Vorteil, denn meine Staatenlosigkeit war früher eine sehr heikle Sache, jedes amtliche Dokument mehr darüber verhilft mir später leichter zu einer neuen Staatsbürgerschaft.

An meiner Beziehung zu Veza hat sich dadurch nichts geändert. Sie ist mein wärmster und selbstlosester Freund (Deiner auch, was Du offenbar vergessen hast; Du schreibst ihr nie und Du weisst, wie sie auf einen Brief von Dir seit *Monaten* wartet!) eigentlich ist sie jetzt meine *Mutter*, falls ich je wirklich heiraten wollte, was kaum der Fall sein wird, würde sie natürlich sofort in eine äusserliche Scheidung willigen. Überhaupt berührt diese Hochzeit *nichts* von allem was da war. Ich hatte gehofft, dass Du Dir das alles, auch ohne Erklärungen, von selbst denken würdest; da Du aber in der Familie lebst, nimmst Du Hochzeiten unwillkürlich ernster. Unter den Künstlern galt Veza immer als meine Frau, und in dem schönen geistigen und seelischen Sinn, den diese Leute meinen, ist sie es ja auch. Du und sie, ihr beide, werdet immer die Menschen sein, die ich am meisten liebe, und es ist meine feste Absicht, *immer* einen Teil des Jahres mit ihr zu verleben (und mit Dir hoffentlich auch).

Über die hiesigen Ereignisse wünsche ich nichts zu schreiben. Du hast genug Phantasie, um Dir alle mögliche Bestialität, diesmal in ihrer anheimelnden Wiener Form vorzustellen. Ich hoffe sie Dir mündlich und ein andermal in einem Buch *erschöpfend* darzustellen. Meine persönlichen Aussichten sind denkbar schlecht. Vom Roman war schon früher keine Rede mehr. Er liegt jetzt in der Schweiz bei einem neuen Verlag. Die Komödie hatte intern grösstes Aufsehen erregt und eine Aufführung bei Reinhardt in der Josefstadt galt für April als sicher. Nur hatten sich die Leute bis jetzt vor einem Kontrakt wohlweislich gedrückt. Seit den letzten Ereignissen halte ich alles für unsicher. Vielleicht sehe ich das Schicksal der Komödie schwärzer als es notwendig wäre, aber ich will nur noch mit *Sicherem* rechnen und vor allem *Dir* ein richtiges Bild geben. Deinem Rat im Herbst folgend, war ich auch sonst nicht müssig. Ich habe für einen Wiener Schriftsteller, den ich zutiefst verachte, ein Filmbuch ausgearbeitet (»geholfen« nennt man das) unter der Bedingung, dass mein Name nicht genannt wird. (Es weiss also niemand davon, und Du darfst es *weder Nissim noch Mama* erzählen.) Der Mann ist jetzt in London, schreibt, dass die Aussichten für eine Annahme des Films ausgezeichnet sind und verspricht endgültigen Bescheid in den nächsten drei Wochen. Du musst wissen, dass ich diese Arbeit auf gut Glück gemacht habe, also ohne Bezahlung. Wird der Film angenommen, so bin ich auf gut zwei Jahre aller Sorgen enthoben.

Ausserdem habe ich einen unbegreiflich guten Freund an Dr. Cohn in Strassburg, der sich alle Mühe gibt, mir zu helfen. Seit Monaten schon bereitet er mir, vorsichtig und in aller Ruhe, eine Stelle in Strassburg vor, die mich halbtägig beschäftigen und ganz ernähren würde. Soweit ein Mensch verlässlich sein kann, ist er es; ich halte ihn für noch verlässlicher als Dich, was viel heisst, und ich höre von allen Seiten, dass er mich mehr liebt als ein Kind. Wahrscheinlich wird also daraus etwas werden. Ob ich der Arbeit, die er für mich plant, entsprechen werde, ist eine andere Frage. Sie erfordert ein flüssiges *schriftliches* Französisch, und dazu könntest nur Du mir verhelfen. Sollte ich also von Dr. Cohn hören, dass ich die Stelle bekomme, so fahre ich auf einen Monat oder zwei nach Paris, und Du bringst mir bei, was ich brauche. Die Pass-Schwierigkeiten würde man mir schon von Strassburg aus regeln (hoffe ich).

Im Laufe der kommenden Woche trifft in Paris ein: Dea

Gombrich, eine wunderbare Geigerin, für moderne Musik die erste in Wien (sie spielt manche Sachen von Berg, Křenek, Webern als einziger Mensch auf der Welt). Sie kann unvergleichlich mehr als die Erika und ist ein besonders lieber und bescheidener Mensch der noch dazu zu meinen und Vezas *engsten* Freunden zählt. In Strassburg hat sie ein Radio-Konzert, ebenso in Paris, wo sie mit Orchester spielt (Festival Autrichien am 15. März). Ihre Cousine, bei der sie wohnen wird, ist Sekretärin eines sehr wichtigen Pariser Theatermannes, dessen Name mir entfallen ist. Sie wird für meine Komödie, die sie mithat, alle Hebel in Bewegung setzen. Ich habe sie gebeten, Dich gleich anzurufen. Ich brauche Dir gar nicht sagen, dass Du Dich ihrer annehmen sollst, es wird Dir ein Vergnügen sein, einer so feinen und grundedlen und noch dazu reizvollen Frau Paris zu zeigen. Bitte sag Nissim, dass er bei seiner Firma etwas für sie tun soll – sie spielt neben modernen Sachen auch klassische Stücke, die *sie* wiederentdeckt hat und fast niemand ausser ihr kennt. Nissim soll sie unbedingt vorspielen lassen; ich erweise damit ausnahmsweise ihm und nicht er mir einen Gefallen, da sie eine Künstlerin von *allerhöchstem* Rang ist. – Für heut Schluss. Schreib gleich und ausführlich. Beruhige die Mama. Falls Du es für gut hältst, ihr den Grund meiner Trauung mitzuteilen, schärfe ihr unbedingtestes Schweigen ein, sie könnte uns in grösste Gefahr bringen. Grüsse alle. Du sei *herzlichst* umarmt von Deinem Elias.

Georges an Veza (Entwurf) *4. April 1934*

Den 4. April 1934

Meine liebe Veza,
Dieser Brief soll Sie erreichen, in welchem Zustand ich ihn auch immer stehen lasse. Es ist der fünfte seit Juli. Ich will Ihnen vor allem sagen, daß mich die paar Zeilen, die ich durch Renée bekam, sehr freuten. Nicht weil eine traurige Veza aus ihnen sprach, sondern weil es überhaupt eine Veza war. Warum schreiben Sie mir nicht öfter? Weil ich nicht antworte? Ich tue es fast jedesmal, doch finde ich das Geschriebene nie gut genug. Folglich können Sie sich leicht ausdenken, was ich schreibe, und mir also auch antworten.

Sie irren sich, wenn Sie glauben daß ich der Formalität, wie Sie sagen allzugroße Bedeutung beimesse. Ich wollte ja nur wissen, ob sie überhaupt stattgefunden hat. Und ich bin sicher, daß ein Stück Kontrakt – noch dazu ein in einem jüdischen Tempel ausgestellter – an Ihrem so schönen und reinen Verhältnis mit seinem ganzen gegenseitigen Zueinanderhalten – wenn auch oft mit genug Ärger – nichts ändern wird. Wohl weiß ich wie leicht man sich an Banden wundschabt, die viel lockerer als die wirkliche Verbindung geknüpft sind – weshalb man sie sich eben so furchtlos auferlegte. Aber das wissen Sie ja auch.

Elias an Georges *1. Juli 1934*

Zürich, den 1. Juli

Mein lieber Georg!
Da wäre ich also schon unterwegs, mit allen Visen versehen, Hoffnung im Herzen und Traurigkeit im Kopf, nach Paris, wo ihr mich alle mit so überströmender Zärtlichkeit erwartet. Wenn ihr wenigstens die alte Wohnung noch hättet! Ich kenne Deine neue Adresse nicht und schreib Dir an die alte. Sicher werden Dir die Briefe nachgeschickt. Schreib mir bitte sofort nach Erhalt dieses Briefes, wo Du zu erreichen bist, und zwar nach Strassburg. Ich fahre nämlich Mittwoch von Zürich, wo ich wegen meiner Komödie mit dem Theater verhandle, nach Strassburg weiter, wo ich ein, zwei Tage bleibe. Ende der kommenden Woche bin ich also in Paris. Allerdings ist es möglich, dass sich mein Aufenthalt hier um zwei, drei Tage verlängert.

Du jedenfalls schreibe mir an Dr. Cohn Rue Schwilgué 16 – Strasbourg.

Ich freue mich auf Dich, trotz Deinem kühlen Brief und bitte Dich sehr darum, Dir die nächsten Wochen ein *wenig* freier zu halten. Scherchens Tagung dauert noch den ganzen Juli und hie und da wenigstens solltest Du dabei sein, schon um die merkwürdigen Menschen zu sehen, die bei einer solchen Tagung zusammenkommen.

Wenn die Mama noch in Paris sein sollte, lass ich sie grüssen. Ein Glück, dass Paris so gross und unübersehbar ist. Das Spiessrutenlaufen zwischen sämtlichen Verwandten, das mir bevorsteht, könnte einen sonst beinahe zum Selbstmord treiben. Zum Glück komme ich ja allein.

Du also sei einstweilen umarmt von Elias (der, bitte das nicht zu vergessen, *nichts* von Dir will).

Elias an Georges *18. August 1934*

Strassburg, den 18. Aug.

Lieber Georg!

Stell Dir vor, was für ein Glück ich habe: man gibt mir den Schlüssel zu all den verzwickten Türchen, die wir im Münster passiert haben, und ich kann nun jeden Tag nach Herzenslust dort herumvagieren. Du ahnst gar nicht, wie froh ich darüber bin. Ich setze es sogar an den Anfang des Briefes, obwohl ich Dir nicht deswegen schreibe.

Und weswegen schreibe ich? Natürlich, wie immer: wegen Geld. Ich glaube, wenn man meine Briefe an Dich zusammenstellt, muss ich als der schmutzigste Räuber der Welt erscheinen. Sei sicher, trotzdem, dass ich es nicht bin. Nun: ich habe grössere Ausgaben in der allernächsten Zeit, nämlich 100 Frcs für ein neues Récépissé. Dr. Cohn hat die Schritte unternommen, um mir den Aufenthalt für ein Jahr zu erwirken, und einstweilen sieht die Sache günstig aus. Für Wäsche gab ich, kaum war Dein Geld da, 35 Frcs aus; Du kannst Dir ausrechnen, dass ich jetzt noch 25 Frcs in Händen habe.

Nun aber, was viel schlimmer ist: Ende nächster Woche fahren Cohns nach Karlsbad und das Mädchen auf Urlaub. Ich darf wohl im Hause bleiben, es zu hüten; aber ich habe für mein Frühstück aufzukommen und für die drei–vier Nachtmahle pro Woche, die ich sonst zu Hause einnahm. Sie bleiben bis mindestens Mitte September weg. Wie ich da auskommen werde, weiss ich wirklich nicht. Ich werde jetzt trachten, die Zahlung für das Récépissé eine Weile hinauszuschieben. Auf jeden Fall: schicke mir gleich nach Empfang dieses Briefes *mindestens* 200 Frcs. Denn sollte man mir doch die 100 Frcs abverlangen, so kann ich nicht gut nein sagen und damit alles gefährden. Und überlege Dir doch bitte, welche Möglichkeit es sonst gibt, mir für die erste Septemberhälfte weitere 300 Frcs aufzutreiben. Der Verkauf des Schmuckstückes ist ja ganz sicher; es handelt sich nur um Wochen. Auch dass hier in Strassburg irgendetwas für mich geschieht, ist sicher. Nur muss dazu der Sommer vorüber sein, denn im Sommer lässt sich, wie Du Dir ja denken kannst, wenig beginnen.

Ich für mich habe ja, seit ich in Strassburg bin, eine Menge getrieben. Die mittelalterliche Strassburger Chronik (von Königshofen), die ich im Urtext lese, gehört zum Aufregendsten, das ich kenne. Sie enthält ausführliche Schilderungen der Pest, der Judenverfolgungen, der Geissler. Das Vierzehnte Jahrhundert, in das ich mich immer mehr hineinlebe, ist *wirklich* eine Vorahnung unsrer Zeit. Nun scheint es mir sehr schwer, etwa den kommenden Krieg in Europa so darzustellen, dass er seine Maasse, seine furchtbaren Maasse *voll* hat, denn selbst wenn das technisch möglich wäre, würde er unglaubwürdig werden. Die exakteste Phantasie ist ja die unglaubwürdigste, denn sie entfernt sich am meisten vom Gegenwärtigen. Alle Darstellungen des kommenden Krieges haben etwas Utopisches an sich; das ist ein Unglück, denn eigentlich ist dieser Krieg schon da und er ist nichts weniger als utopisch. Da gibt nun die relativ kleine mittelalterliche Stadt (die fest umgrenzt ist, in der jeder den andern kennt, wo die Gassen sich noch zwischen Häusern fortquetschen und nicht die Häuser an Strassen stehen), die Möglichkeit, alles, dasselbe, in verringertem Massstab darzustellen. Die Stadt Strassburg im Vierzehnten Jahrhundert soll mir so etwas wie eine *Landkarte* der heutigen Wirklichkeit werden. Ich verwende also die alte Zeit nicht wie in einem historischen Roman, als hohlen wissenschaftlichen Aufputz, sondern als das Netz von Meridianen und Parallelkreisen, das ich zur Verkleinerung brauche. – – Übrigens würde ich mich sehr über einen Band Proust freuen; ich möchte aber einen *ersten* Band, damit ich der Reihe nach weiter lesen kann. Schreib mir bitte einen anständigen Brief. Aber schicke *gleich* einen Teil des Geldes (200 Frcs). Herzlichst Dein Bruder Elias

Strassburg, den 13. September 1934

Mein lieber Georg!

Eben erst habe ich die Fackel bekommen; Veza, die in Ferien war, konnte sie mir nicht früher schicken. Ich traue meinen Augen nicht. Von vielen Seiten war mir das Unglaublichste angekündigt worden; besondern Eindruck machte mir natürlich schon Dein Brief, denn ich kenne Dich als vorsichtig in Deiner Ablehnung und zäh in Deiner Liebe; aber das, das, was ich diese ganze Nacht hindurch gelesen habe, hätte ich niemals erwartet. Ich schäme mich, von einem solchen Monstrum beeinflusst gewesen zu sein. Ich schäme mich des ungeheuren und bestimmenden Eindrucks, den seinerzeit der Kampf, den er nach dem 15. Juli gegen Schober führte, auf mich gemacht hat. Ich fürchte Spuren seines Einflusses in meinen Dramen und möchte ausmerzen in jeder Arbeit und in mir, was an ihn erinnert. Ich möchte ihn, obwohl er so schwach ist, *körperlich* züchtigen. Welch ein Thersites! Welch ein Goebbels im Geiste! Wie für diesen »Empfindsamen«, um aller Kreatur Gequälten, plötzlich Blut kein Blut, Frauen keine Frauen, Kinder keine Kinder mehr sind! Am meisten Eindruck hat ihm in Deutschland die Bedrohung des jüdisch-arischen Geschlechtslebens gemacht. Deutschland allein ist der Teufel, alles Andre also Engel. Man muss sagen: eine persönliche Weltauffassung, die einem Angst vor der eigenen macht, soweit sie persönlich ist. Karl Kraus für die Hinterbliebenen der Polizei! Karl Kraus erklärt und entschuldigt auch »Krieg«. Krieg ist Krieg! – ein Argument des Mannes, der den Hass gegen den Krieg in uns dauerhaft gemacht hat. Wie er sich den Folgen seiner Wirkung entzieht! Wie er sich für den Kampf gegen die Regierung nach dem 15. Juli und seine Abneigung gegen Schober *entschuldigt*. Wie er das vor allem ist, was er den Sozialdemokraten, zum Teil mit Recht, vorwirft: *verantwortungslos*; der Mann der grossen Verantwortung für Komma, Punkt und Strich! – Aber was erzähl ich Dir da alles, Du weisst das selbst genau so gut und besser. Nur vor einem habe ich Angst: dass Du Dich zu sehr mit ihm identifizierst, wie er *vor* dem Umfall war. Es scheint mir wichtiger und gesünder, die merkwürdige innere Abwehr, die man schon früher gegen ihn hatte und sich aus Dankbarkeit und Treue nur nicht einzugestehen wagte, zu untersuchen, die Beziehung zu diesem Manne wie in einem Roman psychologisch darzustellen. Man würde da zu merkwürdigen Ergebnissen gelangen: Karl Kraus ist ein Meister der *Phrase*; er war so etwas wie ein Hitler der Intellektuellen. Er vermochte es, Intellektuelle zu einer gläubigen Masse zu formen, und, was erstaunlich ist, durch dieselben Mittel: durch die moralische Phrase.

Wir müssen einmal lange über ihn sprechen. So sehr ich mich über die Lust am *Formen* freue, die in Dir erwacht ist, so glücklich ich wäre, wenn Du zu den Ärzten gehörtest, die bedeutende Schriftsteller wurden, so gern ich das falsche Vorbild der Brüder von Gogh für das gerechtere der Brüder Goncourt hergeben würde und so sehr ich Dir alles zutraue, denn viele Möglichkeiten stecken in Dir und Du hast Dich geistig wie seelisch unheimlich lange *rein* gehalten, ebensosehr und noch mehr bitte ich Dich: zerstöre in Dir den Götzen Kraus; versuche nicht das zu werden, was er hätte bleiben müssen. Schreib nicht Sätze wie: »über den ich mir im Französischen von niemandem, selbst Paul Valéry nicht, was dreinreden lasse« denn es könnte, nicht nur formal, ein Satz von Karl Kraus sein. Geh nicht die Wege *seiner* Selbst-Behauptung, denn Du hast eigene, und vergiss vor allem nicht, dass das Meiste, wofür Kraus sprachlich im Deutschen gekämpft hat, im Bereich des Französischen selbstverständlich und darum auch keine Aufgabe ist.

Es ist richtig, dass Du Deinen Bruch mit ihm gestaltest; aber ob es richtig ist, dass Du ihn in *seiner* Form gestaltest? Nicht wahr, eine seiner kaiserlichen Allüren ist ja die, dass er nur in seiner Sprache zu sich sprechen lasst. Ohne »Majestät« und die Floskeln, in denen er seine Erlässe von sich zu geben pflegt, ist jede Anrede an ihn umsonst. Ach, Georg, Du bist mir zu *fein*, zu französisch für diesen grössenwahnsinnigen Popanz; vielleicht triffst Du ihn, weil Du ihn französisch angreifst; er ist unglaublich eingebildet und hat darum im Innersten den Respekt des Parvenüs vor allem, was er nicht versteht. Du fühlst selbst, wie meine Worte sich vergreifen, ich kann nichts dafür, mich schmerzt dieser rasche unabänderliche Todessturz meines letzten Halbgottes; Götter hatte ich keine mehr. Ich glaube, Georg, wenn wir innerlich nicht sehr zusammenhalten, gehen wir in dieser Zeit zugrunde, und nicht »uns« meine ich damit, sondern das was wir den andern bedeuten können. Siehst Du, jeder kleine Satz von Dir, der mir aus dem Herzen gefühlt und aus dem Mund gesprochen ist (wie z.B. der über Deine Kollegen und den nächsten Krieg), gibt mir buchstäblich Kraft weiter da zu sein und nicht zu ersticken, denn habe ich nicht einen wirklichen Bruder? Wer hat das? Die Wenigen, die beschlossen haben, ganz allein für alle andern da zu sein, *sind* allein und zu schwach, es zu ertragen. – Aber es ist unsinnig, dass ich Dir jetzt vor Deiner Prüfung Jammer-Reden halte. Ich bitte Dich nur um Eines: halte mir keine Predigten und sei nicht kleinlich; es ist das Einzige, was uns noch ein wenig trennt. So wenig ich meinen Besitz je von Deinem trennen würde, – und das ist durchaus keine platonische Redensart, denn irgendein Zufall kann mich so gut reich machen wie den oder jenen, – so wenig darfst Du meine ohnehin nicht freudvolle Lage durch philiströse Ermahnungen erschweren, die Dir, kaum hast Du sie selbst niedergeschrieben, lächerlich erscheinen. Du siehst: ich bin *noch* in Strassburg, obwohl das eine Stadt für Wochen und nicht für Jahre ist, in einer Einsamkeit, die *unerträglich* ist, denn: Du bist einsam, aber Du kannst einfach verschliessen, was Du für wert hältst, ich muss mich dazu *verstellen.* Von Idioten und Leichen umgeben, und Gott seis geklagt, auch von meinen geliebten Irren (die aber über mich bestimmen dürfen) muss ich mich *verstellen*, das Lamm des jüdischen Unglücks vorstellen, das ich doch gar nicht bin, Pfui Teufel, und dann ist dieser »sanfte gute Mann« (wie wir dachten), von einer heimtückischen *Taktlosigkeit*, die bei der ungebildeten Edith noch angenehm war.

Man sollte alle diese Nicht-Herzen, die auf meinem Riesen-Herzen herumtrampeln, als hätten *sie* das Korn meiner Kunst zu dreschen, auf einen halben Tag zu Veza in die Schule schikken. – Aber Du siehst, ich bin noch da, jetzt sogar bis Ende des Monats ganz allein; ich muß auf alle Fälle den Herbst hier abwarten, denn wenn es eine Arbeitsmöglichkeit gibt, so kann sie sich erst im Oktober zeigen. Das Récépissé der Carte d'Identité, durch die mein Aufenthalt hier einstweilen gesichert wäre, könnte ich schon haben; es kostet um 100 Frcs, die ich nicht habe. Du musst mir sofort 300 Frcs schicken, 100 für das Récépissé und 200 zum Leben bis Ende des Monats. Ich habe nämlich gar nichts mehr; was ich Dir angebe, ist ein jämmerliches Existenzminimum, und nur weil der Verkauf jenes Schmuckes, von dem ich Dir sprach, schon für diese Tage gesichert schien, habe ich mich nicht früher gemeldet. Jetzt kann es wieder noch 14 Tage dauern. Lass mich bitte nicht warten; Du kannst, wenn es anders nicht geht, erst 200, und dann in einer Woche 100 schicken. Schreib einmal *bitte*, trotz Lernen.

Veza an Georges *20. Dezember 1934*

20. Dez.

Liebster Georg!
Ja, meine Mutter musste sterben, damit Sie mir schreiben und dann haben Sie noch kranke Lungen dazu, und deshalb sehen Sie so schlecht auf der Photo aus, die ich doch nicht zerrissen habe. Der Canetti ist heute tief betrübt, ganz traurig ist der kleine Kerl, er rennt sinnlos herum und tut nichts, und hofft Sie im Feber zu sehen. Er dürfte nämlich in einer Woche nach der Schweiz fahren, wo er mit dem Komponisten Vogel bei einem Mäzen wohnen und eine Oper komponieren (nein, dichten) wird. Nachher will er Ihrethalben nach Paris, damit er Sie sieht, er sehnt sich sehr nach Ihnen.

Ich sehn mich noch mehr aber mir nützt es nichts und ich schreib auch schon nichts mehr darüber, keine Angst!! Ich träumte von der Nacht des 17. zum 18. dass ich mit Ihnen bin und ich küsste Sie sehr und war so glücklich im Traum, dass es mir ein wenig über den Lebensüberdruss im Wachen hinweghalf. Denn den hab ich. Ich erzählte den Traum auch Elias und finde es einfach wunderbar, wie alles, was mit Ihnen zusammenhängt. Keine Angst, ich sag mir schon selbst immer stop. Denn Sie wollens nicht hören. Ich bin lebensmüde. Ja. Denn meine Mutter war wirklich gut und sie war mein guter Trottel, der sich von mir quälen liess und mich abgöttisch liebte. Jetzt bin ich ganz verlassen.

Denn Sie, Sie werden bald gesund werden und den nächsten Brief von Ihnen bekomm ich an meinem Sterbebett. Könnt ich zu Ihnen fahren und Sie auf den Mund küssen um Ihre Bazillen zu schlucken, so wär das ein Lebenszweck. Aber so! Der Canetti ist bereits ein ausgewachsener sehr egoistischer Quälgeist, sehr entwöhnt und selbstständig, der wurstelt sich auch ohne mich weiter. Er liebt mich, aber er liebt die Anna mehr und wer müsste das nicht. Ich selbst bin ihr ganz verfallen und was das merkwürdige Schicksal will! *Sie* liebt *mich* und nicht den Canetti und wenn sie mich sehen will muss sie es erkaufen, sie muss mir dafür ein Rendez-vouz mit dem Canetti bewilligen aber das wieder darf er nicht wissen, um Gottes willen, Georg, denn er liebt sie, liebt nur sie. Und sie ist auch berauschend und ein Märchen und ein »Strahl« sagt Canetti und ich sag die »geliebte Sünde« zu ihr.

Ich sollte Ihnen eigentlich die ganze Zeit schreiben, dass ich traurig bin, weil Sie krank sind, weil Sie im Spital liegen, weil … weil …, aber ich bin nicht traurig. Ich bin ganz froh, dass Sie diese Tuberkeln haben, vielleicht komm ich doch nach Frankreich und dann werd ich sagen, ich muss Sie küssen, damit Sie nicht glauben, dass Sie Tuberkeln haben und so kann ich Sie *endlich* küssen. Es kann aber sein, dass ich vorher Selbstmord begehe. Denn wie gesagt, meine Mutter fehlt mir sehr. Oft verwünschte ich sie, immer verhöhnte ich sie, meist quälte ich sie. Und jetzt wein ich laut und sprech laut zu ihr und flehe sie an doch bei mir zu bleiben und bin froh sie im Traum zu sehen und glaub manchmal, dass es eine Seele gibt und manchmal glaub ich es nicht und bin verzweifelt, weil nichts, nichts von ihr da sein sollte und so denk ich oft an den Gashahn. Denn niemand ist zärtlich zu mir, Georg, niemand. Es wären schon welche da, die es sein wollten, aber Canetti vertreibt sie und kommt dafür in der früh nachhause und versichert mir, dass ich eine gute Mutter zu ihm bin, eine Dichterin dazu. Denn die bin ich. Ich habe zwei Theaterstücke geschrieben. Das eine, ein Lustspiel, wird uns Geld einbringen, das Zweite ein Drama mir Ruhm. *Sie* spielen darin eine grosse Rolle, Sie haben keinen Namen, Sie heissen einfach »der junge Doktor«.

Ja, und sorgen müssen Sie sich nicht um uns, das fehlte noch. Jetzt sind Sie unser Herzpinkerl und können nicht aus. Denn wenn ich Ihnen einen Liebesbrief nach dem andern schicke, wird es eben sein, weil Sie krank sind, da können Sie nichts dagegen sagen. Ich schreib Ihnen nächste Woche wieder. Vielleicht werden Sie berücksichtigen, dass ich wissen möchte, wie es Ihnen geht und vielleicht werden Sie mir doch schreiben.

Anna Mahler, um 1935

Ihr Brieferl an mich, wiewohl förmlich und aus purer Artigkeit geschrieben, hab ich dennoch dem Canetti unterschlagen. Ich werd das jetzt immer tun. Ich werd jeden Brief von Ihnen verheimlichen. Ja, das werd ich. Wissen Sie warum? Weil ich mir dann einrede es ist ein bisschen ein Liebesbrief, obwohl drinsteht, dass *alle* mich lieben müssen und ähnliche grausame Abschwächungen eines freundlichen Wortes. Ich kann Ihnen aber auch sagen, dass ich die Briefe verheimlichen werde, weil ich Ihnen immer über ihn reinen Wein einschenken will, über seinen leichten, liebenswürdigen, leichtfertigen unlöblichen Charakter. Ja, das kann ich Ihnen sagen, damit Sie eine brave Entschuldigung dafür finden. Ich werd übrigens nichts zu unterschlagen haben. Denn er wird nicht hier sein.

Es kann aber auch möglich sein, dass Ihr nächster Brief mich nicht mehr erreicht. Wegen der Sterblichkeit der Seele u.s.w. Weil ich manchmal nicht weiter kann. Ja, wenn ich oft und oft einen Brief von Ihnen hätte! ~~Na, wenn Sie mich riefen! Aber das ist vorbei. Ich bin auch schon alt und zu traurig. Ich wär auch nur gekommen um ihre Bazillen oder was der Mensch da haben soll wegzuküssen. Durch vieles Küssen gehn sie vielleicht weg. Ich hätte Sie nur geliebt.~~ So! Rache!

Da schreib ich und schreib ich und schreibe einem Stein. Aus. Nein. Also sorgen müssen Sie um uns nicht. Wir haben Freunde hier, die genau wissen, dass ihr Geld bei uns gut angelegt ist und die helfen uns auf den grünen Zweig. Ach Sie grüner Zweig, schreiben Sie mir doch nur eine Karte wie es Ihnen geht! Lassen Sie mich doch nicht so! Ich muss doch wissen wie es Ihnen geht. Das ist doch plausibel! Schreiben Sie auch nie wieder an Canetti, dass Sie ihm helfen würden. Ich würd ihn dann zum ersten Mal in meinem Leben verachten, wenn er es annähme. Und das würde ihn treffen. Er nimmt auch nicht an. Braucht es auch nicht.

Morgen liest er seine herrliche Komödie vor Alban Berg, Alma Mahler, der Anna (die indessen einige Augenblicke langnasiger Männer trinken wird, nicht seine, nein, nicht seine) und noch zwanzig berühmten Männern. Ich buk Vanillekipferln für den Zweck, aber sie sind verkohlt. Ich schreib etwas toll. Ja. Canetti wird tüchtig. Er schrieb einen Film für den Forster, den der Forster dann nicht spielen durfte. Könnte Ihr Bruder da nichts für diesen vorzüglichen Film tun? Er dürfte freilich nicht wissen, dass ich mitgearbeitet habe, denn wir können uns nicht schmecken. Aber warum schimpfen *Sie* immer so über mich, wir beide können uns doch schmecken? Zu Renée und zu Tante Bellina?

Ich muss mich jetzt um den Haushalt kümmern, das Mädchen zum sparen anhalten und Schlüssel in Verwahrung nehmen. Zwischendurch bin ich in Schlössern eingeladen und *erst* recht bemühen sich grosse Maler um die Gnade mich malen zu dürfen. Ja. Mich, nicht Anna. Obwohl Sie auch gleich überlaufen würden, wenn Sie herkämen. Und obwohl ich … ach. Ich sags nicht. Vielleicht schick ich Ihnen eine Photo des Porträts, falls meine Seele die Kraft hat sich vor die Staffelei zu schleppen. Das blödsinnigste Erzeugnis des Menschen ist die Seele. Das dacht ich als ich mit meiner toten Mutter in der Nacht wach lag. Ich wollt ich wär ganz tierisch. Wie gut wär es. Wie erträglich.

So. Ich mach schon Schluss. Ich denk Canetti wird auch seine Mutter besuchen. Er schämt sich halt vor ihr, weil noch immer nichts gelingen wollte. Als ob er es so nicht am weitesten bringen wird. Canetti mit Erfolg wäre schon verdorben. An der Anna ist er zerbrochen, das ist wahr. Vielleicht nützt ihm die Reise. Ich bin froh, er fährt, der arme Kerl. Er wird Sie sehen. Das will er unbedingt. Er liebt Sie wie eine Braut. Er ist verliebt in Sie.

Die Renée kommt jetzt und wird Ihnen einen Hendelbrief schreiben. Sie liebt Sie auch. Ich selbst schick Ihnen in einer Woche mein fertiges Drama nach dem Hospital, vielleicht erst in *drei* Wochen, bis es kopiert ist könnte so viel Zeit verstreichen. Wenn Sie Logis wechseln, lassen Sie es mich doch wissen. Aus Hochachtung für mein Werk, wenn nicht aus – eine neue Adresse gibt man doch an, Georg, und den neuen Stand der Lunge!!!!!!!!!!

Ist es nicht ein ziemlich züchtiger Brief? Für meine Art?

Ich bin so froh, dass Sie krank sind, vielleicht geben Ihnen die Frauen Ruh!

Veza.

Canetti schreibt extra.

Comologno, Montag

Mein lieber, lieber Georg! So erschreckt, verzweifelt und entsetzt war ich über Deinen Brief, dass es mehrerer Tage bedurfte, bis ich mich wieder halbwegs fassen konnte. Du armer, lieber Kerl Du, was hat Dich so weit gebracht? Du hast sicher immer zu wenig gegessen und Dich in Deinem Spital angesteckt. Ich habe mich überall nach dem »Pneumothorax« erkundigt und erfuhr zu meiner – nennen wir es – Beruhigung, dass dieser Pneumothorax sichere Heilung bedeute. Und um nicht sinnlos zu jammern, möchte ich Dir die grossen Vorteile dieser Krankheit anführen (das meine ich ernst). Du wirst Dich endlich ein paar Monate anständig ausruhen. Da oben kannst Du beim besten Willen Dich nicht mehr so herumhetzen wie sonst. Du entgehst vielleicht dem Militärdienst. Du hast Zeit für Dich und Du wirst in dieser Zeit zu einem besseren Schriftsteller als Dein Bruder. Und was für diesen Bruder das Schönste ist, er wird Dich da oben besuchen, mit Dir sein, und sobald Du vor Deiner Prüfung Ruhe hast, schöne anständige lange gescheite Briefe mit Dir tauschen. Georg, bitte tu ernsthaft alles, um ganz gesund zu werden. Ein Kerl wie Du, mit einem gut angelegten und wohlbebauten Kopf, hat Verpflichtungen, grosse gegen Alle, kleine gegen die Einzelnen, die ihn lieben und viel von ihm erwarten. Lass Deine Spannung nicht erschlaffen, behalte Deine Ziele, stecke sie nicht tiefer, nichts ist gefährlicher als eine vermeintliche Katastrophe, die *Zeit* hat. Veza liebt Dich wirklich und dass ich Dich liebe, weisst Du, und wenn Du Dir in Deinem Leben nichts mehr erworben hättest als die unbedingte, unerschütterliche und immer wache Neigung zweier vielleicht nicht alltäglicher Menschen, so hättest Du schon viel erworben. Ach, Georg, ich finde ja selbst alles, was ich Dir hier sagen kann, unzulänglich und recht klein, aber Du musst spüren, *warum* ich es sagen will, und das könnte Dich überzeugen.

Seit ich Deinen Brief habe, bin ich Dir auch räumlich viel näher, und das kam so: Wladimir Vogel, den Du ja kennst, will mit mir zusammen eine Oper schreiben, in einer ganz neuen Form natürlich und für Russland. Er schlug mir nun vor, den Januar mit ihm zusammen im Tessin zu verbringen, wo man

Elias Canetti, Comologno 1935

uns ein Haus für diesen Zweck zur Verfügung gestellt hat. Mir war der Plan anfänglich nicht lieb, da ich Veza, die seit dem Tode ihrer Mutter in gar keiner guten Verfassung ist, nicht allein lassen wollte. Ausserdem sind wir finanziell in einer recht unglücklichen Lage und ich wusste nicht recht, wie ich das Reisegeld auftreiben solle. Sobald ich aber Deinen Brief in Händen hatte, beschloss ich, Dich bald zu sehen und jene andre Arbeit mit dieser Absicht zu verbinden.

Pass- und Geldschwierigkeiten, die aber jetzt behoben sind, schoben die Sache um ein paar Tage hinaus. Heute bin ich endlich so weit: mit Vogel und unsern Gastgebern zusammen hocke ich in *Deiner* Höhe (1100 m) mitten in den Alpen, 30 km von Locarno entfernt, unmittelbar an der italienischen Grenze und nicht mehr allzuweit von Dir, auf einem bezaubernden alten Schloss im Stil Louis XVI, und obwohl es hier so schön ist, freue ich mich auf den Februar, in dem ich Dich sehen werde. Ich will Ende Januar auf etwa 10 Tage nach Strassburg, und im Februar, wenn Du Deine Prüfung hast, nach Paris kommen (ohne Dich zu stören natürlich). Schreibe mir jedenfalls *sofort*, wenn Du diesen Brief hast. Ausreden haben wir ja beide keine mehr, Zeit ist in Hülle und Fülle da, und ich verspreche Dir ebenso rasche Antwort. Ich möchte aus*führlichst* Berichte über Dich, Deine Verfassung, Deine Tageseinteilung, und zwar sofort. Lass Dich auf das Liebevollste und Zärtlichste umarmen und küssen von Deinem Bruder Elias.

Die Post geht nämlich, und darum schliess ich den Brief ab.

Dr. Canetti »La Barca«
Comologno sopra Locarno / Tessin / Suisse.

Elias an Georges *22. Januar 1935*

Zürich, den 22. Januar 1935

Mein lieber, lieber Georg, ich bin verzweifelt, weil ich gar keine Nachricht von Dir habe, auch Veza nicht, niemand, die Adresse von Nissim weiss ich nicht mehr, ich kann mich nicht einmal bei ihm nach Dir erkundigen. Vor etwa drei Wochen schrieb ich Dir aus dem Tessin, Du musst den Brief bekommen haben; er war an die Adresse gerichtet, die Du mir angegeben hast. Es gibt nun zwei Möglichkeiten: es hat Dich vielleicht gekränkt, dass ich Dich zehn Tage auf Antwort warten liess; und da das eine schwere und durch nichts zu begütigende Anklage wäre, musst Du mir dieses eine Mal, darum *beschwöre* ich Dich, den Tatbestand glauben. Mein Entschluss zu reisen, *um Dich zu sehen* (alles Andre sind nur Nebensächlichkeiten gewesen) stand fest, als ich Deinen Brief las. Du musst wissen, dass Veza und ich in einer wirklich katastrophalen äusseren Lage sind (was Dich aber jetzt keineswegs etwas angeht) und dass ich darum in den Tagen, die Deinem Briefe folgten, mit dem Auftreiben des Geldes, mit Passlaufereien und schliesslich mit dem Reisen selbst beschäftigt war. Die Fahrt nach Comologno ist komplizierter, als man denken würde. Aber davon ganz abgesehen, wollte ich Dir aus einer grösseren *Nähe* schreiben. Bitte begreife dieses Gefühl einer beinahe körperlichen Brüderlichkeit. Der Körper, der Dir jetzt Mühe macht, möchte von allen geschützt sein, die seinen Gehalt lieben; so würde ich Dir gerne als Blutspender dienen, wenn Du andern Blutes bedürftest.

Vielleicht aber bist Du gar nicht gekränkt; vielleicht geht es Dir nicht gut; aber siehst Du, Georg, es muss Dir doch klar sein, dass mich auf der ganzen Welt (und wie weit die Welt mir ist, weißt Du ja) nichts interessiert, nichts angeht, nichts quält, neben der Frage nach Deinem Befinden; und darum wirst Du mir gleich schreiben. Bitte lass mich jetzt nicht alle alten Sünden entgelten; sie waren klein, an der Liebe gemessen, die ich früher wie jetzt, und immer mehr, für Dich habe. Georg, ich *muss* ja wissen, wann Du in Paris bist, da ich meine ganze weitere Reise danach einteile. Ich fahre übermorgen, Donnerstag, von hier nach Strassburg weiter, wo ich etwa 14 Tage mit Vogel arbeiten möchte. (Er muss jetzt wieder in Strassburg sein.) Ich dachte daran, im Laufe des Februar nach Paris zu kommen, um Dich zu sehen; es hängt ganz von Deiner Prüfung ab, wann. Da Veza allein in keiner sehr guten Verfassung ist, möchte ich sie nicht zu lange allein lassen. Ende Februar oder Anfang März muss ich nach Wien zurück. Schreib mir also sofort, aber nicht an die Adresse von Cohn, bei dem ich auf keinen Fall wieder wohnen möchte, sondern:

Canetti, p.A. Wladimir Vogel
chez Mathis
Rue Wimpheling 2
Strasbourg.

Ich habe ein etwas merkwürdiges französisches Visum (ein Generalvisum für beliebig viele Ein- und Ausreisen, bis Ende Mai 1935 gültig). Da ich von diesem Visum noch nie Gebrauch gemacht habe, misstraue ich ihm etwas, wie allen Dingen, die *zu* schön sind.

Hier in Zürich wohne ich bei Dr. Rosenbaum, dem ersten Anwalt der Schweiz, einem wunderbaren und genialen Menschen, an dem ich einen Freund fürs Leben gewonnen habe. Sonntag war eine grosse Vorlesung aus meinen Sachen, bei der auch James Joyce anwesend war (er lebt zeitweise in Zürich; ein hiesiger Spezialist hat ihm ein Auge wiedergegeben; sehr lange war Joyce blind). Die Vorlesung war wohl ein Erfolg. In Zürich hätte ich jetzt für Bücher ein Publikum. Aber es ist mir gleichgültig, solange ich keine Nachricht von Dir habe. Zu Deinem Geburtstag bekommst Du von mir eine Menge Bücher. Schreibe *gleich* und wenn es nur drei Worte sind

Deinem Bruder Elias, der Dich über alles gern hat.

Veza an Georges *27. Januar 1935*

Georg Canetti
Sanatorium des etudiants
St Hilaire du Touvet
près Grenoble
Départ. Isère
Frankreich

II.
Ferdinandstr. 29/5
Vienne

27. 1.

Lieber Georg!
Ich bin entsetzt dass Sie nichts von sich hören lassen. Canetti ist darüber verzweifelt. Bitte um Nachricht

Veza

er ist in Strassburg Adr. bei Cohn, rue Schwilgué 16

Paris, den 4. März 1935

Mein lieber Georg,
Erst war ich sehr beunruhigt über Dein Schweigen. Jetzt hat doch wenigstens die Mama und der Nissim Nachricht von Dir. Und Du scheinst Dich gesundheitlich halbwegs gut zu fühlen. Sehr gebraucht hätte ich Vezas Stück, da ich heute nach Zürich fahre (d.h. erst nach Strassburg). Bitte schicke es jetzt eingeschrieben nach Zürich, wo ich Donnerstag spätestens sein werde.

Canetti bei Dr. Rosenbaum
Stadelhoferstrasse 26 / Zürich.

Leider kann ich diesmal bei Rosenbaum gar nicht oder nur kurz absteigen, weil sie die grösseren Gastzimmer alle besetzt haben. Ich bleibe also *höchstens* eine Woche in Zürich, wahrscheinlich kürzer, drum muss ich das Stück schon dort vorfinden, bitte warte also nicht länger und schick es gleich wenn Du diesen Brief bekommst, ab.

Hier habe ich eine Menge ausgerichtet, zum guten Teil mit Hilfe der Mathilde Camhi, die sich wirklich die Füsse für mich abgelaufen und überhaupt ganz reizend benommen hat. Wenn Du irgend etwas Besonderes brauchst, wende Dich ruhig an sie, Du hast an ihr, wie an all meinen Freunden, eine verlässliche Freundin. Ich bin bis zum Besitzer des Theaters de l'»Œuvre« vorgedrungen, der sich für die »Hochzeit« so weit interessiert, dass er sie persönlich lesen will. Der Inhalt und die Art der Gestaltung ist ihm sympathisch; ich glaube, ich habe dort gute Chancen.

Ich will Dir jetzt nicht alles berichten, was ich unternommen habe, nur das was Dich betrifft. Der Onkel Josef hat mich mit diesem jungen Arié von der Paramount zusammengebracht, der sich brennend für den Film interessiert. Da der Nissim so freundlich war, sich dafür nicht interessieren zu wollen, will ich es über den Arié versuchen. Den Film hast Du ja mit. Es wäre vielleicht am besten, Du übersetzt ihn in ein möglichst klares, einfaches Französisch, das aber doch *gut* sein muss. Ich denke, in einer guten Woche wirst Du bequem und ohne Dich anzustrengen, damit fertig. Natürlich beteilige ich Dich daran, wenn hier in Paris was daraus wird. Falls es dort oben eine Schreibmaschine gibt, kannst Du das Manuskript jemand diktieren. Falls nicht, schickst Du es ans Büro, der Onkel Josef lässt es dann abschreiben. Auf jeden Fall schreibe mir nach Zürich, ob Du es machst. Ich glaube, dass es eine leichte und angenehme Arbeit ist, die Dich kaum anstrengen kann; aber wenn Deine Ärzte andrer Meinung sind, darfst Du es natürlich nicht tun.

Bitte schreibe mir einem richtigen Brief nach Zürich, wenn es geht. Ich bin jetzt in grosser Eile und sag Dir drum Adieu. Sei auf das Herzlichste umarmt von Deinem Bruder Elias.

Renée und Veza an Georges *Poststempel vom 6. März 1935*

M.
Georg Canetti
Sanatorium des Etudiants, St. Hilaire
du Touvet près
Grenoble
(Dep. Isère) France II. Ferdinandstr.

Lieber Georg,
gratuliere Dir herzlichst zum Doktor, eine ganz großartige Leistung.

Renée.

Lieber Georg, Warum ist die Renée so rot geworden, wie sie Ihnen schrieb? Ich bin sehr stolz Doktor auf Ihre Leistung und sehr böse dass Sie nichts schreiben trotz meines »jungen Doktor«. Ich schreibe mit Grippe im Bett u. Renée meine gute Ziehtochter pflegt mich.*

Schreiben!
Sofort!

Veza

* Die Ziehtochter ist eher schlecht, sie fährt nämlich der kranken Mutter auf 14 Tage weg Skilaufen.

St. Hilaire, den 14. April 35

Mein lieber Elias,
Sei nicht böse daß ich Dir erst jetzt schreibe. Ich hätts vielleicht früher tun können – aber ein wirklicher Antrieb dazu war fast nie da. Ich wollte Dir nicht Gleichgültiges schreiben, auch nicht »Interessantes«, und zu Anderem reicht es nicht. – Zunächst willst Du wohl wissen wies mir geht. Es geht mir viel besser. Mit der Pariser Reise hat eine Besserung begonnen, die in den ersten Wochen geradezu sprungartige Fortschritte machte – jetzt verlangsamt sich das Tempo etwas, aber die Wendung zum Guten hält an. Ich spucke fast gar nicht mehr, habe wohl noch Bazillen – aber viel weniger als früher. Fieber hab ich überhaupt keines mehr; auf den neuen Aufnahmen zeigt sich die Kaverne fast ganz geschlossen, und schließlich hat sich auch mein Gewicht gebessert: um 3 Kilo hab ich zugenommen. Mehr kann man in 6 Wochen nicht erreichen. Eine endgültige Heilung erscheint jetzt möglich, sogar in recht absehbarer Zeit: so glaube ich kaum, daß ein zweiter Winter im Gebirge nötig sein wird. Wenns so weitergeht, kehre ich Ende September nach Paris zurück und ziehe dann wieder mit der Mama in eine Wohnung: was für uns beide die einzig mögliche Lösung darstellt; da ja die Mama nicht mehr allein gelassen werden kann – nur die Einsamkeit der letzten Monate hat sie in den Zustand gebracht, in dem Du sie gesehen hast –; und da andrerseits ich mich sehr schonen muß, wenn ich nicht, bei Wiederaufnahme der Arbeit, sofort rückfällig werden will. Es hängt jetzt, für die nächsten 4–5 Jahre, ein Damoklesschwert über mir – ein nicht zu verachtender Anreiz zum Weiterleben.

Über das Sanatorium wirst Du nun gar nicht das lesen, was Du wohl erwartest. Liegts an den Franzosen, liegts an mir, oder liegt es am Ende an der Verlogenheit derer, die bis jetzt über Sanatorien geschrieben haben – jedenfalls fehlt unserem Sanatorium jede Spannung. Zu einem Roman würde es bestimmt nicht reichen – es reicht kaum zu einem Tagebuch. Erstaunlich, wie wenig Pathos sich findet wo der Blick am meisten Pathos sucht – wahrscheinlich weil Pathos, als Diskrepanz zwischen Gesuchtem und Gefundenem, nicht gesucht werden darf um gefunden zu werden.

Veza an Georges *Poststempel vom 25. Juni 1935*

Herrn
Georg Canetti
Sanatorium des Etudiants
près Grenobles
St. Hilaire du Touvet
Frankreich

25. VI.

Lieber Georg!
Ich schreibe Ihnen nur, damit Sie Ihrer Mutter die Freude machen ihr zu sagen, dass Canettis Buch durch Vermittlung von Stefan Zweig an einen neuen, sehr angesehenen Verlag, hier, erscheint. Das Buch wird meiner Ansicht nach Aufsehen machen. Auch für Amerika ist Interesse. Mehr habe ich Ihnen nicht zu sagen.

Veza

Canetti hat schon lang *vor* seiner Mutter zu schreiben. Ich hoffe *Sie* verstehen das …

Elias an Georges *8. und 13. August 1935*

den 8. August 1935

Mein lieber Georg!
Einen Monat ist es nun her, dass wir unsere schönen Tage gemeinsam in Strassburg verbracht haben, und noch immer hast Du keine Nachricht von mir. Dafür bekommst Du sie jetzt ganz aus Deiner Nähe; ich bin in Beauvais, 74 km bloss von Dir entfernt. Ich weiss gar nicht, ob Du Beauvais kennst; jedenfalls kennst Du Rouen, und da sind wir morgen. Die Reise, die ich mit Mme Cohn und ihrer Schwester, der Frau Prof. Hamm unternehme, hat uns in 2 Tagen bis hierher geführt. Der erste Tag war: Strassburg – Metz (herrliche Fahrt durch Lothringen) – Verdun – St. Ménéhould – Reims. Die Kriegsgegend, durch die wir gestern und heute fuhren, ist so niederdrückend, dass man sich am liebsten vor jedes daherfahrende Auto werfen möchte. Zwischen Laon und Compiègne ist Ort neben Ort frischgebaut. Kein Haus, und wenn es eins aus dem

Jahr 10000 vor Christus gäbe, kann so ruinenhaft wirken wie diese funkelnagelneuen Brickhäuschen. Noyon mit der neuen grossartigen alten Kathedrale sieht aus wie am Tag nach Erschaffung der Welt, aber Gott hat hier schlecht gearbeitet. In Beauvais ist man froh, aus dem Krieg draussen zu sein, und schämt sich, dass man nicht gleich dort geblieben ist. In Verdun gibt es ein Ehrenbuch für alle französischen Soldaten, die während des Krieges in Verdun waren. An französischen Toten, die man wiedererkennen konnte, stehen namentlich in diesem Buch bis jetzt: 93 000. Auf den Strassen spielen winzige schöne und hässliche Kinder, die Männer legen sich zu ihren Weibern, die Weiber gebären, morgen früh ist der Krieg wieder da

Das war also der Anfang eines Briefes, den ich Dir nachts in Beauvais schrieb. Seither ist noch viel mehr geschehen. Ich habe so viel gesehen, dass der Kopf mich förmlich schmerzt; müsste ich Dir alle Tage einzeln beschreiben, die bis heute, den 13. abgelaufen sind – ich käme damit in einigen Monaten nicht zu Rande. Frankreich ist herrlich; es über grosse Strecken hin verwüstet zu sehn, zerreisst einem das Herz. In ihren Trümmern hätte man die Reimser Kathedrale stehen lassen müssen, und alle Menschen der Welt in grossen Autobus hinführen: Ici vous voyez … Ci gît la guerre. – Wenn es diesen Grabstein einmal gäbe – für das Vaterland eines solchen Grabes gäbe ich gern mein Leben her, für kein andres sonst. Ich weiss nicht, ob Du schon in Verdun warst. Auf einen Bewohner dieser Stadt kommen 60 Tote, die ringsumher gefallen sind (allein 550 000 Deutsche).

Vielleicht denkt man heute noch intensiver an das alles, weil wir knapp vor dem Ausbruch eines neuen Krieges standen, weil nichts sich ändert, weil das einzige Russland, eben weil es allein ist, uns Stoff zu neuen Kriegen liefert, und das, ob es nun will oder nicht. –

– Es ist ja eigentlich ganz sinnlos, dass ich Dir gerade davon schreibe; vielleicht nur aus Scham; denn allen Scheusslichkeiten zum Trotz, wahrscheinlich sogar ihretwegen, habe ich mich noch mehr auch in alles Andre gestürzt; und da waren, nach Beauvais: Rouen, das Du kennst und liebst, wohl so etwas wie ein französisches Strassburg, im Einzelnen viel reicher, im

Ganzen doch nicht die einheitlich alte Stadt, als die sich Strassburg präsentiert. Kennst Du übrigens den alten Friedhof bei St. Maclou mit den sonderbaren plastischen Insignien des Todes? Nach Rouen kam die Normandie als *Land*. Wir waren auf einem grossen Bauerngut zu Gast (100 ha, 100 Kühe, 100 Kälber, Hunderte von Hühnern, 21 Kinder, eine Fruchtbarkeit, die göttlich ist und jedem Krieg Hohn spricht). – In Dieppe das Meer, nach langer, langer Zeit wieder das Meer. Es scheint uns allen so sehr im Blut zu stecken, dass wir am Meer am Rande einer Heimat sind. Immer mehr befestigt sich in mir die Überzeugung, dass das Meer grösstes und weitestes Symbol der *Masse* ist. – Beim Rückweg waren wir in Senlis und Meaux; dazwischen einmal nur noch 36 km von Paris, ungefähr wie die Deutschen zu Beginn des Krieges. Ich hätte Dich schrecklich gern besucht und ein Stück weit mitgenommen. Aber Frau Madeleine scheint auch als Chauffeuse vor Paris grosse Angst zu haben, und so wich sie meinen Anspielungen beharrlich aus. Senlis wirst Du gewiss kennen. Es gehört zu den stärksten Eindrücken der Reise. Über das Marne-Tal: Épernay – Châlons sur Marne – Vitry-le-François – St. Dizier – und weiter Toul – Nancy (Place Stanislas!) ging es dann nach Hause. Dieser nüchterne Itinéraire klingt ja wirklich jämmerlich. Aber mit einer auch nur halbwegs eingehenden Schilderung mag ich gar nicht anfangen. – Eine grosse Unannehmlichkeit hatte die Reise für mich: man schlief und soupierte in den teuersten Hotels, wo man mir die Rechnungen, so war die Abmachung, immer bezahlte. Dafür musste ich natürlich, schon wegen Strassburg, immer die Rechnung für das Mittagessen begleichen, und so hat mich diese Reise die stattliche Kleinigkeit von 500 Frcs. gekostet. Der Schmuck, von dem ich Dir erzählte, kann mit gutem Erfolg erst Anfang September verkauft werden. Für die Zeit bis dahin hatte ich mir Geld ausgeliehen, ausser den 200 Frcs von Dir. Ein zweites Mal kann ich mir unmöglich ausleihen, es würde den denkbar schlechtesten Eindruck machen. Du musst mir also auf irgendeine Weise 500 Frcs. verschaffen und leihen, damit ich bis Mitte September auskomme. Bitte verlass Dich darauf, dass Du die 700 Frcs zurück bekommst, und zwar noch im Laufe des September. – Wenn Du diesen Brief bekommst, schick mir bitte *sofort*, *postwendend*, was Du entbehren kannst, wenn es auch nur 100 Frcs. sind, da ich jetzt im Ganzen 2 Frcs. 70 besitze und heute und morgen nichts essen gehen kann; den Rest schick mir dann bitte, sobald es geht. Auch die *genaue* Adresse der Mama möchte ich haben, um ihr ausführlich zu schreiben. Ein Brief von Dir wäre ein freudiges Ereignis. Wenn Du ihn aber nicht sofort schreiben kannst, dann bitte erst mit der zweiten Sendung. Vergiss nicht Veza zu antworten. Sie fühlt sich sehr einsam in Wien. Auch *Renée* musst Du schreiben.

Dich umarmt
Dein Bruder Elias.

Elias an Georges — *11. und 15. Oktober 1935*

Wien, den 11. Oktober 1935

Mein lieber Georg!
Es ist schon ein wenig bitter, dass weder Veza noch ich ein Wort von Dir zu hören bekommen. Ich weiss nicht einmal mehr, ob Du noch in Deinem Sanatorium oberhalb von Grenoble bist. Vor vielen Monaten einmal kam incognito eine Zeitschrift, die aus vielen Gründen merkwürdig war: ich durchsuchte sie wohl nach einem Beitrag von Dir, aber es scheint, dass meine Möglichkeiten, auch im Französischen das Individuelle eines Stils zu erfassen, noch sehr beschränkt sind; ich fand keinen Artikel von Dir.

Es vergeht kein Tag, an dem wir nicht von Dir sprechen oder an Dich denken. Du darfst nicht glauben, dass ich mir von Deinem Leben gar keine Vorstellung mache. Deinem Schweigen zum Trotz, fühle ich, dass es Dir besser geht. Ich glaube, dass Du Dich wieder in die Prüfung verbissen hast, viel mehr arbeitest, als Du dürftest, Dich soeben wieder zu stellen gedenkst, und dafür noch nicht allzuviel Gelegenheit gefunden hast, Dich dem zu widmen, was ich auch bei Dir für so wichtig halte: *meinem* Beruf, dem Schreiben. Ausserdem bist Du heftig böse auf mich, weil ich der Mama wieder so lange nicht geschrieben habe; nun, um Dir das gleich zu erklären: meinen Vorsatz, den ich nach der Art, wie ihr mich alle in Paris behandelt habt, fassen *musste*, hab ich gehalten. Diese leise Verachtung für einen Menschen, der Schriftsteller heisst und ungedruckt ist, aber stolz tut und keine 50 Frcs im Sack hat, diese

Verachtung, die bei Dir leise mitschwang, bei den andern aber schallend laut war, hätte ich nicht mehr ertragen. Veza war ja der einzige Mensch, der sie *niemals* hatte, Du *verhältnismässig* selten. Alles in allem war das, was ich diesen Februar in Paris erleben musste, eine Wiederholung der Ereignisse in der Radetzkystrasse, vor zehn Jahren.

Ich beschloss also, euch so zu behandeln, wie ihr es verdient und Tatsachengläubige nur noch mit Tatsachen zu regalieren. Nun ist es ja schwer, Tatsachen glaubwürdig zu machen, wenn man so viel und so freudig drauflos gelogen hat wie ich. Da gibt es nur noch die berühmten Schwarz auf Weiss-Beweise. Ihr bekamt also, Du und Mama, die gedruckten Einladungen zu meiner Vorlesung, die übrigens ausverkauft war. Und jetzt, leider fünf Monate später, kommt ebenso schwarz auf weiss ein Roman »Die Blendung« betitelt, ein Buch, in dem Du den umgetauften »Kant« (er heisst jetzt Kien) erkennen wirst. Damit habe ich meine Tatsachen-Schuldigkeit getan. Das heisst, es wäre eigentlich noch unter Beweis zu stellen, dass ich seit Juni, also schon den fünften Monat, von einem Vorschuss lebe, den ich für den Roman bekam. Wie ich nun das beweisen soll, weiss ich nicht recht. Vielleicht glaubst Du mir schon um der Niedrigkeit des Betrages willen: es sind 2000 Schilling. Das ist wohl wenig, aber bei den heutigen Verhältnissen gilt es als ein Wunder, wenn überhaupt ein Vorschuss bezahlt wird.

15. Oktober 1935

Damit also wäre der Bitterkeit Genüge getan. Was es für einen Menschen bedeutet, ein Manuskript, das vier Jahre (denn es ist tatsächlich so lange her) brach lag, endlich als Buch zu sehen, das kannst Du Dir schwer vorstellen. Es sind keineswegs bloss angenehme Gefühle; man ist so weit weg von einem Werk, und soll es jetzt erst öffentlich vertreten. Man kommt sich dabei wie ein Schwindler vor, denn nur einzelnes gefällt einem ja noch, manches mag man gar nicht mehr, und wenn ich auch die zwanzig allerschwächsten Seiten ausgemerzt habe – an eine ernsthafte Überarbeitung ist gar nicht zu denken, denn da würde kein Satz auf dem andern bleiben.

Es wird Dich auch freuen zu erfahren, dass in Amerika grosses Interesse für den Roman besteht. Einer der bedeutendsten Verlage hat sich in einem Brief geradezu enthusiastisch darüber geäussert und ich glaube (aber das ist noch keine Tatsache) dass es in den nächsten Wochen schon zu einem Vertrage mit Amerika kommen wird.

Nun zu den »Exemplaren« des Romans. Ich bekomme nur sehr wenige (10) Freiexemplare vom Verlag und muss einige davon an Schriftsteller schicken. Ich schicke einstweilen der Mama eines, an die Adresse von Nissim, da ich ja nicht weiss, wo sie jetzt wohnt. Zwei Exemplare, eines für Dich und eines für Nissim, behalte ich einstweilen noch zurück, in der geheimen Hoffnung, dass ihr welche kauft, so dass ich sie euch gar nicht schicken muss. Da es in Deutschland höchstwahrscheinlich zu einem Verbot kommen wird und ich weitere Aussicht auf Stützung durch diesen Verlag nur dann habe, wenn die erste Auflage bald verkauft ist, wäre es natürlich sehr wichtig, wenn das Buch auch in Paris viel verlangt wird. Bitte Georg sorge dafür, dass alle »Unsern«, es dürfen sogar die schäbigsten Verwandten sein, bei allen deutschen Buchhandlungen in Paris nach dem Buch fragen und es auch *kaufen*. Es müssen mindestens fünfzig Exemplare in Paris allein weggehen. – Da lachst Du, über meine Rechnungen, was! Aber wenn Du bedenkst, welches Wagnis es heute für einen ausserdeutschen Verleger bedeutet, ein deutsches Buch herauszubringen, und wie wütend die Leute auf einen werden, wenn sie viel Geld dabei verlieren, so wirst Du meine Besorgnis verstehen. Denn im Augenblick versuche ich, mit der grössten Frechheit von der Welt, den Mann zu einem Druck meiner »Komödie der Eitelkeit« zu bewegen, im Frühjahr natürlich.

Nun eine andre Nachricht, die für mich persönlich beinahe ebensoviel bedeutet. Ich habe eine herrliche Wohnung in Grinzing, wohl an der schönsten Stelle Wiens, ziemlich hochoben, mit Aussicht auf Weinberge und Weinberge und wieder Weinberge, ruhig wie im Paradies; sie besteht: aus einem Garten, der gleich ein ganzer Berg ist, einem herrlichen Atelier mit Galerie als Arbeitsraum, einem kleinen Boudoir für Veza, einem kleinen Mansardenschlafzimmer für mich, Küche und Bad. Diese ganze Wohnung kostet uns durch einen seltenen Glücksfall nicht mehr als 100 Schilling im Monat, also genau soviel wie die abscheuliche in der Stadt, nur dass die Heizung im Winter ziemlich teuer sein wird. Bei sehr grosser Sparsamkeit, also ohne Hausgehilfin, und ohne irgendwelche Ausgaben für Kleider einzurechnen, können wir mit 400 Schilling im Monat auskommen. (Das sind etwa 1200 Frcs.) Ist das nicht fein? Arbeiten kann man hier wie ein Gott, herrliche Gänge machen, es ist *viel* schöner noch als in der Hagenberggasse. Noch dazu steht das Haus und selbst unsere eigene Wohnung, die eigentlich viel grösser ist, halb leer, sodass Du Dir jederzeit ein schönes Südzimmer mieten und furchtbar billig bei uns in Wien leben kannst. Wie wir beide, Veza und ich, uns darüber freuen würden, weisst Du. Sonntags haben wir immer Gäste, und zwar solche sehr besondrer Art; einige der interessantesten und bedeutendsten Menschen Wiens verkehren bei uns. Ich glaube, Du würdest Dich bei so einer Art »Nachkur« hier sehr wohlfühlen. –

Nun, mein lieber, lieber Kerl erwarte ich sofort einen ausführ*lichsten* Brief von Dir, wirklich *sofort*, und nur wenn Du *wirklich* noch mitten in Deinen Prüfungen drin stecken solltest, darfst Du Dich durch eine blosse Karte loskaufen, aber Nachricht *muss* ich haben. Sei tausendhunderttausendmal umarmt

von Deinem Bruder Elias.

Grüsse bitte herzlich Nissim und Edith.

Jetzt liegt der Brief schon wieder 11 Tage hier. Entschuldige. Aber ich hatte indessen die Grippe.

Elias an Georges *18. November und 5. Dezember 1935*

Wien, den 18. November 1935

Mein lieber, lieber Georg!

Dein Brief war mir die grösste Freude der letzten Wochen, die an Freuden nicht eigentlich karg waren. Besonders über mangelnden Briefeinlauf kann ich nicht klagen. Ich werde Dir ein andres Mal die schönen und komischen Dinge schildern, die einem da passieren. Aber nicht einmal was Thomas Mann nun über meinen Roman schreibt, hat mich so glücklich aufgeregt wie Dein Brief. Wohl wusste ich, auf Umwegen immer über Deinen Zustand informiert, dass es Dir besser geht; und von Lungenspezialisten, die ich seit der Rückkehr nach Wien öfter frequentiert, hatte ich den Glauben an Deine gründliche Genesung gewonnen. Man machte mich z. B. mit einem Landarzt bekannt, dessen Beruf physisch überaus anstrengend ist, der vor zwölf Jahren einen Pneumothorax bekam, inzwischen geheiratet und drei Kinder gezeugt hat. Er sieht wie eine Allegorie der Gesundheit aus, und die Kinder sind einem Rubens-Bild entsprungen. So war ich eigentlich *physisch* für Dich nicht mehr so besorgt. Viel mehr Angst hatte ich für Deine *seelische* Entwicklung (Du kennst sicher so gut wie ich den »Zauberberg«, ein Buch, das ich zwar nicht bewundere, aber doch schätze) und einen wahrhaft panischen Schrecken verspürte ich bei der Vorstellung, dass Du das alte Leben bei der Mama wieder aufnehmen könntest. Siehst Du, Georg, Deinen etwas kindlichen Drohungen und Erpressungsversuchen zum Trotz, werde ich der Mama jetzt wirklich öfters schreiben. Und Du täuschst Dich sehr, wenn Du an meiner ganz tiefen und geradezu gefährlichen Liebe zur Mama zweifelst. Sie ist weniger zärtlich als Deine Liebe, aber dafür *gebannter*, sie hat den Charakter einer paranoischen Beziehung; aber als solche ist sie so intensiv wie keine andre in meinem Leben; konkreter ausgedrückt: wie die Mama über mich denkt, was sie von mir erwartet, ob sie stolz auf mich ist oder mich verachtet – das ist mir vielleicht, wenn auch im einzelnen selten bewusst, doch wichtiger als alles andre. Aber ihre Gegenwart ist mein Tod; in einem Zimmer mit ihr müsste ich ersticken oder mich erhängen, das ist keine Phrase. Es gibt, und das ist der tiefere Grund dafür, keine Möglichkeit, mich gegen sie abzusperren; was sie denkt, fliesst sofort und mit aller Kraft in mich über; ich bin ihr so ausgeliefert wie viele andre Menschen mir, und was sie im Leben ist, eine faszinierende Spinne (ich sage das wegen des *Netzes*, also in keiner Weise abschätzig), das bin ich in meinen Büchern. Nun, als *hoffnungsloses* Opfer in diesem Netze, jetzt kann ich es Dir gestehen, sah ich Dich. Das hat sich gründlich geändert. Du bist auf zweierlei Weise gesund geworden: körperlich, und indem Du die Möglichkeit einer inneren Absperrung gegen die Mama gefunden hast. Das ist eine Lebensfrage für Dich; heute machst Du Dir noch die grössten Gewissensbisse darüber; Dein Brief war zu drei Vierteln eine Verteidigung, ohne dass Du es zugeben wolltest. Aber mir brauchst Du doch keine Kräftigkeit vorspielen, auf einem

Terrain, wo Du sie noch nicht haben *kannst.* Auf verschiedene Weise ist die Mama mein und Dein Schicksal geworden. Mich hat die Veza, die ein ebenso interessanter, aber besserer Mensch als die Mama ist, gerettet; Dich Deine Krankheit. Das sind höchst merkwürdige Dinge. Wäre ich Teleologe, ich würde sagen: dazu bist Du krank geworden. An der Mama hat sich Deine Eignung zu dem *göttlichen* Beruf entwickelt, den Du hast. Deine Krankheit war die Schlussprüfung; nicht der Concours; Du hast sie, das lese ich als Dichter aus Deinem Brief, glänzend bestanden; und für das Leben, das Dir bevorsteht, würde ich die Unsterblichkeit, um die ich mich heiss bemühe, hergeben. Mehr kann ich keinem Menschen sagen.

Denke aber ja nicht, dass ich mit alledem der Mama irgendwie abträglich sein will. Es ist im Gegenteil meine Überzeugung, dass nur zweierlei ihr nützen kann: einmal grosse äussere Erfolge von uns dreien, wie z.B. jetzt die Sache mit meinem Buch; wir geben ihr dadurch eine Bestätigung und Kräftigung ihres Lebens ganz in der Richtung, die ihm gemäss ist, in der Richtung seines Stolzes und seines sehr grossen Ehrgeizes. Dann aber, und das ist vielleicht auf die Dauer wichtiger: ein gewisses Unsicherheitsgefühl in ihrem hypochondrischen System. Solange Du in dieses System einbezogen warst, konnte sie mit Seelenruhe darin verharren; seit Du Dich daraus ausgeschlossen hast, muss ihr daran gelegen sein – soweit als möglich –, alle seelischen Kräfte für eine Gesundung zu mobilisieren. Das scheint Dir vielleicht oberflächlich; aber nur, weil ich es bloss andeute; denke ausführlicher darüber nach und Du wirst mir recht geben. Du hast durch *Liebe* der Mama unendlich viel gegeben und ihr wirklich treu gedient. Du hast ihr durch Nachgiebigkeit beim Bau ihres Systems auch ein wenig geschadet.

5. Dez. 1935

Nun sind es schon mehr als zwei Wochen her, dass ich den Brief an Dich begann. Vielleicht liess ich ihn bloss liegen, weil mir der darin angeschlagene Ton nicht gefiel. Es ist so, dass ich Dir gar nicht sagen kann, wie ich über Deine doppelte Heilung glücklich und erregt bin. Ich möchte auch nicht über das sprechen, was Du oben in Deinen Bergen erlebt hast. Es hat mich so erschüttert, dass ich Dir gern die Hand fest gedrückt und gesagt hätte: Georg, Du bist noch mehr mein Bruder, jetzt bist Du es endgültig, denn Du weißt, was der Tod ist, und Du wirst nicht mehr lächeln, wenn ich ein einziger Geifer gegen den Tod bin. Ich möchte gern bei Dir sein; ich werde in den nächsten zwei Jahren an dem kühnsten Buch arbeiten, das je geschrieben wurde: es ist das Buch gegen den Tod, mit dem ich mich seit mindestens acht Jahren trage; ich hätte es gerne bei Dir geschrieben; weil ich Dich so liebe und weil ich vor einem halben Jahre um Dich gezittert habe. Aber es wird gewiss nicht gehn. Vielleicht, wenn ich Glück habe (ich meine äusserliches Glück, also Moneten), besuche ich Dich wirklich einmal auf einen Monat; sonst musst Du herkommen.

Was Du über mein (altes) Buch im Allgemeinen sagst, ist sehr klug. Du hast das Wesentliche dieses Automatismus, den ich darstellen wollte, vollkommen erfasst, bis jetzt sogar schärfer als alle andern Leser, die sich dazu geäussert haben. Nur unterschätzt Du das klare Bewusstsein in dem ich es getan habe; natürlich aus diesem und keinem andern Grund habe ich mich den Irren zugewandt; in einem Brief, den ich vor vier Jahren Thomas Mann schrieb, setzte ich den Plan einer »comédie humaine« an Irren auseinander und begründete ihn wortwörtlich so wie Du in Deinem Brief. (Mit dem Unterschied, dass ich Joyce damals nur dem Namen nach kannte; meine Vorstellungen von seiner Arbeit waren sehr vage; ich konnte also mein Unternehmen gegen seines nicht abgrenzen). – Im Einzelnen *irrst* Du Dich: der Eindruck überladener Gelehrsamkeit konnte in Dir nur entstehen, weil Du die Schlusskapitel, vor allem die grosse Auseinandersetzung zwischen den beiden Brüdern, vorweggenommen hast. Erster Teil und dritter Teil, direkt aneinandergesetzt, enthalten zuviel Gelehrsamkeit, zweifellos. Aber dazwischen steht für den normalen Leser der längere zweite Teil, der ja sehr weit von allem gelehrten Ballast wegführt. Ausserdem hat es einen ganz eigenen Reiz, den Bau des Wahns mit Hilfe gelehrter, fremder, sozusagen objektiver Bausteine zu verdeutlichen. Der »Automatismus« wird daran klarer; es sind einige der Vorteile aller Zusammensetzspiele oder aller chemischer Formeln, die man sich auf diese Weise zu eigen macht. – Die vielen Prügel stören mich selbst; Dich stören sie gewiss noch mehr; sie stehen für etwas Andres als Prügel, vielleicht für alle verletzenden Worte, vielleicht, und das scheint mir sogar wahrscheinlicher, für die hunderttausend Mordversuche, denen wir Lebenden unaufhörlich ausgesetzt sind. – In einem Punkte aber ist Dein Irrtum ein viel tieferer: das Aneinandervorbeireden der Personen ist mir vielleicht das Allerwesentlichste an dem Buch; es mag manchmal überspitzt scheinen, aber das nur, weil man von alten und schlechten Romanen her gewöhnt ist, dass Menschen sich verstehen. Das aber ist eine der läppischsten Illusionen. In Wirklichkeit versteht kein Mensch den andern; es darf als Wunder bezeichnet werden, wenn es einmal doch der Fall ist; das ewige Einander-Verstehen im Roman alten Stils ist Kitsch; ich erhebe nur ein ganz selbstverständliches Element unseres individuellen Lebens zum künstlerischen Prinzip, wenn ich meine Personen auch in ihrer Sprache so scharf gegeneinander abgrenze. –

Die Kritiken bis jetzt waren ausgezeichnet; eine aus der »Neuen Freien Presse« habe ich der Mama geschickt und sicher hat sie Dir sie auch gezeigt. Von einem wirklichen *Verstehen* des Buches kann, ausser vielleicht bei Thomas Mann und zwei hiesigen Schriftstellern, Dr. Sonne und Dr. Sapper (und Dir natürlich), kaum die Rede sein. Es macht den Leuten riesigen Eindruck, es imponiert ihnen ungefähr so, wie wenn einer Dir mit einem Knüppel über den Kopf schlägt. Manche Kritiken scheinen wie von Betäubten geschrieben. Aber was tut's? Die Tatsache, dass ich seit Erscheinen der »Blendung« von allen, die sie lesen, als einer der bedeutendsten Schriftsteller unsrer Zeit betrachtet werde, bleibt drum doch bestehen, und ich gestehe, dass mir diese Tatsache bei meiner unendlichen Ruhmsucht nicht gleichgültig ist. Vielleicht ist es unklug von mir, das auszusprechen; aber Du kennst mich ja ohnehin gut genug; *ich will nicht sterben*, und Ruhm ist für mich nur einer der naheliegendsten Wege zur Unsterblichkeit. – Es wird Dich vielleicht interessieren, was Thomas Mann zur »Blendung« sagt. In einem langen handschriftlichen Brief führt er aus, dass der Roman ihn, neben einem Buch seines Bruders, von allen Büchern dieses Jahres am meisten beschäftigt habe. Nach vielen Einzelheiten fasst er dann seinen Eindruck so zusammen: »ich bin aufrichtig angetan und freudig beeindruckt von seiner krausen Fülle, dem Débordierenden seiner Phantasie, der gewissen erbitterten Grossartigkeit seines Wurfs, seiner dichterischen Unerschrockenheit, seiner Traurigkeit und seinem Übermut. Es ist ein Buch, das sich, im Gegensatz zur muffigen Mediokrität, die heute in Deutschland gepflegt wird, sehen lassen kann neben den grössten Talentwürfen andrer literarischer Kulturen«. – Du musst bei diesem Urteil die natürliche Reserviertheit und etwas trockene Gemütsart Thomas Manns in Abzug bringen. Er ist so ganz und gar nicht überschwänglich, dass man diese Worte oben bereits als Überschwang werten muss. Und so werden sie denn auch von allen Fachleuten gewertet. Ich hoffe, Du ärgerst Dich nicht über diese langen Selbstlobhudeleien; ich schreibe Dir das nur, um Dir die etwas albernen wenn auch noch so hymnischen Kritiken zu ersparen; denn nur eine geistig halbwegs ernstzunehmende würde ich Dir einschicken. –

Veza an Georges *Januar 1936*

Jänner

Lieber Georg!
Renée hat mich gebeten eine sonderbare Bitte an Sie zu stellen. Sie kennt einen netten jungen Mann, er ist derzeit in Paris, und sie war mit ihm eigentlich *verlobt*. Diskretion! Nun hat er sich aber entschlossen – Geistlicher zu werden. Sie hat aus seinen Briefen und Reden ersehen, dass er zum *katholischen* Geistlichen nicht taugt, weil er nicht wundergläubig ist sondern klar denkt. Das bestimmt ihn eigentlich zum protestant. Geistlichen, meint Renée (und die können heiraten denkt das arme Kind heimlich). Und ihre Bitte (ich selbst würde nie wagen ein solches Ansinnen an Sie zu stellen) ist die, ob Sie sich nicht einmal für eine Stunde mit dem jungen Mann in Paris treffen wollten und in seinem Inneren, ohne dass er es merkt Klarheit schaffen, denn es geht da recht chaotisch zu wie er selbst sagt. Er liebt Renée.

Wir wohnen herrlich schön, Sie können bei uns ein Südzimmer haben mit Balkon und würziger Luft. Ja, ich glaube sogar dass einer von uns beiden, Canetti oder ich, zu Ostern schon geschäftliche Erfolge haben werden, so dass wir Ihnen dann nicht nur *wie jetzt* das Zimmer, sondern auch allen Komfort werden bieten können. Ich freue mich unbeschreiblich darauf.

Wenn Sie in Renées Sache nichts unternehmen wollen, bitte doch eine Nachricht *so*, dass ich sie ihr zeigen kann, und bald Canetti »awoke one morning and found himself famous«.

Veza

Ich hab grad die Grippe daher diese Schrift.

Lieber Georg, diese Bitte ist nicht aktuell, denn der junge Asket kommt nach Wien u. Canetti wird ihn bearbeiten. Jedenfalls ist es gut Sie lesen diesen Brief. – Wir haben in unserem Haus eine Farm, also täglich frische Eier u. kuhwarme Milch. Lockt es?

Elias an Georges — *21. Januar 1936*

den 21. Januar 1936.

Mein lieber lieber Georg, inzwischen sind wieder Wochen und Wochen vergangen, und der Brief liegt immer noch hier. Ich schicke ihn Dir jetzt ab, wie er ist. Von der Mama hatte ich einen Brief, der mich – verzeih die Sentimentalität – auf das Tiefste gerührt und erschüttert hat. Ich glaube, unsre Beziehung knüpft sich dort wieder an, wo sie einmal zerreissen musste. Es ist traurig, dass erst ein ganz äusserlicher Erfolg der Mama einen Begriff von meiner Arbeit zu geben vermochte; hätte sie vor 4 ? Jahren das fertige Manuskript gelesen, es wäre manches zwischen uns anders geworden. Aber ich bin *unendlich glücklich*, dass es jetzt noch dazu gekommen ist. Es war mir immer bitter, von der Mama missachtet leben zu müssen, die ich selbst so hoch achte. Von den objektiven Dingen, die auf den ersten Seiten meines Briefes stehen, nehme ich trotzdem nichts zurück; im Gegenteil: ich glaube, dass die Entwicklung der Mama in den letzten zwei, drei Monaten mir nur recht gibt. Ich schreib ihr jetzt natürlich öfter und möchte sie schrecklich gern bald sehen.

Dir aber möchte ich noch rasch mitteilen, was sich in der letzten Zeit bei mir ereignet hat. Das Wichtigste ist wohl der Vertrag über die englische und amerikanische Ausgabe meines Buches. Zwei allererste Verlage interessieren sich dafür; ich habe, sehr wahrscheinlich schon Anfang März, einen Vorschuss zu erwarten. Ausserdem sind zwei grosse deutschsprachige Verlage an mich herangetreten, die mein nächstes Buch erwerben möchten. Ich darf natürlich in den Verhandlungen nichts überstürzen und vor allem nie merken lassen, dass ich Geld so dringend brauche. Damit steht es aber so, dass ich keinen einzigen ganzen Anzug mehr habe und nicht weiss, wovon wir im Februar leben werden. Du musst mir auf alle Fälle sofort 500 Frcs schicken. Wenn Du sie nicht hast, leihe sie Dir aus; irgendwie musst Du diese Summe auftreiben; ich verlasse mich drauf; so kann ich wenigstens Miete und Nebenrechnungen sicher bestreiten. Ausserdem bitte ich Dich um Folgendes: überlege Dir *ganz ernsthaft*, ob ich die Onkels um 3000–4000 Frcs angehen könnte; einmal um mich wieder etwas zu equipieren; dann um die vielleicht zwei Monate gut zu überstehen, die bis zur endgültigen Regelung meiner Finanzen noch vergehen können. Da sie ja jetzt etwas »gesehen« haben, nämlich das Buch und ⟨die⟩ Aufnahme, die es gefunden hat, halte ich das weder für ⟨pein⟩lich noch für schwer. Vielleicht ginge es unter dem Titel »Großpapas Erbschaft« oder so ähnlich. Jedenfalls: nimm es so ernst wie nur möglich, denke genauestens darüber nach, es wäre eine unverzeichliche Idiotie, wenn ich mir durch einen kleinen momentanen Geldmangel alle ….. für später verderbe. Vergiss nicht *sofort* die 500 Frcs.

Und sei nicht böse, dass ich Dir zu Deinem Geburtstag und Deinem Concours nichts Besseres schreibe.

Allerherzlichst
Elias

Elias an Georges — *20. Februar 1936*

20. Februar 1936.

Mein lieber, lieber Georg: Deine Nachricht bekümmert mich sehr, nicht weil es wirklich wichtig ist, sondern weil es Dir nahegeht. Ich bin, seit langem schon, davon überzeugt, dass der Internatsweg der *Falscheste* für Dich wäre. Du gehörst zu Menschen und nicht in Institute. Und es ist auch für wissenschaftliche Arbeiten durchaus nicht Voraussetzung, dass Du Interner bist; darüber bin ich von Informierten auf das Genaueste unterrichtet worden. Was Dich ernsthaft schmerzen könnte, wäre zweierlei: die Unsumme von Gelehrsamkeit, die Du für diesen speziellen Zweck des Concours angesammelt hast – nun, was das betrifft, so bin ich der Überzeugung, dass Leuten Deines und meines Schlages nichts zuviel ist und alles zugute kommt; ich für meinen Teil bedauere nicht einmal die idiotischen Chemie-Prüfungen längstvergangener Jahre, die mit meinen eigentlichen Zielen doch in keiner Weise zusammenhingen. Für die geistige Entwicklung eines modernen Menschen scheint mir von wesentlicher Bedeutung die *Grösse* des Assoziations-Materials, das einer sich aneignet; dazu gehört, dass einer mindestens *ein* Gebiet des heutigen Wissenschaftsbetriebs nach allen Seiten dreht und wendet und erschöpft. Das hast Du bei Gott getan, zur Genüge getan; zu allem Überfluss war es noch ein Gebiet, das für Dich auch praktisch von eminenter Wichtigkeit ist. Nichts davon wird Dir verloren sein. Joyce beherrscht x Sprachen. Du beherrschst jetzt Deutsch, Französisch und die Sprache der Medizin; das ist wörtlich zu nehmen, nicht als fades Bild. So füllt sich ein Geist für seine unbekannte Bestimmung. Jede Kombination ist neu und einmalig. Nur *füllen* muss er sich, das ist alles. Und so möchte ich Dir noch einmal, Dir mein geliebter tapfrer Mensch, meinen Respekt dafür bezeugen, dass Du es unaufhörlich tust und nicht nachlässt und lebendig bleibst in aller Wachheit, alles Andre sind nichtige Dummheiten, unser nicht wert.

Was aber das Zweite anlangt, das zu bedenken ist: die abscheuliche Ungerechtigkeit, die Dir widerfahren ist, so gilt für sie, mag sie sich nun zum Skandal auswachsen oder nicht, dasselbe was für mich vier Jahre lang galt: vier Jahre lang lag das Manuskript der »Blendung« wirkungslos, unbekannt oder verachtet bei mir; heute wird es ausposaunt als der Teufel weiss was für ein bedeutendes Werk. Nun, mir scheint die Bedeutung nicht so gross; und dass sie so betont wird, führe ich auf die frühere Ungerechtigkeit zurück; ja, denk einmal an, ich glaube an die *immanente* Rückwirkung von Ungerechtigkeiten, nicht aus irgendwelchen höheren oder göttlichen Gründen, sondern aus ganz einfachen psychologischen, die ich Dir einmal des längeren auseinandersetzen will. Fritz Wotruba, der grösste österreichische Bildhauer ist wegen seiner Talentlosigkeit vor gar nicht vielen Jahren aus der Akademie hinausgeworfen worden. Er ist jetzt 30. 70jährige, in Ehren ergraute Akademie-Idioten ziehen heute vor ihm die Schlapphüte.

Ach, Georg, ich möchte nicht, dass Du diese ganz äusserliche Dummheit des Concours so ernst nimmst wie ein Franzose. Franzose gut, nur darin nicht. Und so bitte ich Dich um Folgendes: richte Deine Augen in den nächsten Tagen auf einen Menschen, der Veza und mir so lieb ist wie Du selbst: Anna Mahler, frühere Frau von Zsolnay, die Tochter Gustav Mahlers kommt für wenige Tage nach Paris. Ich habe Dir viel von ihr erzählt; es ist jene hochbegabte Bildhauerin, deren Werke Du aus Photographien kennst. Du sollst sie *diesen* Sonntag 23. Februar um 2 Uhr nach dem Essen im »Majestic«-Hotel anrufen, als Frau von Zsolnay. Sollte man Dich schlecht verstehen, so füge noch hinzu: die Tochter von Frau Werfel-Mahler (die Mutter und Werfel selbst steigen auch dort ab). Anna kennt Paris gut, aber sie wird sich trotzdem über Deine Begleitung freuen. Du musst *ganz besonders taktvoll* sein und nichts von allem wissen, was ich Dir über sie erzählt habe, ausser der Bildhauerei. Sei klug und lieb und mach mir keine Schande. Es ist eine der grossartigsten und wunderbarsten Frauen unsrer Zeit; bringe sie um Gottes willen mit *niemand* von unsrer Familie zusammen (auch Mathilde Camhi nicht).

Viel vielmals umarmt Dich Elias

Einen »Geschäftsbrief« kriegst Du erst morgen; morgen habe ich erst die Kritiken, die Du brauchst.

Veza an Georges *Februar 1936*

Liebster Georg
Ich gab heute einen Brief Canettis an Sie auf, der schon morgen in Ihrem Besitz sein müsste und es infolge Canettis Saumseligkeit nicht ist. Nun fürchte ich, er könnte missverständlich sein. Ich hab ihn zwar nicht gelesen doch steht darin Sie sollten Anna Sonntag anrufen u. wenn der Brief nicht rechtzeitig kommt werden Sie am Ende zögern es einen andern Tag zu versuchen. Anna bleibt aber sicher 5–6 Tage in Paris (Hotel Majestic, glaube ich, Anna *Mahler*) und da sie neben den beiden

Canettis mir das liebste Wesen ist, liegt mir sehr daran, dass Sie sie sehen (und dabei sehen, welches Kompliment ich Ihnen mache). Hier bekommen Sie schon Angst vor mir, doch darauf kann ich nur sagen: würde ich Ihnen *Anna* zeigen, wenn ich nicht so resigniert wäre, so weisshaarig, so zahnlos, so opulent … (freilich mehr von Milchreis als von Kapaunen).

Nun, wir haben höchstens noch 2 schwere Monate und meine Gewissheit trübt nicht einmal das Föhnwetter. Ich sitze auf unserem Balkon (Ihrem, zu Ostern) und schreibe in einer leichten Bluse. Canetti hat ein Dutzend sehr guter und glänzender Kritiken. Er sendet sie Ihnen bald, wir haben nachbestellt.

Was brauchen Sie denn diese Prüfungen? Sie sind so auch der grosse Arzt Frankreichs und eines Tages werden sie einen herrlichen Roman schreiben. Sie sehen, ich bin gläubiger als Sie (was *mich* betrifft), und Sie werden sich noch einmal auf die Lippe beissen.

Ihre Fackel weiland K. Ks werde ich besorgen. Bitte lassen Sie sich v. Anna unbedingt Photos ihrer Plastiken zeigen, sie freut sich und überdies sind sie hochbegabt.

Also! Anna anrufen!

Auf Ostern freut sich schrecklich

Veza

Elias an Georges — *4. März 1936*

den 4. März 1936

Mein lieber lieber Georg!

Jetzt hast Du also Anna samt Mutter und Werfel kennen gelernt; bevor ich noch Deinen Originalbericht über diese Familie in Händen habe, ist Anna schon zurück und hat mir über Dich berichtet. Du sollst sehr gut aussehen, geradezu breit, völlig gesund (auch darum war es mir bei dieser Begegnung sehr zu tun). Die Sippschaft insgesamt fand Dich besonders sympathisch, zu mehr war ja nicht Zeit. Nach äusseren Ähnlichkeiten zwischen uns beiden wurde vergeblich gesucht. Mir tut es leid, dass Du so wenig mit Anna zusammen warst; sie ist so wunderbar, wie ihre Mutter und Werfel ekelhaft sind; aber ich will Deinem Urteil nicht vorgreifen. Du kommst ja *unbedingt* zu Ostern auf einige Wochen her; damit rechnen wir alle, auch

Anna würde sich darüber freuen. Da wirst Du bei uns wohnen, im schönsten Garten und im schönsten Hause Wiens; und es wird Dir gewiss gut tun, einige der bedeutendsten und wesentlichsten Menschen Wiens kennen zu lernen. Mach Dich rechtzeitig mit diesem Gedanken vertraut, Ostern ist am 12. April. Am besten ist es, Du kommst schon Anfang April; wir (Veza und ich) wären Dir ernsthaft böse, wenn Du es nicht so einrichtest. Das Wohnen kostet Dich natürlich nichts; essen tun wir auswärts, sofern wir etwas zu essen haben; rechne mit etwa 5 Schilling im Tag; mehr brauchst Du kaum, ausser für Theater und Konzerte. Die Luft ist herrlich, eine göttliche ruhige Landschaft, weite Spaziergänge, ein Teil Wiens, den wir, erstaunlich genug, früher gar nicht kannten. Du wirst Dich hier so gut erholen wie in den französischen Bergen. –

Dies nur zur Einleitung und damit Du Dich rechtzeitig auf Deine Reise einrichtest. Im Übrigen ist dies der versprochene Geschäftsbrief; ich muss Dir ausführlich über diese Dinge schreiben, weil ich mich Dir ganz anvertraue. Bitte beachte alles, was jetzt kommt, sehr genau; dem Nissim kann ich das so nicht schreiben; und es wäre ein unheilbarer Schaden, wenn er etwas falsch macht.

Ich schrieb Dir einmal ein Blatt mit einigen ausgewählten Urteilen über »die Blendung«. Was auf diesem Blatt steht, *darf* öffentlich verwendet werden. Zuoberst steht *der* Satz von Thomas Mann, den er selbst zur Veröffentlichung bestimmt hat. Da der Verlag selbst mit diesen Urteilen hausiert (entschuldige das harte Wort) und ich seine Tätigkeit in dieser Richtung gar nicht hindern *darf*, besteht auch kein Bedenken dagegen, dass Nissim etwas davon verwendet. Falls eine Übersetzung notwendig ist, bitte ich Dich um eine sehr exakte Übersetzung besonders des Satzes von Thomas Mann. Natürlich stehen noch viele andre Urteile zur Verfügung. An Zeitungsausschnitten schicke ich Dir vorläufig nur drei, da ich bis jetzt keine andern habe; es gibt noch etwa zwanzig Zeitungsartikel; die Exemplare sind bestellt, aber noch nicht eingetroffen. – Die eine Besprechung war in der »Presse« und ist für Idioten besonders geeignet. Die soll der Nissim auf alle Fälle verwenden. Die zweite, von Hermann Hesse, in der »Neuen Züricher Zeitung« empfand ich als beleidigend dumm; es ist eigentlich die relativ schlechteste, die ich bis jetzt zu Gesicht bekam.

Ganz andrer Meinung war mein Verleger; er war über Worte wie »Reisser« »höchstspannend« »Virtuosenstück« geradezu *entzückt*, und sonderbarerweise gab ihm der Erfolg Recht. Drei Tage nach Erscheinen dieser Kritik kam eine Anfrage von Mondadori, dem grössten italienischen Verleger, die sich auf die Besprechung von Hesse ausdrücklich bezog, und jetzt wird schon wegen einer italienischen Ausgabe verhandelt. Der Nissim soll also selber überlegen, ob es klug ist, diese Kritik zu verwenden. Schliesslich noch ein Interview, nur um die »Popularität« zu zeigen, die mir die »Blendung« so rasch eingebracht hat. Ich habe bereits vier Interviewer hinausgeworfen; bei diesem ging es nicht aus persönlichen Gründen (er wurde mir von besten Freunden wärmstens empfohlen). Für ein Interview ist es auch schrecklich ernst geraten – stell Dir vor, in einer gewöhnlichen illustrierten Wochenausgabe solche Sachen! Die Wirkung dieses Interviews war unglaublich, ich krieg täglich Briefe, mehr als über das Buch selbst; dabei hat der Idiot meine armen Sätze arg verhunzt und gar das Bild, das er von mir aufgenommen hat! Entschuldige, wenn ich Dir diesen Blödsinn noch schicke, aber vielleicht ist es für Nissims Zwecke verwertbar.

Nun zur Sache selbst. Wenn der Nissim ernsthaft etwas zu unternehmen gedenkt, so bin ich ihm nur dankbar. Es gilt gerade in Frankreich als besonders schwer, fremde Romane unterzubringen. Und gerade für Frankreich wäre mein Buch sehr geeignet. Nur ist etwas sehr Wichtiges zu bedenken: der Roman wird in den meisten Kritiken mit Céline, Joyce, Döblin zusammen genannt; er gilt also als ein ganz *hochliterarisches* Werk; *nur unter diesem Titel darf überhaupt etwas dafür geschehen*. Ich habe ein wenig Angst, dass der Nissim, eben als mein Bruder, sich dafür nicht sehr eignet. Das darfst Du ihm natürlich nicht sagen; keineswegs möchte ich ihn kränken; aber bringe ihm bei, dass man das Buch gar nicht literarisch und eigenartig genug herausstellen kann. Er soll sich also besonders auf das Urteil von Thomas Mann und die Besprechung von Frischauer stützen.

Das Buch liegt seit einigen Wochen bei *Grasset*, wohin es warm empfohlen wurde. Nur wenn er dort *ernsthaften* Einfluss hat, durch einen literarisch angesehenen Freund, soll er eingreifen, sonst ja nicht, weil das Ganze sonst zu einer Familiensache entwertet wird. Grasset wäre ausgezeichnet (Julien Green). Versuchen sollte man es auch bei der »Nouvelle Revue Française«. Ich habe keine Beziehung dorthin; und der Nissim soll es auch nur versuchen, wenn er jemand weiss, der dort literarisch sehr vollgenommen wird. Er muss immer betonen, dass ich »Viennois« und nicht Emigrant bin. Von den Emigranten-Schriftstellern hat man, glaube ich, in Frankreich genug. Schliesslich wäre ein Versuch denkbar bei Denoël und Steele, den Verlegern des Céline. – Unter keinen Umständen darf das Buch gekürzt werden. Wenn es zu Verhandlungen kommt, soll man mir rechtzeitig schreiben, wegen des Übersetzers (ich weiss einen jungen begabten französischen Schriftsteller, der Wien gut kennt, ausgezeichnet Deutsch kann, viel schon übersetzt hat, derselbe, der bei Grasset dafür eintritt – dem ich die Übersetzung anvertrauen würde; auf keinen Fall darf die Mathilde Camhi die Übersetzung in die Hand bekommen; man darf ihr nichts darüber sagen.) Das Buch könnte in Frankreich auch finanziell ein riesiger Erfolg werden; für Amerika, wo es sehr wahrscheinlich im Spätherbst erscheinen wird, prophezeit man allgemein diesen Erfolg. Bitte Georg, schau, dass der Nissim keine Dummheiten anrichtet!

Nun die zweite Sache, die für den Augenblick noch wichtiger ist. Erschrick bitte nicht, aber Du musst mir nicht weniger als 4000,– Frcs auftreiben. Ich brauche nämlich für die Monate März, April, Mai je 1000 Frcs als Existenz*minimum* und ausserdem gleich 1000 Frcs zum *Ausstaffieren. Ich habe nämlich keinen einzigen ganzen Anzug mehr und keinen Überzieher*; kein einziges Paar Schuhe, das gut ist und fast nur noch zerschlissene Wäsche. Es ist einfach unmöglich, dass ich so herumgehe, jetzt weniger als je, bis jetzt konnte ich den desolaten Zustand meiner Kleidung halbwegs cachieren, aber länger geht es einfach nicht. Auf irgend ein *sicheres* Einkommen kann ich in diesen nächsten Monaten nicht rechnen; so sicher ich grössere Summen für später in Aussicht habe. Am einfachsten wäre es, Du würdest zuerst mit dem Nissim darüber sprechen; er soll mir (und jetzt wird er doch Vertrauen zu meiner Leistung haben) gleich jetzt 1500 Frcs, Anfang April 1500 Frcs, Anfang Mai 1000 Frcs schicken, und sich das vom Vorschuss für die französische Ausgabe abziehen. Sag ihm das bitte ganz ernst und sachlich. Wenn er nicht will, musst Du gleich zum Onkel Josef gehen, ihm die Sache darlegen, *und zwar als offizielle Bitte von mir selbst:* ich brauche die Familie, mir über diese zwei, drei Monate hinwegzuhelfen. Sie können es ja auch so in drei Malen machen. Du brauchst Dich gar nicht zu schämen; ich mache der Familie nur Ehre; das bisschen Hilfe erhält sie hundertfach zurück. In irgendeiner Form *muss das geschehen*, Georg; ohne dass irgend ein Gejammer darüber losgeht, möglichst diskret. Sag dem Onkel Josef, dass ich vom Vorschuss für mein Buch vom Sommer bis jetzt, also dreiviertel Jahre gelebt habe. Aber nenne darüber keinen Betrag. Und glaube mir, dass kein Grund ist, gar kein Grund, Dich darüber zu schämen. Wenn Du es für klüger hältst, schreibe mir ausserdem direkt. Antworte *sofort.*

Allerherzlichst Dein Bruder Elias.

Und richte Dich zu Deiner *Osterreise.*

Das alles Georg, muss sofort geschehen, da ich schon dringend Geld brauche. Bitte sei nicht feig.

Elias an Georges *23. März 1936*

23. März 1936

Mein lieber Georg!

Ich würde gerne mich gedulden, wenn ich nur könnte! Aber es geht einfach nicht, Du musst jetzt *dringend* etwas ausrichten; unsre Lage hat sich unerwartet verschlimmert. Veza ist sehr krank und liegt im Sanatorium. Ich hoffe zwar, dass sie in einigen Tagen wieder nach Hause darf; aber Du kannst Dir vorstellen, wieviel neue Schulden ich dafür aufnehmen musste. Die 1500 Frcs, um die ich Dich für März gebeten hatte, bin ich jetzt schon schuldig, und diesmal *muss* ich sie zahlen. Bitte Georg verzögere das alles nicht mehr. Ich habe das Gefühl, dass Du Dich schämst, mit Nissim und den Onkels zu reden. Dazu ist nicht der leiseste Grund vorhanden. Auch von ihrem Standpunkt aus wird mein Name für sie noch zu einem guten Geschäft werden, schon gar, wenn mein Buch in Frankreich erscheint. Wenn sie das leiseste Gefühl von Respekt hätten, Respekt für geistige Leistung und von mir aus auch für den dreckigen Erfolg, den sie anbeten, so würden sie mir eine kleine Rente aussetzen, für die nächsten ein, zwei Jahre; sie würden es mir von selbst anbieten, ohne dass ich erst lange darum bitten muss. Aber es ist wohl klüger, Du versetzt niemand mit einem solchen Vorschlag in Angst und Schrecken. Bleib bei dem, was ich Dir gesagt habe; so werde ich wenigstens diese letzten Sanatoriumsschulden und die beiden nächsten Monate übertauchen. Aber *beeile Dich*, ich weiss nicht, was ich tun soll. – Schreib mir, bitte auch, wie der Nissim diese verschiedenen Kritiken aufgenommen hat und ob er wirklich etwas unternimmt. – Eben kam ein Brief von der Mama; sie meint, ihr würdet im April wieder zusammenziehen. Mir scheint das wohl der denkbar schlechteste Plan, den ihr haben könnt. Du kommst doch zu Ostern her, damit wir darüber noch sprechen können? Du kommst bestimmt!

Herzlichst
Dein Bruder Elias

Schreib mir doch endlich, über Dich, Prüfungen, Deinen Eindruck von Anna usw.

Veza an Georges *13. Mai 1936*

13. V.

Liebster Georg!
Ihr Brief war sehr lieb. Bitte beantworten Sie mir die Frage, ob wir Ihnen sehr viel Geld schuldig sind. Herumfahren kann ich nicht, wegen dem Murkl, er ist in einer schrecklichen Depression, ich weiss nicht, wie wir beide darüber hinwegkommen werden. Manchmal glaub ich, ich fall tot um. Können Sie uns nicht etwas apodiktisch schreiben. Alles ist so liebenswürdig unsicher, freundlich und ahnungslos. Und wir können nicht mehr weiter. Mein Herz wirds nicht aushalten.

Und die psychische Verfassung vom Murkl werden Sie selbst erleben.

Werden Sie? Werden wir? Mir kommt es seltsam vor etwas zu planen, zu wollen, zu hoffen. Ja, ich will nichts mehr hoffen. Ich habe Verbrennungen aller drei Grade.

Der Murkl kränkt sich, weil Sie zu Ostern nicht ausgespannt haben. Er meint es wird Ihnen schaden. Sie werden entkräftet sein. Sehr schön von Ihnen, dass Sie mir auch noch Sorgen machen. Der Murkl wollte sich gestern mit einer Feile beide Augen ausstechen. Sie halten mich wohl für verrückt. Trotz allem bin ichs leider nicht. Nur mein Herz will nicht recht schlagen. Es ist so gescheit. Alles Gute und Liebe.

Veza.

Veza an Georges *16. September 1936*

16. Sept.

Liebster Georg!
die schreckliche Nachricht hat mich offenbar doch tiefer getroffen als »seine Schwester«, denn seit zwei Tagen bin ich verstört und jetzt erst hab ich der heldenhaften kleinen Frau schreiben können. Wir wären Ihnen sehr dankbar, wenn Sie uns schrieben, *was* der arme Hans in seiner Verwirrung mit Ihnen gesprochen hat. Jeder Fetzen eines Satzes würde uns interessieren.

Der Gedanke in Ihrem Brief, Canetti könne sich Vorwürfe machen hat mich ein wenig mit den Gedanken Ihres früheren Briefes versöhnt. In der Tat, er war furchtbar unglücklich über diesen bestimmt unvermeidlichen Selbstmord und erklärte mir, *er* sei der Mörder. Was Ihre Gedanken in Ihrem vorletzten Brief anlangt, so nehme ich an, dass Sie sie nie gedacht haben. Anders könnt ich Sie nicht achten. Ich liebe Sie nach wie vor, aber ich werde Sie nicht achten, wenn Sie auf einem einzigen dieser Gedanken beharren.

Ihr Bruder, der gütigste und nobelste Charakter den ich kenne, konnte drei Nächte nicht schlafen. Dann beruhigte er sich und wollte, dass ich Ihnen schreibe, er hätte den Brief nie bekommen, *ich* hätte ihn unterschlagen. Denn er wollte nicht, dass *Sie Ihren* besten Freund verlieren.

Was aber *seine* Briefe anlangt, so möchte ich feststellen, dass er nicht Geld wollte sondern Hilfe. Geld ist kein Ausdruck für das was wir gebraucht haben. Wir hungerten. Wir hatten keine Kohle. Wir waren krank und hatten keinen Schilling im Haus. Lange lange Zeit. Mein Bruder, ein armer Greissler in Surrey, zahlte uns den Zins. Dann konnte er nicht weiter und wir hatten auch nicht den Zins.

Ich schreibe Ihnen das alles, weil sich unsere Lage gebessert hat und in einigen Wochen noch bedeutend bessern dürfte. »Mit siebzig Prozent Wahrscheinlichkeit«, sagt der Filmdirektor, der Canettis Film erworben hat. Es ist ein Film, in dem der Geiger Huberman die Hauptrolle spielt. *Dies Letztere ist ein Geheimnis* und es könnte *uns sehr schaden*, wenn Sie es ausplauderten. Mit siebzig Prozent Wahrscheinlichkeit kommt der Film zustande. Sie sehen, ich bin sehr vorsichtig geworden und spreche in Prozenten.

Was aber Canetti anlangt, so hat er, trotz dem wir hungerten und von nirgends Hilfe kam (meine Operationsspesen bezahlte der Arzt, der mich unentgeltlich operierte) immer nur gewartet, dass *Sie kommen* würden. Ich werde diese Ostern nicht vergessen, als er auf Ihr Kommen wartete, nicht vom Hause ging, dem Briefträger nacheilte, und zuletzt wartete er nicht mehr auf Sie, aber wenigstens auf Ihren Brief und dann wär er selbst froh gewesen mit Ihrem Bruder Nissim. Aber Sie haben nicht einmal abgeschrieben.

Und dies alles, nachdem ich Ihnen in einem Brief geschrieben habe, was Sie mir bedeuten. Ich habe noch bis heute nicht Canetti gestanden, dass ich Ihnen diesen Brief schrieb, so sehr schämte ich mich Ihrer »Antwort«. Nicht meines Briefes, er weiss, wie sehr ich Sie liebe.

Was Ihre schöne Mutter anlangt, so möcht ich, dass Sie, falls Sie nicht abergläubisch sind, ihren Zustand in den Briefen an Canetti (denn Sie werden ihm einen herzlichen Brief schreiben) übertreiben. Canetti will immer einen beschwingten Moment abwarten ehe er ihr schreibt und die arme Frau wartet auf Nachricht. Ich dränge, aber es hilft nichts. Bitte helfen Sie nach. Und nochmals bitte mehr über Hans Asriel und seine Mutter.

Die dankbaren Adoptiveltern Ihres Patienten, dem Sie »das Leben gerettet haben«, waren sehr nett. Sie sprachen so von Ihnen, wie ich Sie mir immer vorgestellt habe und sie haben das Eis gebrochen. Ich möchte sagen *Eisen*, denn Ihr Brief war wie ein Dolchstich.

Veza.

Veza an Georges *Poststempel vom 10. November 1936*

Dr. Georg Canetti
85, rue de la Convention
Paris

10. Okt.

Lieber Georg
Gegen Ende des Monats trifft in Paris eine junge Dame ein, die ihrem Mann nachfährt. Sein merkwürdiges Schicksal wird sie Ihnen selbst erzählen. Wir wollen Sie bitten ihr mit *Ratschlägen* an die Hand zu gehen, sie ist Doktor phil und sucht eine Stelle eventuel aupair. Sie hat Freunde in Paris, dennoch möchten wir, dass Sie sie ein wenig beschützen. Sie ist reizend.

Bitte schreiben Sie uns, wie es Ihrer Mutter geht. Elias wird ihr bald eine kleine Überraschung schicken. Wie geht es *Ihnen*? Ich hab eben Napoleon von Aubry gelesen und kann es Ihnen sehr empfehlen. Bitte schreiben Sie*

Allerherzlichst Veza

* auch ob die junge Dame kommen kann.

Veza an Georges *25. Mai 1937*

25. V.

Lieber Georg!
Sie haben an Canetti aus Deutschland eine Karte geschrieben, über die er sehr glücklich war, er trägt sie immer bei sich herum und wenn er nicht darauf geantwortet hat, so geschah es aus folgendem Grunde: er hat nämlich eine Einladung nach Paris anlässlich eines Schriftstellerkongresses und gedachte Sie, und vor allem seine Mutter, mit seinem plötzlichen Erscheinen zu überraschen. Für seine Mutter erhoffte er sich, wie er mir versichert, viel davon, denn wir haben gehört, dass sie sich schwach und niedergeschlagen fühlt, und das ist wohl in erster Linie auf das niederträchtige Föhnwetter zurückzuführen, das mich selbst so krank macht, dass ich fast immer zu Bett liege. Die Informationen über Ihre Mutter haben wir natürlich von Mathilde. Nun geht nicht immer alles wie mans vorhat, Canetti bekam eine Aufforderung im Prager Radio zu lesen und dort in der Urania vorzutragen. Beides hat er mit Erfolg getan, ist

aber noch in Prag, weil er dort sehr gefeiert wird. Aber, obwohl er ein saumseliger Briefschreiber ist (und Sie sind um kein Haar anders) hat er mich doch gebeten, Ihnen dies alles mitzuteilen. Denn in zwei, drei Tagen wird er wohl hier sein, aber dann geht die Passschwierigkeit an, die Einladung zum Kongress ist wohl erleichternd immerhin dauert es oft Wochen, bis so eine Sache bei einem Staatenlosen erledigt ist. Können Sie übrigens von dort aus nichts unternehmen, um dem nachzuhelfen? Der Kongress tagt Ende Juni, aber Canetti will viel früher dort sein, er hat Sitzungen vorher, und dies ist auch ein Grund, warum er nicht bei Ihnen wohnen wird. Sehen Sie es nicht als Verschwendung an, wenn er sich ein apartes Logis nimmt, er empfängt Kongressmitglieder, es gibt nächtliche Debatten, er muss also isoliert wohnen und in Hitze geraten können. Also erstens, Georg, was können Sie unternehmen, damit die Bewilligung beschleunigt wird? Zweitens: wo finden Sie ein Zimmer für ihn? Er hat allerhand Erfolge zu verzeichnen, auf die er in Paris ausführlich eingehen wird. Er kann es offen gestanden nicht erwarten, mit allem herauszuplatzen, denn in seinem masslosen Ehrgeiz möchte er ganz besonders seiner Mutter Eindruck machen und Ihnen sozusagen ihr Herz rauben (denn er ist recht eifersüchtig). Freilich will er Ihnen dafür seines schenken, er liebt Sie nach wie vor. (Ob Sie es verdienen?) Inliegend ein Ausschnitt aus dem prager Tagblatt, viel bessere Kritiken wird er selbst mitbringen, nur ein Interview lege ich bei.

Bitte stimmen Sie seine Mutter gut gegen ihn, denn er ist so voll vor Erlebnissen und Ereignissen, und brennt so sehr darauf, ihr dies alles zu Füssen zu legen, dass es ihn empfindlich kränken würde, wenn sie es nicht so aufnähme, wie er es meint. Er hat wohl niemanden so gern wie sie. Verzeihen Sie die etwas wackelige Schrift. Aber ich bin mit dem Herzen nicht ganz gesund und habe mich eben beim französischen Konsulat wütend geärgert, weil alles so schleppend geht. Ich hätte Ihnen diesen Brief schon vor 2 Wochen schreiben sollen, verraten Sie mich also nicht bei Canetti, es ging so vieles durcheinander. Und jetzt die besten Wünsche und helfen Sie ein wenig in administrativer Hinsicht nach.

Veza

Bitte bestätigen Sie mir sofort diesen Brief, weil ich nicht weiss, ob die Adresse stimmt.

Wien, den 1. Juni 1937

Mein lieber Georg!

Gestern bin ich von einer Vortragsreise durch die Tschechoslowakei zurückgekehrt. Ich hatte, wie Veza euch schon vor längerer Zeit geschrieben hat, die Absicht, gleich darauf nach Paris zu fahren, zu einem Schriftstellerkongress, zu dem ich eingeladen bin. Er fängt zwar erst in zwei, drei Wochen an; aber es lag mir sehr viel daran, an den vorbereitenden Arbeiten teilzunehmen; auch hätte ich gern die freie Zeit zu einem häufigeren Beisammensein mit euch benützt – wozu ich während des eigentlichen Kongresses viel weniger leicht Gelegenheit gefunden hätte.

Nun war ich heute auf dem hiesigen französ. Konsulat: man macht mir dieselben alten Schwierigkeiten; es wurde an das französische Aussenministerium, Abteilung für Fremdenkontrolle telegraphiert. Ich gab als Grund für meine notwendig rasche Reise an, ich möchte meine kranke Mutter besuchen, die ich jetzt über zwei Jahre nicht gesehen habe. Bitte nehmt mir das nicht übel; schliesslich komme ich ja wirklich auch, um die Mama zu sehen; der Kongress ist eine so gute Gelegenheit dazu. Wenn ich den Kongress angebe, schieben sie meinen Besuch auf die lange Bank. Ich warte also jetzt die telegraphische Antwort des Aussenministeriums aus Paris ab. Die unverschämten Leute hier auf dem Konsulat sagten mir, das könne ein, zwei Wochen dauern. Es wäre also gut, wenn der Nissim noch am Donnerstag ins Aussenministerium geht, den für mein Gesuch zuständigen Beamten ausfindig macht und eine rasche telegraphische Erledigung durchsetzt. Als Referenzen gab ich Nissim in Paris und Hoepffner in Strassburg an.

Antwortet mir sofort, was ihr unternehmen könnt. Die allerherzlichsten Grüsse Mama, Nissim und Dir

von Eurem Elias

Die Prager Reise war ein grosser Erfolg!

Veza an Georges *7. Juni 1937*

7. Juni

Lieber Georg!
Bitte vermitteln Sie diesen Brief. Ich bin hocherfreut, dass es Ihrer Mutter besser geht. Canetti ist leider nicht ganz gesund, ein Lungenspitzenkatarrh ist nicht ausgeheilt, immer hat er Herzbeschwerden, Magenweh und eine Akne auf dem Kopf. Immer ist er noch ein Wurschtl und erledigt die wichtigsten Verpflichtungen *nicht*. So muss er jetzt *dringend* ein Interview nach Prag schicken, denn in Prag ist er weltberühmt. Bitte übernehmen Sie ein wenig meine schwere Rolle und fragen Sie ihn jeden Tag: was ist mit dem Interview? Damit er es noch dieses Jahr abschickt. Fragen Sie ihn auch immer, ob er mir schon geschrieben hat, seine Briefe erledig immer ich, mir selbst kann ich aber nicht auch schreiben. Wollen Sie nicht zu uns kommen, falls es Ihrer Mutter besser geht? Wir wohnen paradiesisch schön.

Allerherzlichst
Veza

Veza an Georges *19. Juni 1937*

19. Juni

Geliebter Georg!
Ich habe nicht Elias geliebt und nicht Sie, sondern ich habe Ihre Mutter geliebt. Ich war ihr verfallen. Und so weiss ich keinen Trost für Sie.

Ich habe nur eine Bitte: nehmen Sie auf uns Rücksicht, denn mir und Elias sind Sie *alles*. Erhalten Sie sich für uns. *Wir können nicht sein ohne Sie.* Sie sind unser Glück und unsere Frucht. Ich werde den Brief gut aufheben, den ich heute über Sie bekam, er wird Sie einmal freuen und überzeugen.

Es tröstet mich, dass Sie so gut zu dieser herrlichen Frau waren.

Georg, bleiben Sie uns, wir sind es wert.

Veza.

Mathilde Canetti

Georg: eben nach dem Essen, eine Stunde nach dem Telephongespräch mit Dir, ist es zur gefürchteten Aussprache mit Nissim gekommen. Sie ist viel schlimmer verlaufen, als ich je befürchten konnte. Das hättest Du mir nicht antun dürfen, Georg, Du denkst an alle Menschen, mir hast Du die tiefste Demütigung bereitet, die mir seit dem letzten Pariser Aufenthalt vor zweieinhalb Jahren zugefügt wurde. Ich bin Nissim in ein andres Zimmer gefolgt und habe ihn gebeten, mir tausend Francs vorzustrecken; weiter gar nichts; von den andern Dingen, über die wir beide, Du und ich, kurz sprachen, war gar nicht die Rede. Seine erste Reaktion: »Du bist wohl verrückt; ich denke gar nicht daran, Dir Geld zu leihen. Wie komm ich überhaupt dazu.« Ich sagte, dass ihr das doch besprochen hättet. Nein, behauptete er, er hätte mit Dir ausgemacht, dass ich alle vier Tage 100 Frcs bekomme, von ihm. Das könne ich auch haben. Ich war so dumm, ihm zu erklären, dass ich 500 Frcs der Veza schicken will, für die Miete am 1. Juli (was auch wahr ist, denn wenn sie die Miete am 1. bezahlt, bleibt ihr kein Geld in Händen) und 500 Frcs für mich haben möchte. Er hat in der niedrigsten und unflätigsten Weise darauf reagiert. Da wir, bis auf denselben Augenblick, in der freundlichsten Weise, ja fast zärtlich miteinander gesprochen hatten, war ich so verblüfft, dass ich das Gespräch gar nicht abbrach, was sicher das Klügste gewesen wäre. Er hat erklärt: dass gar kein Geld da sei, es sei alles für das Begräbnis aufgegangen. Dass aus Palästina und England Geld nie oder wer weiss wann eintreffen würde. Er sei kein Bankier. Er habe Geld genug zu Hause, aber er denke gar nicht daran, mir etwas zu geben. *Sein* Geld gehöre ihm. Wenn ich von *seinem* Geld 100 Frcs alle 4 Tage haben wolle, bitte. Es sei eine Schande, dass ein Mensch in meinem Alter sich nicht allein erhalten könne u.s.w. u.s.w. Zum Schluss erklärte er sich bereit, mir 500 Frcs für die Veza zu geben, weiter nichts.

Dieses Gespräch, das etwa zwanzig Minuten gedauert hat, hat in mir alles Gefühl für den Nissim, das ich mit solcher Mühe angefacht hatte, wieder getötet. Ich habe ihm kein hartes Wort gegeben. Ich bin ganz ruhig und freundlich geblieben, weil ich der Mama drei Tage vor ihrem Tod versprochen habe, nie wieder mit einem von euch zu streiten, auch mit Nissim nicht. Ich habe dieses Versprechen so ernst genommen, dass ich den Nissim ganz anders *sah*, als lustigen, charmanten Burschen, als Vater u.s.w. In Wirklichkeit ist er ganz der Alte; nicht einmal unser grosses gemeinsames Erlebnis, das mich mit Zärtlichkeit und Liebe für ihn erfüllt hat, hat ihn geändert. Ich habe natürlich nichts, auch die 500 Frcs für Veza nicht, von ihm genommen. Ich habe ihm zum Abschied die Hand gegeben und ein paar freundliche Worte. Ich will ihn nie wieder sehen. Ich möchte sofort von hier wegfahren. Ich habe gar kein Geld, ich kann nicht einmal weg aus Paris. Ach, Georg: ich wusste doch, warum ich vor diesem Gespräch solche Angst hatte. Ich wollte alles vermeiden; ich wollte, dass ein brüderliches Verhältnis zwischen uns herrscht; wegen 1000 Frcs, die doch da sind, hat der Nissim alles zerstört. Was soll ich jetzt tun? Einen andern Menschen, der so zu mir gesprochen hätte, hätte ich *ermordet*. Die Veza darf das nie erfahren. Sie hat sich ohnehin so gefürchtet. Er war genau so gemein wie früher. Was gehn mich diese Sentimentalitäten an, hat er sechsmal erklärt. Georg, Georg, Du hast in Deiner grössten Verzweiflung nicht vergessen, dem Vernier zu helfen, und mich hast Du wieder der trostlosesten Erniedrigung ausgesetzt.

Elias.

Elias an Georges *15. und 25. Juli 1937*

Paris, den 15. Juli 1937

Lieber Georg!
Das sind also gute Nachrichten: ich habe beschlossen, sie Dir zu glauben; denn unmöglich kann ich glauben, dass Du Deinen sehr ernsten Schwur, den Du mir im Auto, auf dem Weg zur Bahn, gegeben hast, brechen könntest. Du bist also nicht krank, und als ich das las, hab ich vor Freude einen wahrhaftigen Luftsprung gemacht. Stell Dir vor, wie anmutig das aussah. Ich hatte Lust, Dir gleich nach Deiner Abreise, Sonntag vormittag zu schreiben. Aber dann schien es mir »menschlicher«, die grossartigen Ermahnungen (Kerl! was hab ich mir für Kanonen, Tanks allerschwersten Kalibers an Ermahnungen für Dich ausgedacht!) aufzusparen, bis ich Nachricht von Dir hätte. Nun aber, ganz im Ernst, Georg, hast Du die verdammte

Pflicht und Schuldigkeit, Veza und mir, vor allem aber Deiner eigenen Wissenschaft gegenüber, nichts zu tun, was Deinen Zustand verschlimmern könnte. Erstens: *bleib* solange als möglich oben, mindestens 14 Tage. Zweitens: teil Dir Deine Arbeit so ein, dass Du öfters Urlaub nehmen kannst. Du *musst* Anfang Oktober nach Wien kommen, wenn's auch nur auf 14 Tage wäre. Die Veza hat nach unserm Telephongespräch die ganze Nacht geweint, weil sie dahinter gekommen ist, dass wir sie anlügen. Sie hat begriffen, dass Du überhaupt nicht nach Wien kommen willst. Ich habe seither in zwei Telegrammen, zwei Briefen und einem Telephongespräch das Gegenteil *beteuert:* ich habe erklärt, dass »Ende des Jahres« ein Versprechen von Dir war, und dass Du wirklich im Oktober kommen willst. Du musst *sofort* der Veza schreiben; sie weiss, dass Du seit ein paar Tagen in St. Hilaire bist. Du musst sie beruhigen, in jeder Hinsicht, besonders auch in dieser; ausserdem wäre ich Dir sehr dankbar, wenn Du ihr zuredest, ein Dienstmädchen aufzunehmen, schon *damit sie mehr schreiben kann.* Erwähne auch die grosse Novelle, die Du gelesen kannst.

Basel, den 25. Juli

Lieber Georg, da hast Du also einen angefangenen Brief, den ich rund zehn Tage mit mir herumgetragen habe. Vielleicht hast Du inzwischen der Veza schon geschrieben; hoffentlich so, wie wir es besprochen haben. Wenn nicht, tue es bitte jetzt gleich. Schreib auch, für uns beide, Deine Aphorismen ab und schick sie recht bald.

Folgende Bücher habe ich mir von Dir mitgenommen, für die Veza; Du bekommst sie natürlich zurück, sobald Du in Wien bist:

4 Bände Jules Romains
2 Bände Proust (Du côté de chez Swann).
Stendhal: Lucien Leuwen. 2 Bde.
Valéry: Variété I.
Gide: Congo. Tchad. Pages du Journal.

Zusammen also zwölf Bände, davon nur einer für mich (Valéry). Die Tagebücher der Goncourts und einen Band »Rhumbs« habe ich bei Nissim hinterlegt.

Den Lévy-Brühl und die beiden Champions schicke mir direkt nach Wien, womöglich noch im Laufe dieser Woche, weil wir im August in die Berge fahren. Du kannst aber auch die Champions behalten, falls sie Dir gefallen. Auf alle Fälle behalte den Metalnikow, den ich mir nochmals gekauft habe.

Von Dienstag bis gestern war ich in Strassburg, wo ich von meinen alten Freunden, auch von Cohns, überaus freundlich behandelt wurde. Gestern fuhr ich von Strassburg ab, um die Veza an meinem Geburtstag zu überraschen. Der Zug hatte Verspätung und in Basel fuhr mir der Wiener Schnellzug vor der Nase davon. So musste ich hier übernachten. Ein Glück, dass ich die Schweizer Francs noch hatte. Dabei ist mir totenübel und ich habe hohes Fieber, der Teufel weiss wovon. In einer Stunde geht mein Wiener Zug ab. Ein trauriger Geburtstag, was!

Durch Zufall lernte ich in Paris einen Wiener Arzt, *Dr. Sommer*, kennen, der aus Wien weg musste und in furchtbarstem Elend in Paris lebt. Er hat Frau und zwei Kinder in Wien, die, wie er, am Verhungern sind. Ich konnte ihm nur wenig Geld geben, nicht genug, um seine medizinischen Apparate, die er um 220 Francs versetzt hat, auszulösen. Er hat eine Arbeit über den Joghurt-Bazillus beim Pasteur-Institut eingereicht. Ich habe ihm Deine Adresse gegeben. Er wird Dir schreiben. *Bitte, Georg, empfange ihn gleich*, sei taktvoll mit ihm, er ist sehr empfindlich, und trachte ihm in jeder Hinsicht zu helfen. Ich meine, Du als Arzt, wirst am besten herausbekommen, was man mit ihm anfangen kann. Er ist durch sein Elend ganz verstört; wochenlang hat er in keinem Bett geschlafen. Vermeide aber doch alle politischen Gespräche mit ihm: man ist nie ganz sicher, mit wem man es zu tun hat.

Elias

Schreibe mir bitte, wie Du über den Dr. Sommer denkst und was Du für ihn tun kannst.

Gersbergalpe, Salzburg 11
10. August 1937

Mein lieber kleiner Georg!
Jetzt ist es genau ein Monat her, dass wir auseinander sind, ich hatte *einen* Brief von Dir, und Veza keine Sterbenssilbe. Ich weiss wirklich nicht recht, warum Du nicht schreibst. Ich bin darum besonders beunruhigt – weil Du doch so fest versprochen hattest, Dich bei Veza zu melden, und welchen Grund könntest Du haben, es nicht zu tun? Bald fürchte ich, dass Du krank bist, aber das würde mir Nissim doch melden. Dann suche ich mich bei dem Gedanken zu beruhigen, dass die Übersiedlung und das Einarbeiten Dich zu sehr in Anspruch nehmen, auch kein erfreulicher Gedanke. Jedenfalls bitte ich Dich dringend, *sofort* Nachricht zu geben, und zwar ausführliche. Solltest Du wirklich gar keine Zeit haben, dann wenigstens eine Karte, aber das unbedingt.

Ich hatte, als ich Deinen Brief aus St. Hilaire bekam, sofort eine Antwort begonnen; aber erst in Basel, an meinem traurigen Fiebergeburtstag, schrieb ich ihn fertig. Im letzten Moment, bei der Abfahrt, fiel mir ein, dass ich ihn noch in der Tasche hatte, und so gab ich ihn einem Schweizer Zeitungsfräulein; sie versicherte, sie habe oft schon Briefe für eilige Passagiere eingeworfen. In der Erinnerung an alle ehrlichen »Töchter« unsrer schönen Züricher Zeit war ich ganz sicher, dass Du den Brief bekommen hast. Es scheint aber nicht so zu sein, vielleicht hast Du gar keine Antwort von mir bekommen und bist darum böse. Jedenfalls: lass mich nicht länger rätselraten und schreib wirklich *sofort.*

Ich kam mit einer heftigen Angina in Wien an und lag ziemlich lange. Veza ist nicht allzugut beieinander. Jetzt sind wir seit ein paar Tagen auf der Gersbergalpe bei Salzburg, wo wir schon vor 5 Jahren zusammen waren. Es ist unbeschreiblich herrlich hier, und ein Jammer, dass Du nicht da sein kannst. Vielleicht kannst Du doch. Wir bleiben bestimmt den ganzen August; Ende des Monats bekommen wir Besuch von Herrn Hoepffner aus Strassburg. Da er nicht vor dem 26. kommen kann und bis 30. bleibt, sind wir auf alle Fälle solange hier gebunden. Doch werden wir in der Zwischenzeit einen zwei–

dreitägigen Besuch beim frischgebackenen Ehepaar Renée–Blatt in Fusch machen durften. – Und nun muss ich Dir etwas höchst Merkwürdiges und Schönes erzählen. Der Blick, den ich von hier habe, geht genau in die Richtung Reichenhall. Ich sehe den Hochstaufen, den Zwiesel und den Predigtstuhl, Berge, die die allernächste Umgebung Reichenhalls ausmachen. Als ich das letzte Mal mit der Mama in Reichenhall war, ging unser Blick gerade auf Staufen und Zwiesel. Es ist keine zwanzig Kilometer von hier hinüber. Zwischen diesen Bergen, immer im Dunst und von ganz niedrigen Hügeln verborgen, liegt Reichenhall. Die Luft über *Nonn* streicht heute bis zu mir, von dort kommt auch Regen. Die erste Zeit in Reichenhall (1916, als wir dann zu euch nach Rheinfelden kamen) war die Zeit meiner heftigsten Leidenschaft für die Mama. Damals trug ich dem Dozenten, der auch dort war, Ohrfeigen an. Ich ahnte gar nicht, warum ich gerade hierher auf die Gersbergalpe wollte; es kam wie von selbst. Jetzt weiss ich genau, was mich hergezogen hat. So habe ich, für uns drei, Nonn die Reverenz erwiesen, auf eine viel schönere Weise, als wenn ich dort wäre, in dem ich es immer *sehe* und die Luft von dort spüre. Du kannst das auch dem Nissim erzählen, wenn Du es für richtig hältst und wenn er einmal allein ist.

Sei vielvielmals umarmt von Deinem Bruder Elias

und schreib sofort

Elias irrt sich manchmal und sagt mir Georg und das freut mich immer sehr. *Schreiben* Sie!!

Ich bekam *nie* einen Brief von Ihnen.

Veza

Bitte bald um die versprochenen Aphorismen!!

Veza an Georges — *16. August 1937*

16. VIII.

Lieber Georg!

Ihr Stillschweigen auf Canettis zärtliche Briefe ist mir unerklärlich und hatte bei ihm einen Wahnsinnsausbruch zur Folge. Dies ist leider keine Übertreibung, sondern diese erschütternde Wahrheit ist der Anlass meines Briefes.

Den letzten grossen Anfall hatte er im vorigen Sommer, als das Filmprojekt misslang. Er tastete damals mit zuckenden Lidern durchs Zimmer, er war blind und sagte, ich wolle ihn erdolchen. Als er zu sich kam erklärte er mir sein Tasten, mit dem Wunsch einen Ausgang zu finden, um vor mir zu fliehen, die ich ihn erdolchen wollte!

Gestern Nacht phantasierte er von einer Frau, die *Sie* ihm entfremden würde, die *Sie* entgegen dem letzten Wunsch Ihrer Mutter heiraten wollten. An der vollen Richtigkeit dieser Behauptungen begann ich zu zweifeln, als er über mich sagte, ich sei eine grosse Schönheit, aber ein böser Mensch. Da der Gram meine Züge verwüstet hat, musste ich auch den zweiten Teil seiner Behauptung nicht tragisch nehmen. Tragisch nehm ich den Anfall. –

Was mein Leben mit ihm anlangt, so möchte ich, um nicht den Vergleich von der Karybdis und Scylla zu gebrauchen, sagen, dass ich zwischen Wahnsinn und Selbstmord hin und herpendle. Meine beständige Rücksicht auf seine Schrullen und Neigungen erfordert eine Selbstkontrolle die mich schwer gefährdet. Meine Verzweiflung über sein Hölderlin-Schicksal zeigt mir den Selbstmord als einzigen Ausweg. Wenn er auf Reisen ist, finde ich mich selbst allmählich, werde weit und glänzend und mich packt die Sehnsucht nach einem freien, gesunden, unbeschwerten Leben, ich möchte weg – weg von ihm. Wenn er zurückkommt überfällt mich Mitleid und solche Bewunderung seines *Genies* und seiner *grenzenlosen Güte*, dass ich wieder ins Alte verfalle.

Ich schreibe Ihnen dieses alles, damit Sie zu Hilfe kommen. Ich möchte Ihnen alles über ihn erzählen und vielleicht wissen Sie als Arzt einen Ausweg. Er sagt, Sie sind einer der grössten jetzt lebenden Gelehrten und er schreibt jetzt nur über Sie. Wenn Sie eine Möglichkeit wüssten, einen Weg, das Schreckliche abzuwenden, er würde uns dabei selbst helfen, denn er weiss Bescheid über sich.

Als er mir im Sommer über Sie schrieb und ich Ihre Stimme hörte, hatte ich grosse Sehnsucht nach Ihnen. Mehrmals fasste mich der leidenschaftliche Wunsch Ihnen zu schreiben und Sie zu rufen. Ich tat es nicht. Aber jetzt schreibe ich Ihnen. Sie müssen kommen, im Oktober oder wann Sie können. Er versicherte mir angstvoll, Sie würden nicht kommen. Und weil ich es beinahe fürchte, wenn ich Ihre Indifferenz gegenüber seiner Zärtlichkeit sehe, schreibe ich Ihnen. Ich bitte Sie, diesen Brief sofort zu zerreissen. Es darf kein Dokument existieren, das über Canettis Persönlichstes Aufschluss gibt.

Ich möchte auch nicht wie eine Heilige dastehen, ich bin es keineswegs. Ich bin zu gequält, zu unwirsch, alle seine Schwächen, edle Schwächen, die er sich nur nicht leisten kann, weil er arm an Geld ist und arm an Kraft, alle Schwächen bekämpfe ich immer wieder und quälte ihn immer wieder. Freilich hat mich unsere frühere Notlage so hart gemacht.

Ich bitte Sie nun, ihm sofort zu antworten. Diesen Brief bestätigen Sie mir mit der Fussnote »Herzliche Grüsse an Veza«. Sie können mir direkt erst ab 5. Sept nach Wien schreiben, dort übernehme ich die Post. Aber es hat wenig Sinn. Ich brauche einen Arzt hier, der ausserordentlich klug ist und der Wunder tun kann.

Veza.

Veza an Georges *18. August 1937*

18. VIII.

Geliebter Georg!
Vor meinen Augen entnahm heute der Bote auf der Alpe dem Kasten meinen Brief an Sie und reichte mir Ihren. Und ich musste ihn abgehen lassen, ohne seinen Inhalt zu mildern. Ich kann nichts darin abschwächen. Nur kann ich Ihnen, ermutigt durch Ihren Brief gestehen, dass mich Entzücken fasst bei dem Gedanken Sie wiederzusehen.

Was Sie schrieben ist sehr klug und gut und ich möchte es Ihnen zurückgeben. Denn als mir Elias aus Paris eine Schilderung Ihrer Person gab, blies ein wilder Sturm die Asche von meinem Herzen. Sie haben aber nichts zu fürchten: sie klebt unbarmherzig auf meinem Haupt.

Ich kann nichts mildern in meinem Brief über Canetti. Ich kann Ihnen nur versichern, dass er mehr gefährdet ist, als ich schreiben mag, dass Sie Unrecht hätten, daran zu zweifeln, dass ich ihn liebe, wie nur eine Mutter liebt, dass ich ihm aber in jeder Weise und bedingungslos diene – und dass mich dieser Dienst quält. Es erinnert mich an Ihren aufopfernden Dienst an Ihrer Mutter, deshalb schreibe ich es Ihnen, und auch das ist vermessen, dieser Vergleich, – Sie taten mehr. Und mir steigt das Haar zu Berge bei dem Gedanken, Sie könnten nicht täglich sich selbst ein Hohelied singen, für das was *Sie* getan. Wir singen es Ihnen.

Ich denke immer an Sie. Und ich habe tausend Listen es dem Murkl zu verbergen, denn er klammert sich an meinen Rock, wie einst an den seiner Mutter und lässt mich nicht heiraten, wie sie. Er möchte selbst meine Träume einpanzern. Und er gibt mir den ganzen Tag zu denken: was verschwendet er jetzt an seiner Kraft, seiner Habe, seiner Phantasie, seiner Zeit. Und dabei soll ich behutsam sein, wie die Friseurin der Kaiserin Elisabeth. Wehe ihr wenn ein Haar ausfiel. Oh! ich hab ihm schon manches Haar ausgerissen.

Sehen Sie mein Bild, wie hart ich geworden bin. Und dabei hielt mich der Photograph für einen Star und puderte meine Falten weg. Aber was wollen Sie! Ich musste mit herrischer Miene den Lieferanten, der uns das Frühstück brachte, anherrschen: »Wie! Sie können nicht einmal hundert Schilling wechseln! Dann trollen Sie sich!« Damit er nicht merkt, dass nicht ein einziger im Hause ist. So wurde ich hart.

Ich bin *verzweifelt*, dass Sie rasen wie ein Rennfahrer! Von Wien aus schick ich Ihnen ein Lieblingsbuch, Hoepffner verehrte es mir »La Princesse de Clève« der Mme de Lafayette.

Wir erwarten Hoepffner in einer Woche. Und dann fahren wir nach Wien zurück. Falls Sie mir schreiben wollen, lieber erst nach Wien. Aber ich fürchte, wenn Sie schreiben, werden Sie nicht kommen. Diesen Brief bestätigen Sie mir am besten mit einer Ansichtskarte hierher. Ich komme Ihnen da sehr entgegen, denn wohl schreiben Sie wunderschön, aber wunderselten und haben da Ihrem Bruder nichts vorzuwerfen.

Ob Canetti arbeitet? Geliebter Georg, Sie kennen den Grad seiner Verstörtheit nicht. Ich zittere Ihnen darüber zu schreiben. Sie müssen kommen!

Veza.

Mein Brief ist so banal gegen Ihren, doch ich wollte Ihnen gleich, gleich schreiben.

22. VIII.

Das Entsetzliche ist geschehen. Wenn Genie »die Fähigkeit ist, unendliche Leiden zu ertragen«, bin ich ein Genie. Gestern hatt Canetti den ersten grossen Wahnsinnsausbruch. Den Anstoss dazu gab ich, weil ich selbst die Nerven verlor. Es war wieder über seine Verschwendungen, besonders an Zeit, die er mit den dümmsten und nichtigsten Mädchen verbrachte. Ich wollte erzieherisch vorgehen und ⟨wollte ihn ..... Anna⟩ die ihn sehr achtet. Es war das Ärgste was ich ihm antun konnte, aber ich versichere ich bin meiner nicht mehr mächtig. Ihm nachgeben heisst, ihn sich ganz vergeuden lassen. Das ist Auflösung. Ihn kennen heisst, ihn in Wahnsinn treiben. Das tat ich gestern.

Zu Hause begann er fürchterlich zu lachen, ich erschrak sehr, aber er sagte uns, *Sie* hätten beim Tode Ihrer Mutter auf diese Weise gelacht und so dachte ich es wäre ein Nervenkrampf und würde vorübergehen. Er verlangte Tee und ich reichte ihm ruhig seine Schale. Die musste ich aber mit meiner vertauschen, weil seine vergiftet war. Dies kenne ich seit 12 Jahren und es machte keinen Eindruck, wiewohl sein Gesichtsausdruck mich entsetzte. Ich trank seinen vergifteten Tee und er legte sich nieder. Sein Kopf war sehr rot. Und jetzt phantasierte er, er sei im Irrenhaus, der Musiker L. sei sein Irrenwärter, dem ich heimlich bestellt habe, die Kosmetikerin (eben eine dieser hohlen Gänse) sei eine Wärterin. Ich selbst sei sehr sehr böse und hätte ihn vor 3 Wochen in den Wahnsinn getrieben (er versetzte die Szene 3 Wochen zurück). Dieser Zustand dauerte eine Stunde. Mich hatte solches Entsetzen gefasst, dass mich ein Schüttelfrost überfiel und in meinem Elend rief ich ihn um Hilfe. Nun erklärte er verzweifelt weinend, dass ich mich vergiftet hätte, an seinem vergifteten Tee, der für ihn bestimmt war. Ich wurde eiskalt und so hielt er mich für eure tote Mutter. Ich weiss nicht woher ich die Kraft nahm, damit mein Körper plötzlich fieberheiss wurde und so beruhigte er sich. Dann sprach ich von Hoepffner und plötzlich fiel alles ab und er wurde ruhig. Der Anfall war vorüber. Heute haben wir alles durchbesprochen, denn er ist nicht sicher, ob der Anfall sich nicht wiederholt. Wir werden ausprobieren, ob ich als Pflegerin für ihn tauge. Lange war ich es im Stillen, aber täglich stündlich ermahnt werden, in einem isolierten Zimmer zu flüstern (weil alle es hören) gewisse Dinge nicht zu tun, zu sprechen, alles zu dulden was sein *Verderben ist*, ich weiss nicht ob ich das können werde. In diesem Fall will er sich selbst »in Pflege begeben« wie er sagt. Er meint, ich bin sein Unglück. Denn er kann ohne mich nicht leben und mit mir auch nicht. Ich glaube da hat er ganz recht. Ich bin nicht mehr dieser gute, feine Mensch, der ich war. Ich bin verstört, herrisch, hart.

Er hat mir streng verboten Ihnen zu schreiben. Sie würden es Nissim erzählen – und der würde triumphieren. Denn so hätte er eine Rechtfertigung für sein schlechtes Benehmen früher. Ich finde er hat ganz recht. Und ich verlange von Ihnen, dass Sie schweigen wie das Grab, wie ich seit vielen Jahren schweige. Ich bitte Sie um Hilfe. Da er nicht zum Arzt geht, ich auch keinen Arzt bringen kann, frage ich Sie, ob es nicht Mittel gibt, die man ihm eingeben kann, wenn ein Anfall sich ankündigt. Schreiben Sie mir nach Wien so, dass am 5. Sept Post dort ist. Schreiben Sie auch da *vorsichtig* und gebieten *Sie mir* Schweigen. Er bekommt den Brief nicht in die Hand, aber für alle Fälle bitte um grösste Vorsicht und heikelste Behandlung dieses edelsten aller Menschen. Bitte schreiben Sie mir, ob Sie ein Buch wissen, in dem diese Art Wahnsinn beschrieben wird und ob er heilbar ist. Wenn er heilbar ist (doch das müsste ich in einem Buch lesen) will ich alles ertragen. Wenn er nicht heilbar ist, dann gibt es für mich nur einen Ausweg.

Denn auch ich lebe in einem Wahn, ist es etwa nicht ein Wahn, wenn ich, eine gefeierte vielbeneidete Frau für mich seit Jahren keinen anderen Ausweg sehe als den Selbstmord! Ich, die ich trotz meines Alters, meines greisenhaften Aussehens, meiner weissen Haare von den bedeutendsten Männern umworben werde? Die werden Ihnen auch das Beste über mich sagen, die Weiber freilich, die nur immer hören, wie ich *spare*, wie ich *einschränke*, wie ich Canetti »*gefangen*« halte, die Weiber werden Ihnen sagen, ich bin schuldig. Es ist mir so gleich, so gleich, aber wenn ich Ihnen mein Höllenleben erzählen würde, würden Sie's nicht glauben. Sie würden weinen, wie ich weine.

Ich bitte Sie also jetzt um ärztliche Ratschläge. Wenn Sie kommen, darf er nicht ahnen, dass Sie eingeweiht sind, ich will ihn erst langsam darauf bringen es Ihnen selbst zu sagen. Vielleicht kann sein ausserordentlicher Verstand und Ihrer helfen, das Richtige zu finden. Seinen Wahnsinn überlebe ich nicht. Zur Trennung bin ich *sofort bereit*, wenn es gut für ihn ist, aber er versichert mir, dass er ohne mich nicht leben kann und verloren ist »obwohl ich so böse bin, ein schlechter Mensch«. Jetzt ist er ganz verzagt und so gut, so gut. Er gestand mir, dass er diesen dummen Kreis nur suchte und nur immer nach Salzburg lief, weil er seine tote Mutter immer vor sich sieht. Kaum schreibt er eine Zeile sieht er sie tot liegen und hört *Ihr* Lachen. Bitte schreiben Sie mir nach Wien, ob ich aber Sie je sehen werde, weiss ich nicht, denn wenn ein neuer Wahnsinn ausbricht, hilflos wie ich bin, wird auch mein System – die ewige, ersehnte Ruhe – in Kraft treten. Es kommt Dienstag vielleicht ein Verehrer von ihm aus Prag (Leiter der Urania) u. Donnerstag Hoepffner. Dies wird ihn sicher so fesseln, dass er sich erholen wird. Ich hoffe es. Ich will alles so lang als möglich geheim halten. *Nie* darf er in eine Anstalt, *nie* darf er einen Kurator bekommen und einen Arzt nur, wenn er ruhig ist und nicht weiss, dass es ein Arzt ist (oder dass Sie ihn überreden freiwillig einen aufzusuchen).

Verzeihen Sie mir. Aber ich hab Canetti mit Einsatz meines Lebens beschützt. Ich bin kein Genie, nach Carlyle, denn ich kann *nicht* weiter. *Er* trägt das Leid der ganzen Welt in sich. Ich glaube selbst, dass ich ihm nur schade, denn ich habe die Nerven verloren. Ich bin unbeherrscht, nicht immer geduldig, selbst aufbrausend, laut, nervös, verdrossen, gequält, ich schade ihm.

Was soll ich tun?

Veza

Ich flehe Sie an, schweigen Sie!

Er *selbst* sagt, sein Anfall sei diesmal sehr ernst gewesen, weil er sogar die Zeit zurück gesetzt hat. Er fürchtet eine Wiederholung. Wenn ich Ihnen *nicht* schreibe ist vorläufig Ruhe.

wenden!

23. VIII. 37

Liebster Georg!
Der Anfall hat sich nicht wiederholt, doch ist er leider sehr reizbar und hat einen roten Kopf. Alles was ich spreche ärgert ihn masslos. Ich bin wirklich sehr schädlich für ihn, denn ich bin zu unduldsam um mich sanft zu fügen. Hoepffner kommt Donnerstag und freut sich auf uns. Bin ich freundlich zu ihm so wird Canetti argwöhnisch. Bin ich indifferent so laufen wir Gefahr unseren besten Freund und Gönner zu verlieren. Hoepffner hält künstlerisch sehr viel von mir und ich fürchte, dass er es sagt. Das könnte ihn in seiner jetzigen Verfassung auch reizen.

Wir sind entschlossen morgen von der Alpe weg und herunterzuziehen, weil das Wetter zu schlecht ist. Canetti bittet Sie, ihm das Geld erst im Sept nach Wien zu adressieren, weil wir keine Adresse wissen. Briefe an uns wird der Briefträger an uns weiterleiten. Schreiben Sie ihm! Ich bin in grösster Angst und Sorge. Sehr rasch musst ich das schöne Bild zerstören, das Sie von mir entworfen haben. Schreiben Sie mir nach Wien und wenn es eine Hoffnung gibt, geben Sie sie mir! Aber lügen Sie nicht! Ich verlange Bücher!

Ich schreibe Ihnen bald wieder. Schreiben Sie auch und bleiben Sie was Sie sind! Das ist so viel!

Ihre
Veza

Veza an Georges *15. September 1937*

15. Sept.

Lieber Georg!
Canetti scheint der einzige Patient zu sein, bei dem Ihre berühmte Gewissenhaftigkeit versagt. Ich warte auf Ihre Verordnungen: wenn ihm das Blut zu Kopf steigt, wenn er diesen furchtbaren Druck fühlt, der einen Anfall ankündigt? Er hatte noch einen dritten Anfall, vor 2 Wochen. Er fiel auf der Strasse zusammen. Hier in Grinzing fühlt er sich besser, ich lasse ihn in allem gewähren. Sein Befinden hängt auch von meinem Benehmen und Befinden ab.

Er fügt sich übrigens freiwillig in eine gewisse Ordnung und arbeitet zeitweilig. Seine Augen gefallen mir nicht. Ich weiss, was mir bevorsteht, aber ich halte trotzig durch, ich lasse diesen wunderbaren Menschen nicht allein zurück. Hoffentlich hab ich auch die Kraft, wenn ich ihn leiden sehe. Er schlief neulich 15 Stunden, soll ich ihn schlafen lassen? Bitte schreiben Sie an mich in *einem* Couvert 2 Briefe, einen für ihn bestimmt, und einen mit Verhaltungsmassregeln. Aber auch in diesem schreiben Sie sehr vorsichtig über seine »*Melancholie*«. Kein anderes Wort. Ich bekomme die Briefe zuerst, ich muss aber sehr aufpassen, denn ich bin sein Halt.

In Salzburg war es eine Qual dies alles vor Herrn Hoepffner zu verbergen. Er fasste eine schwärmerische Liebe zu mir und ist wohl der reizendste alte Herr unter der Sonne. Er ernannte mich zur Mitarbeiterin an seiner Zeitung und schätzt meine Arbeiten höher als Canettis. Welch ein Los! Sogar seine Freunde verkennen sein Genie! Seine Brüder werden reich werden an seinen Werken, seine Nichten und Neffen noch reicher und er muss zugrunde gehen, weil er zwei Jahre lang von einem Pfandhaus zum anderen lief und nie Ruhe zur Arbeit hatte.

Wir waren beide sehr besorgt um Sie, ehe Ihre Nachricht kam* und auch jetzt bedrückt es uns, dass Sie sich eine so grosse Arbeit aufgebürdet haben. *Und wann kommen Sie?* Sie müssen keine Angst haben mich larmoyant oder schwach zu sehen, das Leben hat mich zur Heldin gemacht. Bitte bald um Nachricht.

Ihre unglückliche
Veza

Er bezeichnet seinen Zustand mit Paranoia.

Bitte geben Sie acht auf sich und rasen Sie auch nicht im Auto. *Versprechen Sie es mir*!!!!

* und die 800 Fr, für die Ihnen Canetti bestens dankt.

24. Sept. 37.

Liebster Georg!

Ihr Brief hat mich wohl etwas beruhigt, doch zugleich musste ich an die Szene Kien–Georg denken. Ich habe als Kind mit einem Paranoiker zusammengelebt, der seit zehn Jahren in Wien interniert ist. Aber wie ich an das Genie glaube, glaub ich an den Arzt, und wenn Sie von sich als von »unsereins« sprechen, sehe ich darin nur den versteckten Stolz, mit dem Sie sich mit allem Recht dem Künstler gleichstellen. Es ist eine Fügung, dass die zwei Götter, die ich anerkenne, der Künstler und der Arzt, Brüder sind, und es könnte eine glückliche Fügung sein, hätte nicht das Auftreten des Arztes meine Liebe gespalten.

Was die Symptome anlangt, die Sie nicht anerkennen: warum hat der ganz junge Elias vor zehn Jahren Konfekt zurückgewiesen, weil es vergiftet war? Damals hatte er keine äusseren Gründe zu Ausbrüchen. Viele ähnliche Erscheinungen sind im Laufe der Jahre immer häufiger geworden, freilich hing dies, wie Sie ganz richtig sagen, mit seinem Schicksal zusammen. Wie erklären Sie seinen Hang haarsträubend zu lügen? Wir haben Schreckliches durchgemacht, wie ich es Ihnen bestimmt nicht schildern werde, warum erzählte er Ihnen dies nicht, sondern erfand ein Leiden, das ich gar nicht hatte? Ich hatte sieben andere Operationen, die aus psychischen Gründen viel ärger waren. Und ich musste in diesem Zustand einen Arzt um Beistand bitten, der mich lange mit seiner Leidenschaft verfolgt hatte. Und bald darauf sah ich keine andere Möglichkeit für Canetti als mit Einsatz meines Lebens.

Und warum prahlt er vor Ihnen und erzählt Ihnen nicht, dass er seit Jahren Anna liebt, völlig hoffnungslos und unglücklich (ihre Neigung war bald verflogen), und dass ich seine Leidenschaft schürte, denn auch ich bin von Anna verzaubert, und auch ich liebte ja Sie!

Was machen Sie mit seinem Verfolgungswahn? Mein Irrer in Inzersdorf liess mich immer im Radio die Hetzreden gegen ihn anhören. Was sagen Sie zu seinem Hang zu intriguieren. Nun, ich will Ihnen nichts einreden, ich lasse mir gern von Ihnen ausreden, denn ich glaube nur an Sie und ging darum hier zu keinem Arzt.

Sie schreiben kein Wort von Kommen. Ich hätte Sie so schrecklich gern gepflegt, wenn Sie Grippe haben und ich möchte wissen, ob Sie schlecht aussehen, und ich möchte Sie bewundern, und Sie viel fragen, denn Ihr Gebiet der Wissenschaft allein zündet mich.

Falls Sie Angst vor mir haben – ich gestatte mir nur Sie zu küssen, wenn Sie Bazillen auf den Lippen haben. Und trotzdem wünsch ich Ihnen Gesundheit!!

Ihre glänzende Beobachtung in Canettis Brief, dass die Armen misstrauisch werden, wenn der Arzt kein Geld nimmt, ist in einem noch ungedruckten Roman von Broch verwertet.

Ihre Grippe ist keine Kleinigkeit, sondern sehr ernst zu nehmen. Da Sie eisig ablehnen mein Benjamin zu sein, werde ich Sie zwar lieben, es Ihnen aber nicht sagen. Über die Cousine, die sich zu sehr um Sie kümmert, bin ich eigentlich froh, wenn auch mit viel *Eifersucht*.

Ich habe – Ihnen nur so rasch geschrieben, weil ichs Ihnen schuldig bin zu sagen, dass es Canetti besser geht. Täglich schliesst er sich mit dem Bild eurer Mutter ein. Was aber meine Bedenkenlosigkeit anlangt, lieber Georg, Canetti hatte die Ausbrüche, immer wenn ich misstrauisch wurde und Härte zeigte, weil ich seine Zustände für Komödie hielt. Beschämt gesteh ich es. Jetzt schreibe ich Ihnen aber lange nicht und wenn Sie nicht kommen, überhaupt nicht.

Viel unglückliche Liebe.
Ihre
Veza

Bitte schreiben Sie mir!
bedenken Sie ⟨*Pfeil auf »unglückliche«*⟩

Von Ihrem Brief an mich weiss er *nichts*!

Wien, den 2. Oktober 1937

Mein lieber Georg!

Es ist mir ein so merkwürdiges Gefühl, Dir zu schreiben; es kommt mir wie eine dumme und schlechte Fälschung vor; ich spreche so oft mit Dir, über alles Mögliche; Du antwortest, immer klug und auf Deine eigene Art; und dies ist wirklich ein Glück, denn wären wir auf unsre Briefe angewiesen, so stünde es schlimm um uns beide. Das Schreiben aber ist so äusserlich; es ist, als ob uns jemand plötzlich zurufen würde, einen Vertrag über unsre Beziehung abzufassen; so nichtssagend und geradezu juristisch sind unsre Briefe im Vergleich zu dem, was sich wirklich zwischen uns abspielt. – Trotzdem meine ich, müssen wir uns beide *zwingen*, einander öfters zu schreiben. Es ist auch für die Briefe besser; je mehr drin steht, umso eher kann man sie schreiben. Vielleicht kommen wir mit einer festen *Ordnung* weiter als bisher. Ich schlage Dir vor, dass wir einander alle 14 Tage, also zweimal im Monat schreiben. Mein nächster Brief wird Mitte Oktober fällig sein. Vorher aber, so um den 10.–12. herum muss ich einen von Dir bekommen. Halten wir uns wirklich daran. Ich sehe jetzt bei meiner eigenen Arbeit, wie gut mir Ordnung tut. Und Du bist ja die Ordentlichkeit in Person, so dass es Dir gar nicht schwer fallen wird, einen einmal gefassten Beschluss auch durchzuführen. –

Um Deinen Beruf beneide ich Dich immer mehr. Es ist zweifellos der einzig Mögliche. Er erlaubt eine ganz bestimmte Temperierung des Lebens, gleichweit von Grössenwahn wie von Defaitismus entfernt. Nur ein Arzt lebt immer in der »Realität«. Was die Kommerzbestien, von denen Paris völlig beherrscht ist, unter »Realität« verstehen, ist ja nur ein ganz fiktives Gebilde, mit stark paranoischen Zügen; das Geld, einziger Baustein dieses Systems, eignet sich dafür durch seine zahlenhafte Bestimmtheit und durch seine symbolische Leichtverständlichkeit; darüber wäre unendlich viel zu sagen. Aber mir geht es jetzt nur um den Arzt: er lebt in der *intensivsten* Atmosphäre, eben weil es die gefährdetste ist; er lebt immerwährend im Tod, also in der eigentlichen Aufgabe der Menschheit. Er muss unaufhörlich *versagen*: das verschlägt ihm die grossen Worte (ein guter Arzt als Diktator ist unvorstellbar). Er muss aber immer wieder versuchen; und selbst wenn die Krankheiten *alle* vorher für ihn begrifflich-schematisch festgelegt sind (wie mir scheint der grosse wunde Punkt der Medizin) – jeder Mensch ist für ihn doch *neu*. Der Arzt, der es wirklich ist, *kann* gar nicht aus der Realität hinaus; der Künstler muss es vielzuoft, schon sein Selbstgefühl ist eine gefährliche und abscheuliche Affäre; es gibt nichts Arroganteres und Unmenschlicheres als Künstler; die Welt macht Orakelpriester aus ihnen, wie sie aus euch Ärzten Wundermänner macht. Gelingt es den Leuten nicht, Künstler (oft von Hause aus demütige und stille Naturen) zu Popanzen aufzublasen, so werfen sie sie einfach auf den Misthaufen. Mein natürlicher Grössenwahn kommt da der Welt entgegen; er ist die Konzession, mit der ich, sonst konzessionslos, auf die Welt gekommen bin. Ihm *ausschliesslich* verdanke ich es, dass ich schon so jung Erfolg hatte. Denn wer hätte schon durch seine *Leistung* Erfolg gehabt?! In der Kunst! Ich habe ihn aber satt, zum Erbrechen satt. Ich selbst werde mich erst zählen, wenn ich dem Tod den ersten entscheidenden Schlag versetzt habe. Wenn der Tod der Feind ist, darf man selbst wie die Japaner handeln.

Du hast mir übrigens nicht geschrieben, wie das Buch von Metalnikow auf Dich gewirkt hat. Ich wüsste gern, was Du als Wissenschaftler dazu sagst. *Unbedingt lesen musst Du: Carrel »L'homme cet inconnu«*; es ist stellenweise geradezu grossartig, im Psychologischen natürlich flach, aber sonst das aufregendste und anregendste Buch, das ich seit Jahren in der Hand hatte. Wenn Du nicht noch im Laufe des Oktober nach Wien kommen kannst, schick mir bitte den Lévy-Brühl und die beiden Bände Pierre Champion; Du kannst sie dann wieder zurückhaben; ich brauche jetzt nur alles, was mit mittelalterlicher Stadtgeschichte zusammenhängt. Ich hoffe, Du hast nicht ganz vergessen, dass Du sehr bald nach Wien kommst. Die allerschönste Zeit, einen göttlichen September mit fast französischer Luft, hast Du zwar versäumt. Aber der Oktober hat nicht mindere Reize: in vierzehn Tagen ist hier die Weinlese; um die Zeit ist Grinzing schöner, weil man nicht bloss Betrunkene sieht, sondern auch Menschen, die schwer arbeiten. Überleg es Dir sehr wohl, ob Dir nicht auch gesundheitlich eine kleine vierzehntägige Erholung hier gut täte, ja, ob sie nicht vielleicht *notwendig* ist. Du hast doch nicht am Ende die Vertretung statt eines Urlaubs anrechnen lassen! Das wäre unverantwortlich von Dir, Georg! Jedenfalls kannst Du in Deinem nächsten Brief schon schreiben, wie Du über Deinen Wiener Urlaub denkst. *Einen* grossen Vorteil hätte es, wenn Du *vor* dem 20. Oktober kommen könntest: Josef Blatt führt am 20. im grossen Musikvereinssaal das »Lied von der Erde« von Mahler auf. Du musst wissen, dass er hier Donnerstag sein erstes Konzert gewagt hat, einstweilen im Ehrbar-Saal, der nur 400 Personen fasst. Das Programm war Mozart, Janaček (der grösste tschechische Komponist), ein Violin-Konzert von Blatt selbst und zum Schluss die Vierte Symphonie von Brahms. Er hat alle meine Erwartungen übertroffen. Er ist ein wunderbarer Dirigent, allererster Kraft, fein und geschmeidig und intensiv, von einem unheimlichen Gedächtnis; alles, auch die schwierigsten modernen Sachen dirigiert er auswendig; mir hat übrigens, dank seiner Interpretation zum erstenmal in meinem Leben auch Brahms starken Eindruck gemacht. Der äussere Erfolg, bei Publikum und Kritik, war sehr gross. Renées Eltern und ihre sonstige Sippschaft beruhigt sich endlich über die »Mésalliance« ihrer Tochter (er ist aus ganz armer Familie). Und mir sind achtzig Steine vom Herzen gefallen, weil ich mich so sehr exponiert hatte für ihn, dass eine schlechte Leistung mich fast noch mehr lächerlich gemacht hätte als ihn. Jetzt kommt also das grosse Wagnis am 20. Okt. Der Musikvereins-Saal fasst 2000 Leute. Das »Lied von der Erde« ist ein ungemein schwieriges Werk. – Ich sehe nur, dass man gar nicht heftig und leidenschaftlich genug an Menschen glauben kann. Wer weiss, ob man nicht *jeden* Menschen (geschweige denn solche grosse Begabungen) zu seltenen Leistungen treiben könnte. Im Grunde war das und nichts andres die Erziehungsmethode der Mama, bei ihr aus einem unheimlichen und fast gewalttätigen Stolz heraus. – Lieber, lieber Georg: schreib mir, so wie wir jetzt abgemacht haben, *spätestens* in einer Woche. Ich habe noch viele wichtige Sachen für den nächsten Brief aufgespart. Schau dass Du kommen kannst. Es wird Dir gut tun und wunderbar gefallen hier. Von Veza die herzlichsten Grüsse.

Ich umarme Dich hunderttausendmal

Elias.

Wien, den 8. Okt. 1937.

Liebster Georg!

Ich sende Ihnen mit gleicher Post mein liebstes französisches Buch. Als Herr Hoepfner hörte, dass es mein liebstes Buch ist, sandte er mir sofort den schönen Band, aber ich verrate ihn gerne an Sie. Wenn Sie finden sollten, dass es nicht Ihr liebstes Buch ist, dann bringen Sie es mir bitte wieder nach Wien zurück, ich schick es Ihnen schrecklich gern und nehms schrecklich gern wieder zurück. In Wien bekommen Sie noch schöne Bücher von mir, aber dieses hier, »La Princesse de Cléve« muss ich in einer früheren Existenz geschrieben haben.

Über Canetti kann ich Gutes berichten. Er arbeitet jetzt ruhig in seinem schönen Zimmer, das seine Verehrer Faustens Stube nennen. Er ist sehr sehr traurig, aber besonnen und ernst. Und sogar Unrecht hab ich ihm getan. Die Operation, von der er Ihnen erzählte, hatte ich wirklich, er faselte so viel im Sommer, dass ich den Eindruck hatte er erzählte ganz falsche Dinge und dass ich noch krank sei, ich bin natürlich gesund. Womit ich nicht sagen will, dass er uns gegenüber ein Fanatiker der Wahrheit ist. Uns zwei beschwindelt er besonders gern und bei mir hat er eine rechte Wollust mir nach einiger Zeit die ganzen Ungeheuerlichkeiten richtigzustellen. Ich muss ein gutes Gedächtnis für seine Lügen haben, wenn ich in Gesellschaft gehe.

Georg! Ich kochte für Sie *fünf* Pfund Weichsel ein, ferner ein Kilo Quittäpfel, ferner kaufte ich echten Blütenhonig für Ihre Lungen. Der Canetti erwartet Sie mit kindischer Freude und versichert mir und allen, dass Sie der bedeutendste von euch dreien sind, dass Sie aber am spätesten berühmt werden »weil Sie so genau sind«. Er schrieb Ihnen neulich, und da Sie mein Benjamin sind, schreib ich Ihnen heute. Wird es Ihnen schaden, dass bei uns das Vorzimmer kalt ist. Könnten Sie sich da verkühlen? Ich kann einen Ofen aufstellen. Bitte das Telegramm mit der Ankunft und lesen Sie sofort mein Buch.

Herzlichst
Veza.

Wie geht es Ihnen!!

15. Okt.

Liebster Docteur Canetti! (dies in Vorwegnahme Ihres künftigen Ruhms)
Ihren enttäuschenden Brief haben wir erhalten. (Brief!) Ich schaute gleich, ob eine Umarmung für mich drin ist, es war eine drin, aber mit dieser papierenen Umarmung muss ich bis Weihnachten leben. Wenn Sie dann aber nicht kommen, werde ich eine unstillbare Sehnsucht nach meinem Bruder haben und ihm nach Paris entgegenfahren. Zittern Sie!

Für die tausend Francs danken wir Ihnen sehr, ich habe erfahren, dass Sie uns meinethalben vorstrecken. Dies schmerzt mich und darum möchte ich feststellen: ich nehme für Canetti jedem Menschen Geld weg. Nur Ihnen nicht. Weil Sie nicht ganz gesund sind und nicht für uns arbeiten dürfen. Nie! Sie werden sich das Geld abziehen, ich müsste mich sonst hassen und es würde mich ganz verstören. Auch die Summe, die wir Ihnen von viel früher schulden, werden Sie zurückerhalten.

Denn Sie sind mein Benjamin.

Canetti wurde von seiner tschechischen Agentin gezwungen, ihr Ihre Adresse auszuliefern, unglücklicherweise erzählte ich ihr von Ihnen. Sie wird Sie anrufen, Sie sollen ihr aber ruhig ausrichten Sie hätten zu viel zu tun. Es liegt ihm *nicht* daran, dass Sie sie treffen, sie ist ganz nett doch uninteressant und unschön.

Ich schreibe Ihnen immer wieder. Denn Sie sind zwar ungezogen und achtlos, aber entzuckend. Und dann sind Sie mein Lieblingssohn. Wenn Sie aber noch lange nicht kommen werden Sie mein Enkel. Und das passt mir gar nicht.

Canetti arbeitet und hat tiefe Depressionen. Und wenn Sie recht gehabt haben, sind Sie ein Gott.

Werden Sie nur recht mager und blass, atmen Sie schlechte Luft, gehen Sie spät schlafen, essen Sie unregelmässig, retten Sie Menschen, die nicht Ihre Zehe wert sind, aber das sag ich Ihnen, ich verstosse Sie!

Veza.

Und »La Princesse de Clève«?

Veza an Georges *Poststempel vom 29. Oktober 1937*

Dr. Georg Canetti
rue Nungesser et Coli N° 24
Paris 16 e

Donnerst.

Liebster Georg!
Renée Blatt und ihr hochbegabter Gemahl kommen Sonntag abends in Paris an und werden Sie sogleich anrufen. Wollen Sie Bescheid geben (bei Nissim rufen sie an) wo Sie zu treffen sind, denn die beiden schiffen sich nach N-Y ein, ich glaube schon Dienstag. Sie sollen uns von Ihnen berichten, was Sie uns nicht schreiben, nämlich wie Sie aussehen u. sich fühlen. Sie sind beide sehr nett und sehr glücklich er hatte jetzt 2 grosse Konzerte hier u. grossen Erfolg. Wir brauchen auch von Ihnen einen *Brief* über den sie Ihnen berichten werden. Ich schreibe hastig in der Tram. Mich haben Sie vergessen – mein naher Ruhm wird Sie beschämen.

Veza

Veza an Georges *29. November 1937*

29. Nov.

Süsser Georg!
Jetzt machen Sie auch noch eine Entdeckung! Wenn Sie nicht so schön wären! Und diese Stimme allein würde genügen! Ich hab so Angst vor Ihnen, das heisst, vor mir, dass ich zu meinem Schutz die Baronesse Birgitte Eleonore von Klenau für Sie nach Wien bestellt habe, lesen Sie selbst. Sie ist so schlank als ich dick bin und so jung als ich alt und bildschön und elegant. Es gehört sich viel Selbstverleugnung dazu, dass ich sie kommen lasse 20 Jahre alt und um 20 Kilo schlanker als ich. Aber Sie sind mein Benjamin.

Quälen Sie sich nicht zu sehr ab mit der Entdeckung, ich schwöre Ihnen, Sie bekommen einmal den Nobelpreis, ich schwöre Ihnen, dass ich in der ganzen Welt nur Sie achte, denn nur Sie leisten etwas Richtiges.

Über das »katastrophale« Äussere Blatts mussten wir sehr lachen. Wir haben ihn inszeniert, gemanaged u.s.w. Ich wollte

Ihnen gleich schreiben, denn obwohl Sie mir die kalte Schulter zeigen, schick ich Ihnen mein warmes Herz – und Sie sollen wissen, dass wir uns um Sie sorgen, täglich – aber dieser Canetti wollte Ihnen schreiben, will es, wird es, schwört es – es geht ihm besser, nur tyrannisiert er mich unmenschlich, ich darf nicht einmal auf die Redaktion meiner Zeitung hinaufgehen, weil der junge Direktor mich ein wenig bewundert, trotz meiner 40 Pfund Übergewicht, ich wiege 70 Kilo ja und sehe aus wie 45. Ich habe noch immer Reste von Charme – aber wie sagt Kirgegaard – »Würze ist das Letzte«. So jetzt werden Sie wenigstens nicht zu sehr erschrecken, wenn Sie mich sehen werden, meine Tante schrieb mir über eine Photo, die ich ihr sandte: »wie siehst Du aus, so dick und hässlich, dreissig Jahre älter als Du bist, was ist mit Dir geschehen, Du bist nicht mehr meine schöne Veza.«

Und dennoch darf ich nicht auf die Redaktion hinauf, dabei geh ich nur gern hin, weil man mich dort wie eine Schriftstellerin behandelt, ganz Respekt und Konvention und ich zittere schon, was sein wird, wenn ich Ihnen eine grössere Schnitte Torte auf den Teller lege, weil Sie doch zart sind (aber gottlob nicht mager, nur etwas blass, liess ich mir schreiben).

Die prompte Zusendung des Geldes bestätige ich mit Dank. So. Und jetzt schreiben Sie uns weiter nicht, aber warten Sie, der Canetti ist sehr berühmt und es kommt in seine Biographie. Gestern wurde hier im Radio sein Buch besprochen. Es geht ihm psychisch *etwas* besser, freilich quält er mich sehr.

Viel Liebe, Georg Canetti!
Veza

Wir haben eine Kuh im Garten u. frische Eier

Wien, den 27. Dezember 1937.

Lieber Georg!

Weihnachten ist jetzt vorüber; ich hatte immer noch die Hoffnung, dass Dein letzter Brief ein Scherz war und Du uns plötzlich am Weihnachtsabend (wie damals in der »Jalta«) angestiegen kämest. Es war alles für Dich vorbereitet; wir halten in unsrer Wohnung, die sich durch eine Unzahl von leeren Zimmern auszeichnet, ein sehr hübsches für Dich »fakultativ« belegt und nett eingerichtet. Am Weihnachtsabend blieben wir zu Hause; keine von den rund 365 Einladungen hatte uns verlocken können; gerade mit dem Nachtzug solltest Du ja ankommen. Sonderbar war, wie Veza, ohne dass wir eigentlich richtig darüber gesprochen hätten, meine Erwartung teilte. Ich verzichte darauf, Dir ihre Enttäuschung jetzt ausführlich zu schildern. Es ist gewiss nicht anzunehmen, dass Du jetzt noch kommst. Darum schreibe ich Dir, und darum sollst Du auch, Georg, ein für allemal wissen, dass Du Dich abscheulich benimmst und Dir Dinge erlaubst, die ich keinem andern Menschen ausser Dir nachsehen würde. Das ist, soweit es mich betrifft, nicht so wichtig, und ich bin Dein Verhalten, das zwischen grösster Zärtlichkeit und äusserster Lieblosigkeit wechselt, schon gewöhnt. Es gehört, so sehr es mich jedesmal wieder trifft, schon zu unsrer Beziehung; vielleicht wird es Vieles kompensieren was Dir an mir nicht gefällt. Aber ganz und gar *unmöglich*, geradezu *verbrecherisch* ist, was Du mit Veza treibst. Veza hat sehr wenige Menschen wirklich gern; sie ist recht eigentlich konservativ in ihren Gefühlen (wie Du selbst ja auch) aber die Wenigen, die sie liebt, liebt sie wirklich, geradezu als Mutter, und da ist es einfach mörderisch, was Du mit ihr treibst. Schon im Sommer haben wir ihr, damals im Einverständnis, eine schwere Enttäuschung bereitet; jetzt hat sie, vier Monate lang auf diese Weihnachten hingelebt, sich vorbereitet, die Wohnung vorbereitet, *mich* vorbereitet, und da lässt Du den ganzen Plan plötzlich mir nichts Dir nichts fallen. Wie ganz und gar ausgeschlossen es uns schien, dass Du nicht kommst, magst Du daraus entnehmen, dass wir Deinen letzten Brief keinen Augenblick lang ernst genommen haben. Wir waren fest davon überzeugt, dass Du einen Spass machst und uns überraschen wirst.

Veza ist jetzt höchst unglücklich, niedergeschlagen und verzweifelt. Sie glaubt, dass Du sie einfach zum Narren hältst und überhaupt nie nach Wien kommen wirst. Du kennst die Gefahren ihrer melancholischen Verfassung. Jeder neue Schlag kann die alten Selbstmordgelüste in ihr wieder wecken. Seit Weihnachten spricht sie plötzlich wieder davon, dass sie mein Unglück war, dass ich ihretwegen in Not leben muss, dass Dein Verhalten beweist, wie sehr Du derselben Meinung bist, dass sie jetzt endlich einer reichen und jungen Frau Platz machen müsse – kurz es sind die Gedankengänge, die ich bereits seit Jahren kenne und die jedesmal ihre melancholischen Selbstmordversuche ankündigen. Um das rechtzeitig abzuschneiden, musst Du *sofort* Folgendes tun: Du musst schreiben, dass Du mit Deinen Feiertagen gar nicht zufrieden warst; Du wärst viel lieber bei uns gewesen; Du hättest uns nicht erschrecken wollen und bloss darum nicht geschrieben, dass Dein Feiertagsaufenthalt in St. Hilaire *ärztlich* vorgeschrieben war. Du hättest Dich leider wieder ein wenig überarbeitet, werdest jetzt aber bestimmt sehr aufpassen und Dich dann zu Ostern einen ganzen Monat lang bei uns gründlich erholen. Bitte Georg, mach das sofort und so wie ich es Dir sage; Deine Lungen sind das Einzige, was ihr jetzt noch einleuchten kann; und schon aus Besorgnis wird sie keinen Groll mehr gegen Dich haben. Sie weiss nicht, dass ich Dir jetzt schreibe. Stell Dich so, als hättest Du noch immer keinen Brief von mir. Wenn Du kannst, nimm das Geld zum äusseren Anlass Deines Briefes; wenn nicht, musst Du irgendeinen andern äusseren Anlass erfinden, am besten etwas was Du brauchst (ein Buch? einen Brief? eine Empfehlung? eine Auskunft? es wird Dir schon etwas einfallen). Jedenfalls muss es *sofort* geschehen, bevor ihre Melancholie Zeit hat, sich zu verbreiten. Du bekommst dann, auf Deine Beschwerde über mein Nichtschreiben hin, einen offiziellen Brief von mir.

Also bitte, verzögere Deinen Brief nicht, Du kennst Veza nicht und ahnst nicht, welche gefährlichen Dimensionen all das bei ihr annehmen kann.

Herzlichst
Elias.

5. Jänner

Lieber Benjamin!
Ihr Brief war von A–Y verlogen, nur das Z glaube ich Ihnen, das über die Princesse de Clève und ich lese diese Stelle Ihres Briefes immer wieder. Da Sie mein Sohn sind, bin ich nur froh, dass Sie gesund sind und Sie sollen gesund bleiben und sich wohl fühlen, auch wenn ich Sie nie wiedersehen dürfte. Ich möchte Sie sehr gerne beschützen, an Stelle Ihrer herzlichen Mutter, ja ich tue es aus der Ferne. Manchmal seh ich eines von den schönen Gesichtern Ihrer Mutter und ich möchte schreien, dass sie nicht lebt.

Canetti erlebte um die Weihnachtszeit *noch* eine Enttäuschung, von der ich Ihnen später berichten werde. Er wurde immer stiller und trauriger und seine Augen wurden verglast. Ein amerikanischer Verlag forderte die Blendung an, er machte das Paket und ich legte ihm den diesbezüglichen Brief zur Unterschrift vor. Er will unterschreiben und sagt plötzlich: »ich hab meinen Namen vergessen.« Ich sage ruhig: »geh zu meinem Regal, zieh Dein Buch heraus und lies den Namen ab.« Er tut es wirklich und schreibt seinen Namen ab. Dann ist er wieder ganz normal. Abends kommt er heim und geht an die Arbeit. Um ½5 Uhr früh höre ich das Entsetzliche: »Elias, Prophet, Einbrecher!« Canetti ist am Telephon und telephoniert dem Überfallskommando. Ich springe auf und ringe mit ihm am Telephon. Zu spät. Er hängt auf und eilt mit verrückten Augen in sein Zimmer und lauscht an der Tür, wo er die Einbrecher hört. Ich weiss sofort Bescheid, es ist nichts zu hören. Auch er hört nichts. Ich beschwöre ihn, warum er das getan hat, er sagt, »sprich nicht weiter sonst brech ich zusammen.« Und ich muss um ½5 Uhr früh in meiner Todesangst mit ihm noch einen Plan besprechen, wie wir aussagen werden ohne dass man uns durchschaut. Die Polizei rückt an, 7 Mann hoch, Gewehr bei Schulter, sie durchsuchen die Wohnung, den Garten, das ganze Haus, Canetti schämt sich zu Tode, hält aber tapfer durch und die Polizisten sagen ihm auf den Kopf zu, es war eine Halluzination, überreizte Nerven. Dieses Erlebnis hätte sehr schlecht ausgehen können, wenn ich nicht bezeugt hätte, ich habe die Einbrecher auch gehört.

Bitte legen Sie diesen Brief zu meinen anderen, ich bin unfähig dies alles noch einmal zu notieren, und ich werde es einmal brauchen. Ich muss doch glauben was ich sehe und ich sehe eine entsetzliche Veränderung in Canettis Augen, ich sehe die Röte in seinen Schläfen, seine Gereiztheit zur Zeit der Anfälle, die periodisch wiederkehren. Ich besprach nachher alles mit ihm, er selbst glaubt an eine Paranoia, die *er bekämpfen* kann, das ist es aber, was ich bezweifle. Nie hätte Canetti die Polizei gerufen, wenn er bei Sinnen gewesen wäre. Auch nicht gegen einen Mörder.

Er fühlte sich schon viel besser, arbeitete an seinem Roman, da kam vor Weihnachten gleich nach Ihrer Absage ein Brief von den Blatts aus N-Y, in welchem sie ihm die in Aussicht gestellten monatlichen Geldsendungen höflichst verweigern. Diese Blatts, die nur durch uns existieren (jedes Wort seiner Kritiken verdankt er Canettis Macht, ja, dass sie noch leben verdanken sie uns), lassen ihn jetzt im Stich. So musste er seine herrliche Arbeit unterbrechen und froh sein, dass ein bulgarischer Schriftsteller ihm seinen schlechten Roman zur Korrektur brachte. Die Arbeit kostet ihn einen Monat Zeit, seelisch aber kostet es ihn viel mehr, und die Bezahlung ist lächerlich gering. Und wenn wir Sie nicht hätten, wir wüssten jetzt nicht aus noch ein.

Ja, so hab ich meine Weihnachten verbracht, ich, die ich in der Atmosphäre der Princesse de Clève leben möchte. Und wie ich sonst lebe, mag ich Ihnen gar nicht schildern. Manchmal denke ich, ich werf alles von mir und fliehe weg vom Canetti, von allen Canettis, inclusive Benjamin Canetti. Ich hoffe, dass Sie auch weiter nichts Bedenkliches an Canetti sehen können. Sollte dies aber nicht der Fall sein, dann weiss ich nicht, wie ich mich mit Ihnen *über diesen Punkt* verständigen sollte. Denn hierher schreiben können Sie mir nicht, er hat den Schlüssel vom Postkasten an sich genommen und bewacht mich wie Othello. Wenn Sie es aber für nötig halten, dass ich einen Arzt zu Rate ziehe oder mich selbst beraten wollen, dann schreiben Sie an Ihrem nächsten Brief als Fussnote »Prosit Neujahr« und ich werde Ihnen die Adresse einer Freundin geben, zu der Sie mir über seinen Zustand schreiben können. Hätte er nur nicht bei jedem früheren Anfall einen Gesichtsausdruck von vollkommener Verblödung gehabt, minutenlang, er verzerrte das

Gesicht und lallte, ich wäre nicht so ängstlich. Bitte nochmals diesen Brief aufzuheben. Warum haben Sie mich eigentlich an Canetti verraten, an diesen Erzverräter, Intriganten und Lügner par excellence!

Den Lichtenberg werde ich schicken. So ernste Lektüre zu so später Nachtstunde?! Ihre Mutter hatte doch wunderbare Kinder!

Veza.

Einen weissen Raben schwarz anstreichen. Denn was soll ein weisser Rabe!

Unsere Adresse: Wien XIX. Himmelstr. 30

Elias an Georges *21. und 31. Januar 1938*

Mein lieber Georg!
Diesen Brief zu Deinem Geburtstag hast Du verdient; so sehr, dass ich Dir auch von mir aus wegen Deiner Absage zu Weihnachten gar nicht mehr grolle. Denn wirklich rasch und anmutig kam Dein Brief für Veza; und selbst die Gelegenheit, mir auftragsgemäss eins auszuwischen, hast Du mit Originalität genutzt. Ich bin nur froh, dass Du einen Lichtenberg hast, wie ich weiss, so kann ich meinen behalten; offiziell, vor Veza, hab ich ihn abgeschickt; in Wirklichkeit ist er wohlversteckt in meiner Bibliothek. Oder solltest Du die gelungene Komödie so weit treiben, den Lichtenberg wirklich zu wollen? – Veza ist jedenfalls beruhigt. Die Unruhe über Deinen Zustand, der noch dazu nachträglich sich als gar nicht gefährlich herausstellt, hat ihren Zorn und ihre Enttäuschung weggeblasen; so leicht ist ein Mensch umzustülpen; jetzt freut sie sich auf Ostern, als hättest Du noch gar keine 64 mal abgesagt und ich, der Initiator der ganzen frommen Komödie, ich freue mich auch.

31. Januar

Mein lieber Georg: nun liegt zehn Tage Dein angefangener Geburtstagsbrief hier; aus unbegreiflichen Motiven ist er nicht fertig geschrieben worden; ich schicke Dir den geringen Anfang doch, damit Du wenigstens die gute Absicht erkennst. Glaube ja nicht, dass ich mich um ein Geburtstagsgeschenk drücken will. Ich will Dich nur zwingen, es in Wien zu holen; da wirst Du eine Bibliothek finden, die zwar für meine Bedürfnisse wenig, aber doch ausgewählt ist, und da kannst du alles entnehmen, wonach es Dich gelüstet. Ich bitte Dich jetzt nur um eines: sammle Wünsche und nähre sie und wenn sie riesig genug geworden sind, dann wird Dir nichts andres übrig bleiben als zu kommen. Auch sonst darfst Du Dir alle Listen ausdenken, die Du brauchst, um Dich rechtzeitig an den Gedanken zu gewöhnen, dass Du vier Wochen zu Ostern in Wien sein wirst. Vergiss nicht, dass Du hier auch so arbeiten kannst wie nirgends, in vollkommener Ruhe. Wenn Du das Material für Deine These nur halbwegs beisammen hast, kannst Du Dich hier an die eigentliche Ausführung machen. Du wirst Dir ohnehin einmal für diesen Zweck einen ordentlichen Urlaub nehmen müssen. Denn ich kann mir gar nicht vorstellen, wie Du neben all der praktischen Alltagsarbeit, die Du in Paris zu bewältigen hast, eine These so grossen Umfangs angehen sollst. Vielleicht kannst Du sogar – eben mit dieser Begründung – einen noch längeren Urlaub antreten.

Am schönsten wäre es, wenn Du schon am 3. März in Wien sein könntest. Ich bin nämlich vom »Werkbund« aufgefordert worden, einen grossen öffentlichen Vortrag über die »Rettung des Dramas« zu halten (vielleicht wird der Titel auch sein: Scheintod des Dramas). Das ist aus vielen Gründen sehr ehrend. Der »Werkbund«, musst Du wissen, ist eigentlich die Vereinigung der modernen Architekten Wiens, in deren Vorstand aber auch Leute wie der Maler Oskar Kokoschka und der Kunsthistoriker Tietze sitzen. Der Werkbund hat eine ruhmvolle avantgardistische Tradition. Vor einigen Jahren hat er sich gespalten; die reaktionären Mitglieder (Antisemiten, Bodenständler), die von den neuen politischen Strömungen angesteckt waren, sind ausgetreten und im »Alten Werkbund« blieb eigentlich alles beisammen, was in Wien noch ein freies geistiges Gesicht zu bewahren sucht, also alle Linken und auch alle Unabhängigen, die keiner Richtung verschrieben sind. Voriges Jahr hat Robert Musil da einen Vortrag »Über die Dummheit« gehalten. Du kannst Dir vorstellen, wieviel Dummköpfe drin waren, alle hoch erhoben über die Dummheit der andern. Titel und Thema meines Vortrags sind natürlich lange nicht so zugkräftig, aber dafür programmatischer; es fängt langsam an sich herumzusprechen, dass es einen Dramatiker namens Canetti gibt, obwohl kein Mensch ihn aufführt. – Wie schön, wenn du dabei sein könntest! Vielleicht wirst Du aber den Vortrag gedruckt zu lesen bekommen; ich bin von einem sehr interessanten philosophisch-soziologischen Schriftsteller namens Erich Kahler (es ist jetzt ein grosses Werk »Über den deutschen Charakter in der Geschichte Europas« von ihm erschienen) aufgefordert worden, an der Zeitschrift »Mass und Wert« mitzuarbeiten, die Thomas Mann in Zürich herausgibt. Ich habe unter der Bedingung zugesagt, dass man fertige, grössere Arbeiten von mir abdruckt (z.B. so einen Vortrag), dass ich aber nicht eigens für diese Zeitschrift arbeite, mit einem Wort: ich möchte dort sprechen können, ohne irgendeine Konzession machen zu müssen, und es scheint, dass man auf diese Bedingung eingehen wird.

Ach, Georg, ich hätte so viele Arbeiten vor! In diesen Monaten sind mir, meist im Zusammenhang mit meinem Roman, so viele neue und umstürzende Gedanken gekommen, unter andern ein »Traktat über die Schatten« (Du ahnst kaum, wie viel psychologische und künstlerische Probleme sich von einer gründlichen Betrachtung des Schattens her, besonders seiner *Veränderlichkeit* im Laufe des Tages lösen lassen). Dann eine neue Hypothese über den Ursprung des musikalischen Rhythmus, die gerade Dich als Physiologen entzücken wird. Weiters ein Versuch, die Anthropologie aus der öden Sackgasse der Rassentheorien herauszuführen und auf eine streng wissenschaftliche Grundlage zu stellen, ein Ei des Kolumbus übrigens, das mich täglich zum Lachen reizt, wenn ich dran denke. Und so viel Andres, so viel Andres! Es ist mir auch im Laufe dieser Monate klar geworden, dass ich in Verfolgungswahn enden werde, und dass die Zeit, die mir für meine Arbeiten bleibt, eine knapp bemessene ist. Gerade diese Zeit aber, die schon unter dem strengen Schatten des Endes steht, *muss ich nützen*; ich sehe, wie meine Kombinationsfähigkeit an Kraft und Mut gewinnt und je sprunghafter sie zunimmt, umso näher weiss ich das schliessliche System, aus dem es dann kein Heraus mehr gibt. Und in dieser kurzen Frist muss ich noch an äusseren Sorgen ersticken. Jo war hier, Du wirst ihn schon gesprochen haben, und erzählte, dass noch immer keine Aussicht auf unser Geld bei Tante Rachel besteht. Sie müsse ihre Orangenpflanzungen verschleudern, um die Schulden zu bezahlen. Natürlich will ich sie nicht drängen, dass sie das unsertwegen tut. Aber könnte ihr Nissim nicht vorschlagen, dass sie einstweilen kleine Monatsraten von 20 Pfund schickt, mit denen mir doch wenigstens über die schlimmsten Monate hinweggeholfen wäre, bis sich ein guter Käufer für ihre Pflanzung findet? Jo hat mir unter allerhand Ausflüchten erklärt, dass er mir keinen grösseren Betrag auf die Erbschaft vorstrecken könne; doch ist er bereit, mir für die nächsten drei Monate je 1000 Frcs zu schicken, falls es nötig ist. Mit deinen 1000 Frcs zusammen (von denen ich ihm nichts gesagt habe) wäre damit immerhin 2/3 unsres Monatsbudgets gedeckt. Der Rest muss natürlich weiterhin, wie bis jetzt, mit Schulden gedeckt werden, die immer schwerer möglich sind. Inliegend ein Brief an Jo, den Du bitte *sofort* per *Post* ans Büro weiterleiten sollst; ich bin nicht mehr sicher, ob die Adresse stimmt. Bitte sei so gut und schicke uns Deine 1000 Frcs gleich, wenn es irgendwie möglich ist; wir haben nämlich im Augenblick nicht einmal die Miete und ich fürchte sehr, dass Jo sein Versprechen nicht so pünktlich einhalten wird wie es notwendig wäre. Entschuldige diese schrecklichen Geldangelegenheiten, aber es geht nicht anders.

Allerherzlichst umarmt Dich
Elias.

Veza an Georges *12. Februar 1938*

12. II.

Lieber Ritter Georg!
Ihr Brief kam heute wie vom Himmel. Wir wähnten Sie krank, unfähig zu schreiben, blass, hustend mit Augenringen, Fieber, es war schrecklich. Ich beschloss sofort es nicht zu überleben. Ja, das ist ernst.

Vor drei Tagen hab ich nämlich wunderschön von Ihnen geträumt.

Nun, Ihr Zettel ist nicht erfreulich. Es ist quälend zu denken, wie Sie sich überarbeiten. Sie richten uns zugrunde!

Möchten Sie nicht, bitte, Canettis Brief bestätigen? Er

schickte ihn vor zehn Tagen an Sie ab. Er legte einen Brief an seinen Onkel Joe bei, denn er hat seine Adresse nicht. Er wartete fieberhaft auf Antwort. Sie kam nicht.

Es ist Gutes über ihn zu berichten. Thomas Mann liess ihn nämlich auffordern, an der Zeitschrift »Mass und Wert« mitzuarbeiten. Die Seite etwa zehn Schilling und da ein Essay von Canetti mindestens dreissig Seiten hat, da er Essays herrlich schreibt, ist das erfreulich. Es hat ihn so aufgerichtet, dass er mit *seiner Zeit geizt*, *mit Geld knausert*, Sie werdens nicht glauben, und ganz verwandelt ist, wenn auch immer sehr traurig. Er spricht am 3. März über Aufforderung des Werkbund über das »Drama«, wahrscheinlich wird dies Essay gleich für »Mass und Wert« eingeschickt.

Ich las jetzt wieder Madame Bovary. Oh, das ist schön! Dann lieb ich sehr »Minuit« von Julien Green und »Eugenie Grandet« von Balzac ist mein Lieblingsbuch.

So und jetzt *lassen Sie uns bitte nicht im Ungewissen*, ob die beiden Briefe ankamen und ob sie den an Onkel Joe weiterschickten (es war so besprochen zwischen Onkel Joe und Canetti, dass er ihm schreibt, wenns dringend ist, nur, Canetti fand nicht seine Adresse.) Bitte nur zwei Zeilen darüber, es ist wichtig.

Ihre *Fei*ndin,
schöner Feind.
Veza

Wir wohnen Wien XIX zum Teufel!

Veza an Georges *2. März 1938*

2. III.

Schöner Feind!

Mit Ihrem Brief haben wir uns beide sehr gefreut. Weil Sie so ein lieber Kerl sind, denken Sie. Und wir hatten Freude sehr nötig. Aber Sie werden sich jetzt weniger freuen! Denn wir nehmen Sie beim Wort! Wir sind zu Ostern hier und erwarten Sie! Wir lassen Sie nicht aus! Natürlich muss Canetti auf Geschäftsreisen, aber die österreichischen Geschäfte wickeln sich mit jener langsamen Gemütlichkeit ab, die so nervenberuhigend ist. Man hat Zeit. Man überlegt erst. Man packt noch lange nicht. Schon gar nicht ich. Ich geh nicht gern auf Reisen.

Sie zu sehen wäre so schön, dass ich Angst davor habe.

Canetti hält seine Vorlesung mit grösstem Mut, obwohl er doch wie Sie wissen, so schlecht liest. Sie wurde auf den 17. verschoben, er war nicht fertig mit der Arbeit.

Ich würde sehr gerne lesen, was Sie schreiben. Und wenn ich an Sie denke und den hiesigen Canetti ansehe, oder gar wenn ich an euch beide denke, erfüllt es mich mit Bitterkeit, weil Ihre Mutter euch nicht erlebt. Ich wäre meist lieber unter der Erde, aber ihr beide seid herrlich. Und das sieht sie nicht mehr. Ich gönns mir fast nicht. Ich kann nichts für euch tun. Sie hat so viel getan. Bloss durch ihr Dasein.

Der Onkel hat Wort gehalten, wenn auch verspätet, und hat versprochen auch diesen Monat zur Stelle zu sein. Es ist aber ein etwas schwankender Charakter, nicht in der Art des Hamlet. Sehr nett, aber etwas Bajazzo, der, der ausgelacht wird.

Ich danke Ihnen sehr, dass Sie ins Kino gehen. Es ist Genesung. Es ist mehr. Es beunruhigt mich nur in Ihrem Fall, dass man leider bei euch in den Kinos raucht. Das ist nicht gesund für Sie.

Bitte soll ich die Kuh in unserem Garten von einem Tierarzt untersuchen lassen, damit Sie kuhwarme Milch trinken können?

Ein Glück, dass ich weiss, welch tückischer Feind Sie mir sind. Sonst würde ich mich hinsetzen und Ihnen an die Adresse dieser italienischen Freundin einen Liebesbrief schreiben. So aber bin ich gewitzigt und hasse Sie überdies. Ich stelle mir vor, das muss die Ruth sein. Da sie mir aber eine andere Adresse gab, werden wir nicht klug.

Wir hatten hier eine aufregende Zeit, weil wir doch Juden sind und es so aussah als würde Hitler »seine schwere Hand auf Österreich legen« wie es in den Zeitungen steht. Sie haben sicher auch darüber gelesen. Wir fürchten das sehr. Wir glauben nur an einen Aufschub. Wir haben einen braven Kanzler, aber bekanntlich haben die Wahnsinnigen Riesenkräfte.

Den Lichtenberg will der Canetti Ihnen geschickt haben. Ich hätte dem misstrauen sollen, denn wann handelt er schon! Aber es ist eine Lücke in seiner Bibliothek, dort wo er stand.

Ich kann den Chamberlain nicht leiden.

Wir danken Ihnen beide herzlichst für Ihr liebes Brieferl. Wahrscheinlich wird Canetti zuerst nach der Schweiz fahren. Denn dort ist Thomas Mann, der ihn sehr lancieren wird. Dessen bester Freund, Herr Kahler (er schrieb ein riesig gelehrtes Buch über Deutschland), hat einen Narren an ihm gefressen. Am Canetti. Aber das ist noch in weiter Ferne. Denn jetzt haben wir es schriftlich. Sie kommen!

In Grinzing lebt man wie im Schlaraffenland. Und den Hitler mag man hier auch nicht, wegen des Fremdenverkehrs. Der Seis-Inquart heisst in Grinzing Scheis-Inquart. Dies schreib ich Ihnen, weil Sie so schlank, fein, vornehm, elegant, duftend, gepflegt, soigniert, feinnervig, schmalgliedrig, aristokratisch und blass sind. Ah, es wird Sie aus der Contenance bringen!

In Liebe

Veza.

Den Lichtenberg send ich nochmals.

Veza an Georges — *Poststempel vom 31. März 1938*

Herrn
Dr Georg Canetti
24, rue Nungesser et Coli
Paris 16 e

31. III.

Liebster Georg!
Wie ich Ihre liebe Schrift auf dem Couvert heute sah, war ich überglücklich. Denn wir denken immer gleich, Sie sind krank, Sie liegen im Bett, statt mit dem weissen Mantel von Bett zu Bett zu gehen. Süsser Georg, ich träume jede Nacht von Ihnen und heute Nacht träumte ich, endlich, endlich kämen Sie, ich ging schon zur Bahn, Sie holen, da erwachte ich. Ach, warum erwachen! Sie müssen wissen, wir haben seit einem Monat fast keine Nachricht von Ihnen. Einmal kamen aus Paris ʃ 320'– aber kein Brief und auch sonst keine Sendung. Sie schreiben nämlich leider die Adresse falsch, sie lautet XIX. Himmel*strasse* 30, die Dichterbezeichnung »Am Himmel 30« ist falsch. Achten Sie, Wien XIX, *nicht* XVIII. Bitte sagen Sie's auch dem Onkel Joe und allen. Schreiben Sie also richtige Adressen, denn wir haben Briefe sehr nötig. Unsere Telephonnummer lautet

B 16-2-59, doch sollen Sie mich nicht anrufen. Ich bin so aufgeregt, wenn ich nur 3 Minuten Zeit zu sprechen habe und wenn ich Ihre Stimme höre, packt mich solche Sehnsucht und Verzweiflung, dass ich lieber kein Gespräch will ausser Sie kommen mit einer Bombennachricht, etwa, dass Sie den Haupttreffer gemacht haben. Sie bekommen in 4 Tagen einen riesenlangen Brief von mir, ich kann ihn erst Sonntag schreiben, denn dann ist mein Ruhetag. Eben war Professor Moll bei uns, ein berühmter Maler und Nationalgesinnter, er wollte uns beweisen, dass er anständige Juden hochachtet.

Alles Liebe auf der Welt Veza

Veza an Georges *31. März 1938*

31. III.

Liebster Giorgio!
Verzeihen Sie, dass ich mit Bleistift schreibe, aber ich kann nur so den Brief rasch in meiner hohen Brust verschwinden lassen, wenn ich die Schritte meines Gemahls höre, der diesen Liebesbrief nicht erwischen darf. Ja, wenn mein ehrbarer Bruder in Surrey wüsste, dass ich Ihnen Liebesbriefe schreibe, er würde seine reinen guten Augen weit aufreissen, denn er hat Charakter. Er spricht fünf Sprachen, wäre gern Ingenieur geworden, träumt von einem riesigen Park in welchem Elephanten, Eisbären, Gazellen (also Sie) Igel und Schweinchen friedlich herumspazieren und ihm aus der Hand fressen. Den Park möchte er gerne selbst bebauen, und liesse nur hie und da sein Söhnchen zuschauen. Wenn der aber es wagen sollte auch nur ein Veilchen eigenmächtig zu pflanzen, würde er mit ihm streiten. Dies mein Brüderl und er ist Greissler in Surrey. Es hat mich oft in Ansehn gebracht, wenn ich erzählen konnte, mein Bruder ist Greissler in Surrey. Ob sich die Leute einen Kavalier vorgestellt haben, einen Menschen der nur nobel denkt und ganz erstaunt und entsetzt ist, dass es auch andere Gedanken gibt? Sein Söhnchen mein Neffe und Stolz ist ein grosser blonder Bub, Halbarier. Sie staunen vielleicht über die Bezeichnung, aber hier werden die Menschen eingeteilt in Arier, Halbarier, ? Arier, ? Arier, Hunde und Juden. Um die Hunde kümmert sich der Tierschutzverein. Sie können sich also denken, wie glück-

lich wir sind, wenn wir Briefe von Ihnen oder von meinem Brüderchen kriegen und sehen, dass ihr euch um uns kümmert. Nein, Sie können sich das nicht denken, das muss man erlebt haben. Bitte, süsser Giorgio, kränken Sie mich nicht, indem sie wütend herumdoktoren und *sich* krank machen! Sie haben grosse Entdeckungen gemacht, Sie haben Grosses zu leisten, erhalten Sie sich für dieses Grosse (und Ihre kleine Mutter in Wien) und vor allem: die Menschen, die Sie jetzt mit Einsatz Ihres blühenden Lebens retten, werden auf Sie mit Steinen werfen!! Dies die Erfahrung meines stolzen Lebens. Denn ich breche lieber, als dass ich mich beuge. Ich breche den ganzen Tag.

Heute bekamen wir Ihren Brief mit der Ankündigung eines lieben Gastes. Hoffentlich ist es nicht derselbe, der sich *gestern* bei uns gemeldet hat, mit Bezugnahme auf Ihren Bruder. Er war reichlich unsympathisch und machte dem hatschu idiotische Vorschläge. hatschu war auch sehr reserviert, das Schmöckchen gefiel ihm nicht.

Sie haben einen labyrinthischen Stil bekommen, bitte gewöhnen Sie sich ihn ab und schreiben sie schlicht. Man vermutet nämlich allerhand hinter geschraubten Schreiben. Wir bekommen jeden Brief »zollamtlich geöffnet«! Daraus entnehmen wir, dass irgend jemand aus Paris uns Geld geschickt hat, bestimmt auch unser geliebter Freund aus Strassburg, dass wirs aber nicht bekamen. Bitte schickt *nur* auf erlaubte Weise Geld, auch Mark. Was erlaubt ist, weiss ich nicht, denn in der Tram ist es nicht erlaubt zu sitzen, wenn ein Arier steht. Wir hatten auch hier Geld von Bucka, aber es wurde »requiriert«. Die Bolschewiken hier, haben nämlich solche Methoden, sie nützen den Umsturz aus und gehen in jüdische Häuser »requirieren«. Wenn man die Polizei anrufen kann greift sie sofort und anständig ein, nur sind gewöhnlich die Drähte durchschnitten. Ich hatte schon immer einen Hass gegen die Bolschewiken.

Hier die Leute draussen, und das ist die Wahrheit, benehmen sich reizend zu uns und verneigen sich tief. Mein Bruder würde sich freuen zu erfahren, dass ich ein Gutes von meiner Mutter geerbt habe, nämlich die Gabe mir Ansehn zu verschaffen. Aller Hass schmilzt vor mir und die Leute lieben mich zärtlich. Freilich vor Verleumdungen ist niemand sicher.

Mein Brüderl, der Greissler in Surrey, der nicht einmal Zeit zu atmen hat zerbricht sich Kopf und Beine für uns. Er schrieb uns zuerst die tröstlichen Worte und ich werds ihm nicht vergessen. Er schreibt immer ganz klar und das ist besser, denn niemand wird von Aussätzigen verlangen, dass sie sich auf einer Insel wohlfühlen. Man kann ruhig gestehen, dass man weg möchte, weil man weg muss. Der Pflegerin mit dem schönen Namen, meiner Freundin, schreib ich *nicht*, denn jetzt gehts mir nicht mit der Zeit aus.

Wir brauchen Geld. Nur gerade für die nächsten Wochen und eventuelle Erholungsreise. Wir besitzen sieben ernsthafte Einladungen zumeist von Ariern. Ach, wenn Sie doch herkämen! Kann ich das wünschen! Nein!! Uns wird nämlich unsere Hausfrau bald delogieren, sie kriegt jetzt Mieter, die besser zahlen. In all dem Rätselraten noch das dazu. Wir wissen nicht was wir unternehmen, denken und schreiben sollen.

Vom sozialen Standpunkt aus wird hier sehr *viel* für die Arbeiter getan. Die deutschen Soldaten sind nett und wenn sie sehen, dass ein alter Jude Strassen waschen muss und die Menge ihn verhöhnt, treiben sie sie auseinander. Nochmals betone ich, *dass wir politisch in keiner Weise tätig waren*, ja nicht einmal *zu denken* haben wir uns gestattet. Es liegt in Schottlandyard nichts gegen uns vor. Nur vor gehässigen Verleumdern ist man nicht sicher und das ist unsere Angst. Wo viel Licht ist, ist viel Schatten.

Die Leute hier ärgern sich schrecklich, dass sich für die Getretenen, Zermalmten, Gedemütigten Stimmen und Aktionen im Ausland finden. Darum muss man mit Höflichkeit vorgehen, wenn man eingreift, weil man sonst erst recht schadet.

Falls Sie Geld geschickt haben ausser den ∫320'– urgieren Sie es, wir bekamen *nichts*. Lassen Sie michs überdies wissen. Auch ob Briefe verlorengingen wir bekamen von Frankreich seit Ihrem letzten Schreiben (die *eine* Zeile) von niemandem Nachricht. *Unsere* Briefe ins Ausland kommen gewöhnlich auch offen an.

Die Tante die Sie haben ist ein guter Mensch aber erblich mit Narretei belastet. Wir können mit ihr nichts sprechen, weil sie in ihrer Güte alles verdreht und verlautet und uns eher schadet. Sich an sie zu wenden hat wenig Sinn. Hier gibt es Demagogenriecher, *Lockspitzel*, S.A. S.S. S.B. S.C. S.D. das ganze

Alphabet. Auch alle Farben gibt es. Erst rot, dann schwarz, jetzt braun. Eine Menge Leute schillern buntfarbig Tricolore. Selbst dem Goering ist schon schlecht von den vielen Denunziationen. Er hat sich menschlich darüber geäussert.

Den einzigen tröstlichen Satz, den wir Juden aber gefunden haben ist der, dass man uns nicht erschlagen darf. Nur der Führer entscheidet über Leben und Tod. Gibt es Balsam in Gilead! – Oh, ich sage Ihnen nicht »Du«. Das kostet Sie zehn Küsse. Wo und wohin ich will. Gut dass mein Bruder nichts liest.

Bitte diesen Brief sofort bestätigen.
In nichts darauf Bezug nehmen.
Ich warte fiebernd auf Ihre Antwort.

Veza an Georges *1938*

Liebster Georg!
Einen Tag *ehe* Ihr Brief kam, meldete sich bei uns telephonisch ein Herr, der mit Ihrem Bruder N. befreundet sein wollte. Wir waren zuerst hocherfreut, denn wir sind jetzt sehr einsam, alles ist abgereist, und ein Ausländer ist uns hochwillkommen. Als der Murkl ihn aber traf, benahm sich der Mensch so tölpelhaft, dass der Murkl den Eindruck hatte, das ist ein Verehrer, der sich an einen »Star« heranmacht, wie ihm das oft passiert. Er kannte Sie gar nicht und wusste nicht einmal, dass Ihr Bruder verheiratet ist. Murkl war darum reserviert und abweisend und hatte den schlechtesten Eindruck von dem Herrn.

Den nächsten Tag, freilich, kam Ihr Brief und da tat es uns leid, dass der Murkl so schroff war. Es brachte uns geradezu in Verzweiflung. Obwohl, was Sie in dem Brief schreiben, gar nicht zu der Beschreibung des Herren passt. Der war gar nicht nett und gebildet, sondern ein rechter Tölpel. Es war sehr betrüblich. Wenn Sie uns schon einen mitfühlenden Menschen schicken warum schreiben Sies nicht rechtzeitig. Warum schreiben Sie überhaupt so wenig. Warum heilen Sie fremde Leute und vernachlässigen uns. Weil wir Juden sind? Das ist die ärgste Krankheit.

Bitte schicken *Sie uns kein Geld. Niemand soll Geld schicken.* Ich bekam übrigens meinen Pass verlängert, doch er taugt mir *nichts*, denn ich muss eine Bestätigung von der Steuerbehörde haben, wenn ich wegfahren will. Alle Leute in allen Ländern laden uns ein und verkleiden es in lauter mystische Sätze. Wozu? Die Zeitungen sind voll davon, dass man die Juden hinaus haben will, wer kanns einem dann verübeln, wenn man gehorchen möchte.

Sie können natürlich ruhig herkommen. Aber das ist erstens nicht möglich, weil das zu schön für mich wäre, und Schönes wird mir nicht, zweitens können wir Ihnen nichts nichts bieten. Wer einen Namen hat ist weggefahren oder sitzt. Von Juden meine ich. Was sollen Sie also hier tun? Der Garten ist wunderschön, aber das ist alles.

Der Murkl sagt, jetzt kennt er mich 14 Jahre und ich bin ihm schon schrecklich fad. Er sagt, er wird mich Ihnen anhängen, ohne dass Sie ⟨es⟩ merken, er will mich loswerden. Er sagt, Sie haben so ein mitleidiges Gefühl für alte Weiber und er wird Sie mit mir anschmiern. Sie werden noch glauben es geschieht Ihnen ein Gefallen, so schlau wird ers machen. Und wird mich los. Werden Sie mich wirklich nehmen? Ich koste garnichts, kann eine sehr gute Nusstorte machen, Slatko, Schinkenflekkerl, Vanillekipferl, braune Eier, Linzertorte und Müsli.* Ich verlange keinen Lohn, nur Kino ein Mal die Woche. Wenn *Sie* neben mir sitzen braucht der Film auch nicht zu laufen.

Mein Brüderl wird Ihnen sicher meinen Brief zeigen, falls er nach P. kommt.

Und jetzt klären Sie mich über alles auf und schreiben Sie öfter und lieben Sie mich doch, Sie Rohling, und werden Sie nicht so blass und immer blasser und heilen Sie nicht Kranke, es zahlt sich nicht aus.

Nichts zahlt sich aus. Wenn ich Sie ewig nicht sehen kann ist es überhaupt nichts. Und weiss Gott wie enttäuscht ich sein werde, wenn ich Sie seh. (Saure Trauben!)

Türmchen.

* Ich kann sehr gut typen, ich schreib Ihnen Ihre Forschungsarbeiten ab, 5 Kopien. Auf meinem Maschinchen.

11. IV.

Madame!
Ayez l'obligence de passer cette lettre le plus tôt possible au Docteur.

Merci bien.

Lieber Neffe!
Mit Deinem Brief hast Du mich sehr erfreut und zugleich hast Du mir Angst gemacht. Ich habe Angst, dass Du mir grosse Spesen mit der Anthologie verursachst. Ich bin bereit bis zu 500 Mark zu opfern, aber nur, wenn ich *sie von hier aus zahlen kann*. Denn Schulden machen kann ich keine, lieber Neffe, ich bin alt, ich muss mich schwer vorwärtsbringen. Ich will also unbedingt von hier aus zahlen, denn ich darf nichts mitnehmen und wovon soll ich Dir das Geld dann bezahlen? Bitte mach mir also keine zu grossen Spesen und vor allem schau dazu, dass *meine Photographie unbedingt mit* drin ist, sonst hat das ganze keinen Wert. Merke Dir das sehr gut, ich muss mit drin sein! (Ich opfere nicht umsonst.)

Was meine Reise anlangt so habe ich gemischte Gefühle. Ich hab übrigens bemerkt, dass Du meinen Scherz ernst genommen hast und nun wirklich glaubst, ich könnte bei Dir absteigen. Ich werde das aber nicht tun. Denn wenn ich das Schloss meiner Väter verlassen muss, ich, ein adelsstolzer Baum, dann kann ich nicht Gnadenbrot essen. Ich geh auf eins der Güter meiner Ahnen, und fahre nur durch. Einladungen habe ich genug, denn in dem einen Punkt stimmt der Adel mit den Juden überein – sie halten zusammen. (Das ist aber auch der einzige Punkt.)

Sehr lieb von Dir, zu fragen, ob ich Geld brauche. Ich brauche gar kein Geld, nur will ich keine Schulden. Ich komme für alle meine Reisespesen selbst auf, ich brauche wie gesagt nur die *Dokumente*, dass ich reinrassig bin. Ich zerbreche mir den Kopf, wie ich's richtig machen soll: ich bin ein weiches Bett gewohnt, alles Schafwolle und Daunen, und möchte wenigstens Matratzen, Bettzeug und Geschirr mitnehmen. Damit ich nicht einen fremden Löffel in den Mund stecken und eine fremde Decke überziehen muss. Man muss ja viel aufgeben, aber doch bleibt man sich treu. Was rätst Du mir. Bitte erwähne aber nichts von diesem Brief, Deine Tante ist sehr ängstlich und will nicht, dass ich Dir offen schreibe. Ich weiss zwar nicht, was ich zu verheimlichen hätte, aber ein alter Mensch ist halt kindisch, ausser er ist von so festem Holz wie Dein Onkel. Beantworte mir alles von Dir aus, und sofort, damit ich weiss, dass Du mich gut verstehst und nicht verachtest, das würde mich kränken. Berate mich, ob ich etwas von meinem Komfort mitnehmen soll, oder glaubst Du, werden sie auf einen alten Herrn Rücksicht nehmen? Ich bitte Dich nochmals, sei nicht erhitzt wie die Jugend ist und mache mir keine Spesen, oder wenn Du sie nicht vermeiden kannst, so will ich alles hier begleichen, denn nur immer einen reinen Tisch ist unser Prädikat.

Obwohl ich Adeliger bin, wurde ich hier in keiner Weise belästigt. Es ist hier wirklich Ordnung und Ruhe und alles was in euren Zeitungen steht, ist Lüge. Für das Volk wird etwas getan und das Volk hat zu reden. So geht es schon seit langem. Ich will auch nur wegreisen im besten Einvernehmen mit den Behörden und nicht überstürzt. Denn das schadet einem nur, wenn man dann in sein geliebtes Vaterland zurückmöchte. Und's Belvedère möcht ich halt nochmals sehn im Leben. Überstürzt darf nichts geschehn, obwohl ich als alter Mann nicht wenig ängstlich bin, wenn ich auch vor der Tante gefasst tue. Ja, Angst hab ich immerfort. Immer Angst. Wenn ich dann weg bin, wird die Angst vorbei sein und die Sehnsucht nach dem Vaterland wird bleiben. Aber was lässt sich da machen. Um mein Fortkommen brauchst *Du Dich nicht zu sorgen, ich werde* nicht *lang in Abhängigkeit leben, ich habe hohe Verbindungen und Grütze im Kopf.*

Das hast Du ja von mir geerbt und ich bin ordentlich stolz auf Dich. Ja, Du wirst der Wissenschaft Grosses leisten. Ich möchte's nicht durch meine Betrachtungen in meinem alten Hirn entweihen. Ich werde lesen und staunen.

Bitte beantworte mir nun alle Fragen und beruhige mich in allen Punkten. Deine Freundin hier kann mit dem Mädchenpass nichts anfangen. Dein Bruder muss schon einen Walzer komponieren lassen. So kommt man immer auf die alten Melodeien zurück und in der Kunst leisten sie ja Hervorragendes hier. Inliegend eine Probe richtiger Dichtung. Jetzt ein grosser Dichter hier.

Ja, also hab keine Angst, lieber Neffe, ich könnte wirklich zu Dir kommen. Das war nur Scherz. Ich habe 7 Einladungen. Ich komm nur auf einige Tage. Soll ich im Hotel absteigen? Was rätst Du mir? Bitte bald ja sofort Antwort, aber so als hätte ich nicht geschrieben.

Onkel Bodo.

Entschuldige die Form. Tel maitre tel valet.

Danke herzlichst für Deine Bemühungen und Ratschläge und hoffentlich verspottest Du Deinen alten Onkel nicht und machst keine Bobby-Witze über seine Briefe. Nochmals vielen Dank, ich war ordentlich froh, dass der Mann kein Verwandter von uns ist, denn die sind aus einem anderen Holz. Leb recht wohl und herrliche Arbeit ist schön aber Überarbeitung ist Gift.

Welcher Schmerz wegzugehen und welche Angst hier zu bleiben.

Nachtrag
Jetzt noch etwas Wichtiges: Es könnten sich Leute melden und meinen guten Namen ausnutzen und sagen, ich hab Schulden und Du sollst sie zahlen. Das ist nicht wahr und tue nichts dergleichen. Auch wenn Du Tante Bucka siehst so revanchiere Dich nicht bei ihr, denn ihr Geschenk war schäbig und ich werde mich ebenso schäbig revanchieren (mit gleichem vergelten) und *zwar hier*. Bitte befolge alles genau, keine Zahlung für mich, mein Name wird schändlich missbraucht.

Das ist schrecklich, bis man die Dokumente von 4 Grosselternteilen zusammen kriegt, ich war eine Woche lang bei der Pfarre angestellt.

Veza an Georges *13. April? 1938*

13. ⟨IV.⟩

Liebster Georg!
Ich muss Ihnen nochmals betonen, dass Sie mich unbedingt in die Kritik mit Photo aufnehmen müssen, sonst hat der Murkl nichts davon, er will nicht dass ich zurücksteh u. wie ich dachte, gehts nicht.

Lieber Knabe, wenn ich komm so nur um Sie endlich zu sehen. Aber was mich betrifft werden Sie wohl noch lang zerrissen herumlaufen, denn ich denk nicht dran Ihnen was zu nähen. Ich würde nur um Sie zu sehen durchfahren und begebe mich dann in die Obhut meines Bruders. Ich reiss Ihnen noch einen Knopf ab. (Gern.) Ich bleib einige Tage. Der Murkl ist meinem Bruder willkommen, doch er will nicht hin.

Sie können sich schwerlich vorstellen, wie dankbar wir Ihnen sind. Wenn wir nur mehr reisten, wir unternehmen hier nichts, denn alles kostet enorm viel Geld und ist unsicher.

Die Spinne hats gut, denn ihr machts nichts, wenn der Faden abreisst an dem sie hängt. Aber wir!

Ich bin sehr betrübt, dass Ihre Tante Sie so enttäuscht hat. Nun, dafür komm ich (hoffentlich, touch wood, unberufen) und wir bringen ein schönes Gemälde mit, das Merkel von mir gemalt hat. Der Murkl liebt es mehr als mich. Es wird gut sein, wenn Sie auch mal etwas Schönes sehen, denn Ihre Mutter hatte alle Schönheit gepachtet, Sie haben sie geerbt und für ihre Familie ist nicht viel geblieben. Ich rette sozusagen die Schönheit in der Familie (aber nur mehr auf dem Bild von Merkel).

Über uns kann ich nichts sagen. Ich kann nicht.

Leben Sie recht wohl, nicht einmal küssen werd ich Sie, so ernst bin ich geworden.

Werd ich Sie sehen?

Türmchen

Familientreffen zu Rosch ha-Schana, Suresnes bei Paris,
September 1938

v. l. n. r.: obere Reihe:
Regine Behar-Ova (Cousine),
Claire Canetti (Schwiegertochter von Salomon),
Mony Canetti (Tochter von Claire),
Nissim Jacques Canetti (Bruder),
Edith Canetti (Ehefrau von Nissim),
Georges Canetti (Bruder),
Marianne Canetti (Ehefrau von Elias [Cousin]),
Elias Canetti,
Marguerite (Guite) Canetti (Ehefrau von Joseph),
Elias Canetti (Cousin);

mittlere Reihe:
Jacqueline Canetti (Tochter von Joseph),
Salomon Canetti (Onkel),
Mathilde Canetti (Ehefrau von Salomon),
Joseph Canetti (Onkel);

unten:
Claudine Canetti (Tochter von Joseph),
Marcel Canetti (Sohn von Elias [Cousin]),
Ruth Canetti (Tochter von Elias [Cousin])

23. V.

Süsser Georg!
So viele aufregende Dinge mit so viel bakteriologischer Ruhe geschrieben! Hast *Du Schaden genommen bei der Fahrt*??? Schickst Du mir die 19 Druckseiten?? Ich werde jedes Wort drei Mal lesen und heb das Heft gut für Dich auf. Bitte! Sei nicht so hochnäsig, Schönnäsiger. Ich bewundere Dich schrecklich, denn Du hast die Gepflogenheit, im Gegensatz zu Deinem Bruder, so gar kein Wesens aus Dir zu machen und lässt Dich nicht einmal erraten. Ist das schön!

Bei allem Reichtum aber ein miserabler Charakter, »Du niederträchtiger Schuft!« (Zitat) Wär uns nicht Samstag der glückliche Gedanke gekommen Tante und Cousine anzurufen, wir wären vor Angst gestorben.

Der Murkl ist jetzt fest entschlossen die Einladung der Vandsburger anzunehmen und *allein* zu fahren. Er kommt jetzt in eine gute Zeit hinein und es wäre günstig dies auszunützen. Schreib also sofort wann er fahren soll und ob er allein auch willkommen ist. Er ist jetzt wirklich bereit.

Dass Du gekommen bist, werd ich Dir nie vergessen, dass Du weggefahren bist werd ich nicht verwinden, aber dass Du nicht sofort sofort geschrieben hast – werd ich rächen.

Liest Du den Dante, diese »göttliche Komödie«? Es fehlen einige schöne Seiten, der Murkl kann sie auswendig.

Vom Scherchen kam wieder eine Einladung, der Murkl liess mich nicht einmal danken und bewachte mich scharf. Ich weiss nicht wo er sich augenblicklich aufhält, wenn Dus in der Zeitung liest und zwischen zwei Herden in zwei Lungen, Zeit hast, schreib ihm eine Dankeskarte für uns. Sehr viel verlangen wir von Dir, aber ich werd Dirs lohnen.

Bitte nochmals ausdrücklich zu schreiben, ob *ich* mitfahren muss, er fährt lieber allein, und ich, oh wie froh wär ich. Schreib auch die Adresse von Tante Vandsburger und eventuel auch ein billiges Hotel im Zentrum der Stadt.

Ich träumte, meine Mutter trug mich auf den Armen aus einem finsteren Zimmer und stellte mich vor eine Tür. Ich war unbeschreiblich glücklich und erwachte und dachte an – Dich.

Bitte schreib unbedingt wie es Dir mit der Gesundheit geht,

zu allem dazu noch die Gesundheit in Gefahr, es macht die Romantik voll, schöner Ritter. (der warst Du wirklich)

Deine Feindin. Veza

Veza an Georges *18. Mai 1940*

19 South Hill Park Grds NW3

Samstag, den 18. Mai 1940

Liebster Georg,

ich werd mit meiner Übersetzung Mitte Juni fertig sein und wollte darum, daß Du erst in 4 Wochen kommst. Aber in Anbetracht Deiner zerrütteten Gesundheit beschwör ich Dich, komm sofort und genieße die frische Luft. Unsere Wohnung ist ebenso schön gelegen wie die von vor 3 Jahren, und die Zimmer sind hübsch und gemütlich. Du sollst mein Zimmer haben und die herrliche Luft, die von der Hampstead Heath herüberweht. *Ich* versprech's Dir, es gibt also diesmal nichts zu fürchten.

Ich schreib im Bett, denn es hat mich ganz krank gemacht, heut von Dir zu lesen, daß Du hustest. Ich bin schrecklich besorgt. Also bitte komm in dieses schöne Land und zu den zwei Menschen, die dich lieber haben als irgend jemand sonst auf der Welt. Ums Essen mußt Du Dich nicht sorgen: Ich hab eine elektrische Küche und werd mit der Friedl für Dich kochen. Anna kommt uns täglich besuchen. Sie liebt Dich. Kae ist unsere englische Freundin – zu sagen, sie ist einem Bild von van Eyck entsprungen, den »Singenden Engeln«, hieße ihr Unrecht tun. Sie ist mehr als das. Sie wohnt uns gegenüber; Du wirst die nettesten Menschen um Dich haben. Bitte komm, ich schreibs deinethalben. Was mich selbst betrifft: Kennst Du »La parure« par Maupassant? Ich bin Madame Loisel *an ihrem Lebensende.*

Der Murkl sorgt sich um Dich und hat Deine Provokation nicht verdient. Ich will, dass Ihr zwei in Frieden lebt und einander gern habt. Ich werd Euch nicht auseinanderbringen. Ich bin zu abgelenkt durch Gedanken und Rätsel, die mir keiner lösen kann.

Es ist furchtbar lieb von Dir, dass Du mir wieder hilfst. Ich hoff, Du hast den Brief an mein neues Logis geschickt, wenn nicht, lass es mich wissen und auch den Namen der zweiten Person. Wenns der Deines Bruders ist, dann ist es gut. Ich muss jeden einzelnen Vornamen und nicht nur den Nachnamen jedes Absenders wissen. Ich brauch diese Deine Hilfe dringend und bin Dir überaus dankbar. Aber wenn Du mir Geld schickst, ohne *sofort* zu schreiben, dann ist das, wie einer Mutter, der das Kind gestorben ist, einen goldenen Ring zu schenken. Ich *bin* Madame Loisel, aber warum es mich spüren lassen? All my love.

Veza

Ich wiederhole nochmals: Seit dem letzten Jahr bin ich um zehn Jahre älter geworden, und die Begeisterung hat mich ganz verlassen. Wenn ich Dich also bitte, sei mein Gast, so weiß ich, was ich sage. Ausgaben wirst du nur für Dein Abendessen haben. Sonst nichts. Wir haben es die ganze Zeit geschafft zu leben, und nun kann alles so nett und einfach sein in dieser schönen Umgebung. Ich hab eine elektrische Küche. Wir lieben Dich so sehr, bitte komm sofort.

V.

Wie geht es Nissim?

Veza und Elias an Georges *27. Oktober 1944*

Dr. Georges Canetti
21 Boulevard Jourdan
Paris 14e

Canetti
Durris Stubbs Wood
Chesham Bois (Bucks)

27. Okt.

Lieber Georg
Wir haben gerade erfahren, dass Du gut beisammen bist, hätten aber gern direkte Nachricht an obige Adresse. Wir waren außer uns vor Freude. Much love, bitte schreib sofort. Uns geht es gut.

Elias' Buch wird bald auf Englisch erscheinen. Schreib über Dich und all unsere Verwandten.

Herzlichst
Veza und Elias

Mrs Canetti 1, Grimsdells Corner Amersham, Bucks, England

6. Jänner 1945

Liebster Georg,

bisher haben wir zwei Karten erhalten, eine vom Nov. und eine vom Dez. Wir sind sehr stolz auf Dich und Deine Arbeit mitten in einer chaotischen Atmosphäre. Das sieht Dir ähnlich. Und von nun an werd ich Dich Big Ben nennen.

Dein Bruder sehnt den Tag herbei, an dem er Dir sagen kann, wie sehr er Dich bewundert und liebt. Er hat Deine erste Karte entzwei gerissen und eine Hälfte in seiner Brieftasche aufbewahrt, und die andere bekam ich geschenkt. Sie traf am Weihnachtstag ein – wenn das kein Weihnachtsgeschenk war! Er war nicht faul und wird Dir selbst über seine Arbeit schreiben. Wir haben keine Geldsorgen und werden auch keine haben. Ich wohn an der obigen Adresse, die jetzt für Briefe sicherer ist, Dein Bruder wohnt zehn Minuten von hier, denn wir finden keine Wohnung, die groß genug ist für zwei, obwohl wir einen horrenden Zins zahlen. Wie geht es Nissim und Edith??? Wir sind sehr besorgt um sie. Antworte sofort und schreib viel über Dich.

Vor zwei Jahren hab ich einen Roman auf Englisch geschrieben. Natürlich warst Du der Held, und natürlich warst Du ein berühmter Arzt, und natürlich hast Du Hunderte Leben gerettet, und natürlich waren die Frauen alle hinter Dir her. Trotz oder wegen dieser imposanten Persönlichkeit war der Roman nicht ganz gelungen, und ich hab ihn nicht mehr korrigiert. Ich arbeite gerade an einem Stück (auf Englisch), das Elias leicht wird unterbringen können, denn sein Einfluß wächst. Das Problem ist – ich werd's nicht beenden können. Ich bin sehr krank. Was meine physische Erscheinung anlangt, so würdest Du mich auf der Straße nicht wiedererkennen, aber was meine psychische Disposition betrifft, so hat sie sich verschlimmert, und ich war letzten Monat zweimal in einem Londoner Spital. Die letzten sechs Jahre waren zuviel für mich, und mein Geist ist außerstande, sich Gaskammern oder dergleichen Erfindungen vorzustellen. Du wirst mich also wohl auf der Straße nicht erkennen und an mir vorübergehen. Denn sollte ich wieder zu Kräften kommen (was zweifelhaft ist), würd ich auf Reisen gehen. Um nachzuforschen. Ich würd nachforschen und es herausfinden. Alle, die für den Mord an Alice und ihrer unschuldigen Tochter verantwortlich sind. Ich würd sie vor Gericht bringen, allesamt, ich würd sie alle aufspüren; aber den letzten, den Mörder, den würd ich mir selbst vornehmen. Da siehst Du, was aus mir geworden ist.

Wir wohnen in einem schönen Ort auf dem Land, eine Stunde von London entfernt. Dein Bruder fährt zweimal die Woche nach London. Er hat ein elendes Leben mit mir und nennt mich manchmal V 3. Was noch ein milder Ausdruck ist, wenn man bedenkt, was er mit mir durchgemacht hat. Du bist sein einziger Lichtstrahl. Er hat viele nette Freunde, und das ist nicht leicht zu erreichen bei diesem stolzen und reservierten Volk. Sie sind eher schüchtern als reserviert und sehr liebenswürdig und fair, die Engländer. Bitte schreib über Dich, das ist das einzig Wichtige. Dein Bruder wird Dir selbst schreiben.

All my love
Veza

Veza an Georges *19. Januar 1945*

Mrs Canetti 1 Grimsdells Corner Amersham Bucks.
19. Jan. 1945

Lieber Georg,
wir erhielten zwei Ansichtskarten von Dir, aber Nissim hast Du gar nicht erwähnt, und wir sorgen uns. Wir sind sehr stolz auf Dich, Du bist ein strahlender Stern in der Dunkelheit. Wie Dein Bruder. Er ist ein Stern, der zu seinem Unglück herabgestürzt ist und keinen Platz findet in einer trostlosen Welt wie dieser. Und ich kann ihm nicht mehr helfen, ich war vielleicht manchmal ein wenig zu tapfer, aber jetzt geb ich auf. Die Wirklichkeit hat keinen Reiz mehr für mich, und sich aus ihr fortzustehlen kommt dem Wahnsinn zu nah. Darum mußt Du ihm helfen. Äußerlich ist seine Stellung gesichert. Bald wird sie sogar ruhmreich sein (so wie die Deine). Was er braucht, ist jemand, der ihn liebt. Du bist sein ein und alles, sein Augapfel, und Du solltest ihm seine Zuneigung vergelten. Er hat viele Freunde, aber keinen, der ihm wirklich nahe steht, und die

Friedl Benedikt

Frau, die ihm aus Paris gefolgt ist (F.), ist eine Gefahr und eine Schande, und in seiner Herzensgüte findet er keinen radikalen Weg, sie loszuwerden, so gern er das würde (obwohl er's *nach und nach* tut). Im Radio singt gerade eine angenehme Stimme: Gute Männer und schlechte liegen unterm Gras – welcher war der gute, welcher war das Aas. Ja, welcher *war* der gute. Ich wünschte, wir würden mehr von Dir hören.

Es wünscht Dir alles Gute und Schöne
Veza

Veza an Georges *27. Januar 1945*

Mrs Canetti 1 Grimsdells Corner Amersham, Bucks.
27. Jan.

Lieber Georg,
es wird Dich freuen zu hören, daß Eure Cousine Mathilde sich die ganze Zeit im Vatikan vor den Nazis versteckt hat und jetzt in Rom lebt. Wir werden ihr Geld senden, sobald wir dürfen. Was ist mit Dir? Hast Du genug Geld? Geldsendungen nach Paris sind erlaubt.

Dein Bruder hat gute Arbeit geleistet, und sein Verleger wartet begierig darauf, daß er seine Psychologie der Macht fertigstellt, von der sich schon ein großer Teil auf seinem Schreibtisch türmt. Überdies Tausende von Seiten mit Aphorismen und Gedanken. Er arbeitet an der anderen Adresse, und dort hat er die meisten Manuskripte und eintausendfünfhundert englische Bücher, die er in den letzten Jahren erworben hat. Die Bibliothek, die wir mitgebracht haben, ist auch hier, bei einem Freund hier in Amersham. Das alles solltest Du wissen, als unser einziger Sohn und Erbe. Die Übersetzerin Deines Bruders zählt zu den größten Historikern und hält sehr große Stücke auf ihn. Aber er hat nur einen Wunsch. Dich zu sehen und über *seine* Arbeit und *Deine* Arbeit zu sprechen und Dir zu sagen, wieviel Du ihm bedeutest.

Was Deinen Freund E. anlangt und diese Frau, F., die ihm in dieses Land gefolgt ist: Sie hat sehr üble Gewohnheiten angenommen, solche, die mit den Gesetzen keines Landes vereinbar sind, und Dein armer Freund, ein völlig lauterer Charakter, versucht verzweifelt, sich aus einer so unglücklichen Bindung zu befreien. Er wird Dir wahrscheinlich davon erzählen, aber wenn nicht, dann überzeug Dich selbst.

Denn ich werd Dich nicht sehen und Dir nicht davon erzählen können. Ich fahr in die Schweiz, sobald ich kann, so ungern ich dieses Land und diese liebenswürdigen Menschen verlasse, die oft ein göttliches Lächeln für mich hatten und mich so vor der Verzweiflung bewahrt haben. Das Klima bringt mich um. Und dann will ich von niemandem gesehen werden, der mich einmal kannte. Eigentlich sollte ich nie nach Zentraleuropa zurückkehren und die Not der Nazis teilen, die bis dahin alle jüdische Pässe haben werden, nehm ich an. Sollen sie zugrunde gehen. Sollen sie durch die Hölle gehen. Ich bin durch die Hölle gegangen. Sollen sie vernichtet werden. Ich bin vernichtet. Und ich hab viel gemeinem Dreck viel Gutes getan. Ja, ich bin am Ende.

Mein Chemiker hat Dein Buch gelesen, wenigstens hat er's versucht, für sein Französisch leg ich die Hand nicht ins Feuer. Und wir werden sehr erfreut und stolz sein, wenn wir Dein neues Buch bekommen. Ich werd damit angeben, ich geb doch so gern mit euch beiden an. Ihr wiegt hundert Nazis auf, aber wer wird die Millionen aufwiegen, die es noch gibt? Wie geht es Nissim? Bitte schreib, keine Antwort auf ein Telegramm, das wir Dir im Dezember geschickt haben. Wir wünschen Dir beide alles Liebe und sehnen uns nach Nachricht von Dir.

Love
Veza

Schreib an obige Adresse

Veza an Georges — *24. März 1945*

Mrs Canetti, »Durris«, Stubbs Wood,
Chesham Bois, Bucks, England

24. März 1945

Lieber Georg,
vor einiger Zeit sandte ich Dir eine kleine Summe Geld, das heißt, Dein Bruder wollte es, aber es kam zurück. Dein Bruder sorgt sich, daß Du nicht genug zu essen hast, aber der Zensor sah das nicht ein. Auch wurde in der Zeitung bekanntgegeben,

daß wir Seife schicken können. Die kam auch zurück. Es tut uns sehr leid, und wir dürfen keine Lebensmittel schicken. Aber ich werds über das französische Konsulat versuchen. Mit Deinem letzten Brief haben wir uns sehr gefreut, aber da ich drei schreiben mußte, bis du einen schriebst, streik ich jetzt und fass mich diesmal sehr kurz. Ich bin sehr dagegen, daß Du viel Besuch bekommst, sie langweilen Dich, sie rauben Dir Deine Kraft und lassen Dich leer zurück. Fast wär ich nach London gezogen, bekam aber die Wohnung nicht und muß doch hier heraus. Seit 1938 ist das mein tragisches Schicksal. Vorläufig wär meine Adresse die obige, die Deines Bruders, wohin ich übersiedel, bis ich ein Logis gefunden hab.

Obwohl ich Dir viel zu erzählen hab, schließ ich jetzt, um Dich zu strafen, will Dir aber noch einen Witz aus der Zeit des Blitz in London erzählen. »*Ein* Gutes hat der Blitz«, sagte eine Scheuerfrau zu einem Warden, während sie Trümmer wegräumten. »Er läßt einen den Krieg vergessen.« Das ist der Geist, in dem sie das Ganze nahmen. Sie waren wunderbar während des Blitz. Ich leg das Ende des Briefes bei, den der Zensor zurückgesandt hat. Much love, und bitte schreib über Dich und schick uns Dein Buch, sobald es erscheint. Dein Bruder hat natürlich auch vor, Dir zu schreiben … *Er* ist heute in London, wie jetzt fast jeden Tag, was mich einiges an Nerven kostet.

Schreib!!
Love
Veza

⟨*beigefügtes Ende des oben angesprochenen Briefes:*⟩
Als ich einmal im St James Palace war, wo das Rote Kreuz stationiert ist, um mich nach Dir und Nissim zu erkundigen, saß dort eine Dame, weit über fünfzig Jahre alt, aber von außergewöhnlicher Schönheit, und ihr göttliches Lächeln bewies, dass sie in ihrem ganzen Leben nicht einen traurigen Tag erlebt hatte. Ich starrte sie an, versunken in meine Bewunderung, ich konnt kein Auge von ihr wenden. Was mich betraf, schien sie zu der gegenteiligen Ansicht zu kommen, denn als ich Nissims Alter mit 36 angab, sah sie mich mit nobler Miene an und sagte: »Das sind Ihre Söhne, nicht wahr.«

Um dieses Jahrhundert zu vergessen, hab ich mich mit grenzenlosem Vergnügen in die Memoiren des Duc de Saint-Simon vertieft, eine gekürzte Ausgabe von etwa tausend Seiten. Sie ist mir zehntausend Seiten zu kurz.

Schreib sofort
All our love
Veza.

das nächste Seifenpaket ist für Edith und Regine

Veza an Georges *16. April 1945*

Mrs Canetti »Durris«
STUBBS WOOD Chesham Bois, Bucks

16. April

Lieber Georg,
Edith schrieb, daß Du Ende des Monats operiert wirst, und wir sind wirklich besorgt. Ich wünschte, ich könnt mich für Dich und statt Deiner operieren lassen. Ich werd tapfer sein und versuchen, darüber hinwegzukommen. Dein Bruder ist nicht bei bester Gesundheit, ein trockener Husten seit Monaten, und sein Herz ist sehr schwach. Während des Einmarsches der Nazis in Frankreich waren zwei Shamrocks* an Deiner Photo befestigt, und sie haben geholfen. Auch das hier wird helfen. Bitte gib uns sofort Nachricht, und falls Du nicht gleich schreiben kannst, wird Edith uns hoffentlich berichten. Bitte schreib!!! Viel Glück, Sohn. All my love

Veza

* Ich hoff, der Zensor läßt es nicht fallen.

Veza an Georges *6. Juni 1945*

Mrs Canetti, »Durris«, Stubbs Wood, Chesham Bois, Bucks

6. Juni

Lieber Georg,
kaum hatten wir Deinen (übrigens ganz reizenden Brief voll Esprit) erhalten, gingen wir zu einem englischen Arzt, um Erkundigungen über Deinen Fall einzuziehen, weil wir fürchteten, Daniels' Bericht könnte mit Absicht beruhigend sein.

Die Erklärungen des Doktors in Amersham fielen so günstig aus, daß wir Dan. jedes Wort glauben konnten, denn die beiden stimmten überein. Da ich selbst in meinem Leben ein Dutzend Operationen durchgemacht hab, bin ich nicht besorgt, aber ich hoff doch, Edith schickt ein Telegramm. Denn nicht beunruhigt und glücklich ist noch nicht dasselbe. Canetti wird Dich besuchen kommen, sobald sie ihn nach Frankreich fahren lassen, und Dir während der Genesung die Zeit vertreiben. Als ich Deinen reizenden Brief las, wurde ich um so trauriger über das, was aus mir geworden ist. Soll ich Dir die grausame Wahrheit erzählen! Nun, ich geh dreimal die Woche ins Kino, und wenn es eine Liebesszene gibt, denk ich immer, ist sie nicht hübsch und ist er nicht schön, aber warum in aller Welt vertun sie ihre Zeit mit Busserln und Schöntun, wie langweilig! Bist Du *jetzt* überzeugt, daß ich verloren bin!

Süßer Georg, neulich gingen wir Daniels besuchen, und ich kaufte ein Spielzeug, das in diesem Land ein kleines Vermögen kostet, und dann dacht ich, es sind doch zwei Kinder, und opferte unsere Naschration für diesen Monat und kaufte noch Milchschokolade dazu. Dein Freund lud uns ausdrücklich für nach acht Uhr ein, das heißt, eigentlich wollt er um neun, doch der Canetti wies ihn darauf hin, daß ich nicht sehr gesund bin und so spät nicht mehr ausgehen kann. Wir gingen also nach acht hin, in dem Bewußtsein, daß wir keinen »high tea« zu erwarten hätten, den wir auch gar nicht wollten, denn unser Präsident vom Pen Club, Robert Neumann, hatte uns zu einem schönen Nachtmahl eingeladen. Was man nach acht bekommt, ist eine Tasse Tee und einen Bisquit oder zwei, sogar dann, wenn man zu seiner Scheuerfrau geht.

Nun, als wir ankamen, mußten wir feststellen, daß Mrs Daniels ausgegangen war. Dein Freund arbeitete sehr eifrig an seinem unsterblichen Werk, und die Kinder schliefen. Dein Freund saß auf der Kante seines Bettes, in dem scheußlichsten, widerlichsten, kältesten, dreckigsten Zimmer, das ich je gesehen hab, und ich habe in diesem Land sehr trostlose Zimmer erlebt. Als ich das Spielzeug und die Schokolade auspackte, schämte er sich und fragte, ob er uns Kaffee kochen soll, was wir ablehnten, auf das Entschiedenste, denn die Aussicht, auch nur eine Minute länger zu bleiben als nötig, um ihm unsere Fragen zu stellen, ließ uns das Blut in den Adern gefrieren. Wir blieben keine halbe Stunde, sprachen nur über George, und dann gingen wir, wie von einem Löwen gehetzt, nein, einem Gassenjungen, und wiewohl wir nicht hungrig waren, gingen wir in das erste Restaurant, an dem wir vorbeikamen, nur um die düstere Atmosphäre zu vergessen und den Empfang und das Zimmer und Daniels, der aussah wie ein Detektiv, dem Einbrecher sein ganzes Vermögen gestohlen hatten. Er hatte nicht einmal eine richtige Photo von seinen Kindern, ich glaub, er ist ein zu großes Schwein, um Papier für sie zu verschwenden.

Im Restaurant bestellten wir jeder ein ganzes, üppiges Nachtmahl und ließen alles stehen, weil wir gar nicht hungrig waren, und ich bekam einen schrecklichen Zorn, weil es schlecht war und eine Guinee kostete, aber Dein Bruder sagte, wenn man bei Daniels war, muß man ein bißchen Geld aus dem Fenster werfen, man muß einfach. Das war so überzeugend, daß ich meinen Zorn vergaß. Und dieser Kerl hatte die Impertinenz, ganz Manchester zu erzählen, was für ein schlechter Mensch der Canetti sei, Canetti, der netteste und großzügigste Mann der Welt, der neben solchen Leuten noch nicht einmal sitzen sollte. So viel über Deinen Freund.

Über uns gibt es viel zu berichten. Doch es gibt immer noch die Zensur, und ich bin es leid, daß jeder liest, was ich schreib, und so werd ich noch warten. Warum es diese Zensur gibt, weiß keiner, wahrscheinlich haben sie Angst, ich könnt Dir sagen, Du sollst Hitler ausgraben und ausstopfen. Du weißt, eine Genugtuung hab ich in meinem elenden Leben – Ernst.

Wie konnt ich je denken, Du wärst geizig, wo Du uns doch so lange ausgehalten hast. Was hätten wir ohne Dich getan! Ich werd jetzt nicht sentimental, sondern schreib Dir einen langen, sehr persönlichen Brief, wenn die Operation vorbei ist. Wie tapfer Du bist, nie klagst Du, und nie gibst Du an. Ich glaub, die Edith ist auch in Dich verliebt, so wie sie über Dich schreibt.

Elias sagt, er wird Dir einen langen Brief schreiben, und er wird's auch, eines Tages. Gott weiß, wann. Wir zanken uns den ganzen Tag, er gutmütig, ich wie toll. Wir können nicht in einem Haus zusammenleben, und ich hab meine Wohnung und Dich verloren, eher findet man Diamanten auf der Straße als eine Wohnung mit Küche, nicht einmal wenn man viel zahlt, außer man kauft sich ein Haus. Wir wohnen in einer hübschen

Villa – die Beschreibung unseres Hausherrn und unserer Hausfrau wird irgendwann in einer Wiener Zeitung oder Anthologie veröffentlicht werden.

Und wir langweilen uns alle zu Tode: kein Krieg, keine doodle bugs, keine Bomben, keine Krankenwagen und Sirenen, es drückt einen nieder, nichts passiert, und selbst die Nazi-Führer sind alle verhaftet. Anna sagte neulich zu mir, sie weiß nicht, warum, aber seit dem V-Day ist sie deprimiert.

Much love, Du wirst mich sehr albern finden, ich versichere Dir, ich bin noch schlimmer.

Wir beten Dich an.

Veza

Veza an Georges *30. Juni 1945*

Mrs Canetti »Durris« Stubbs Wood Chesham Bois Bucks
30. Juni 1945

Lieber Georg,
ich muß Dir sagen, ich bin ständig in einer sehr gefährlichen Geistesverfassung, und es war grausam, uns ohne Nachricht zu lassen. Als ich Deinen Brief sah, war ich überglücklich, weil ich dachte, die Operation wär vorbei. Dennoch sind wir ganz zufrieden, denn wenn die Ärzte zögern, heißt das, die Operation ist nur eine Kleinigkeit. Trotzdem. Besteh nicht darauf, ich bin überzeugt, wenn Du viel gutes Essen bekommst (kriegst Du das?) und Obst, dann wirst Du auch ohne Operation wieder gesund, und welch ein Segen wär das für uns.

Es freut mich, daß Du mir am 15. Juni geschrieben hast, aber ich muß Dir sagen, daß Dein Bruder zu mir meinte: »Ich wünschte, er würde nicht um dieses Datum herum operiert, denn am 15. wird er sehr traurig sein, und das könnte seinen Widerstandswillen beeinträchtigen.« Ich erzähl's Dir, damit Du siehst, wie falsch Du Deinen Bruder einschätzt. Ich mußte ihm Deinen Brief einfach zeigen, hab aber drei Zeilen ausgestrichen …*

* Nun hab ich in dem Brief 3 ausgestrichene Zeilen, und das ärgert mich.

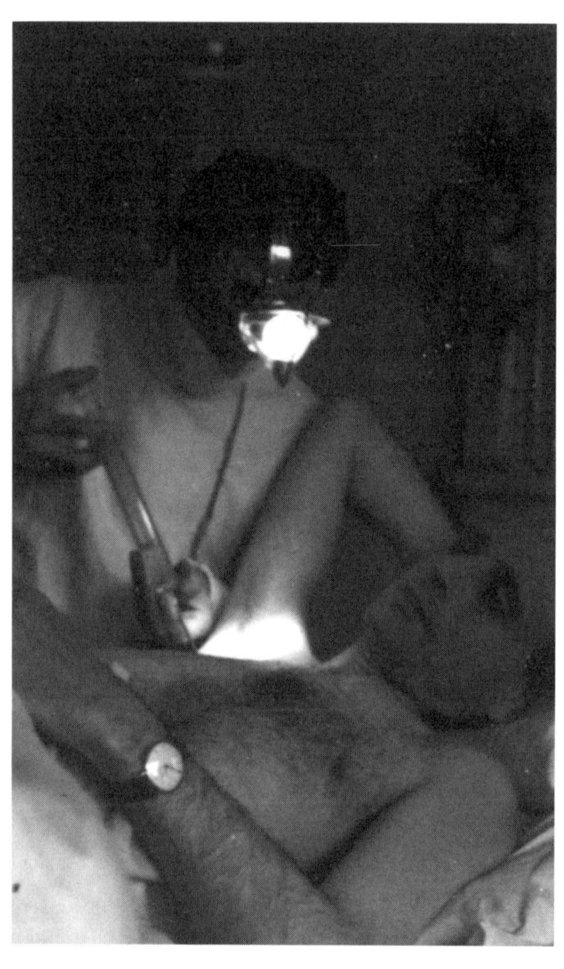

Georges Canetti wird operiert, um 1947

Was Du darin andeutest, ist etwas, das Träumer, Künstler, Schriftsteller und Narren tun, und nicht Deine Erfindung. Auch ich hab's getan, lange bevor das Alter und Verachtung für die meisten Partner (Möchtegernpartner) es zu meiner Zuflucht werden ließ. Es gibt verschiedene Varianten. Ich erschaff mir meine Akteure selbst, und ich bin nicht die dritte Person, sondern zumeist der Mann. Es ist viel angenehmer, *selbst* zu erschaffen und von anderen unabhängig zu sein.

Die sechs Seiten über uns werd ich bald schreiben und viele sechs Seiten. Ich bin ein wenig aus dem Geleise, so ohne Logis, deshalb kann ich mich nicht konzentrieren. Wir leben in einer Villa eines wohlhabenden Landpastors und zahlen einen hohen Zins. Er hat die Haupteigenschaften des père Grandet, aber eines vertrockneten. Wir haben das Nötigste, aber was ich in meinem Alter gern hätt, bei meinen brennenden Wünschen und bei meiner Vergangenheit (zehn Jahre Entbehrungen, alle Träume und Hoffnungen zerschlagen ... alle Masten gebrochen), das ist Luxus und Bequemlichkeit. Das hab ich nicht.

Die Schuld liegt ganz allein bei mir. Denn statt in London mein Glück zu versuchen, schließ ich mich sechs Jahre auf dem Lande ein, damit Dein Bruder während der doodle-bugs und anderer himmlischer Überraschungen einigermaßen in Sicherheit ist. Nun, das ist mir gelungen, und jetzt bin ich unzufrieden mit mir, *über* mich.

Dein Bruder mußte seine Arbeit unterbrechen und arbeitet jetzt hart an der Korrektur der Übersetzung der Blendung. Seine Übersetzerin ist eine bekannte Historikerin und bewundert Deinen Bruder sehr. Aber die Blendung zu übersetzen ist natürlich nicht leicht, und es kommt vor, daß sie schreibt: er giftet sich – he poisoned himself. Du kannst Dir denken, daß ich da auch ein Stück Arbeit hab, denn ich lese die deutsche Fassung, und dann vergleichen wir.

Kennst Du Dea? Sie hat den Direktor des British Museum geheiratet. Ihre Geschichte würde sechs Seiten füllen, die ich Dir eines Tages schicken werd. Anna ist mit einem Dirigenten verheiratet, der, als ein Riesennarr und mittelmäßiger Musiker, hierzulande ein Riesenerfolg ist. Außer mit vielen Freunden von uns, die unbedingt den hübschen Bruder kennenlernen wollen, wirst Du Dich hier noch mit vielen anderen neugierigen Menschen abgeben müssen – wenn die Blendung erst einmal erschienen ist. Die Übersetzerin z. B. ist in Georges Kien verliebt, und das Kapitel »Irrenhaus« findet sie aufregend. Was mich betrifft, so bin ich sehr bissig, ich warne Dich, Georges Kien, werd aber darauf bestehen, daß Du mir meine Naschereien vorkostest, wie ich's gewohnt war. Ja, Du mußt den Vorgeschmack bekommen – wenn – ich Dich jemals wiederseh. Das ist sehr zweifelhaft, wie ich Dir in früheren Briefen bereits sagte. Mein Pastor geht jetzt zu Bett, deshalb muß ich aufhören zu schreiben, schick Dir aber in ein paar Tagen wieder einen Brief. Ich fürchte, Du wirst finden, daß dieser hier nicht 18. Jahrhundert ist – er ist 20. Jahrhundert, na gut.

Ich werd Dir nie vergessen, daß Du mir am 15. Juni geschrieben hast. Bisher hab ich nichts getan, wodurch ich dieses Vorrecht verdiene!! Ihr zwei Brüder seid *wirklich* nobel!! Wie wünschte ich, ich könnte Dir danken! Deine Schilderung Deines Lebens im SANA!!! *DU* WIRST eines Tages *den* großen »Zauberberg« schreiben. Viel Glück, und bitte schreib sofort, und Edith sollte schreiben – es ist gefährlich, mich im Ungewissen zu lassen!!

Veza.

All our love

Über E. Fisher das nächste Mal.

Ich werd in ein paar Tagen wieder schreiben, denn Deine Briefe sind köstlich, und ich will Dich zu einer Antwort verführen.

Veza an Georges *22. Juli 1945*

Mrs Canetti DURRIS
STUBBS WOOD CHESHAM BOIS, BUCKS

22. Juli

LIEBSTER,
wir waren außer uns vor Freude und fielen uns um den Hals, als wir die ersten Zeilen lasen. Aber was ist ein »retemps«? Ich hab das Wort nicht verstanden und werd mich schrecklich sorgen, bis ich es weiß. Wir fürchten, es bedeutet eine weitere, kleinere Operation im »août« (August), und der Gedanke ist unerträglich. Schreib sofort, was es damit auf sich hat. Sofort!!! Wie ist es mit PENICILLIN?

Welch einen reizenden Brief Du inmitten Deiner Qualen geschrieben hast. Wie tapfer Du bist. Wir denken ständig an Dich, und ich versuch, wie magnetischer Stahl die Schmerzen von Dir wegzuziehen, wir sagen einander ständig, daß, wenn wir die ganze Zeit an Dich denken und mit Dir fühlen, es etwas helfen wird. Hast Du irgendeine Wirkung bemerkt?

Was die Tatsache anlangt, daß Du nicht entstellt sein wirst – das ist natürlich die wichtigste Aussage von allen. Bevor Du uns in diesem Punkt beruhigt hast, sagten Dein Bruder und ich einander ständig, daß wir – nun, vielleicht nicht gerade unsere Bekanntschaft mit Dir beenden müßten, falls Du es wärst, doch daß unsere Gefühle für Dich zumindest abkühlen würden, und auf jeden Fall würden wir unser Testament zu Deinen Ungunsten ändern. Das brauchen wir nun also nicht zu tun.

Wenn Edith vor Gericht zugibt, daß sie wieder heiraten will und sich darum von ihrem Mann scheiden läßt, kriegt Ihr natürlich May Collette. Aber wenn sie sagt, was *Ihr* als ihren Grund angabt, und behauptet, sie wollte mehr Kinder haben, aber ... dann gewinnt *sie*. Wenn ich über ihren Verlobten eines weiß, dann daß er, als Wiener Rechtsanwalt, sicher gerissen ist, und darum werdet Ihr Euch den besten Anwalt im Land nehmen müssen, um das Kind zu bekommen. Natürlich werd ich ihr davon kein Wort sagen, Dein Bruder war sehr zufrieden, er meinte, Nissim sollte eine »lustige Witwe« heiraten, hübsch, jung und reich, und bei dem Gedanken wurd er so neidisch, daß ich zum 12. Mal anbot, mich scheiden zu lassen. Woraufhin er mich anflehte, das nicht zu tun, weil es zwei Frauen gibt, die nur darauf warten und ihn zerreißen würden. Darin besteht also meine Rolle in seinem Leben. Abgesehen davon, daß ich die passenden Ausdrücke für seine englische Fassung der »Blendung« finden muß (für die wir keinen englischen Titel finden), halt ich die Raubtiere fern.

Mein zweites Stück, das ich auf Englisch geschrieben hab, ist *beinahe* fertig, doch es wird ein paar Monate dauern, bis es in die rechten Hände gelangt und ernsthaft geprüft wird. Es ist eine reizende Komödie, geistreich und scharf.

Eine hiesige Ärztin kann das Eintreffen Deines Buches gar nicht mehr erwarten. Das Wenige, das wir darüber wissen, hat sie sehr interessiert, und mir scheint, auch Deine Person. Sogar

Dein Bruder sagte, *Du* wirst eines Tages »den« Roman schreiben. Er glaubt ernsthaft, daß er Dir bald schreiben wird. Entschuldige meine elende Handschrift, aber ich darf nicht tippen, wenn er zu Hause ist, und hélas, ich find einfach keine eigene Wohnung.

Ich weiß nicht, warum ich Dir Daniels' Adresse angeben sollte. Es widerstrebt mir zutiefst, sie zu schreiben. Ich hab das Gefühl, ich sollt ihm die Tinte in Rechnung stellen, die ich darauf verschwend. Ich hab das Gefühl, mit seiner Adresse darin wird mein Brief null und nichtig – aber hier ist sie.

47 PARK HILL rd
London NW3

Ich werd in ein paar Tagen wieder schreiben, zieh mich aber wieder ins 18. Jahrhundert zurück. Ich bin die Wirklichkeit leid. Und das ist sogar *eine* Wirklichkeit – gelackt und parfümiert – es ist das, was *wir* Wirklichkeit nennen, Gott weiß, wie die wirkliche Wirklichkeit aussieht. Chamfort? Dein Bruder schrieb Tausende Aphorismen – jedes davon verglich der »Regent« mit Chamfort. Es ist Arbeit, ihn dazu zu kriegen, seine Sachen herauszubringen!!!

All my Love
Veza

Veza an Georges *1. August 1945*

Mrs Canetti Durris Stubbs Wood Chesham Bois Bucks
1. August 1945

Lieber Benjamin,
hier ist *noch ein** Brief, was ein großes Zugeständnis ist, denn ich kann nie mehr als drei Seiten am Tag auf der Maschine schreiben, und so zieht unsere Korrespondenz meine »Arbeit« hinaus. Du nimmst meine Krankheiten kein bißchen ernst, ich werd Dir also erzählen, was ich hab. Nein, ich erzähl Dir lieber, was ich *nicht* hab, das ist kürzer. Ich hab *keine* Tuberkulose, weil ich Dein Buch gelesen hab und immer ungekochte Milch trink, obwohl sie uns in der Zeitung raten, das nicht zu tun, wegen

* Ich schrieb einen letzte Woche.

dem hohen Prozentsatz von Tb-Bakterien in der Milch. Doch ich, ein fanatischer Anhänger Deiner Theorie, riskier es, Tuberkulose zu kriegen, die mir übrigens nicht mehr viel schaden könnte. Tatsächlich weiß ich nicht, *wo* ich sie noch bekommen soll. Ich bin so krank, daß gar kein Platz mehr wär für eine weitere Krankheit. Als die Ärzte dachten, es sind die Nieren, haben sie mir die Hälfte meiner Zähne gezogen, als sie dachten, es ist die Brightsche Krankheit, haben sie dauernd meine Beine gedrückt, und obwohl ich ihnen sagte, es sind die Kartoffeln, etwas anderes haben wir während des Blitz nicht bekommen, warteten sie immer noch darauf, daß mir das Wasser in die Beine ging, und ich bin fett wie ein Schwein und glaub immer noch, es sind die Kartoffeln. Dann fingen sie an, meine Nerven zu behandeln, denn immer irgendeine Krankheit und so viele zugleich, da vergaß ich, daß ein Tuch zu brennen anfängt, wenn man es auf eine offene Gasflamme wirft, und selbst als ich's brennen sah, dacht ich mir nicht viel dabei, als ich es langsam wegnahm und mir besah, während ich überlegte, was ich tun sollte. Meine frühere Hausfrau ahnt nicht, wie knapp sie dem Schicksal entging, bei lebendigem Leibe verbrannt zu werden mit drei Kindern und ihrem stattlichen Ehemann, der sehr dick ist und sehr schnell verbrannt wär – als Dein erster Brief aus Paris kam. Ich hatte gerade den Ölofen angemacht, vergaß aber den Deckel daraufzulegen, als ich Deinen Brief erblickte, und der Ofen stand neben einem Sessel, die Flammen schlugen hoch, gut, daß ich eine zu große Nase hab, die Dinge riecht, wenn ich sie vergeß. Ansonsten hab ich's geschafft, meinen Geist ziemlich klar zu halten, das muß man auch, als Sklaventreiber. Man sollte meinen, es gäb keine Sklaven mehr, es gibt vielleicht keine Sklaven, aber ich bin auf jeden Fall eine Sklaventreiberin, weil Dein Bruder die trivialen Dinge im Leben vernachlässigt und die letzten Kapitel nie abschließen will, damit ich sein Buch herausbringen und in Saus und Braus leben kann. Und damit wir unseren lebenslangen Verpflichtungen Dir gegenüber nachkommen können, deren er sich voll bewußt ist. Dabei ist er so großzügig und so verdammt gutherzig, daß man die Peitsche stecken läßt, und ich hab beschlossen, ich überlass diese Aufgabe Dir und reich ihn an Dich weiter, mitsamt seiner Arbeit und allem. Um Dir aber zu zeigen, daß ich wirklich sehr sehr krank bin: Höre das folgende Gespräch zwischen ihm und mir. Ich: »Ich bin froh, daß mich Georg nicht sehen kann, so krank, wie ich ausseh, so bitter und so erschöpft.« Er: »Aber warum denn, Georg ist doch so ein lieber Kerl, so anhänglich, warum sollte er Dich nicht mögen, selbst wenn Du aussiehst wie unsere Großmutter. Ich mag Dich doch, obwohl Du meine Großmama bist.«

Ja, ich möcht ihn Dir schicken und einmal Ruhe haben – er ist ein wunderbarer Arbeiter und hat Tausende Seiten fertig, aber ich muß einen Nervenzusammenbruch bekommen, bevor ich ihn dazu kriege, mir etwas zu diktieren, er will immer weiterarbeiten, ein echter Wissenschaftler, indessen werden freilich selbst *seine* originellen Ideen schal, und ich hab nicht mehr die Nerven zum Zusammenbrechen. Auch auf seinen Umgang mußt Du achtgeben, diese Frau, die ich erwähnte, hat schlechte Angewohnheiten, wirklich sehr schlechte, ich werde Dir mehr erzählen, wenn ich sicher bin, daß nur Du die Briefe liest, und bitte erwähn nichts davon in Deiner Antwort. Da er ein völlig lauterer Charakter ist, von noblem Geist und so gutherzig, daß es fast nicht mehr gut ist, verkehrt er manchmal gern mit Leuten, die das genaue Gegenteil sind und die natürlich zu einer Gefahr werden können für sein Leben und seine Arbeit. Und ich werd nicht immer dasein, um ihn zu beschützen. Darum schreib ich Dir diesen Brief, vielleicht bin ich einmal nicht mehr da, Benjamin, und Du mußt Dich seiner annehmen. Nimm ihm so viel Geld weg, wie Du kannst (er ist sehr großzügig), ich tu das, und leg's für ihn zurück für schlechte Zeiten.

Ich hoffe, Deine Schmerzen haben aufgehört. Schreib bitte, wie es damit steht. Unsere Bewunderung für Dich kennt keine Grenzen, Du klagst nie, Du schreibst plein d'esprit, und wir lieben Dich so sehr. Es ist wie ein wunderbarer Traum, Dich zu haben, und manchmal, wenn wir wegen irgend etwas enttäuscht sind, sagen wir zueinander: Aber wir haben ja Georg. Und hätten wir auch allen Erfolg und allen Reichtum der Welt, was wär das schon ohne Georg. – Er wär todunglücklich, wenn er denken würd, daß ich mich über ihn beschwer, das war nicht meine Absicht, ich wollte Dir nur Anweisungen geben, falls eine meiner vielen Krankheiten mich einmal unterkriegt. Er würde glauben, ich misch mich bei euch beiden ein, er hat gesagt, das hab ich früher oft getan (das war nie meine

Absicht), er hat gesagt, er liebt Dich über alles und ich soll ihm nicht das Kostbarste nehmen, das er besitzt. Dich.

In letzter Zeit haben wir keine Enttäuschungen erlebt, im Gegenteil: das sehr aufregende Ereignis des großen Sieges der Labour Party, Du kannst Dir vorstellen, was wir empfinden, alles, wofür wir gekämpft haben und was wir verloren glaubten, scheint von neuem hervorzubrechen, aber was für Opfer. All die hoffnungsvollen jungen Menschen, die sterben mußten, und die, die zurückblieben ... oh, wie tief wir das empfinden! Ich bin ein verfluchter Narr, und obwohl ich schrecklich froh war über den Labour-Sieg, tat mir der Churchill doch leid, das ganze Land empfindet so, alle lieben ihn und sind ihm dankbar, und doch, hast Du je so ein großartiges Volk gesehen! Sie lieben ihn, sie sind sich voll und ganz dessen bewußt, was er für die Welt getan hat, und dennoch lehnen sie seine Partei (die Konservativen) und ihre Wahlkampfmethoden ab. Ich hoffe nur, die Labour-Führer werden ihrer Aufgabe gewachsen sein. – Ich lese jetzt zum 5. Mal Tolstois große Romane – und Dein Bruder verachtet mich unbeschreiblich, weil ich ihm am Vormittag die »Blendung« vorlesen darf, während er die Übersetzung korrigiert, und am Abend – – Tolstoi, nach Canetti ... wie kann man nur so tief sinken! Diese Ärztin hier hat ihren Verlobten hinausgeworfen und wartet auf Dich. Wenn Du eines Tages wieder ganz gesund bist, würd ich mir wünschen, Du schenkst mir mit einem netten Mädchen ein Enkelkind. Du brauchst auch nicht zu heiraten, ich will nur das Kind, und ich dräng Deinen Bruder, dasselbe zu tun. Ich will Enkelkinder. Er würde sagen, Großenkel. Dies ist ein Brief vom Ende des XIX. Jahrhunderts. Ich werd mich Stück für Stück zum XVIII. zurücktasten und mich dort mit Dir treffen.

All our love
Veza

!! Schreib *sofort*

Mrs Canetti »Durris« Stubbs Wood Chesham Bois, Bucks

FRIEDEN MIT JAPAN

Beachte bitte *obige Adresse* und schreib sie nicht falsch.

FRIEDEN

⟨*am linken Rand buchstabenweise untereinander:*⟩

! FRIEDEN ! FRIEDEN ! ! ! ! !

15. August

Liebster Georg,

Deinen Brief erhielten wir heute, sehr schnell, und ich antworte sofort, obwohl dies nicht *der* Brief ist, nur eine schnelle Nachricht, und *der* Brief folgt. Du kannst Dir denken, wie begeistert wir waren angesichts der Vorstellung, daß es vielleicht keine Operation mehr geben wird und Du auch so gesund wirst. Du kommst mir viel zu gesund vor – daß Du mit schönen Krankenschwestern ins Kino gehst und alles, was daraus folgt. Da ich's nun einmal nicht verhindern kann, bin ich bereit, Dich gehen zu lassen, aber mußt Du es mir so unter die Nase reiben! Natürlich bin ich eifersüchtig.

Du kriegst Honig aus Neuseeland, wenn unsere Freundin, die wir baten, Dir welchen zu schicken, ihn durchbekommt, wir hoffen, daß es von Neuseeland geht. Was mich anlangt – ich starr die ganze Zeit auf zwei Pfund Orangenmarmelade und ein Pfund besten Tee, wir haben ihn für Dich gespart, konnten ihn aber bisher nicht schicken, und ich hab den Einschreibebrief und das Deckblatt der Päckchen behalten, die zurückgekommen sind.

Dein Bruder ist in einer seltsamen Stimmung, wie nur ein Dichter es sein kann – wegen der Atombombe. Tatsächlich war er so niedergeschlagen, daß er nichts mehr essen wollte und fast nicht weiterleben, weil die Atombombe seiner Unsterblichkeit und – wer weiß, vielleicht sogar Sterblichkeit Abbruch tun wird. Es war eine schlimme Krise, aber ich hab ihm das Leben gerettet, als ich zu ihm sagte: merkwürdig, Georg schreit nach Deiner Komödie, aber *mein* unsterbliches Stück, das auf Englisch geschrieben, ein zweites, das fast fertig ist, will er noch nicht einmal lesen. Diese Bemerkung machte ihn so glücklich – er meinte, ich bin eins der sieben Weltwunder, daß ich mich um solche Kleinigkeiten sorge (mit Kleinigkeiten meinte er *nicht* meine Komödie) – daß er sich langsam an die Atombombe gewöhnt. Was meine Stücke anlangt, so schwor er, sie würden hier aufgeführt, und der Sterling sei mehr wert als Francs (ecco). Daraufhin bat ich ihn dringend, Dir seine Komödie schicken zu dürfen, wogegen er folgende Einwände hat: Erstens: Die Atombombe wirkt so überwältigend, daß sie die überwältigende Wirkung selbst dieses großen Werkes trübt. Zweitens: Er kann sie Dir nicht überlassen, ohne Dir zu sagen, er würde Nissim damit nicht machen lassen, was er will, sie kürzen, den Gedanken herausstreichen usw. Drittens: Er kann Dir nichts darüber schreiben und sie Dir nicht schicken, weil er vorher nicht geschrieben hat. Er muß warten, bis er einen brüderlichen Brief schreibt, und dann das Geschäftliche. – Das erinnerte mich daran, daß diese Komödie von Reinhardt hätte aufgeführt werden können, aber Dein Bruder sagte, Reinhardt ist nicht groß genug, und den Brief von Stefan Zweig, der ihm vorschlug, sie Reinhardt anzupreisen, hat er nie beantwortet. Und daran, daß eine Freundin von uns in der Buchbranche vor drei Jahren danach fragte, sie ist in New York, aber Dein Bruder sagte, sie würden die Idee klauen, und ließ sie mich ihr nicht schicken. Aber diesmal werd ich drauf bestehen. Wenn er sie nicht in ein paar Tagen schickt, werd ich es tun. Es ist eine Persiflage auf alles, was unter Hitler geschehen ist, sehr hellsichtig und in der Anlage sehr poetisch, ich zieh sie sogar noch der »Blendung« vor.

Dein Brief mit der reizenden Schilderung, wie Elias auftauchte, und all den anderen hochinteressanten Details verdient eine angemessene Antwort, für die ich erst Kraft sammeln muß. Das bißchen, das ich besaß, hat Dein Bruder mit seiner Atomspaltung aufgezehrt. Es braucht einen Boxer, um sie ihm aus dem Hirn zu hämmern. Schließlich konnt ich ihn überzeugen, daß es eine Kommission geben wird, die ihren Einsatz überwacht, und daß *er* Mitglied dieser Kommission sein wird, für Österreich. Das Ganze wirkt sich sehr vorteilhaft aus auf sein Werk, das er jetzt schneller voranzutreiben scheint, aus Angst, daß es nie erscheint. Er ist jetzt in einen Wettlauf mit dem Atom eingetreten, und ich bin sehr zufrieden. Aber es war wirklich eine harte Zeit. – Was unseren Labour-Sieg anlangt, glaub mir, keiner hat es erwartet, am wenigsten die Partei selbst. Die Konservativen rechneten fest mit einer großen Mehrheit, die Liberalen mit einem großen Zuwachs, und Labour betete und hoffte, einen Abgeordneten mehr zu bekommen als die Tories. Du kannst Dir also vorstellen, wie es uns geht. – Welches ist denn nun Deine feste Adresse, wenn Du aus dem Sana kommst? Für Neuseeland gab ich Nungesser an, aber ist das eine sichere Adresse? Schreib es mir. Du mußt herüberkommen, sobald Du kannst, um hier wieder gesund zu werden, bei der Lebensmittelknappheit in Frankreich. Wir schicken, was wir können, sobald wir können, aber komm lieber her. Laß mich wissen, welche Aussichten bestehen, daß Du reisen kannst. Ich fürchte, vor dem Frühjahr wird es nicht gehen (wie Daniels meint). Welches wir noch in Amersham erleben werden, einem schönen Ort auf dem Land, mit sehr guter Luft, heißt es. Nun, im Frühling ist es nicht ganz so feucht. Amersham ist ein einziger großer Garten und nur eine Stunde von London entfernt. Das Haus, in dem wir wohnen, ist unserem Haus mit dem riesigen Garten in Grinzing sehr ähnlich. Werden meine Briefe zensuriert? Deine nicht, soweit ich sehen kann. Was meine Gesundheit anlangt, am meisten machen mir meine Nerven zu schaffen, und was das Klima betrifft, so seh ich nicht, wie ich in diesem Land bleiben kann, obschon wir hier alle Aussichten haben, alle Chancen, viele Freunde und gute Verbindungen und eine aufrichtige Liebe für die Menschen hier, mit ihrem göttlichen Lächeln, dank dem ein Atom von mir ungespalten blieb.

Much love, Du Schuft, und wage ja nicht, wieder von hübschen Krankenschwestern zu schreiben und all Deinem Charme und Deiner Unwiderstehlichkeit – Dein Bruder war entsetzt, daß ich das mit dem Regent und Chamfort geschrieben hab, und sagte: »Wahrscheinlich schreibt *er* die Aphorismen des modernen Chamfort« (aber schreib ihm das nicht, fügte er hinzu). Darum schreib ichs natürlich. Much love, und sofort Nachricht bitte! Du hast zwei nette Cousinen, Maudy und Cissy, ich hab sie sehr liebgewonnen, und ich soll ihnen Ehemänner finden. Um ihnen den Wunsch zu erfüllen, werd ich den Zauber benutzen müssen, der von Deinem Bruder ausgeht, sein Charme ist noch genauso groß, und wahrscheinlich wird Dir sein Kopf gefallen.

Es interessiert Dich vielleicht, zu hören, daß ich möglicherweise das Pseudonym »George Brand« benutzen werd, da ich ein englisches Pseudonym brauche. Aber wenn Du mir eine Photo schickst, auf der Dich zwei Krankenschwestern küssen – dann werd ich mich Nissim nennen. Klingt wie der Name eines Sklaven in Bagdad, den ein Zauberer in einen Hund verwandelt hat.

All my love
Veza

Veza an Georges *30. August 1945*

Mrs Canetti »Durris« Stubbs Wood Chesham Bois Bucks
30. August 1945

Liebster Georg,
ich muß Dir etwas sagen, was Du zweifellos weißt, nämlich daß Deine Handschrift so gut wie unlesbar ist, und ich kann den Namen und die Adresse Deines englischen Soldatenfreundes in Paris nicht entziffern und ihm darum auch nicht schreiben. Kannst Du mir seine Adresse noch einmal wiederholen? Und ist er wirklich so anständig, wie Du zu glauben scheinst? Antworte sofort.

Was die »Komödie« Deines Bruders anlangt, so ist sie in einem kleinen Koffer eingesperrt, für den ich keinen Schlüssel hab, und es wird mich ein paar Herzanfälle kosten, ihn zu bewegen, diesen Koffer aufzusperren und mir die Komödie zu geben, damit ich sie Dir schicken kann. Ich würde ihn ja auch aufbrechen, doch es ist der einzige Koffer, den wir absperren können, und es gibt hier keinen Schlosser, der es mir wieder richten könnte, Arbeitskräfte sind immer noch knapp. Überdies muß ich meine Kräfte sparen, um ihn dazu zu kriegen, die Korrektur seines Romans zu beenden, damit er mit seinem Hauptwerk fortfahren kann. All diese Anstrengungen waren über die Jahre wirklich zuviel für mich, und ich fang an, Ediths Tat für eine gute Idee zu halten, und ich leugne nicht, daß ich viel lieber allein und sorglos leben würde, als mich die ganze Zeit um all die Versäumnisse eines »Dichters par excellence« zu sorgen.

Wir brauchen Deinen Rat: Stell Dir vor, Du kommst bei einer Buchhandlung vorbei und siehst die folgenden Titel:

»Auto-da-Fé« *oder* »The Maze« *oder* »The Pyre«, welcher Titel würde Dich am meisten locken? Wir suchen immer noch den richtigen Titel für die »Blendung«. Was der erste Titel bedeutet, weißt Du. »The Maze« ist ein Labyrinth. »The Pyre« ist ein Haufen brennender Bücher. Dein Bruder ist für den ersten Titel, ich für den zweiten. Gib uns bald Bescheid, auf Deine Meinung halten wir große Stücke. – *Wie geht es Dir?* Wann kommt Dein Buch heraus? Was ist mit den »retemps«? Mein Neffe war bei der Armee in Afrika und hatte Malaria und die Ruhr. Danach wurde er so deprimiert, daß die Ärzte sagten, er muß nach Hause fahren, doch er weigerte sich, weil er fand, es ist feige, aus der Armee auszutreten, während noch Krieg ist. Er blieb da, es wurde schlimmer, und seit einem Jahr ist er nun in einer Anstalt in Behandlung, und ich hab ihn noch nicht gesehen. Dein Bruder hält seinen Fall für ziemlich ernst – (er kann seinen Namen nicht schreiben, kann nicht *lesen*, und wenn man ihm sagt, er soll mit einem Mädchen tanzen, antwortet er, wer würde schon mit einem häßlichen Kerl wie ihm tanzen, dabei ist er ein ausgesprochen schöner, großer und gutaussehender Mann.) Sonst ist er bei guter Gesundheit. Er bekommt jetzt Elektroschocks, nach einer langen Schlafkur. Ich wünschte, Du würdest mir schreiben, was Du davon hältst.

Gehst Du noch mit hübschen Mädchen ins Kino? Recht hast Du. Ich wette, sie sind alle verliebt in Dich. Wer ist das nicht. Schreib sofort und antworte auf alle Fragen. Irgendwann schick ich Dir eine Schilderung von allem, was wir während des Blitz durchgemacht haben. Von allem? Nein. Von einem Tag. Ein Tag wären zwölf Seiten. Während der schlimmsten Phase waren wir natürlich in London. Damals waren wir sehr arm (jetzt sind wir's nicht), und ich ging jeden Tag zum Markt, eine halbe Stunde von dort, wo wir wohnten, um drei oder vier Pennies zu sparen. In der Straße beim Marktplatz war ein Leichenbestatter, bei dem so viele Särge bestellt wurden, daß er sie auf der Straße aufreihen mußte, der Gehsteig voller Särge, fünfzig, sechzig, sie waren für *uns*, für uns in Hampstead, und ich besah sie mit einem sonderbaren Gefühl und sagte mir auch, daß sie viel zu lang und zu schmal für mich waren. In einer Nacht hatten wir fünfzig Brandbomben auf der Heath. Wir waren alle auf der Straße, um sie zu löschen, Jungen von fünfzehn Jahren, tapfere Kinder, und die Wardens, darunter viele Frauen, alle hübsch und jung und tapfer inmitten der tödlichen Granaten und Bomben, sie waren aus der Erde gekrochen, still waren wir in der Dunkelheit, während wir Bomben löschten, ein Norweger fragte mich etwas in einer Sprache, die er für Englisch hielt, welch ein Babel – welche Aufregung, Liebe – alle waren freundlich und nachbarschaftlich – oh, wie ich diesen Krieg vermisse!

All my love
Veza

Veza an Georges *31. August 1945*

Mrs Canetti Durris Stubbs Wood Chesham Bois Bucks
12 Uhr nachts, 31. August 1945

Liebster Georg,
eben, als ich müde und enttäuscht aus London heimkam, fand ich Deinen reizenden Brief. Wenn Du mich fragen würdest, warum enttäuscht, so könnt ich's Dir nicht sagen, ich hab nur meine Freundin Anna Mahler besucht, weil ihr Stiefvater Werfel gestorben ist. Sie war zum Glück kein bißchen niedergeschlagen, und es gab keinen Grund, melancholisch zu sein, dennoch, ich bin's, und als ich Deine Handschrift sah, war ich entzückt, und mehr noch, als ich Deinen äußerst bezaubernden Brief las. Ich werde Dich nie wieder sehen, denn ich hab schrecklich Angst, so hartherzig ich auch geworden bin, so abgestumpft, zynisch, boshaft und höhnisch, werd ich doch Deinem Charme nicht widerstehen können und mich in Dich Glatzkopf verlieben. Also werd ich Dich nie wieder sehen, und wenn Du herkommst, werd ich ⟨*⟩ mich davonschleichen und mich verstecken. Kommen mußt Du, denn Du mußt Dich hier erholen. Du wirst gerade zur rechten Zeit kommen, um die Kritiken zu dem Buch Deines Bruders zu lesen. Natürlich bist Du sein Gast, und diesmal meinen wir's ernst. – Was seine Commedia anlangt, so werd ich seinen Koffer aufbrechen, den einzigen, den wir vor den indiskreten Augen unseres Hausherrn versperren konnten. Denn ohne Hausherr oder Hausfrau oder beides scheinen wir's nicht zu schaffen. Die Wohnungsfrage ist eine Katastrophe, denn die Luftangriffe haben so viel zerstört. Ja, ich werd seinen Koffer aufbrechen, und ich

weiß nur nicht, ob wir deutsche Manuskripte nach Frankreich senden dürfen, ohne Zensor, wir können sie zensurieren lassen, aber das würde wieder zwei Monate dauern. Nein, ich werd keine Witze machen über den Namen Deines Bruders, wenn es Dich verletzt, und bin bereit, ihn für sehr begabt zu halten. Wie könnte es anders sein, da er doch Euer beider Bruder ist. Ich dachte nicht an Brand von Ibsen, sondern an die deutsche Bedeutung des Worts (die englische Bedeutung tut nichts zur Sache), denn – wiewohl mein Wille tot ist, brennt doch in meinem Herzen noch eine Flamme, sie hat keinen Platz, keine Nahrung, ist ohne Glanz, doch sie ist da, und darum Brand. Eigentlich dacht ich an Adam Brand, aber wenn Deine Briefe weiter so kommen wie jetzt, werd ich mich Deines Namens bemächtigen müssen – und diese Assimilierung lieben und wertschätzen. Mein deutsches Pseudonym von einst werd ich nicht wieder annehmen, nein – auch wenn ich der Wiener Regierung freundschaftlich verbunden bin. Ich kann nicht vergessen. Ich kann nicht vergessen, wie sich ihre Gesichter verwandelten und wie Freunde uns nachts besuchen mußten, aus Angst, dabei ertappt zu werden, daß sie zu Juden gingen. – Ein Neger kam heute abend in mein Coupé und fragte sehr demütig, ob es uns stören würde, wenn er hereinkäme. »*Natürlich* nicht«, platzte ich heraus, denn die Dame, an die er sich wandte, lächelte mild, sie war alt und welk und begriff nicht, was hinter der Frage stand, welches Leid, welche Erniedrigung. Ein Pastor im Zug verliebte sich in mich wegen meiner energischen Bejahung und trug dem Neger an seinem Reiseziel eigenhändig das Gepäck aus dem Waggon. – Welch ein Volk! Nie, nie hätte hier geschehen können, was andernorts geschah. Jetzt, seit der Wahl, wissen wir's. Werd ich je vergessen, wie sie sich im Blitz verhalten haben. Werd ich's je vergessen! Werd ich je wieder lächeln, einen Seufzer der Erleichterung seufzen, mich je wieder wundern, lieben? Nein. Ich bin hart und bitter. – Auf meinem Weg zum Markt – – abgesehen von den Särgen gab es dort einen großen, völlig zerstörten Häuserblock … unter den Trümmern lagen dreizehn Leichen begraben … sie konnten sie nicht herausholen, und jeden Tag mußte man an diesen Ruinen mit dreizehn Menschen darunter vorbei, und jedesmal mußte man denken, einer von ihnen könnte in einem Loch sein, nicht tot, sondern lebendig begraben, und noch tagelang weiterleben. – Und dieses kleine Mädchen, das ins Spital gebracht wurde – es lag im Sterben und wurde von einer Krankenschwester gefragt, was, egal was, es sich wünschte – sie sollte einen Wunsch äußern, die Krankenschwester würd's ihr besorgen – und sie sagte, »eine Limonade mit einem Strohhalm« – das war ihr letzter Wunsch, und im ganzen Land gab es keine Zitrone, aber sie besorgten einen Ersatz, Ersatzlimonade, und ein Wirt öffnete sein Lokal in der Nacht, weil ihm einfiel, irgendwo hatte er einen Strohhalm, und fand den Strohhalm für das Kind … Wie kann ich das alles vergessen, Sohn!

Diesen Brief schrieb ich vorige Nacht – und Dein Bruder, der um zwei Uhr morgens aus London kam, lernte Deinen Brief auswendig – und hat ehrlich, wahrhaftig, gesagt – was er sonst niemals sagt – er ist wirklich begabt – welch ein Brief – er ist selbst ein Schriftsteller (woran kein Zweifel besteht). Ich klecks dies im Zug nach London hin, eine Cousine von mir ist dort, aus Manchester – Maudy ist seit langem geschieden, die ganze Familie ist sehr nett.

Ich muß Deine Briefe Deinem Bruder zeigen. Er sehnt sich so sehr nach jeder Zeile von Dir, ist Dir so ergeben, ich hab einfach nicht das Herz, es nicht zu tun. Auch Nissim hat er gern, keine Sorge, dieser Krieg hat uns sehr verändert. Er ist vernünftiger geworden, noch liebenswürdiger, voller Zuneigung – ich bin in jeder Hinsicht das Gegenteil, oder kurz gesagt, *alt.*

Nein. Auf dem Kontinent wird sich nicht viel verändern, aber es tut einem gut, unter Menschen zu leben, die sich nicht bestechen ließen von Churchills großen Vorzügen, von seiner Anziehungskraft, von seiner blendenden Wortgewandtheit und Persönlichkeit und von seiner ausgefeilten Propaganda.

Ich schließ jetzt, aber dies ist keine Antwort. Ich werde Briefe in die Isère schütten, nur um sie von Dir zu bekommen!! Wie hast Du mich letzte Nacht aufgeheitert!! Was sind doch Esprit und brillante, kluge Gedanken für ein Stimulans, für ein Lebensquell! Welch einen Schatz habe ich, haben wir an Dir, den wir unseren Sohn nennen!

All my love, Benjamin
Veza

Hoepffner geht es gut, er ist wieder bei seiner Zeitung in Strassbourg. Wie *geht es Dir*?

Veza an Georges *11. September 1945*

Mrs Canetti Durris
Stubbs Wood Chesham Bois, Bucks

11. Sept.

Darling George,
morgen ist der große Tag, und wir denken ununterbrochen an Dich, und ich hab keine Worte dafür, wie sehr ich Dich bewundere. Da schreibst Du so einen großartigen Brief vor dieser Operation!

Dein Bruder hat Deinen Brief über seine »Blendung« mit großer Freude gelesen, aber ich kann nichts dazu sagen, tatsächlich kann ich nicht richtig schreiben, bevor ich von Dir Nachricht hab, daß alles O. K. ist und Du alles tust, um schnell gesund zu werden, und immer bedenkst, daß wir abhängig davon sind, daß Du lebst, weil wir mit Dir untrennbar verwoben sind.

Alles Gute, und sobald Du kannst, schreib »O. K.« auf ein Stückchen Papier und sag der Krankenschwester, sie soll es sofort absenden. Aber prüf die Adresse, ich bin imstande, sie falsch zu schreiben, vor lauter Aufregung. Alle guten Wünsche, Sohn, wir sind in Gedanken bei Dir!!!

Für die Lebensmittel werden wir einen Weg finden.

Veza und
Elias

Auch ich fand, daß Blendung ein miserabler Titel ist.

Siehst Du, wie ich die Adresse auf dem Umschlag angefangen hab!!

Veza an Georges *21. September 1945*

Mrs Canetti c/o Mrs Fistoulari
21 Campden Hill Court, Campden Hill rd, London W8

21. September

Liebster Georges,
nein, das ist nicht meine Adresse, es ist Annas, Anna Mahlers, ich habe sie oben angeführt, weil wir unsere Adresse angeben sollen, und ich will nicht, daß dieser Brief zurückkommt, Du

wirst gleich sehen, warum. In diesem Land sind sie so höflich, die Briefe im Postamt zu öffnen und sie zurückzusenden, ohne sie zu lesen, an die Adresse, die oben steht. In einem Brief »on your majesty's service«.

Eben bekam ich Dein Telegramm, und das hat mich inspiriert, Dir einen langen Brief zu schreiben – bis jetzt konnt ich nicht, und Du kannst Dir denken, wie niedergeschlagen wir waren, als die Operation verschoben wurde. Nun kann ich also den wunderbaren Brief genießen, der heute morgen kam und den wir zweimal lasen. Wie wird Dein Bruder sich freuen, wenn er heut abend bei seiner Rückkehr aus London das Telegramm sieht. Wir wußten, es ist eine kleine Operation, aber welche Operation ist schon eine Kleinigkeit. Und vor allem, wie großmütig von Dir, zu schreiben und auch noch uns aufzumuntern und so tapfer zu sein, wie *Du* es bist. Schreib *sofort*, wie es Dir geht. Schmerzen??

Wie lang, denkst Du, wirst Du im Sana bleiben müssen? Vergiß nicht, Regine für das Telegramm zu danken. Und beantworte nüchterne Fragen, nicht nur die großen. Wie lang? Denn für Deinen Körper mag es gut sein, doch für deine Seele ist Paris sicher besser. Schick mir auch eine Liste mit dem, was Du in Paris nicht kriegen kannst, Lebensmittel, mein ich. Nicht vergessen, eine ganze Liste*, wir haben hier keine Ahnung, wir führen, was Lebensmittel anlangt, ein Luxusleben, verglichen mit Belsen natürlich, denn alles ist relativ. Wir bekommen reichlich zu essen, soviel wir wollen, aber immer dieselbe eintönige Kost – ich hab Speck, Käse, Lammbraten, Bisquits und Trockenei gründlich satt. Dank der guten Beziehungen Deines Bruders zu einer Baronin, kriegen wir manchmal Schaleneier, aber eine Dame hier sagte neulich zu mir: Das ist mein Schalenei für 1945. Sie bekommt genau eines pro Jahr.

Ich werd ⟨*⟩ Dir jetzt erzählen, warum ich bald von hier in eine Pension umzieh, nicht in eine in London, sondern hier, nah bei Deinem Bruder, der an der gewohnten, verdorrten Adresse bleibt, die ich Dir gewöhnlich angebe … Durris … brr. Schon die Adresse ist knauserig, geizig, gemein, schmutzig, wie's die Besitzer sind. Zwei Jahre hab ich während des Blitz

* Ich werd mein Bestes tun, einen Weg zu finden. Legal natürlich!

gelitten, denn ich wollte nicht, daß Dein Bruder wieder nach London geht. Oh, wie mußten wir kämpfen, um den horrenden Zins zusammenzukriegen. Wenn ich in aller Heimlichkeit ein Paar Strümpfe wusch, fanden sie's *stets* heraus, denn es sind religiöse Leute, der Mann ist ein pensionierter Landpfarrer. Seine Frau war 58, als sie sich kennenlernten, er war damals 68. Sie lebten in aller Unschuld zusammen in ihrem Bett, falls Dich das beunruhigt. Denn es sind fromme Leute, geradezu Heilige. So fromm, daß sie mich um den Verstand brachten, weil sie uns jede Woche sagten, wir würden ausziehen müssen, denn die Deutschen könnten einmarschieren, und dann würden sie umgebracht, weil sie Juden Obdach gaben. Nur wenn eine Bombe auf Amersham fiel, wurden sie für eine Weile milde, denn den Zorn des Herrn fürchteten sie noch mehr als die Deutschen. Oh, wie ich um Bomben betete! Denn als sie aufhörten, fürchteten sie Gott zwar sehr, aber die Deutschen noch mehr. Schließlich war ich halb irrsinnig und zog in das Haus einer Proletarierin, einer Frau, die weder lesen noch schreiben konnte. – »Ich geh jeden Abend zum Tanz«, erzählte sie mir, sich entschuldigend, und ich sah darin die Chance meines Lebens, ein Zimmer bei einer Hausfrau, die die ganze Nacht aus war, so daß ich ein paar ruhige Stunden hätte. – Nun, was soll ich sagen, sie war eine Prostituierte, und wenn ich sag, ich ließ die ganze achte Armee zur Tür herein, so geb ich jetzt kein heikles Geheimnis mehr preis, doch damals hätt ich Dir ohne weiters die Truppenbewegungen angeben können. Mittags hatten wir über uns eine Parade, amerikanische Aeroplane, die sehr tief flogen, um uns zuzuwinken, ja das war wirklich ein Geschenk, wenn man Tag und Nacht immer nur feindliche Flugzeuge sah. Ihre Liebesbriefe an all die verschiedenen jungen Burschen – ich schrieb sie, auf der Maschine, und ihr Geschäft blühte. Sie konnte noch nicht einmal ihren Namen schreiben, die hübsche Mrs Lancaster, aber sie fand fünf Männer am Tag und erreichte, daß ihr Ehemann an ihre Unschuld glaubte. Es erübrigt sich zu sagen, daß ich über sie ein musical play schrieb, das sie, die es gelesen haben, reizend finden (sie sang viel und sehr richtig, was, wie Dein Bruder sagt, ihr die Bücher ersetzte).

Am Ende gab es so viele Bewerber, daß ich ausziehen mußte, weil manche davon einzogen, und ich übersiedelte in ein ehrenwertes Haus, in das Haus des Apothekers, dessen Frau einmal halb Revuetänzerin und halb, wie sie es ausdrückte, »im Textilgeschäft« gewesen war – sie spazierte bei Selfridges in Reitkostümen herum, wohin Ehefrauen mittleren Alters mit ihren Männern Pelzmäntel kaufen kamen. Sie ist ungewöhnlich groß und hübsch und hat jetzt ein dickes Bankkonto. Obwohl »sie bei ihrer Heirat wirklich unschuldig war, das weiß ihr Mann, er mußte darum *kämpfen* …« – ich zitiere, Verzeihung. Sie ist nur eine kleine Episode in meinem Stück, denn sie warf mich aus gierigen Gründen hinaus, eine Dame aus Nigeria kam mit einem großen Koffer und bot ihr für meine Wohnung zehn Pfund Schokolade, zwanzig Pfund Tee und dreißig Pfund Mandeln an – schon war ich weg, wieder zurück … wo ich jetzt bin, doch meine Heiligen haben entdeckt, daß ich rauche (was ich tatsächlich tu), und Dein armer Bruder wird für mich in einer Pension eine gewaltige Summe zahlen, aber ich bin das Kämpfen so müde, mir ist's egal.

Hör mal, lieber Georges, Du kannst mir nicht etwas versprechen und mich dann enttäuschen. An Deinem Plan für die Comédie der Eitelkeiten hängt jetzt mein Herz, und Cape (der Verlag) wird sie Dir morgen schicken, da wir keine deutschen Manuskripte versenden dürfen. – Ich sag Dir, sie ist großartig. Alles, was passiert ist, wird in diesem Werk vorweggenommen, und auf welche Weise! Und Georges, was ist mit der »Hochzeit«? Du weißt, daß auch dieses Werk alles vorwegnimmt, was im Blitz geschah. Es ist freilich viel leichter aufzuführen und von der Qualität her ebensogut wie das andere. Ich schick's Dir auch, aber später ⟨*⟩. Obwohl die Komödie, was die Phantasie anlangt, einzigartig ist. Er hat eine gute Arbeitsphase, Dein Bruder, und wenn ich sterb, bevor der Tag kommt, sag ihm, ich wußte, er wird noch berühmt, und werd mich im Grab damit freuen. Denn berühmt wird er werden. Ja, ich will daß ihr zwei zusammenhaltet, denn offen gesagt, er mag zwar viele Menschen, aber *lieben* tut er nur Dich, und er hat mir einmal gestanden, daß er auch in Dich »verliebt« ist, weil Du so anziehend bist. »Wem sagst du das?« erwiderte ich. Hör zu, Georges, wenn das Ms. nicht spätestens in ungefähr einer Woche in Deinen Händen ist, schreib sofort, denn dann hat er's Cape nicht gegeben. Ich kann ja nicht herumlaufen und seinen Förderern sagen, daß er unzuverlässig ist, ein Träumer, ein

Taugenichts – mit einem Wort: ein Dichter. Und daß er vielleicht dachte, er sollte jetzt noch warten, weil man Dich nach Deiner Operation nicht plagen darf. Während ich glaub, das ist meine Chance. Wenn Du erst wieder in PARIS bist, bei all den Platzanweiserinnen oder midinettes, wie Ihr bei Euch sagt, wirst Du uns vergessen.

Nein. *Er* hat das Telegramm geschickt und wurde gebeten, seinen zweiten Namen anzugeben, Du auch? Ach, wenn ich doch noch erleben dürfte, daß diese Stücke aufgeführt werden, ich stürbe mit weniger Groll. Apropos mein Tod – Dein Bruder will nach meinem Tode meine Briefe veröffentlichen, also bewahr sie bitte auf (mit Deiner freundlichen Genehmigung natürlich). Das mußt ich auch nach Neuseeland schreiben, eine Freundin dort ist begeistert von ihnen. Sie ging aus England fort und bis nach Neuseeland um einer unerwiderten Liebe willen. Wer hat sie nicht erwidert. Dein Bruder.

Er sagt, natürlich muß Nissim bestürzt sein, wenn eine Frau es *wagt*, einen Canetti zu verlassen. – Das ist nun aber wirklich ein langer Brief, und Du wirst sofort darauf antworten und einen viel längeren bekommen. Dein Bruder hat Deinen Brief von heute mitgenommen, ich glaub, er hat ein wenig die Vorstellung, Dir mit seinem warmen Körper zu helfen, wenn er Deinen Brief bei sich trägt, oder irgend etwas Unausgesprochenes, Unbestimmtes und lächerlich Sentimentales, aber Aufrichtiges. Ich hab also vielleicht keine Fragen beantwortet, denn wiewohl ich alles in Deinem Brief behalten hab, würd ich eine Frage nicht behalten, ich konnte in meinem Leben noch keine beantworten, und hab auch nie so getan, als hoffte ich, es einmal zu können. Mit diesem tiefgründigen Satz schließ ich und sende Dir all my love und all meine Extraliebe und all meine ewige Liebe und selbst die, die im Atom zerstieben wird.

Veza

All Deinen Verwandten in Sofia geht es gut. Ich schreib jetzt Georges, aus Aberglauben. Ohne das S wären es im Englischen 13 Buchstaben. Ja, ich bin eine Närrin. Ich weiß

Love von einer
verfluchten Närrin.

War froh über den guten alten Merkel. Hoepffner lebt und all meine Cousins und Cousinen in Sofia auch.

!!! Eben erhielt ich Nachricht: Alice lebt und ist auf dem Weg zurück nach Paris.

Veza an Georges *4. Oktober 1945*

Mrs Canetti Durris Okt 4
Stubbs Wood Chesham Bois Bucks

Seit dem 21. keine Nachricht Du Hund!! Und ich kann Dir nichts schicken, ich lauf mir die Füsse ab (ausser über New-Zealand). Schreib sofort – sofort, sonst kommen Telegramme! Dein Bruder ist ausser sich.

Veza

An das Zollamt riet mir das Rote Kreuz zu schreiben … Gesuch u.s.w.

P.S.
Eben erhielten wir einen Brief von Harry Arditti, er sprach am Telefon mit Nissim, der nach Canettis Stück fragte. Es kann also nicht so schlimm um Dich stehen, außer daß Du ein Schuft bist! Das Stück wurde vor zwei Wochen *an Dich* geschickt (nach St Hilaire).

Schreib sofort, ob Du's erhalten hast.

Veza an Georges *5. Oktober 1945*

Mrs Canetti Durris Stubbs Wood Chesham Bois Bucks
5. Oktober 1945

Liebster,
dies ist ein reiner Geschäftsbrief, denn Du verdienst nichts anderes. Ohne Nissims Telephonanruf wären wir längst wahnsinnig, weil Du uns ohne Nachricht läßt. Zwei Briefe sind unterwegs, einer mit Beschimpfungen.

Ich möchte wiederholen, daß der Verlag Cape, Bedford Square, nein, nicht der Verlag, jetzt fällt's mir ein, Miss Wegdwood, die Lektorin dort und Übersetzerin Canettis, es Dir über Time & Tide schicken ließ, und es sollte in Deinem Besitz sein. Das Stück ist großartig, aber falls Dein Bruder es sich momentan nicht leisten kann, es zu bringen: Sein anderes Stück, »Hochzeit«, ist von der Qualität her ebensogut, ist sehr viel kürzer, braucht kein teures Bühnenbild, ist von der Anlage her sehr einfach und vom Inhalt her sehr tief und genial und läßt sich leicht in jede Sprache übersetzen.

Der Inhalt: Man sieht alle Stockwerke eines Hauses, alle Wohnungen und die Bewohner und ihre Gepflogenheiten. In der Wohnung des Besitzers des Hauses, der zugleich der Architekt ist, soll eine Hochzeit gefeiert werden. Die Gäste sind alles oberflächliche, herzlose, boshafte Leute. Bis auf einen Mann, Horch, der sie durchschaut und eine Vorahnung zu haben scheint, denn er schlägt folgendes Spiel vor: »Tun wir so, als gäb es ein Erdbeben. Jeder wird mir jetzt sagen, welches sein letzter Wunsch wär, wenn es ein Erdbeben *gäbe.*« Es erübrigt sich zu sagen, daß der letzte Wunsch der meisten von ihnen so seicht ist wie sie selbst, und das Ganze ist eine meisterhafte Charakterisierung aller Gäste *in* ihren jeweiligen letzten Wunsch. Kaum hat jeder seinen letzten Wunsch verkündet – gibt es tatsächlich – ein Erdbeben, und das Haus beginnt einzustürzen. Nun sind sie alle toll, die Gäste der Hochzeitsfeier, und der Besitzer des Hauses steht selbst vor der Türe und läßt niemanden fliehen und wiederholt in seinem Wahn, *sein* Haus kann nicht zerfallen – denn er … *er* … hat es gebaut. Oberbaurat Segenreich. Ich werd ganz aufgeregt, wenn ich denk, daß dies erst vor zehn Jahren geschrieben wurde und daß es während des Blitz in diesem Land jeden Tag so geschah … wenn Tanzlokale, Klubs usw. getroffen wurden. Ich rate Dir dringend, es zu lesen, und während Deiner Genesung könntest *Du* es doch übersetzen, natürlich würde Dein Bruder Dir anbieten, etwaige Tantiemen mit Dir zu teilen. Das schlag ich vor, weil Daniels meint, Du wirst ein paar Monate in St Hilaire bleiben müssen. Dennoch wünscht ich, es wäre nicht wahr, und hast Du Dich über die Möglichkeiten informiert hierherzukommen? Wir werden hier natürlich alle nötigen Schritte unternehmen, aber nichts erreichen, bevor Canettis Buch erschienen ist, was hoffentlich im Feb. oder März der Fall sein wird, denn das Papier ist zur Zeit sehr knapp. Ich hoff, dann schon in London untergebracht zu sein, durch ein Wunder, das in diesem Land wie in keinem andern von den Mächtigen gewirkt wird, von den Lords und Ladies, die ihren Zauberstab sogar über dem unheiligen, unrühmlichen und dunklen und düsteren Kopf einer »Ausländerin« schwenken.

Wenn ich Dir immer noch das Herz schwermach, wer macht das wohl bei mir. Ich fühl eine schwere Last wie der arme alte König von Heine, der ein junges Weib hatte: Sein Herz war schwer, sein Haar war grau, der arme alte König, er nahm eine junge Frau … Aber natürlich gibt es auch einen jungen Pagen, und der arme alte König mit *meinem* Herzen bleibt allein zurück. Ich hoffe doch, wenn Du kommst, wirst Du Deinen Prinzipien treu sein und mir Morphium geben, damit ich mein Herz und meinen Kopf vergessen kann, diese Spannung in meinem Kopf, die mich *irrsinnig* macht, »die Nerven« ist der höfliche Ausdruck dafür, wirst Du mir helfen? Es ist sicher besser, ein Drogensüchtiger zu sein, als überhaupt nicht zu sein, und unter den Schriftstellern in diesem Land gab es viele Opiumesser, und auch unter den guten. Woher nimmst Du Deine Geduld, diese engelhafte Haltung, diese Seelenstärke? Wahrscheinlich aus dem Gefühl, daß Du der Welt so viel Gutes gebracht hast und noch bringen wirst, der Lohn dafür kann nur die Befriedigung sein, die Du empfindest (der Nobelpreis?). »Wir werden alle beide den Nobelpreis bekommen, Georges und ich«, sagte Canetti gestern zu mir, und er würde mich umbringen, wenn er von meinem Vorschlag wüßte, daß Du sein Stück übersetzen sollst. Er findet meine Haltung Dir gegenüber nicht respektvoll genug, dabei heg ich mehr als Respekt, ich heg eine grenzenlose Bewunderung für Dich.

Beim Roten Kreuz sagte man mir, ich könne Dir durch sie nur Medikamente schicken. Ich dachte, die wirst Du vielleicht nicht haben wollen. Aber dann dacht ich – würde Dir das etwas helfen – und *was* hättest Du gern. Und vergiß nicht die Liste mit den Lebensmitteln, ich hab gelesen, Ihr werdet bald reichlich Zucker haben, was uns wie ein Wunder erscheint, die wir seit fünf Jahren an den letzten zwei Tagen des Monats nie Zucker haben. Ich wünschte, Du würdest mir auch mitteilen, wie Du schläfst, ißt und was, wie Du träumst und was, aber nicht mit Worten, die zwar entzückend sind, jedoch rätselhaft, nein, ziemlich geradeheraus hätt ich's gern, wie die Großmutter, die ich bin, gern über Benjamin Bescheid hätt.

Die jüdischen Pioniere, die vom Kontinent zurückkehren, erzählen uns, daß in der englischen und amerikanischen Zone die meisten Nazis noch in Frieden leben und in hohen Stellungen. Nicht so bei den Russen, doch die wetteifern wiederum mit den angelsächsischen Alliierten darin, kleine Nazis von drallen deutschen Frauen in die Welt zu setzen, die viel stärker sind als ein Tommy oder ein Muschik. Mein Freund in der österreichischen Regierung wird vom angelsächsischen Teil stark angefochten, hat aber viele soziale Reformen einführen können, auch Reformen in der Kunst, und *er* wird, was die Nazis betrifft, keinen Spaß verstehen. Er ist äußerst pro-jüdisch, und wir haben uns immer gezankt. – Ich war *gegen* die Juden und er *für* sie. Nun, ich hab's ihm auf eine Art gelohnt, die's ihm ermöglicht hat, Minister zu werden. Und er wird nicht Minister bleiben, er wird noch zur rechten Zeit Kanzler werden. Schreib über Dich, Benjamin, Deine Sprache ist so süß wie Deine Stimme und befeuchtet die brennende Hitze, die die vergasten Opfer von Belsen in meiner hinterlassen haben.

Veza.

Während des Blitz kam ich jeden Tag an einem Haus vorbei, das heißt, an dem, was einmal ein Haus *gewesen war.* Einem großen Häuserblock, um genau zu sein. Dreizehn Opfer lagen dort begraben und konnten nicht herausgeholt werden. Man ging vorbei, sah die Ruinen, ach, was ging einem da durch den Kopf – und wußte, daß sie da lagen. Dort lebten auch ein Flüchtling und seine Frau, und in jener Nacht, als die Bombe fiel, beschlossen sie, nicht in den Schutzraum zu gehen (wir waren's müde, in den Schutzraum zu gehen, in der Kälte auf feuchten Böden zu liegen, unfähig zu schlafen). Aber dann sagte seine Frau: Heute ist Freitag, der dreizehnte, laß uns lieber gehen. Sie gingen und überlebten.

Am Tage suchten wir gern in Kirchen Schutz, ein Aberglaube, eine verrückte Hoffnung, denn Kirchen sind das, was Jerry neben Spitälern besonders gern als Ziel wählte. Eines Tages schlug eine Bombe *neben* der Kirche ein, es war klar, daß wir das Ziel waren. Die nächste traf das Spital, weil es die

Flagge des Roten Kreuzes trug, die um Mitleid bat! Mitleid von deutschen Piloten!

Lieber Georges, Canetti wurde sehr zornig, als ich ihm verriet, daß ich Dir von der »Hochzeit« schrieb. Er sagt, Nissim hat sie nicht gefallen, und »Die Komödie« ist noch phantastischer und intellektueller. Vergiß es bitte.

Ich sagte ihm, ich schick den Brief nicht ab.

Auto-da-Fé wird in Bücherlisten bereits angekündigt.

Veza an Georges *15. und 16. Oktober 1945*

Mrs Canetti Durris Stubbs Wood Chesham Bois Bucks
15. Okt.

Nein, nicht liebster Georges,
nachdem ich drei Tage in größten Qualen auf eine Antwort auf das Telegramm Deines Bruders gewartet habe, traf heut ein Brief vom sechsten ein, kam ganz still und leise und mit stiller Verachtung, während wir völlig außer uns sind. Ich war so aufgewühlt, daß ich gar nicht recht froh war über den Brief und immer noch nach einem gelben Kuvert aussah, weil ich ein Telegramm erwartete. Ich warn Dich, so leicht kommst Du mir nicht davon. Ich hab mich genug gegrämt und werde das nicht mehr tun und werd *nicht* mehr mit Dir korrespondieren, außer es geht rein ums Geschäft, im Zusammenhang mit den Stücken Deines Bruders. Nein. Ich werd *nicht* mehr korrespondieren, damit ich keine *Angst* haben muß. Mein Gesicht besteht nur noch aus Angst. Meine Augen starren voll Angst. Seit 1938 hab ich ununterbrochen Angst, und ich werd Euch zwei Kerle loswerden und einen dem anderen überlassen und unsere Bekanntschaft beenden. Ich hab es satt, und wie. – Durch Dein Nichtschreiben hast Du viele Geschichten verpaßt, die sich inzwischen ereignet haben und die nun für die Nachwelt verloren sind. Es genügt wohl zu sagen, daß wir sogar unser Fahrzeug geopfert haben, nein, kein Auto – denn während Euer Bruder, der Direktor, zwei Autos hat, und *Du* wahrscheinlich ein riesengroßes statt des netten kleinen, ist alles, was *wir* er-

reicht haben, ein Fahrrad, ein Fahrrad für 12 Guineen, Kriegsqualität, das Dein Bruder vor einer Woche verlor. Das heißt, er ließ es irgendwo stehen, vergaß, wo, und seither hat er schreckliche Angst, zur Polizeiwache zu gehen, er ließ mich über das Ganze im dunkeln, aus Angst, er würde zur Polizei gehen müssen. Als er's mir gestand, waren wir so in Sorge, weil Du nicht schriebst, daß wir das Rad zu opfern beschlossen, als Gabe für die unbarmherzigen Götter – um einen Brief von Dir zu kriegen. Nachdem wir dies beschlossen hatten, tauchte das Rad wieder auf, worüber wir alle beide eher bestürzt waren als froh, da wir von Dir keine Nachricht hatten und natürlich dachten, die neidischen Götter nähmen unser Opfer nicht an. *Wie* wir es wiederbekamen, wirst Du nie erfahren, weil Du keine netten Briefe mehr kriegen wirst. Nun, jetzt ist Dein Brief gekommen, und wenn Dein Bruder sein Rad heute auf dem Weg zum Bahnhof nicht verloren hat, dann haben wir *Dich* und das Rad. Wird *er* sich freuen, wenn er heut abend nach Hause kommt und Deine Handschrift sieht. Er wollte einen Brief von etwa vierzig Wörtern telegraphieren, doch da das Postamt keine vierzig Wörter entgegennimmt, tat ich, als schrieb ich sie nieder, und strich seine Nachricht auf 15 zusammen. Er denkt, 40 Wörter telegraphieren ersetzt einen Brief von ihm. Nun wird er vielleicht den Göttern ein Dankesopfer darbringen und Dir einen Brief *schreiben*. Wenn meine Maschine springt und zuckt, so deshalb, weil *ich* es tu. Ich kann nicht alles in Deinem Brief ganz entziffern und fürchte, es gibt weitere Komplikationen oder unangenehme »retemps« für Dich, hoff allerdings, ich täusch mich, werd's aber nicht erfahren, bevor E. zurück ist.

Dein Bruder jedenfalls kommt sich jetzt sehr wie ein Held vor, denn als er sein Rad *bekam*, *mußte* er zur Dienststelle hier und war erstaunt, daß sie ihn nicht festnahmen, kam heim wie ein superman und behauptet, nun ist er vorbestraft, weil sein Rad verlorengegangen war.

Wie kannst Du glauben, ich würde Dir einen kurzen Brief über Alice schreiben. Ihre verfluchte Nichte, meine Cousine in Mc, schrieb *einen Satz*, nämlich den einen Satz, den das Rote Kreuz ihr geschickt hatte, und ich erhielt den Brief, als ich mit Deinem fertig war. Sie fragt sich selbst, was mit Nuni ist, ich flehte sie an, mir mehr zu erzählen, doch offenbar weiß sie nicht mehr. Sie ist völlig in Dich vernarrt, wegen all dem, was

Alice und Daniels ihr von Dir erzählt haben, aber ich fürchte, Du wirst ihre Liebe nicht erwidern, sie ist nicht Dein Typ (noch der von irgend jemand anderem, fürchte ich). – Der Titel ist bis jetzt Auto-da-Fé, die Übersetzerin und Canetti sind ganz verliebt in dieses Wort. Nie würd ich ein Buch mit diesem Titel lesen. Aber »Die Blendung« war, wie Du sehr richtig bemerkt hast, auch ein miserabler Titel.

Du bist verantwortlich dafür, daß ich mein zweites Stück nicht diese Woche beenden kann, obwohl ein guter Regisseur dringend danach verlangt (mein erstes Stück wird gerade von zwei Regisseuren gelesen), und warum, weil ich zu nervös war, es fertigzustellen. Es braucht noch zwei Tage Arbeit, und Gott weiß, wann ich dazu die innere Ruhe haben werd, mit den zwei undankbaren, verlorenen Söhnen, die ich hab, und ich werd Dich nicht mehr Benjamin nennen, ich nenn Dich Kain und noch Schlimmeres, wenn mir ein schlimmerer Name einfällt. Ja, Barrabas scheint mir erwägenswert. – Wann kommst Du hierher? Ich frag, weil ich in die Schweiz fliehen werd ⟨*⟩. Zu Auto-da-Fé werd ich Dir einen Katalog schicken, in dem es für Anfang 1946 angekündigt wird.

Nun, was Du auch sagst, wir sorgen uns um Dich, und du *mußt* öfter schreiben, und wir lieben Dich wirklich, wiewohl wir das sorgsam verbergen werden, und denk dran … ich bin ein *klinischer* Fall von Depression und Hysterie, verzeih, das ist kein Witz, das Ergebnis der letzten acht Jahre und davon, zwei Söhne wie Euch zu haben. Wenn Du noch mehr Witze machst, läufst Du Gefahr, meine Grabrede zu bekommen, die Dein Bruder zweifellos in einem glanzvollen Stil entwerfen, formulieren und sogar *niederschreiben* wird.

Meinem Neffen geht es viel besser, und es besteht große Hoffnung, daß er genesen wird.

Soll ich die »Hochzeit« schicken, nur für den Fall? Es ist ein großartiges Stück, ich würd es heimlich schicken.

Much Love, zornige Liebe
Veza

Ich hab zwei Pfund Tee für Dich gespart, und irgendwie wirst Du ihn kriegen.

Verzeih, ich hab aus Neuseeland Honig bestellt.

16. Okt.

Liebster, gestern um 12 Uhr nachts las mir Dein Bruder Deinen Brief vor, und wir waren ein wenig aufgebracht wegen dieses »sac«, denn wir möchten nicht, daß Du diese ganze Tortur durchmachst. Warum setzen sie nicht dieses neue Serum ein, das, das man kürzlich entdeckt hat, *nicht* Penicillin. Dieses neue Serum wirkt Wunder. Es ist doch keine Frage des Geldes – oder – wenn ja, laß es mich sofort wissen, Du bist wie ich aufs Land verbannt, ich bin da, wo ich hingehör, während Du, der Du jung und schön bist, in Paris sein solltest. Obwohl Dein Bruder sagt, das ist die einzige gute Nachricht, weil Du in St H. nicht wirst arbeiten dürfen. – In Anbetracht dessen, daß Du so einen netten Brief über ein so unbefriedigendes Ergebnis schriebst, hab ich mich dazu entschlossen, meine Reihe von »Nachwelt«-Briefen fortzusetzen – das heißt, wenn Du denkst, sie werden Dir St Hilaire ein wenig aufheitern. Deine heitern *mein* Leben zweifellos auf – sie sind seine *Essenz*. Kannst Du mir Dein Pamphlet über die Juden schicken? Wenn dieses »Auto-da-Fé« erst einmal erschienen ist, wird uns eine gute Zeitschrift zur Verfügung stehen, die bereit ist, gute Artikel anzunehmen, und ich könnt es übersetzen. Du würdest es mir auf der Maschine geschrieben schicken müssen. – Wir beten Dich an.

Veza an Georges *29. Oktober 1945*

Durris Stubbs Wood Chesham Bois Bucks

29. Okt.

Liebster Georges
keine Antwort auf ein Telegramm – und Dein letzter Brief, der nach 4 qualvollen Tagen kam, datierte vom 6. dieses Monats. Also mehr als 3 Wochen kein Brief.

Natürlich würd ich auch nicht schreiben, wenn ich nicht fürchtete, Du grämst Dich vielleicht, weil Du noch in St Hilaire bleiben mußt. Hier hatte ein Herr (ich kenn seine Enkeltochter) genau das gleiche Leiden wie Du, er ist *achtzig*, hatte seit seiner frühen Jugend immer nur eine Lunge, die arbeitete, und hat geheiratet, und es ging ihm gut. Wie gesagt, ich kenn seine *Enkel*tochter. Du mußt einfach Geduld haben.

Aber ich nicht! Wenn ich nicht bald Nachricht bekomm und von anderen öfter (Regine könnte ruhig schreiben), werd ich unsere Bekanntschaft beenden. Ich bin die Vorwürfe Deines Bruders leid, der denkt, daß ich Dich durch irgend etwas verdrossen hab – und meine Briefe an Dich wirklich LESEN, wirklich »zensurieren« will!!!! Natürlich schreib ich sie, wenn er nicht da ist, und werf sie sofort ein.

Much love, Deine
empörte
Veza Canetti

Veza an Georges *27. November 1945*

Postamt: wenn unzustellbar, bitte *NICHT* zurück an Absender
Mrs Canetti 7 Chestnut Lane, Amersham, Bucks

27. November 1945

Liebster Georg,
ich hab Deinen schönen Brief nicht gleich beantwortet, weil ich dachte, wenn Du jeden Tag einen Brief mit einer englischen Marke vorfindest, wirst Du nicht danach aussehen. Aber nach einer Woche war ich dann verhindert, und ich werd es nicht wieder tun. Denn warum sollt ich Dir gute Literatur vorenthalten. Ich will Dir wirklich welche schicken, nämlich die Briefe von Walpole, die von der Qualität her gleich hinter meinen kommen und von der Sache her weit interessanter sind.

Die Verhinderung war eine erfreuliche, Du findest mich unter obiger Adresse, zehn Minuten von Canetti entfernt und zum ersten Mal eine schöne Wohnung, das heißt ein großes, sehr helles und gemütliches Zimmer und eine eigene Küche. Es ist mein 27. Umzug seit Grinzing, siebenundzwanzigster, und als der Canetti mir alles hierher getragen hatte (ein Fahrzeug war nicht rechtzeitig zu kriegen) und mir alles ordentlich in die Kommode gelegt und den elektrischen Ofen angestellt, damit meine Füße warm wurden, und mir meine Zigarette angezündet hatte, während ich in einem riesigen Sessel saß – fing ich an zu heulen. Ich heulte und heulte über eine Stunde lang, während C. verzweifelt auf und ab ging, denn er tut für mich, was immer er kann, sein hübsches Gesicht wurde ganz runzlig, er biß sich auf die Lippe, er wußte nicht, was sagen, er war besorgt, es war grausam zu weinen, ich versuchte es bleibenzulassen, doch dann begann ich von neuem, und er sagte, wenn ich schon heule, so soll ich's um Gottes willen nicht laut tun, die Hausfrau darf mich nicht hören, denn sie würde mich sofort hinauswerfen, man muß fröhlich sein, wenn man eine schöne Wohnung will, man muß viel bezahlen, und man muß sie beständig putzen. *Sie* mag in ihrer Küche Dreck haben, du mußt kochen, ohne auch nur eine Spur davon zu hinterlassen, daß dort so etwas Gräßliches getan wurde. Du mußt putzen und polieren – *polish*, allein dieses Wort! –, dir die Seele aus dem Leib polieren, bis du eine neue Seele kriegst, mit Polier-Gesinnung, bis du an nichts anderes mehr denkst, und wenn Besuch kommt, dann haßt du ihn, weil er Spuren hinterläßt auf der Politur und du niederknien und sie fortwischen mußt und Gott und deine Hausfrau um Vergebung anflehen. Und da meine Lebensfreude schon lange weggescheuert ist, heulte ich. Und wenn ich nicht eine eigene Wohnung bekomm oder eine Scheuerfrau, die für mich poliert, werd ich nie wieder lächeln. Wie blasphemisch war ich in Paris, als ich sagte, ich bin Madame Loisel aus La parure von Maupassant. Denn nun bin ich es.

Aber diesmal zahlt es sich aus, ich hab eine schöne Wohnung. In dem anderen Haus, wo Dein Bruder bleibt, weil er dort ein großes Zimmer und einigermaßen seine Ruhe hat, waren die Leute reich (90 000 Pfund und ein prachtvolles Haus, ich bin auf Teppichen gegangen, von denen nicht einer weniger als hundert Pfund wert war). Doch die Besitzerin, die Frau des ehrenwerten Pastors, brachte morgens ihre lauwarme Wärmflasche herunter und schüttete das Wasser in den Kessel, um Tee damit zu kochen und Geld zu sparen. Denn es war ja noch warm. Das ist nur eine von tausend Eigentümlichkeiten dieser Leute, eine andere komische ist, daß *er* an Kleptomanie leidet und stiehlt. Er stiehlt nur Kleinigkeiten, Nägel, Öl aus deiner Ölbüchse, und auch nur ganz wenig. Aber er stiehlt. Du wirst noch ziemlich viel über sie lesen, darum schließ ich dieses Kapitel jetzt ab und unterbrech mich nur kurz, um einen herrlichen Duft in mein graues Haar zu tun, mein schönstes Parfüm seit vielen Jahren, auf dem Schwarzmarkt würd ich dafür fünf Guineen bezahlen, und das tu ich nicht, aber mein Sohn hat mir's aus Frankreich geschickt. Das war ein schöner

Tag, als ich Daniels traf. Um halb fünf war's schon stockdunkel, weil's neblig war, dieser Londoner Nebel, den Dein Bruder und alle großen Dichter so aufregend finden und niedere Zeitgenossen deprimierend, denn er raubt einem den Atem, ist ermüdend und ungesund. Wir gingen zu einem schmierigen kleinen Café, da kein anderes in der Nähe war, und ich sagte vorweg, daß ich zwanzig Jahr älter bin und daß D. mein Gast ist, aber nein, er zahlte! Ich war allein, denn der arme C. wartete in einem anderen Café, um gleich nachdem ich ihn verlassen hatte, die Neuigkeiten über Dich zu hören, ich dachte, allein wär er vielleicht netter, was er auch war, er bemühte sich, nett zu sein, und er erzählte viel von Dir, wenn auch viel zu wenig. Ich wollte, daß er für Benjamin ein Paket mitnahm, doch es war mir zu peinlich zu fragen, denn ich dachte, wenn er wollte, würd er's von selbst anbieten, wußte er doch, wie gern ich Big Ben Pakete schick, ich wagte es also nur mit einem Pfund Tee, würd er ihm das überbringen. Er sagte, ja, am Samstag, darum hab ich Donnerstag morgen, den 21. November, ein Pfund Tee an ihn abgeschickt, per Eilboten und eingeschrieben, den besten Tee von Sainbury's, er muß ihn am Nachmittag erhalten haben, *spätestens* am Tag darauf, und wir vereinbarten, wenn er ihn nicht rechtzeitig kriegt, gibt ihm seine Frau ein Pfund, und er nimmt es Ben mit und behält meinen, was mir nicht lieb wär, denn seine Frau kauft sicher eine Marke, die ein klein wenig billiger ist und nicht gut. Natürlich würd ich gern wissen, ob Ben ihn bekommen hat, bestimmt wird er sofort schreiben, denn ich kann mich beim Postamt beschweren.

Ich hab Dir Hunderte von Dingen zu erzählen, komische und traurige, die Enttäuschung über Österreich, die Wahlen, und ich weiß nicht einmal, ob mein Freund wieder im Amt ist. Das kommt alles, weil die Russen in den Städten so viel geplündert haben, ich kann's ihnen nicht verübeln, sie wollen ihre Häuser in Rußland wiederherrichten.

Ich fragte Daniels, ob Du ihm zufällig Geld schuldest, das ich zurückzahlen könnte, da wir Dir sehr viel schulden, aber er wollt nichts davon hören, er muß ein Gedankenleser sein und hat vielleicht die Beschreibung von ihm gelesen, die ich Dir in einem früheren Brief gab. Natürlich wollt ich Dir durch Cape das Buch besorgen, aber er sagt, Du hast es. Die Übersetzerin von Cape, Miss Wegdwood, sandte mir einen Strauß Rosen, weil ich in Canettis Auto-da-Fé *ihr* Englisch korrigiert hab, obwohl sie doch aus England ist und ich aus Österreich bin, und ihr wertvolle Vorschläge zum Stil machte. Hätte sie mich jemals gesehen, dann hätte sie mir wohl ein Dutzend Sacktücher geschickt, denn ich lauf in Lumpen herum, und ich will sie nicht sehen, bevor die Kleidungsvorschriften nicht aufgehoben sind und ich mich ordentlich anziehen kann. Darauf kommt es in diesem Land an. Das war wunderbar in Österreich, man konnte anziehen, was man wollte, es kam darauf an, was drin war. Wiewohl ich froh bin, daß wir die hohen Stellen, die uns angeboten wurden, nicht angenommen haben. Dann müßten wir jetzt Lehrer sein. Ach – Deine Schilderung Deines Lebens im Sana! Besser als Thomas Mann. Wenn es wohl auch als Dichtung gemeint ist, nach dem, was mir Daniels erzählte. Erst sagte er, Dir geht es gut und daß die Wunde höchstwahrscheinlich ohne Operation verheilen wird. Dann sagte er, es kommen jetzt zwei Bücher von Dir heraus. Dann sagte er, Du bist eine große Persönlichkeit, und jedermann sieht es als eine Ehre an, mit Dir zu sprechen zu dürfen. (Ich fühl mich also geehrt, es tut mir gut, Dich zu kennen, nachdem ich die Küche poliert hab, wirst Du mich da auf der Straße noch grüßen?) Dann sagte er, Du bist in einer vornehmen Einrichtung, die in ganz Frankreich für ihren Luxus, ihren Komfort und ihre hochgesinnten, gebildeten, berühmten Insassen bekannt ist!!! Darum bitte mich nicht, mit Dir Mitleid zu haben, ich hab keins. Und Dein Bruder sagte, gut, daß er dort ist, da kann er seine intellektuelle Arbeit tun, die für die Welt bedeutsamer ist als die im Spital.

Verfolgt von dem Gedanken an mein eigenes Scheitern im Leben (als ich heulte, sagte ich zu Deinem Bruder, ich glaub ihm nicht, was er versprochen hat, daß ich nächstes Jahr in einer Loge sitz und die Aufführung meines Stückes in London erleb, denn ein Mensch, der von seinen Hausfrauen so erniedrigt wurde, kann zu keinen Höhen mehr aufsteigen, dafür gibt's in der Literatur keine Beispiele), verfolgt von dem Gedanken an einen Haufen verbrannter Leichen in Belsen und an die lebenden Gerippe, die einen Teil der Kadaver fressen, und an die Gegenwart und die Zukunft der Welt, seh ich es als eine Ehre an, wenn irgendein Mensch mit mir spricht. Der Erzherzog von Österreich könnt mit mir reden, oder auch Hess, er hatte hier eine Leibgarde von dreißig Mann und aß jeden Tag Brathuhn. Der Prozeß? Im Hassen bin ich groß, aber wenn mir der Feind dann zu Füßen liegt, kann ich nicht triumphieren.

Schreib bitte. Ich werd nicht schreiben, bevor ich nicht einen langen Brief von Dir krieg. Schreibe an die obige Adresse, aber da er vielleicht an Durris, Stubbs Wood, geht (bis ich das Postamt verständige, was ich erst nach einem Monat tun werd, wenn ich weiß, daß meine Hausfrau die Güte hat, mich zu behalten), gib acht, was Du schreibst, wiewohl Du schreiben kannst, daß Du mich liebst. Denn das sagst Du nie mehr, aber bis Du mich wiedersiehst, glaubst Du vielleicht, daß Du es tust. Ein Bericht von einem Traum zu diesem Thema beim nächsten Mal.

Vielen Dank für Dein Geschenk, ich halt es wert. Ich find es wunderbar! Ich benutz es wie ein Geizhals! Ich fühl mich damit wie verwandelt.

Veza

Bekamst Du das Paket von Kae Hursthouse? Sie sandte es Ende Oktober ab.

Woher wußtest Du, daß ich mich nach Parfüm gesehnt hab?

Elias an Georges *28. November 1945*

Mittwoch

Mein geliebter Georg,
Deine Bücher sind endlich gekommen, und von der allgemeinen Begeisterung, die alle gepackt hat, kannst Du Dir schwer eine Vorstellung machen. Sie sehen wunderbar aus, angenehm und seriös zugleich, ich bin so stolz auf Deine Leistung und die Ehrung, die Dir mit dieser Veröffentlichung geschehen ist, dass ich noch nichts Vernünftiges darüber zu sagen weiss. Ich habe die beiden Einleitungen gelesen; sie sind *meisterhaft* geschrieben; von einer Klarheit und Prägnanz und Weisheit des Stils, um die ich Dich beneide. Welche Sprache! Und wie Du sie handhabst! Es macht mich überglücklich zu denken, dass *wir beide* in ganz verschiedenen Sprachen Werke zustandegebracht

haben, die abgesehen von ihrem Gehalt auch diese beiden Sprachen mit voller Souveränität behandeln. Ich mag auch die großzügige Art, in der Du Deine Probleme angehst; nie hätte ich gedacht, dass man in so spezialisierten Unternehmungen so *überlegen* bleiben kann. Du bist ein prächtiger Kerl. Du bist ein wirklicher Geist, und so hast Du mich endlich dazu gekriegt, dass ich ohne Einschränkung, ehrlich und stolz den Hut vor Dir ziehen kann. Ich will beide Bände genau studieren. Ich habe Angst, dass ich Vieles nicht verstehen werde, aber Du wirst es mir ja leicht erklären können. Dieser Brief ist nur eine rasche erste Bestätigung. Ich schreibe Dir in zwei, drei Tagen ausführlich. Vezas Verhalten sollst Du nicht missverstehen. Sie wird Dich bestimmt besuchen, sie spricht unaufhörlich davon; es hat sich nur alles durch äussere Umstände verschoben. Sie hat aufgeregte Wochen hinter sich. Ihre Hausfrau in Amersham hat sich plötzlich hundsgemein benommen und sie auf die Strasse gesetzt. Ich hab mit grosser Mühe jetzt endlich etwas Provisorisches für sie in London gefunden und vorgestern ist sie übersiedelt. In diesem schrecklichen Zustand konnte sie unmöglich an Reisen denken. Sie wird sich jetzt bald beruhigen und alles Nötige unternehmen. Ach, wenn Du nur schon bald in Paris wohnen würdest und wir beide abwechselnd zu Dir auf Besuch kommen könnten! Jetzt sei umarmt und bewundert und beglückwünscht von Deinem schrecklich glücklichen Bruder

Elias

Elias an Georges *3. Dezember 1945*

Montag 3. Dez. 1945

Mein lieber liebster Bruder,
eben kam Dein Telegramm, die Veza ist gerade telegraphieren gegangen, ich selber lieg mit Influenza im Bett und verspüre eine unwiderstehliche Lust Dir zu schreiben. Ein Brief von der Veza ist unterwegs, Du müsstest ihn eigentlich schon haben; sie ist inzwischen übersiedelt, in eine etwas menschenwürdigere Behausung, die ihr gut gefällt; hier bei mir hatte sie nicht einmal eine Küche. Der spätere Teil ihres Schweigens ist auf die Übersiedlung zurückzuführen, die ziemlich aufregend war.

Der frühere Teil dürfte eine Strafe von ihr sein, für irgend eine, wahrscheinlich imaginäre Kränkung; vielleicht hast Du ihr nicht gleich geantwortet. Sie hat das manchmal, dass sie sich beleidigt glaubt; sie kann dann, sonst der beste Mensch auf der Welt, plötzlich grausam und hart werden. Ich komme mir, durch diese Schuld der Veza, plötzlich selber fast exculpiert vor, darum rede ich so viel darüber.

Du wirst es nicht begreifen, warum es mir so schwer war, Dir zu schreiben. Wie oft habe ich begonnen und konnte einfach nicht weiter. Ich hätte Dich so gern vorher *gesehen*, *gesprochen*, *gehört*. Ich hätte Dir so schrecklich viel zu sagen. Wie soll man in einem Brief damit nur anfangen! Ich hätte gern einen Punkt gefunden in der äusseren Welt, der für uns beide genau gleich liegt; dann hätte man weiter alles darum bauen können. Am liebsten wäre ich bei Dir, auf ein halbes Jahr oder länger, selber krank, um Deine Krankheit mit Dir zu teilen und sie Dir so leichter zu machen. Dieser Krieg, diese Welt hat einen tausendmal zärtlicher gemacht; ich habe Dir früher manchmal widersprochen, wenn Du gesagt hast, dass es nur darauf ankommt, wie gern man Menschen hat und nicht wie sie moralisch oder intellektuell beschaffen sind. Heute gebe ich Dir tausendmal recht: es kommt auf das Gefühl der Liebe an, sonst auf nichts; wenn man Glück hat, liebt man eben einen Bruder wie Dich, der es ausserdem so sehr verdient; aber ich fürchte, ich hätte Dich beinahe ebenso gern, wenn Du nicht ganz so wärest, wie Du bist.

Du hast gewiss etwas Klügeres als meinen ersten Brief erwartet. Ich kann aber nichts Kluges über mich bringen. Nimm ihn als eine erste stürmische Umarmung. Ich möchte Dir die ganze Zeit sagen wie gern ich Dich habe. Ich denke den halben Tag an Dich. Mit Veza spreche ich von nichts anderem als von Dir. Einmal, wenn ich Dich wiedersehe, möchte ich Dir zeigen, was ich aufgeschrieben habe, während des Krieges, als wir in Todesangst um Dich lebten. Da gibt es Gedichte an Dich, Beschwörungen, Gebete, Du würdest staunen. Dass Du es überstanden hast, dass Du dort bist, ist mir noch immer ein Wunder, wie vor einem Jahr; Du kannst Gott danken, dass ich aus Freude nicht katholisch geworden bin. Umso grausamer ist es, dass Du jetzt nicht bei mir sein kannst, oder ich bei Dir. Du wirst bestimmt gesund werden, *bald*, was kann das noch wiegen, gegen die Dinge, denen Du entkommen bist. Vielleicht ist es, auf lange Sicht genommen, gar nicht schlecht, dass Du dort ein ruhiges Leben führst und Dich nicht überanstrengst; das gehetzte Pariser Leben ist bestimmt besonders schlecht für Dich. Ruhe und Langsamkeit sind zwei der Dinge, die mir in England am besten gefallen.

Ich schreibe Dir Deutsch, das ist Dir doch nicht unangenehm? Die späteren Sprachen sind alle aufgesetzt; deutsch ist es eigentlich auch; am liebsten würde ich Spanisch schreiben, aber unser eigenes altes Spanisch, lach nur. Es ist sonderbar, dass wir beide während des Krieges, unabhängig voneinander, an die spanische Literatur geraten sind. Gracian wollte *ich* Dir *empfehlen*; aber auch einen spanischen Satiriker Quevedo, der fast so gross ist wie Swift: Es vergeht mir jetzt keine Woche, ohne dass ich ein wenig Spanisch lese. Ich liebe besonders die alten »Romances« (Balladen), die unserem Mutter-Spanisch viel näher sind. Ich habe den Ehrgeiz, in späteren Jahren, wenn ich Englisch ganz gemeistert habe und es so schreiben kann wie Deutsch, Spanisch zu schreiben. Eine sehr grosse Bitte habe ich an Dich: kannst Du mir fortlaufend in Deinen nächsten Briefen alle Verwandten der Reihe nach hernehmen und *genau* über ihre Schicksale während des Krieges berichten. Ich verbinde keinerlei Zweck damit, ich möchte es nur endlich alles genau wissen. Ist Poulou zurück? Schick bitte beiden, Jojo und Poulou meine Adresse und sag ihnen, sie sollen mir schreiben. Glaub ja nicht, dass Du jetzt lang keinen Brief von mir kriegst. Wenn Dir dieses tiefe Niveau nicht zuwider ist, möchte ich Dir jetzt oft schreiben. Wirst Du mir gleich antworten? Straf mich jetzt bitte nicht! Ich umarme Dich mit mehr Liebe als je

Dein Bruder Elias.

Gibt es irgendwelche englischen Bücher, die Du möchtest? Ich habe schon eine grosse englische Bibliothek und kann Dir alles schicken.

Mrs Canetti 7 Chestnut Close
Amersham – Bucks

4. Dez.

Darling George,
inzwischen mußt Du meinen langen Brief haben. Am Tag, nachdem ich ihn geschrieben hatte, wurde Dein Bruder krank und hatte eine schwere Influenza. Er liegt noch immer im Bett, aber das Fieber sinkt. Ich *sitz* jetzt mit einer Influenza hier, denn seit dem Krieg hatte ich keine Gelegenheit mehr, mit meiner Grippe im Bett zu bleiben, die ich im Winter (wie viele Leute) jeden Monat bekomm. Es ist schwer und langweilig zu beschreiben, wie elend ich mich fühlte, bei all der Sorge um ihn (er hustet seit einem halben Jahr), er hustet immer noch, viel schlimmer natürlich, und ich bin so müde.

Einzig der Gedanke an Dich ist mir Trost, Erholung, Stolz und Wärme. Er *erhält mich am Leben.* Morgen schreib ich einen langen Brief, einen richtigen Brief, einen Liebesbrief, einen Brief an Dich –

Hat Dir Marcel meine Nachricht überbracht? Sie riecht nicht so herrlich wie Deine, sondern hat nur noch einen schwachen Geruch, nur noch einen schwachen Zauber, nur noch schwach das Vermögen anzuregen, und sie ist alt und runzlig, dunkel und vertrocknet – wie ich.

Das ist es. Ich bin eine Handvoll Tee!

All my love
Veza

Sei so gut und schreib sofort, ob Du von Daniels aus Paris ein Paket bekommen hast.

Veza an Georges *15. Dezember 1945*

Canetti 7 Chestnut Close
Amersham Bucks

15. Dez.

Georg!
drei Briefe und keine Antwort! Ich hab nicht telegraphiert, weil ein Brief unterwegs war, der kam, bevor ein Telegramm aus Amersham Dich hätte erreichen können. Wir sind schrecklich unglücklich, schreib sofort, telegraphiere, sei nicht so grausam!

Veza

Veza an Georges *15. Januar 1946*

Mrs Canetti 7 Chestnut Close, Amersham, Bucks

15. Jänner 1946

DARNLEY,
wenn ein Buch Dich nicht rechtzeitig zu Deinem Geburtstag erreicht, so liegt das daran, daß Du mich vernachlässigst. Ich hab mir vorgenommen, diesmal hart zu bleiben, und Du sollst immer nur eine Antwort auf Deinen Brief bekommen, aber diese Antwort, hélas, noch am selben Tag, an dem ich ihn erhalt. Um Deine Antwort zu beschleunigen, ohne daß es zu sehr meinen Stolz verletzt. Als ich die erste Seite las, tat ich mir schnell Dein Parfüm ins Haar, Deinen Duft, er ist köstlich und verbraucht sich nie und macht, daß ich mich wieder ein wenig wie *ich selbst* fühl, und erinnert mich an Deine Stimme, die das Schönste an Dir ist, bezaubernd, unvergeßlich, und die Dir immer bleiben wird. Ich versprech Dir, Du bekommst keine Klagen und Telegramme, wenn Du mich wegen Deiner verfluchten Eitelkeiten vernachlässigst, nur meine reizenden Briefe bekommst Du dann nicht. – Als ich die zweite Seite las, hätt ich das Parfüm am liebsten wieder abgelegt, und ich nehm's gar nicht mehr wahr, denn ich sorge mich, wiewohl ich mir eigentlich nicht vorstellen kann, daß die Operation gefährlich ist, nach allem, was ich darüber gehört hab, und wenn, würdest Du's mir sagen, *Dir* kann ja zum Glück niemand etwas vormachen, und Du könntest mir nichts vormachen, ich würd sterben, wenn sie's wär, letztes Jahr bin ich fast gestorben,

bevor die erste Nachricht von Dir aus Frankreich kam, es gibt einen Brief, einen Abschiedsbrief an Dich, den Dein Bruder für Dich aufbewahrt hat. Ich würd sterben, wenn Du in Gefahr wärst, und wenn nicht eines natürlichen Todes, so würd ich nachhelfen. Ich kann nicht leben, ohne zu wissen, daß es Dich *gibt*, und sollt ich Dich auch nie wiedersehen, so muß ich doch wissen, daß du *bist*, und wenn Du mir ein oder zwei Jahre nach der Operation sagen würdest, Du hast geheiratet und bist schrecklich verliebt in Deine Frau, so wär ich noch nicht einmal eifersüchtig, denn es gibt etwas zwischen uns, das sich nicht verbrauchen wird, es wurde nie vollzogen und wird die Gegenwart, meinen Geisteszustand, meinen Zynismus, meinen Haß auf mich selbst überdauern, immer wird es zwischen uns diese Verwandtschaft geben, unsere Lebensgeschichte, Deine, die meiner so ähnlich ist, nur in einem anderen Format, alles hat bei Dir ein anderes Format ... so auch Deine Größe darin, wie Du über Deine Operation schreibst, als ob Du von einem Deiner Patienten sprichst, und wie Du mich deshalb tröstest.

Nein, nicht Smerdiacov. Aber in seinem komplizierten Leben muß er manchmal Zuflucht zu so vielen Lügen nehmen, daß er mich (die er natürlich auch belügt) in einem Maße verwirrt, das mich irrsinnig macht. Daher mein Zynismus, der freilich sehr verschlimmert wurde durch die Umstände eines Jahrhunderts, das so hoffnungslos ist, so ohne Schönheit, Poesie und noble Gedanken, daß man anfängt, die Engländer zu preisen, weil sie einen tolerieren und sogar noch ein ermutigendes Lächeln aufbringen, ja nachdem man sich sechs Jahre lang trotz seines kleinen Bankkontos behauptet hat, feststellen, daß man zwar anders ist, aber irgendwie Bewunderung verdient. Du hast wirklich recht. Ich bewundere ihren Charakter, ihre Verläßlichkeit, beides die Folge ihres Mangels an Leidenschaft. Sie sind frei von jeglicher Leidenschaft, Gefühlswärme (die sie verspotten und Sentimentalität nennen), Begeisterung, aber sie sind verläßlich, und nie hätte hier geschehen können, was in Deutschland geschah, weil das nicht fair ist, das tut man nicht, das verstößt gegen das Evangelium, gegen die Worte Christi. Ich bin wirklich *für* die Religion, Benjamin, *für* die Religion, denn der Durchschnittsmensch will wissen, warum er liebenswürdig, anständig ist, und er will einen Lohn. Wir, denen das im Blute liegt, verachten sie, da hast Du wirklich recht. Ich finde die Religion langweilig, oh, wie langweilig die Leute sind, und nie könnt ich so mit ihnen reden wie mit Dir, nicht wenn man ihnen gegenübersteht. Nach sechs Jahren kannst du anfangen, du selbst zu sein, aber immer mit einer charmanten Entschuldigung, mit einem »bonmot«, das deine Härte dämpft – und vielleicht ist auch das gut für den Charakter, denn Belsen hat mich so hart, so grausam, so sarkastisch gemacht, daß ich mich nicht beherrschen würd, wenn sie's nicht täten. Natürlich, *Du* = Frankreich – das ist die Luft, die ich atme. Ich werd dort noch lange nicht hinfahren können, es hängt ganz von Dir ab, wenn Du alles tust, *um gesund zu werden*, werd ich eines Tages kommen und Dir helfen. Und Dir einen Spinatkuchen backen. Wenn Du müde würdest, würd ich nicht kommen! Wenn ich wirklich fahren würde, so nur, wenn C. seine englische Staatsbürgerschaft erhält (was er wird, wenn sein Buch erscheint), aber lange könnt ich nicht bleiben. Er wird mir eine »Pfründe« bei seinem Verlag besorgen (Bücher lesen für den Verlag oder gut bezahlte Übersetzungen), irgend etwas, das mir liegt und gut bezahlt ist. Seine Übersetzerin, die völlig in ihn vernarrt ist, macht sich seine Gedanken zunutze, ja wird ihre neuen Geschichtswerke nicht ohne ihn schreiben können, und da sie gerade Partnerin des Verlegers geworden ist (ein Geheimnis, das wir nur Dir anvertrauen können), haben wir einen guten Stand. Und mit diesen kommerziellen Tatsachen schließ ich jetzt meinen Brief, weil Deinem Buch ein Geburtstagsgruß beiliegen wird und weil ich nicht zu zynisch werden will und weil ich hungrig bin, in meiner Küche kochen Karotten, die ich Dir zu jeder Mahlzeit werde servieren müssen, wenn Du kommst, kommen *mußt Du*, wir betrachten die Einladung als unseren Beitrag zu Deiner Behandlung, und ich werd Dich auffüttern … nicht mit der Kost, an der wir seit sechs Jahren verhungern, sondern mit den Paketen, die ich jetzt von meinen Verwandten aus U.S. bekomm. Ich hab Kae übrigens für Dein Paket eine Pfundnote geschickt, und was ist daraus geworden? Und wie stehen Deine Finanzen? Gib uns Bescheid!!!

Dein Bruder (die erste Seite Deines Briefes an ihn werd ich nicht lesen, aber den Rest, und Deine Briefe kommen jetzt zwar hierher, aber sei immer noch vorsichtig) wird hocherfreut sein, wir haben uns gesorgt, warum kannst Du nicht eine Zeile schreiben? Über *eine* Zeile wär ich zwar enttäuscht, würde mich aber nicht so grausam gequält fühlen.

All my love
PEGGY

Ja, natürlich bekommst Du das Buch über Cape.
Darnley? Der Liebhaber, der Maria Stuarts *Verderben* war.

Veza an Georges *1946*

Postamt Bitte *nicht* zurück an Absender

Lieber Georg*es* Kien,
Du bist in der englischen Fassung französisch und, ich glaub, ganz das Urbild Deines Abbildes. Ich glaub, Du läufst im Etudiants genau so umher, wie Dein Bruder Dich im »Irrenhaus« beschreibt. Die Blendung, Auto-da-Fé, kommt Ende März oder sogar erst im April heraus, und obwohl die Übersetzung gut ist, ist sie mit dem erhabenen Stil im Deutschen nicht vergleichbar, und darum bin ich ein wenig in Sorge. Nicht, was den Erfolg anlangt, sondern, was die Wirkung auf Deinen Bruder angeht, der dringend eine Bestärkung braucht, sonst wird er nicht weiterarbeiten. Ich bin nervös, Dir gesteh ich's.

Noch nervöser macht mich, daß Du übersiedeln mußt und ein ermüdendes Frühjahr vor Dir hast. Du *wirst* mir schreiben, Darling, unmittelbar bevor Du fährst und sobald Du ankommst, und das Datum der Operation, denn ich will mich ordentlich sorgen, das hilft.

Die medizinische Abteilung der Universitätsbibliothek in der Gower Street hat fünfzig Exemplare von Rich, Patho... etc. bestellt. Sie sagten, sie haben so viele bestellt, weil das Buch so oft verlangt wird, es scheint ein außergewöhnliches Werk zu sein. Es ist schon lange bestellt, aber noch nicht gekommen, sonst hätte man uns benachrichtigt. Am Freitag fahr ich eigens nach London, um nachzufragen und sie zu plagen und auch um mein verspätetes Geburtstagsgeschenk für Dich zu besorgen, ein Problem, das Dein Bruder nicht lösen konnte, nicht daß er Dir nicht sehr gern eine Freude machen würde, sondern weil hier einfach nichts zu kriegen ist, und ich werd etwas kaufen müssen, das ich Dir nicht unbedingt schicken wollte, nur um Dir nicht wieder ein antiquarisches Buch zu senden. Was Deinen Bruder anlangt, so könntest Du zwei Exemplare vom Rich haben, denn er will's bezahlen, und ich besteh darauf, es zu bezahlen, aber Peggy wird gewinnen. Ich schrieb übrigens »Darling«, es ist das erste Mal in diesem Land, daß ich diesen Ausdruck gebrauche, und ich werd's nie wieder tun, ich tu's nur, um Dir unbeschreiblich zu schmeicheln, damit Du mir über alles berichtest. Daß ich dieses Blatt zerriß, ist ein Fehler, denn dieser Brief ist rein geschäftlich, und ich schäme mich dafür.

Kein Wunder, daß Dein Bruder Nissim keine richtigen Freunde hat, sondern nur Parasiten um sich herum, so, wie er sich benimmt, da kann man nicht mehr erwarten. Und ich kann's Deinem Bruder Elias nicht verübeln, wenn's ihn ärgert, daß ich ihm die Komödie geschickt hab, da der Nissim Canetti es nicht für der Mühe wert hält, ihm zu schreiben und ihm für das Privileg zu danken, daß er sie lesen darf. Das schreiben wir sogar fremden Leuten, die uns ihre Ms. zusenden. Und es kann sein, daß es Deinem Bruder Nissim eines Tages unangenehm sein wird. Nicht daß wir erwartet hätten, daß er den Wert des Werkes erfaßt. Aber einen Dankesbrief haben wir erwartet. Nun, jetzt ist er die Edith los, der Canetti denkt, es ist besser für ihn, und ich hoff, er hat recht.

Dies soll kein richtiger Brief sein, und so schließe ich und sag Dir nur noch, daß es mir nicht an Abwechslung fehlt, was H.en (!) anlangt (darum keine Adresse im Briefkopf). Diese hat bessere Manieren, die noch besser geworden sind, seit sie die große Anzeige in der Times sah, die ihr H.-Dasein mit einem gewissen Glanz umgeben wird. Ihr Hobby ist es, eingesperrt in ihrem Zimmer zu hocken und mit allen verstorbenen Menschen zu plaudern, die sie gekannt hat. Was mich eine Zeitlang rasend machte vor Angst, sie könnten ihr sagen, daß sie mich nicht im Haus haben wollen. Doch nichts dergleichen geschah, und so wird mein Leben durch ihr Hobby nicht beeinträchtigt. Es scheint, daß die englischen Gespenster, Geister und geistigen Führer mir wohlwollen, denn in dem anderen Haus, bei meinem Pastor, holten sie ihre Freundin, um herauszufinden, ob ich vom Teufel besessen bin oder nicht (sie war Hellseherin), und heraus kam, daß sie ein Licht um meinen

Nissim Jacques Canetti, 1944

Kopf sah, eine Art Heiligenschein, ein Zeichen, daß mir noch Großes bevorsteht. Eine Voraussage, die bisher nicht eintraf, mir aber half, Deinen Bruder von den Londoner Bomben fernzuhalten, und auf alle Fälle gab ich ihr eine große Dose Corned beef, das die Hellseherin gerne annahm und wahrscheinlich vorhergesehen hatte.

Lieber geliebter Sohn, wir sprechen nur noch von Dir und … und hab ich Dich Darnley genannt in dem Glauben, es wär der Name des Liebhabers der Maria Stuart, der ihr Verderben war, weil sie ihn so sehr liebte? Aber war Darnley nicht ihr Ehemann, und Bothwell war ihr Liebhaber? Ich denk nun schon lange darüber nach und könnt meine Hausfrau fragen, die stets sehr hilfsbereit ist, aber das kann ich nicht. Ich kann's nicht einmal nachschlagen, weil's so ein heikles Thema ist. Darnley war der Ehemann, mein Lieber, den sie vergiftete oder ermordete, und ich hoff, Du bist mir nicht bös. Der Name klingt so leidenschaftlich, und auf jeden Fall hat sie ihn auch geliebt und war nur später enttäuscht, und vielleicht irr ich mich auch, und Darnley war doch Bothwell, ich hab sie nämlich durcheinandergebracht, weil's eine Kindheitserinnerung ist, und damals war ich in Darnley, Bothwell (nicht in Riccio, er war ja nur ein Sänger und kein Edelmann) *und* Maria Stuart verliebt, während ich jetzt dazu neige, den englischen Standpunkt einzunehmen und zu glauben, Maria war ein Flittchen, und Elisabeth war eine große Frau, und in Wirklichkeit und Wahrheit wollte sie nicht, daß Maria enthauptet wird, wirklich nicht. Ich werd Dir auch sagen, warum. Sie war eine Königin, und »schwer ruht das Haupt, das eine Krone drückt«. Darum sagte sie: Eine Königin zu enthaupten ist unmöglich, und wer würd es wagen, sich das zu getrauen. Niemand darf das wagen! Es geschah wirklich gegen ihren Willen.

Mit diesem interessanten Kommentar schließ ich diese Epistel und frag Dich nebenbei, Darling, Darnley, Bothwell und Jack the Ripper (der mir in meinem Alter und bei meiner gegenwärtigen grausamen Verfassung am besten gefällt): Kennst Du Elizabeth and Essex von Lytton Strachey? Wenn nicht, mußt Du's anfangen, *das* kann ich Dir schicken.

All my Love
Peggy

Mrs Canetti 7 Chestnut Close Amersham Bucks

3. Feb. 1946

Ah, Dein Brief! Von der Geschichte über Sorel in Deinem vorletzten war Dein Bruder entzückt, und er hat sie in London und Bucks herumerzählt, natürlich nicht ohne zu behaupten, daß Du sie aus einer geheimen Quelle hast, und dabei ein sehr wichtiges Gesicht zu machen. Sind *wir* froh, daß die Frage Deiner Unterkunft in Paris sich auf so großartige Weise geklärt hat. Es ist eine sehr schöne Kulisse, ich kenne sie, muß aber leider sagen, ich paß da nicht hinein. Ich hab Deine kleine Wohnung dort oben zu sehr geliebt, und es zieht mich wie alle Verbrecher zurück an den Tatort. Nun ist er zerstört und hat für mich keinerlei Reiz mehr, selbst wenn ich ihn wieder mieten könnte, wenn ich einmal nach Paris fahre. Ich werd in ein Hotel gehen müssen und muß Dir etwas sehr Enttäuschendes sagen: Ich liebe Hotels. Das paßt zu *meinem* Pessimismus. Ein Haus, oder sogar eine Wohnung, wäre für mich zu stabil. Bisher hab ich mir noch nicht versprochen, daß ich mich für länger niederlassen kann. Irgendwie zöger ich. Ich weiß noch nicht, wo ich bin. Ich *hasse* zuviel. Und ich bin zu leicht überwältigt. Ich hasse und verachte, und ich bin wirklich ein Pessimist, und doch kann ein Wort von einem vorübergehenden Fremden mich niederschmettern. Und ein anderes kann mich entzücken, ich geb's zu. In diesem kleinen Ort wohnen lauter Verrückte. Eine davon kam gestern auf mich zu, eine ehemalige Schauspielerin, geistig verwirrt und noch immer von seltener Schönheit, wiewohl ihre Augen tot sind, und sagte: »Plus il y a de merde, plus les fleurs sont belles.« Ich wiederholte es Deinem Bruder und bedauerte nur, daß ich so wenig merde in mir hab. Und ich hatte recht. Denn ich traf genau, was er dachte. Er dachte sogleich an seine Blondine, befriedigt und mit stillem Triumph. – Mein *Salon* – wenn ich nicht vorher sterb, werd ich einmal einen haben – wird ein abgetrennter Saal in einem Hotel sein. Ich werd in einem Hotel leben. Es hat etwas von einer Zwischenstation. Die letzte Heimstätte sozusagen. Und es gibt Abwechslung dort.

Was Deinen Besuch anlangt, den weiblichen, so könnt ich sie alle umbringen. Deinen ganzen Besuch könnt ich umbringen. Auch den männlichen. Aber da ich nun einmal ein Pessimist bin, fürcht ich, dann würdest Du *mich* umbringen. Und ich werde Dir keinen Rat geben. In Wien, im Jahr 1937, ging Dein Bruder einmal zu einem Maskenball. »Es gibt hier eine attraktive Blondine«, sagte er zu mir, »und es gibt dunkle Ecken hier, Sie ist geschieden, weißt du, und sehr jung und lustig. Was kann ich tun«, fragte er mich, »damit sie denkt, daß ich ein Mann von Welt bin?« Also erklärte ich mit einem sehr wissenden Lächeln Deinem Bruder, wie er sich an die Blondine heranmachen soll. Ich machte es so gut, daß ich sie noch immer auf dem Buckel hab, in London. Du wüßtest es gern? Ich werd Dir nicht auch noch helfen. Doch dieses niederträchtige Geschöpf denkt heute noch, Dein Bruder ist ein erfahrener »homme à femmes«. Ich wünschte, ich wär ein Mann. Ich wüßte, wie man's macht. Aber mir fehlt das Werkzeug.

Um Gottes willen, streich den letzten Satz aus. Um der Nachwelt willen. Nein. Verbrenn den Brief. Dieser wird ohnehin nicht historisch sein. Ich bin in einer labilen Stimmung. Nicht auf der Höhe. Können Briefe einen anderen bemerkenswerten Briefschreiber wirklich beeinflussen? Seine Sprache – die von Walpole – hab ich zwar auswendig gelernt, das geb ich zu, aber was ich zu sagen hab, das ist meinem Schoß entsprungen. Nie könnt ich schreiben wie er. Weil mir der Lebensraum dazu fehlt. Vielleicht werd ich ihn haben, aber … zu spät. An Broch schrieb ich, nachdem ich ihm Annas Leben geschildert hatte: »*Mir* ist etwas Empörendes zugestoßen! … Ich bin *alt* geworden!« Er schrieb zurück, ich könne nie alt sein, weil ich traurig bin. Menschen mit einem Schmerz wie dem meinen im Herzen können nicht alt werden. Ich glaub, das schrieb er sich selbst. So hätte er's gern, denn er ist erst kürzlich mit einer jungen Witwe zusammengezogen. Wird *die* sich freuen, wenn Schmerz alles ist, was er ihr zu bieten hat!

Aber Du hast recht, mein letzter Brief war von dem Gedanken inspiriert, daß Du diese Operation haben wirst. Aber auf eine andere Art. Es gab mir den Mut, ihn zu schreiben. Ich kann nie Mitleid mit Dir empfinden, nicht mit *Dir*! Ich bewundere Dich zu sehr. Und Du wirst in meinem Salon sitzen, in dem Hotelsaal, wenn »Parker« den Tee serviert, und Du wirst die Pièce de résistance sein, und wir werden um die Wette »esprit« versprühen. Esprit ist das einzige, wonach ich mich sehne. Mein einziges sinnliches Verlangen ist Esprit. Ich sehne mich nach Esprit. Du wirst die Leute hier vielleicht gescheit finden. Geistreich. Aber sie haben keinen Esprit.

Seit ein paar Tagen sind wir irgendwie verwandelt, Dein Bruder und ich. *Ein* grauer Schleier hat sich gehoben. Wenn Du die beiliegende Ankündigung siehst, wirst Du begreifen, warum, und unsere Freude teilen. Du gehörst zu uns. Ohne Dich könnte kein Schleier sich heben. Kein Tag vergeht, ohne daß wir sehr ausgiebig und leidenschaftlich von Dir sprechen. Und uns zanken und *Dich* lieben und bewundern. Du wirst sehen, der Verleger ist sich voll und ganz dessen bewußt, daß er einen großen Roman herausbringt. Aber wenn Du die Anzeige lesen könntest, die die Übersetzerin geschrieben hat und die ich Dir schicken werd, sobald sie in der »Times« erscheint – nun, es warf mich fast um, als ich sie las. Ja, *ein* Schleier, *ein* grauer Schleier hat sich gehoben. Aber Dich werden wir immer brauchen. Unser einziges Kind.

»Jeder Mord kommt ans Licht, und Blut ist ein beredtes Zeugnis.« Mit diesem Zitat aus Macbeth entließ mich meine verwirrte Schauspielerin, und das zitierte ich nicht Deinem Bruder, denn das hätt er vielleicht auf mich bezogen und nicht ohne Grund … Wir kriegen einfach nicht die Bücher, die wir gern hätten, mein Lieber, und so wird Dein Bruder für mich alle Buchhandlungen nach einem antiquarischen Retz durchforsten, den ich unbedingt lesen will. Was Dein Buch anlangt, mein Geschenk, mein ich, so hab ich's nicht abgesandt. Ein Grund dafür war Dein langes Schweigen, ich hatte den Geburtstag versäumt, und so beeilte ich mich nicht – ein anderer ist mein Hang zur Schwermut. Ich zögere, ich tu nichts anderes. Ich hatte drei Bücher, ich hab sie noch. Eines mit den kolorierten Bildern vom alten London. Dein Bruder dachte, das gefällt Dir nicht. Eines mit Gemälden aus dem Volk, »Popular English Art«. Es ist reizend, aber es war billig. Und an welche Bücher auch immer ich dachte, wir fürchten, Du kennst sie schon oder wir werden sie nicht kriegen. Jedenfalls werd ich mich in zwei, drei Tagen entscheiden, im Moment fallen mir nur französische Bücher ein. Ich liebe Aubry, Napoleon, und vor allem liebe ich Madame Bovary, der größte aller Romane für meinen Geschmack, nicht vom Gegenstand, sondern von der Ausarbeitung her. Welche Sprache, welche Konsequenz!

Kafka! Unseren rückt der Canetti nicht heraus, und ich krieg ihn nur auf Englisch. Und natürlich kennst Du »*Light in August*« von Faulkner, und kennst Du Forster? »Howards End«? Das mußt Du sofort lesen, aber das wär kein Geschenk, neu bekommen wir's nicht, es müßte aus meiner Bibliothek sein. *Ein* Buch hab ich im Kopf, das Dein Bruder mir morgen besorgen wird, er hofft, daß es ihm gelingt. Hast Du irgendwelche Wünsche? Schreib, denn nichts macht ihn so glücklich, wie wenn man ihn losschickt, Bücher besorgen. Und gib *mir* nicht die Schuld für die Verspätung des Rich, Du wirst ihn schon kriegen. Und wenn sie Dein Paket nicht gestohlen haben, solltest Du es bekommen, das von Kae, ja, Kae, die Abkürzung für Kathleen, sie ist zuverlässig wie ein Uhrwerk. Und Du wirst Schokolade aus U.S. erhalten. Ich bin besorgt, es ist noch nichts da, aber es braucht alles lang. Und mit diesem prosaischen Ende schließe ich meinen Brief und könnte noch hinzufügen, daß Du über Mitteleuropa nicht weinen mußt, »Sie sind ja ganz verhungert«, sagten sie zu mir letztes Jahr im Spital, nicht daß sie's hätten ändern können, aber wir sterben hier langsam, Stück für Stück, von Brot, Erdäpfeln und Karotten. Diesen Monat jetzt mit ein paar Orangen, denn die Grippeepidemie ist sehr schlimm und die Grippe von einer gefährlichen Art.

Ich hasse all das, was sie *nach* der Operation tun werden, und gib mir vorher Bescheid, damit ich mich sorgen kann, denn wenn ich mich ordentlich sorge, wird alles bestens ausgehen, und schreib sofort bitte, und much love, und Dein Bruder, der Schuft, läßt Dir sagen, er wird Dir heut abend noch schreiben. Glaub ihm nicht, glaub ihm bloß nicht.

All my love
Veza

Mrs Canetti 7 Chestnut Close Amersham, Bucks England

Liebster Sohn, Lieber Georges Canetti,
dit Le Beau, dit Le Savant, dit Le Grand,
dit Phoebus, dit Romeo, lieber Benjamin,
angesichts dessen, daß ich nur Peggy heiß, was hierzulande der allerbescheidenste und häßlichste Name ist, der nur für antiquierte Wirtschafterinnen, Rentnerinnen und dergleichen gebraucht wird, find ich, die Distanz ist groß genug, daß ich Dir einen Liebesbrief schreiben darf. Und darf ich, da ich die »distance« (französisch ausgesprochen) nun gebührend betont hab, Dir sagen, daß ich Dich sogar in meinen Träumen lieb, wo die Distanz nicht ganz so betont, aber nie völlig mißachtet wird, ist es doch die eines Prinzen zu einer Bürgerlichen, aber nicht mehr, einer verliebten Bürgerlichen, und einmal träumt ich, oh, ein halbes Jahr ist es her, daß wir Dich hier erwarteten ... hab ich Dir diesen Traum erzählt, ich fürchte, ja, also werd ich mich nicht wiederholen, es ist meist ein »Angsttraum«, die Angst, ob Du überhaupt noch mit mir reden wirst, wenn Du eine alte Hexe vor Dir siehst mit Runzeln und so weiter, den bitteren Blick der Ernüchterung in meinen Augen, und zum Schluß träum ich, daß Du mich ganz fürstlich küßt und Dich herabläßt, mich dennoch als Deine Schwägerin anzuerkennen, quand même, und natürlich sagst Du's mir, mit der Miene eines Beau von vierunddreißig Jahren, gutaussehend, groß, blaß, mit dieser aufregenden Blässe, die nur in Romanen vorkommt oder bei den Liebhabern von Königin Elisabeth der Großen, oder bei Dir oder Georges Kien, wieder und wieder sagst Du mir, Du hast mich immer noch gern und wirst mich nicht aus Deinem Antlitz verbannen und sogar ein Toffee lutschen für mich, ein Bonbon, und mir den Rest überlassen. Die Toffees hab ich Dir nicht geschickt, denn meine verfluchte Schwägerin hat aus ihrem Lebensmittelladen ein Spielzeuggeschäft mit Lederwaren gemacht, in einem vornehmen Bezirk näher bei London, und so ihr soziales Niveau um drei Stufen gehoben, und von unserem amerikanischen Lebensmittelpaket haben wir jeden Krümel verzehrt, ach, ich könnt mir die Haare ausraufen, sie sind ja ohnehin grau. (Vor zehn Jahren dacht ich,

wenn sie grau sind, werd ich das tun und in den Schönheitsalon gehen wegen der Runzeln und mir die Wangen schminken und meinen Embonpoint massieren, und nun genieß ich geradezu meinen Verfall, ich will, daß er meiner Geistesverfassung entspricht.) Und würdest Du mich bitte nächstes Mal wissen lassen, wenn jemand kommt, eine Woche im voraus, nur dann kann ich »swap things«* für Dich, ein neuer Ausdruck übrigens, den Du in keinem Wörterbuch finden wirst. Gestern nacht hatt ich wieder einen Angsttraum von der Operation, wieder mit glücklichem Ausgang, wobei Du freilich immer sehr herablassend bist, den Traum werd ich Dir nicht erzählen, wohl aber, warum ich weiß, daß diesmal für Dich alles wunderbar ausgehen wird … Ich werd Dir sagen, was wir für Deine Operation getan haben. Wir haben das Fahrrad verloren. Und es nicht wiederbekommen. Wir könnten allerhand unternehmen, um es wiederzukriegen, aber das werden wir nicht tun. Wir glauben, wir müssen es aufgeben. Siehst Du, worum es uns geht. Siehst Du, daß diesmal für uns drei alles bestens ausgehen wird? Gestern sagte ich zu Deinem Bruder: »Das Gegengewicht zum Unglück ist das Glück, das ihm *ein Ende setzt*«, ein Zitat von Saint-Simon, dessen Werk mir ebenso teuer ist, wie's Deine Briefe sind. Ja, Glück für uns drei, ich sag's voraus. Du wirst sehen, Stolz meines Alters und Erbe unseres Ruhms und Geldes (letzteres wird rechtzeitig dasein), und dreitausend Bücher sind da und zweitausend ungedruckte Seiten von Deinem älteren Bruder, *Du* bist unser Erbe, das Testament haben wir in den längst vergessenen Zeiten des Blitz in London gemacht.

Um genauer zu sein und weniger diskret: Dein Bruder zeitweilig niedergeschlagen, diese Blondine, du weißt schon, *diese* Frau, versucht ihn dahin zu erpressen, daß er sich scheiden läßt und sie heiratet, unter dem Vorwand, daß es einen großen, reichen Adligen gibt, ein Parlamentsmitglied und was nicht sonst noch alles, der verrückt ist nach ihr und eine Adlige aus ihr machen will. Dein Bruder, der glaubt, daß er ihr nicht im Weg stehen darf, versucht sich zu versichern, daß diese erlauchte Persönlichkeit den Schatz auch wirklich heiratet, nur um festzustellen, daß jener Titelträger nicht im Traum daran denkt, er *ist* nämlich schon verheiratet und denkt nicht im Traum daran, sich um dieses Flittchens willen von seiner netten Frau, der

Mutter seiner Kinder, zu trennen. Es folgt eine Versöhnung, weil der hohe Herr nichts wollte als ein Abenteuer und zwar ein kurzes und billiges, mit einer kurzen und billigen, und genau das ist sie. Schließlich spielt Dein Bruder wieder den Herrn, bis sie zwei Monate später eine andere Art findet, ihn zu erpressen und zur Verzweiflung zu treiben, ja, zur Verzweiflung, und das einzige, was ich tun kann, ist, ihm die Scheidung anzubieten, was ich aus ganzem Herzen tu, weil ich nicht den Ehrgeiz hab. Nicht den Ehrgeiz, zu kochen, Strümpfe zu stopfen und Briefe zu schreiben, Entschuldigungsbriefe, weil er Briefe nicht geschrieben hat. Als ich ihm die Scheidung anbiet, kriegt er ein wenig Angst, daß er dann wirklich einen von den Vamps heiraten muß, und damit ist die Sache erledigt. Nach ein paar Tagen des Elends, in denen ich mich schrecklich sorg um ihn, was diesmal noch verschlimmert wurde durch meine Sorge um Dich, ist wieder alles in Ordnung, und die Dame ist so verletzt, daß es dem Lord um nichts Handfestes ging, sondern nur ums Vergnügen, daß wir einen Waffenstillstand schlossen. Hättest Du das gedacht, wo Du das fragliche Ding doch kennst? Darling George, da Du mein klügerer, älterer Sohn bist, vertrau ich Dir dies alles an, aber sag ja kein Wort davon und zerreiße auch diesen Brief. Die Nachwelt soll nicht erfahren, daß der Dichter Canetti auf so ein hölzernes Idol hereinfällt.

Siehst Du nun, daß ich von Dir Nachricht sofort haben muß. Oder wirst Du meine Sorgen noch vermehren, Du, der Du immer so gut zu mir warst! So großzügig, so nobel und mich so beschützt hast! – Edith schrieb, über *ihre* Scheidung und das alles, und sie scheint sehr zufrieden mit sich und ihren Vereinbarungen. Ich muß sagen, ich bewundere ihre Entschlußkraft – ich hab nichts davon. Über ihren Brief das nächste Mal. All my love … und gib mir über alles Bescheid. Hast Du »Light in August« erhalten? Der Rich ist noch nicht gekommen, aber wenn Du immer noch kein Paket aus Neuseeland hast, fürcht ich allmählich, es hat sich jemand an ihnen vergriffen. Werd mir einen anderen Weg überlegen.

All my Love
~~Vez~~ Peggy

* das heißt: Sachen *tauschen*

Mrs Canetti 7 Chestnut *Close* Amersham, Bucks, England

22. März

Geliebter Georges,

wir glauben, daß Du jetzt jeden Tag operiert werden kannst, und es vergeht kein Augenblick, in dem ich nicht daran denke. Deine Briefe darüber, vor allem Dein letzter Brief, waren bewundernswert, und ich fühl mich vor Dir zutiefst beschämt, unser kleiner Sohn, der Schwierigkeiten angeht wie ein Mann, wie ein Supermann, während wir, wir brechen zusammen, und wenn Du nicht wärst, würden wir zur Zeit nicht viel Sinn darin sehen weiterzumachen. Du wirst es mich sofort wissen lassen, wenn es vorbei ist, und was für Witze Du gerissen hast und wie es Dir geht und die Temperatur ... Ich weiß, alles wird gutgehen, ja ich seh schon, wie Du eines Tages den Nobelpreis bekommst ... Ich schwöre, Du wirst ihn kriegen. Du kriegst zwei, einen für Deine noble Geisteshaltung.

Wir hier sind dem Nobelpreis nicht sehr nah, wie Du unseren letzten Briefen entnehmen kannst. Ich hätte über das Ganze keine Witze machen und sie nicht ironisieren sollen, denn wie sich herausstellte, war es ein sehr ernster, entscheidender Punkt im Leben Deines Bruders, und im Augenblick kann ich nur hoffen und wünschen, daß er den Schock überlebt. An seinem Brief wirst Du sehen, welch einen hoffnungslos romantischen, selbstlosen und naiven Bruder Du hast, welch einen Träumer und Poeten. Du hast die fragliche Person ja gesehen, die mein Leben ruiniert hat und jetzt seins ruiniert. Es wär zu lang und auch nicht fair, Dir zu erzählen, was er in den letzten Jahren für sie getan hat und was er für mich *nicht* getan hat. Das heißt, er wird es Dir selbst erzählen, wenn ich ihn durch diese kritische Phase hindurch bring. Du wirst mir helfen. Du wirst ihm einen Liebesbrief schreiben. Schreib ihn an seine Adresse. Sein Brief war eine flehentliche Bitte an Dich, beantworte ihn mit all Deiner Herzensgüte. Er verdient Deine Zuneigung, glaub mir. Wenn er jetzt nicht den Verstand verliert, dann deshalb, weil wir uns an *Dich* klammern. Nun, diese Frau hielt es für klug, die Sache gründlich zu machen, und während sie die Aufmerksamkeit Deines Bruders auf ihre Liaison mit dem Parlamentsmitglied lenkte, stürzte sie sich in eine Liebschaft mit einem Juden aus dem Eastend, einem Proletarier, der jedem Seidenstrumpf verfällt, aber mit dem deutlichen Hang, im Leben voranzukommen und sich selbst Seidenstrümpfe zu kaufen. Er ist ein unbeschreiblich schlechter Schriftsteller, und sie ist rasend in ihn verliebt. Kurz gesagt: Ich hab sie seit fünf Jahren nicht gesehen, weil ich mich weigerte, wegen gewisser Unvollkommenheiten ihres Charakters, durch die ich bei Scotland Yard landen könnte, wo ich nicht landen wollte. Denn ich hab nichts mehr als meine Ehre und meinen guten Leumund. Meine größte Angst in all den Jahren war, Dein Bruder, der fast schon zu unschuldig ist, ein völlig lauterer Charakter, würde schließlich dort landen, und noch größer war meine Angst, sie würd ihm ein Kind anhängen, ein Kind vom Fleischhauer von nebenan, ihm sagen, es wäre seins, und mit diesem Bastard sein Leben zerstören. Es stellte sich heraus, daß dieser Eastend-Schriftsteller das verhinderte. Denn als sie *fürchtete*, schwanger zu sein, brach sie zusammen und gestand Deinem Bruder alles, nicht etwa weil sie so fair war, sondern weil der Schriftsteller das Kind *wollte*, um sie sich noch mehr für seine Zwecke zu sichern (und mit ihr das Geld, das ihre Eltern ihr in diesem Fall würden zukommen lassen müssen, wenn er sie heiratete, sie sind sehr wohlhabend, sie leben in Schweden). Jetzt sieht die Sache so aus: Dein Bruder will sie vor die Alternative stellen, entweder sie verliert ihn, oder sie gibt diesen Mann auf. Und ich, anstatt zu hoffen und zu beten, daß sie ihren neuen Geliebten nicht aufgibt, anstatt fest zu bleiben, ich schickte nach ihr, lud sie ein, öffnete vor ihren Augen ein Paket, das ich an dem Tag bekommen hatte, in dem sämtliche Delikatessen der Neuen Welt waren, amerikanische Delikatessen und Nylonstrümpfe, ich teilte mit ihr, tat, als wüßte ich nichts von ihrem neuen Vergehen, tat, als hätt ich sie gern, tat, als wäre mir sehr an ihrer Gesellschaft gelegen, und gleich werd ich sie sehen und sie sozusagen bemuttern und, wenn sie mir alles gesteht, tun, als würde ich mit ihr fühlen, ich werd ihr helfen, tatsächlich helfen, denn Dein Bruder *glaubt*, *sie* wär todunglücklich (!). Und das alles, Sohn, weil ich will, daß er Zeit gewinnt, um über den Schock hinwegzukommen, ich hoff, daß inzwischen sein Buch erscheint und daß dieses Ereignis, das ihm im Augenblick nicht das geringste bedeutet, doch Eindruck auf ihn macht, so daß er über seine Verzweiflung hinwegkommt. Wenn Du mich eines Tages siehst, Sohn, und wenn Du feststellst, daß meine Melancholie und Bitterkeit unerträglich sind, wenn Du feststellst, daß ich eine displaced person bin, eine Stellung weit unter meinem Stand und meinen Talenten bekleide, so wirst Du jetzt vielleicht verstehen, warum. *Sie* wurde in die Gesellschaft eingeführt, nicht ich, *sie* wurde auf einen Sockel gestellt, und ich wurde vernachlässigt, in Verzweiflung gestürzt und beinah zum Wahnsinn getrieben, jetzt bin ich auf alles gefaßt, und ich empfinde für alles eine kalte Verachtung. Dein Leben und das Deines Bruders ist das einzige, woran mir noch liegt und was ich erneut werd zu retten versuchen. Für *Dich* kann ich nichts tun als hoffen und beten, ja, ich bete zu einem unbekannten Wesen. Für Deinen Bruder, dieses hilflose, schwache, unschuldige und halb verrückte Geschöpf, versuch ich das Absurde und Unmögliche zu tun. Vielleicht werd ich eines Tages etwas für *mich* tun wollen. Das werd ich, wenn es mir gelingt, ihn sicher über diesen Abgrund zu führen. Das ist derzeit der Punkt, wo ich stehe. – Ich werde Dir über alles berichten, aber ich flehe Dich an, nichts darüber zu schreiben. Gewöhnlich erhalt ich seine Briefe, bevor er zu mir kommt, aber wenn er einmal einen Brief empfängt, in dem Du all dies erwähnst, würde er sich auch von mir betrogen glauben, und dann wäre alles vorbei. Wohlgemerkt, wenn ich diese Frau am Schlafittchen krieg, dann auch, um über alles Bescheid zu wissen und Deinen Bruder sozusagen zu überwachen und ihn zu beschützen, das verstehst Du doch? Du kannst in Deinen Briefen alles erwähnen, was *er* Dir schrieb, (was Du von ihr hältst und) alles, was ich über sie schrieb außer in meinen letzten zwei Briefen. Das darfst Du nicht erwähnen. Und Du mußt die Briefe verbrennen, das mußt Du für mich tun.

Er hat in diesen Jahren *viel* gearbeitet, aber er kann sein Werk nicht *vollenden*, das Muße und innere Ruhe verlangt, wegen dem, was er mit ihr durchmacht. Alle sechs Monate gibt es eine Katastrophe. Er wird Dir sagen, *meinet*halben kann er sein Werk nicht vollenden, weil ich immer so deprimiert bin. Ich weiß, Du wirst sehen, wie's wirklich ist, und ich will, daß Du's weißt. Wie oft hab ich mir vorgeworfen, daß ich ihm im Wege steh und ihn Geld koste und keins verdien, und doch, in meinem tiefsten Innern wußte ich, daß mir Unrecht geschah, daß ich zurücktreten mußte, daß ich mich um sein rein physisches

Wohlergehen kümmern und verhindern mußte, daß er nicht jeden zweiten Tag betrunken unter dem Tisch liegt, denn das ist der Lebensstil, der ihr behagt.

Ist es nicht grauenvoll, daß ich Dir das alles schreibe? Aber irgendwie will ich mich vor Dir reinwaschen. Irgendwie gibt es noch *eine* Sache in meinem Leben, die ich unbedingt von jedem Makel frei halten will. Das ist meine Beziehung zu Dir und Deine Meinung von mir. Und nie wieder werd ich den Mut haben, Dir all dies zu gestehen. Morgen werd ich's vielleicht schon bereuen. Morgen werd ich vielleicht denken, ich wünschte, ich hätt Dir nicht alles erzählt. Morgen hätt ich vielleicht geschrieben, wie strahlend die Sonne in Dänemark scheint und wie wenig ich taug und wie großartig alle sind. Heute will ich, daß Du siehst, wofür ich gekämpft hab. Ich bin keine Irrsinnige, die von allem immer die Schattenseite sieht, ich bin tapfer und klug, tapfer in einem Maße, von dem kein Mensch weiß, außer Dein Bruder, ja, das muß ich ihm zugestehen, er würde mich nie verlassen, würde mich nie betrügen, würde mich nie herabsetzen. Aber freilich, weil es ihm gefiel, mit ihr in Pubs zu sitzen, zu trinken während des Blitz, während ich ihn zwang, mit mir in einer Küche Schutz zu suchen, denkt er immer noch, *sie ist großartig*, und ich bin nur eine ängstliche Frau. Weil ich ihm Szenen machte, um ihm das Leben zu retten, denkt er, ich bin hysterisch. Oder vielleicht denkt er das nicht heute mehr, aber das hilft mir jetzt nichts.

Darling, siehst Du, wie sehr wir Dich brauchen? Siehst Du, daß Du alles bist, was uns geblieben ist? Denn all der Erfolg, weder meiner noch seiner, all das Geld und der Ruhm werden niemals aufheben können, was ich durchgemacht hab, und ich hab vergessen, wie es ist, zu lachen, den Sonnenschein zu genießen oder zu leben.

Wirst Du meine Verzweiflung noch mehren und nicht schreiben?

Peggy

Dieser Brief ist *mein* Eigentum und ich verlasse mich darauf, daß Du ihn für mich *aufbewahrst.* Veza

C., den 27. 3. 46

Meine Liebste,
ich bin außer mir nach dem, was Du schreibst; Deine Größe und Deine Güte werden ihn nicht retten, er ist *schrecklich* ... Dieser Mangel an Klarsicht, dieses Fehlen jeder Selbstkontrolle, diese Schwäche gegenüber jeglichem Widerstand, dieses klägliche Besessensein von etwas so Albernem (verglichen mit allem, was wir seit 6 Jahren hatten), diese ekelhafte Egozentrik, diese totale Alkoholisierung, diese Unfähigkeit, mit einer Lage fertigzuwerden, die nichts Außergewöhnliches ist und nur einer Aufraffung bedarf, all diesen erbärmlichen *Plunder* finde ich schlimm, schlimmer als ich es dir sagen kann ... Und das soll mein Bruder sein! Das ist kein Mann, das ist ein Lumpen, ein Fußabstreifer, mit dem man nach Belieben umspringen kann! Und das nach diesen Jahren des Schreckens, in denen auch der letzte Trottel begriffen hat, was wirklich wichtig ist; in denen man gelernt hat, die von einer schlechten und überheblichen Psychologie aufgeblähten privaten Abenteuer als das zu verstehen, was sie sind – nämlich *Nichtigkeiten*; ich weiß wohl, daß man ihnen nicht entkommt, aber sie sind so gering, im Vergleich zu anderen Dingen, die im Leben zählen ... Ja, ich finde ihn schrecklich, und bitte verlang nicht von mir, daß ich ihm einen freundlichen Brief schreibe, dazu bin ich im Augenblick nicht in der Lage; was ich ihm geschrieben habe, ist noch das Freundlichste, was ich ihm schreiben konnte. Gewiß, ich liebe ihn; aber diese Liebe ist so unablässig durchkreuzt worden von Enttäuschungen – darüber, wie er mit seiner Mutter umgegangen ist, über seine Faulheit, über seine Schwäche in bezug auf Geld, über seine Unfruchtbarkeit (am schlimmsten!), über seine albernen Abenteuer, über seine Überheblichkeit etc. –, daß sie blaß, leblos und kraftlos geworden ist – eine Liebe aus Resignation und Bitterkeit, ohne Kraft, ohne Schwung. Ich *kann nichts* für ihn tun. Vielleicht sähe es anders aus, wenn ich bei ihm wäre; das Mitleid würde helfen, die Anteilnahme würde vielleicht wieder aufleben ... Aber aus der Ferne empfinde ich nur Abscheu. Meine arme liebe Freundin, ich verstehe jetzt, warum

Du so verbittert bist, nein, warum Du sagst, daß Du so verbittert bist – denn das Wunderbare ist, daß Du es in Wirklichkeit nicht bist –, aber warum Du eine so harte Sicht auf das Leben hast. Es sind nicht die Bomben, nicht die Entbehrungen, nicht das Exil, nicht Bergen-Belsen, nichts dergleichen – es ist, weil Du seit Jahren dieses grauenvolle Schauspiel der Unfähigkeit miterlebt hast, der Feigheit, der Lüge, des *Mißerfolgs* und weil Du selbst unter der Macht dieser Dinge gelebt hast, verbannt auf diese Galeere, die nicht Dir gehörte und die Du schrecklich fandest, aber auf der das war, was Du liebst, und mit der Du so viel retten konntest, immer mit dem Anschein der Anteilnahme an diesem Schauspiel. Was Du getan hast, und was Du immer noch tust, ist *bewundernswert*, und glaub mir, ich *werde alles dafür tun*, daß, falls sich irgendwann einmal jemand für das interessiert, was mein Bruder gewesen ist (was immer zweifelhafter wird), man wissen wird, *wer* von Euch beiden wirklich groß war, groß an Charakter – vorausgesetzt er ist es an Intelligenz, was mir immer weniger sicher scheint. Es wäre allzu ungerecht, wenn die Wahrheit darüber, wer von Euch bedeutend ist, nicht ans Licht käme.

So. Sei mir nicht böse wegen meiner Härte, ich kann nicht anders – und überhaupt, wenn ich nicht mehr hart wäre in bezug auf meinen Bruder, wenn es mir in diesem Augenblick gelänge, ihm einen liebevollen und nachsichtigen Brief zu schreiben, dann wäre er nicht mehr wirklich mein Bruder, sondern nur noch eine höfliche und gleichgültige Bekanntschaft, was ich für ihn niemals sein werde.

Ich umarme dich herzlich

Georges

Halte mich über das Weitere auf dem laufenden.

Veza an Georges *29. März 1946*

Mrs Canetti 7 Chestnut Close Amersham, Bucks England

29. März 1946

Geliebter Georges,

eben erhielt ich Deinen Brief, das heißt vor zwei Stunden, und danach fühlte ich mich so krank und elend, daß ich eine ganze Schachtel Zigaretten rauchte, mit der ich mich genug vergiftet hab, um schreiben zu können. Dein Bruder hat Deine Briefe nicht gesehen – ich glaub, Deine Beschimpfungen würden ihn nicht stören, wenn Du nur schreibst, morgen hätt ich telegraphiert, das war die Grenze, die ich mir setzte. Nun, jetzt hab ich Deine Handschrift. Ich spür Deine Depression, Dein Fieber, Deine Ungeduld, ich fühle alles mit, und ich kann mir vorstellen, wie sehr Du uns verachtest, Du, der Du so tapfer und stolz bist. Dein Brief an Deinen Bruder ist großartig, vielleicht heilt er ihn, und da ich selbst auf alle Einzelheiten seiner Qualen eingehe, muß es wohl jemand so Weisen geben wie Dich, der ihm die Wahrheit sagt. Er wird nicht böse sein, das ist er nie, das gehört mit zu seiner Hilflosigkeit. Ich werd Dir in ein, zwei Tagen alles über ihn schreiben, jetzt kann ich's nicht, ich bin zu niedergeschlagen deinethalben, und wie zartfühlend Du alles ausdrückst, damit es nicht zu unerträglich wirkt. Gehst zur Guillotine und tröstest Deine Freunde … so bist Du eben. Ich weiß, es besteht keine echte Gefahr, kann es gar nicht, aber jede Operation ist wie der Galgen. Ich hatte selbst einige, und ich weiß Bescheid. *Ich* machte immer Witze. Und es ist nicht einmal wahr, daß der Überlebenswille hilft, denn einmal war er *nicht* da, und ich hab's doch überlebt. Mein Leben hätte so viel Sinn, wenn ich jetzt bei Dir sein könnte. Dies ist ein ziemlich inhaltloser Brief, alle werden das sein, solange noch neue Martern bevorstehen – Du hast sie in milden, präzisen Worten beschrieben – wie in einem Roman – noch zwei, drei Wochen, bis wir aufatmen können – ich wünschte, ich könnte Dir hundert Fragen stellen – ich wünschte, ich wär eine der Krankenschwestern, natürlich die, die Dir am liebsten ist, bitte schreib wieder alles ganz genau, die Wahrheit ist so viel leichter zu ertragen als Unsicherheit – und Du hast so eine kluge Art, Dich auszudrücken. Ich werd jetzt aufhören und morgen einen neuen Brief schreiben, wenn ich mich wieder ein wenig erholt hab. Ich wünschte, Du wüßtest, was Du mir bedeutest …

Wenn Du nur schreibst …

Veza
All my love

29. März 1946

Mein lieber Georg,
Dein Brief hat mir unendlich wohlgetan, er hat mich aus einem wochenlangen Zustand dumpfster und dümmster Verzweiflung herausgerissen, ich kann selbst jetzt nicht erklären warum. Ich war ein noch grösserer Narr als ich es ohnehin bin Dir dafür zu grollen, und ich tue es wirklich nicht. Ich bin Dir wirklich dankbar dafür. Die Sache selbst siehst Du falsch, es ist sehr wahrscheinlich, dass ein »witziger« Bericht der Veza Dich irregeführt hat. Es gibt aber Dinge, die jenseits von Witzen sind, niemand weiss das besser als Du. Ich hätte Dir nicht so schreiben sollen, gerade weil es so ernst war, aufgetischt hab ich Dir nichts, und Du bist sehr dumm, wenn Du weiter an Hokuspokus glaubst. Ich hab mich lächerlich gemacht mit meinem Brief, aber das kommt vor. Man hängt oft an Menschen gerade *weil* man sie genau so kennt wie sie sind, und das Unmögliche zu wollen: nämlich einen zerfahrenen Menschen ganz in sich zu finden ist durchaus keine Schande. Man kann das Gefühl haben, dass man in einem *Werk* endgültig gescheitert ist, und das ist ein mächtiges und erlaubtes Gefühl, aber das versteht vielleicht nur ein Dichter.

Ich wäre Dir jetzt Beweise dafür schuldig, dass es sich um keine albernen Liebesgeschichten handelt. Du wirst sie mir im Augenblick erlassen. Vielleicht schicke ich sie Dir bald in anderer Form. Für mein Nichtschreiben gibt es keine Entschuldigung, das weiss ich sehr wohl. Ich wollte Dir mit jenem unsäglich albernen Brief nur sagen, dass ich *in den letzten Wochen* in einem Zustand war, der buchstäblich an Irrsinn grenzte, wenn es nicht Irrsinn war, und gerade in diesen Wochen hätte ich auch tausendmal eher schreiben müssen. Dein Zorn ist berechtigt, aber blind. Deine Verachtung ist kindisch, da es um Dinge geht, die Du überhaupt nicht in Dir hast, und Du viel zu klug bist um zu glauben dass alle Menschen gleich sein müssen. Konkrete Liebe klingt gut, Du hast vollkommen recht, trotzdem weiss nur ich wie sehr ich Dich liebe. Wie sehr man fehlgehen kann, magst Du daraus entnehmen, dass ich jenen lächerlichen Brief, nachdem ich ihn vor dem Absenden noch einmal durchlas, Veza mit allen Bedenken zu lesen gab (ich hatte mich ihr anvertraut, eine in Deinen Augen gewiss verächtliche Dummheit) ich sagte ihr, ich kann ihn nicht abschicken, Du kannst ihn unmöglich verstehen, weil Du ja nicht von allem weisst. Sie, die alles miterlebt hat und bei allen Witzen, zu denen sie als Satirikerin neigt, genau weiss, dass es bitterernst war, *bestand* darauf, dass ich den Brief abschicke. Nun wird keiner von uns daran zweifeln, dass Veza witzig und weise ist, dass sie Dir womöglich noch besser gesinnt ist als mir; sie hat sich aber offenbar *geirrt*; macht das meinen Irrtum nicht um eine Spur entschuldbarer? *Du wirst grossmütig sein und mir den Brief zurückschicken, weil ich mich so sehr seiner schäme.* In Deiner Antwort finde ich eine einzige Stelle Deiner unwürdig, das ist die Drohung mit einem Abbruch des »Verkehrs«; das ist doch hoffentlich ganz unmöglich. Was die Sache selbst betrifft, so hast Du mir, vielleicht aus einem gesunden ärztlichen Instinkt heraus, unglaublich geholfen.

Natürlich ist alles, was Du über Dich der Veza schreibst, millionenmal wichtiger. Aber ich *muss* Deinen Brief an mich beantworten, das wirst Du begreifen. Ist es nicht eigentlich sehr gut, dass man auf den unbeachteten Eiterherd gekommen ist? Hätte es nicht Schaden anrichten und geradezu gefährlich werden können, wenn man ihn weiter übersehen hätte? Ich verstehe nichts davon, aber ich versuche Veza, die sehr verzweifelt ist, diese Seite der Sache klarzumachen. Vielleicht ist es ganz blödsinnig. Schreib doch, ob Du vielleicht schon im Sommer so weit hergestellt sein könntest, um uns in England zu besuchen. Wir würden Dich wie einen *Kaiser* empfangen. Wenn es nicht geht, könnte einer von uns, vielleicht Veza, Dich in Frankreich besuchen. Es heisst, dass man jetzt bald eher Erlaubnis bekommen wird. – Ich schicke das jetzt so ab. Ich werde in Zukunft versuchen, Dir Briefe zu schicken, wie Du sie Dir wünschst. Aber Du wirst enttäuscht sein. Ich bin kein Briefschreiber wie Veza, ich schreibe viel zu ernst und wie Du siehst eigentlich langweilig. Wenigstens wirst Du aber sehen, dass ich es tue.

Zum Schluss bitte ich Dich noch einmal: schicke mir den idiotischen Fetzen zurück. Glaube mir, dass ich nur *geschmacklos* aber *nicht* verlogen war. Warum soll alles Weitere zwischen uns auf einer *irrtümlichen* Basis ruhen?

Es umarmt Dich herzlichst
Dein von Dir geliebter Bruder Elias
Wollte Gott, ich könnte *Dich* so heilen.

Mrs Canetti 7 Chestnut Close Amersham, Bucks

1. April (nachts)

Geliebter Georg,

heut nachmittag erhielt ich Deinen Brief, und ich konnt ihn verstecken und werd ihn ihm niemals zeigen. Dein Brief ist grausam, denn Du schreibst kein Wort über Dich, und im Augenblick ist mir *Dein* Leben und Wohlergehen sicher am allerwichtigsten, wichtiger als alles andere. Deine Handschrift sieht viel besser aus, gesünder, aber das ist mein einziger Trost, und wenn Du nicht mit Telegrammen bestürmt werden willst, dann schreib lieber sofort und über Dich. Sofort. Ich träum von Dir, denk an Dich und hab Fieber und Schmerzen in der Lunge und werd mit diesen »Imitationen« nicht aufhören, bis Du wieder gesund bist. Verzeih meine letzten Briefe, aber Deine Torturen haben mich natürlich sehr mitgenommen, und ich hoff nur, ich habe mit meinen Qualen für Dich bezahlt, damit Du wieder gesund wirst, so wie eine Mutter zahlen sollte, geliebter Sohn. Ich komm nicht über Deine Großmut hinweg, Deine Größe, ach, mir gehen die Wörter aus, Wörter mit hehrer Bedeutung, die Deinen letzten Briefen gerecht würden, Deiner noblen Haltung, diesem erhabenen Edelmut, mit dem Du mich tröstest, während Du an Leib und Seele zerrissen wirst. Meine Hausfrau erzählt mir jeden Tag von irgendwelchen Fällen und daß Dein Fall gar nicht so schwer ist ... und alles, was ich hören will ... und ich war so schrecklich selbstbezogen, schrieb Dir über uns, während Du doch das einzig Wichtige bist. Ja, ich habe seinen Brief abgeschickt, er wollte es nicht, aber ich mußte. Erstens wußt ich nicht, wie wir darüber hinwegkommen sollten, er war so elend, und ich hatte nicht sehr viel Kraft, um das alles zu ertragen, und ich wollte, daß Du *die Wahrheit* erfährst. .....

Ich möchte nämlich, daß Dein Bild von mir so ist, wie ich's verdien. Und darum möcht ich, daß Du mich nie mehr wiedersiehst, hab aber große Angst, daß ich mich zu sehr nach Dir sehne, um meinem Vorsatz treu zu bleiben.

Was *ihn* anlangt, so täuschst Du Dich, Benjamin. Du darfst andere nicht an Deiner Größe messen, nein, das darfst Du nicht. Menschen wie Dich gibt es nur einmal pro Jahrhundert.

Und laß Dir gesagt sein, die ganze Affäre war meine Schuld, wirklich. Ich hatte sie früher gern, und ich hab die Verbindung gewissermaßen gefördert. Als ich sah, welch ein Schwächling diese Frau war, schlug meine Einstellung natürlich um, aber er ist kein Springteufel, man mußte seine Gefühle berücksichtigen. Und all das Elend, das wir durchmachten, und es tat ihm gut, daß jemand für ihn schwärmte, ihn bewunderte, jemand, der in unsere trostlosen Fremdenzimmer die Atmosphäre von Grinzing hineinbrachte, in all die Armut, Angst und Erniedrigung. Und noch etwas spielt eine Rolle: Er glaubt ernsthaft, daß sie eine begabte Schriftstellerin ist und eine gute Schriftstellerin werden kann. Sie hat zwei Bücher veröffentlicht, mit seiner Hilfe, seinem Einfluß und dadurch, daß er viel Zeit darauf verschwendet hat. Die Bücher taugen nichts, bekamen sehr schlechte Kritiken, aber sie sind nicht ohne Talent. Es liegt weit unter dem, was ich inzwischen erreicht hab und was *nicht* veröffentlicht wurde, worüber er jetzt sehr beschämt ist und was er jetzt beheben wird, denn das steht in seiner Macht. Ich weiß nicht, ob es sich beheben läßt, denn Du hast meinen Gemütszustand nun ja gesehen. Wenn eine so leidenschaftliche Frau wie ich, eine Frau mit meinen Ressourcen und Möglichkeiten, mit meiner immer noch existierenden Macht über andere (wo ich beschließe, diese Macht auszuüben) – keine Kinder hat, keinen Mann und keinen adäquaten Lebensraum, keine entsprechende Umgebung, dann muß sie mit ihrer Arbeit Erfolg haben, und das weiß er. Es tut ihm jetzt sehr leid, glaub mir. Und wenn es mir nicht gelingt, Dich so weit zu versöhnen, daß Du ihn so siehst wie ich, wenn Du ihn nicht *liebst*, wenn Du nicht herkommst, um seine zweitausend Seiten zu lesen, die säuberlich geschrieben und hier in meiner Bibliothek eingesperrt sind, wenn Du ihn nicht liebst und Nachsicht übst und ihm hilfst, sein Werk herauszubringen, es ordnest, ihn zwingst, es abzuschließen, dann werd ich niemals den Mut aufbringen weiterzuleben. Wirklich nicht. Auf ein tiefes Verständnis und eine tiefe Liebe zwischen euch beiden ist mein ganzes Leben aufgebaut. Und Du verdienst sie so sehr, ja, und *er* verdient sie auch. Glaub mir, er ist ein Träumer, er ist nicht schwach im gewöhnlichen Sinn, er steckt voller Ängste, voll von all den Schrecken, die wir durchgemacht haben, und von Zuneigung für die, die ihm einmal zugetan waren – selbst dann noch, wenn sie ihn verlassen. Das ist keine Schwäche. Ich hab etwas sehr Gefährliches getan, ich wollte mich Dir im schönsten Lichte zeigen, das kann ich mir leisten, ohne zu übertreiben, aber zugleich hab ich ihn in etwas hineingezogen, das nicht meine Absicht war. Du *mußt* ihn lieben. Du weißt nicht, was er durchgemacht hat. Und *weil* er's sich zu sehr zu Herzen nimmt, alles, was geschehen ist, hängt er so an einem Geschöpf, das keinerlei Gefühle hat, außer für ihr eigenes Wohlergehen, kein Mitgefühl und keine Idee, was in den letzten Jahren los war. *Ich* fühlte es zu sehr – *das* machte ihn verrückt –, darum suchte er Trost bei einem flatterhaften Wesen. Goethe hatte eine sehr viel schlichtere Frau, und er heiratete sie, und Rousseau lebte mit einem Dienstmädchen zusammen. Und er ist umfassender, reicher, viel größer als Rousseau, und sein Werk ist hier, es existiert.

Hier in aller Kürze die Tatsachen zu der Affäre. Er sagt, er kann sie nicht von heut auf morgen verlassen, denn da sein Buch (erst) im Mai erscheint und da sie so ist, wie ich sie Dir schilderte, könnte sie irgendwelche Dummheiten begehen und Skandale auslösen. Ich weiß, Sohn, daß das nur zum Teil zutrifft und daß er sich danach sehnt, sie zu sehen, und sich *innerlich* von ihr befreien will, ohne zu sehr zu leiden, er will's langsam tun, nach und nach. Und ich helf ihm, Liebster. Ich hab sie zweimal die Woche hier, und wenn irgend jemand ein bißchen guten Einfluß auf sie hat, dann bin ich es. Damit hab ich zugleich eine gewisse Macht über ihn, denn wenn ich mich anders verhielte, würd er sie heimlich sehen. Ihre Einstellung ist, daß sie in diesen Eastend-Journalisten, diesen Schreiberling, rasend verliebt ist, aber daß sie ihn auch liebt und *beide haben will.* (!)

Nun gibt es eines, was er nie täte. Er würde niemals teilen. Meiner Ansicht nach gräbt sie sich also ihr eigenes Grab, denn ohne den guten Namen, den Einfluß und den noblen Hintergrund, den ihr Dein Bruder lieferte, ist sie verloren und definitiv ein Niemand. An diesem Punkt stehen wir jetzt, und ich werde Dir weiter über alles berichten, beschwör Dich aber, keine Details zu erwähnen, wie Du's bisher auch getan hast, Du warst verläßlich, wie ich's erwartet hab.

Und noch eine Bitte. Du wirst seinen zweiten Brief auf nette Art und klug beantworten, und Du weißt gar nicht, was

Du alles tun könntest, um ihn dazu zu kriegen, sein Werk fertigzustellen und es herauszubringen (der Verlag wartet drauf, und ich krieg ihn nicht dazu, es fertigzumachen), *Du* kannst es. Er hat schreckliche Angst, Dich zu verlieren, er liebt Dich mehr als irgend jemand anderen. Du könntest helfen, Sohn. Das wirst Du doch für mich tun, Du warst doch diese wunderbare Gestalt in meinem Leben, der »Ritter«, der uns aus den Klauen der Nazis befreite und uns jahrelang half, vor der Verzweiflung bewahrte und uns vor zwei Tagen vielleicht das Leben rettete mit einem klugen Brief. Dem Brief eines Psychologen und Psychiaters. Du wirst mir helfen, ihn zum Arbeiten zu kriegen. Beschimpf ihn, aber sag ihm, daß Du ihn liebst. Und bitte liebe ihn. Bitte sieh ihn, wie Du Kleist gesehen hättest und *ihn* nicht ganz sehen kannst, weil er Dein Bruder ist. Er ist unglaublich lieb zu mir … darüber ein andermal …

Benjamin. Wie geht es Dir. Was macht Deine Temperatur. Was machen die Schmerzen. Wann wird dieser schreckliche neue Schlag stattfinden … wann. Berichte mir alle Einzelheiten, sie sind schmerzlich, doch viel schmerzlicher ist es, sie *nicht* zu kennen.

All my love
Peggy

Elias an Georg *vermutlich 25. April 1946*

Donnerstag.

Mein lieber Georg,
Du hast mir einen so schönen Brief geschrieben, ich weiss nicht, ob ich Dir wirklich schon darauf antworten kann. Aber schreiben muss ich Dir, und wenn es nur ein paar Zeilen sind. Erklärungen wären lächerlich, Dein Brief ist viel zu ernst, und wirklich verstehen könntest Du mich doch nur nach einem langen Gespräch. Aber es ist besser, dass Du mich nicht ganz verstehst, das hilft mir sehr, Du siehst die Dinge bei mir in der Simplizität, in der sie eigentlich zu sein hätten. Der nebensächliche Grund Deiner Erbitterung war in meinem Leben etwas sehr Wichtiges. Du hast vielleicht über das Wesen des »Werkes« nicht zu Ende gedacht. Es ist gerade für den Werkbesessensten herrlich, aus *Nichts Etwas* zu machen. Ich dachte, es ist mir ge-

lungen. Ich weiss jetzt, dass es natürlich nicht gelungen ist. Aber kannst Du Dir vorstellen, mein über alles geliebter Bruder, dass es *um ein Haar* – gelungen wäre! Wenn Du je die ersten hundert Seiten des dritten Romans zu Gesicht bekommst, an dem Friedl bis zur Katastrophe gearbeitet hat, wirst Du mir Recht geben. Es war das Werk eines wirklichen Dichters, was ich Veza nie sagen kann, denn es kränkt sie zu sehr; auch Du darfst es ihr nie sagen. Dieses wilde chaotische lächerliche Geschöpf hatte das Zeug zu einem Dichter in sich. Auch die beiden ersten Bücher waren begabt, wenn auch noch ganz unter meinem Einfluss; im dritten war sie daran, ihren eigenen Ausdruck zu finden. »The Monster« (der zweite Roman) erscheint übrigens Französisch, das Pseudonym, unter dem Friedl schreibt oder schrieb (denn ich glaube kaum, dass sie je wieder etwas Brauchbares schreiben wird), ist Anna Sebastian. Vielleicht, in einiger Zeit, schicke ich Dir die beiden Romane, die vorliegen; ich will nicht, dass Du mich für ganz verrückt hältst: es wäre *um ein Haar* gelungen. Über diesen Teil der Affäre, den öffentlichen sozusagen, musst Du Veza gegenüber äusserst taktvoll sein. Veza hat sich, nach vielen schweren Jahren, selbst als Schriftsteller unglaublich entwickelt. Sie geht ihre eigenen Wege, ist kaum mehr von mir beeinflusst; ich halte sie jetzt für *den geborenen Dramatiker*, und zwar für einen bedeutenden, dem man nur Raum schaffen muss. Alles wird ihr unter den Händen zu Szenen. Sie ist geladen mit dramatischen Vorwürfen. Sie hat eine ganz eigene Leichtigkeit und Anmut in der Komödie, drei *gute* Stücke von ihr liegen bereits vor. Mein Unglück und ihres war es, dass ich überhaupt keine Verbindung zum Theater hier besitze, mit der Zeit, besonders nach dem Erscheinen der Blendung (am 5. Mai) wird auch das kommen. Ich konnte auch für meine eigenen Dramen, die Du sehr unterschätzst, hier nichts unternehmen. So musste Veza, die auf ihre Art begabter und natürlich tausendmal echter ist als Friedl, aus der Ferne miterleben, wie diese kleine Person zwei Bücher herausbrachte. Es war unmöglich, sie merken zu lassen, welchen Erfolg sie hatten. Veza ist noch heute fest davon überzeugt, dass Friedl nur schlechte Kritiken hatte; aber Du kannst mir glauben, dass ich Mühe hatte, schlechte zu finden, um Veza zu trösten. Alle die guten, und es waren begeisterte darunter, hab ich ihr unterschlagen; und obwohl sie sonst alles weiss,

weiss sie das Eine nicht: dass Friedl hier in der »hohen« Literatur als der wichtigste junge englische Romanautor gilt, den der Krieg hervorgebracht hat. Sobald Veza ihren ersten äusseren Erfolg hat (und weiss Gott, sie verdient hunderte), werde ich ihr auch darüber alles sagen können, vorher nicht; ich vertraue Dir darin und Du musst mir, der ich hier die Dinge aus der Nähe besser überblicken kann, schon glauben. Du hast in Paris ein kleines, albernes, lächerliches, hässliches, zerfahrenes Geschöpf als Friedl gekannt, einen wahren Ausbund an Schusslichkeit; so kannst Du Dir (ich könnte es an Deiner Stelle selber nicht) nicht vorstellen, wie sie sich unter meinen Händen verwandelt hatte; nicht dass sie ein geistiges Wesen geworden wäre, aber sie war besessen von mythischen Dingen und Gestalten und sie hatte einen Reichtum der komischen Erfindung, wie sie heute nicht mehr häufig sind. All das hing auf eine geheimnisvolle und empfindliche Weise mit mir zusammen; meine Worte gaben dem Leben; meine Liebe gab ihr die Beständigkeit, ohne die nichts entsteht. Jetzt ist sie wieder genau so wie in Paris; sie sieht wieder genau so aus; vielleicht dass sie um eine Spur sicherer ist als Frau, weil ihr die halbe englische Literatur nachrennt.

Ich musste Dir das schreiben, weil Du sonst die Tatsachen nicht kennen kannst. Veza gibt Dir bestimmt von allem ein halbes Bild. Unmöglich begreift sie, welches Glück es für mich war, aus Nichts einen Dichter gemacht zu haben; sie sagt sich, mit anscheinendem Recht, da dieser Dichter jetzt wieder Nichts ist, kann er doch nie Einer gewesen sein. Darin aber liegt der Irrtum; darin liegt das Wunder und die Verzweiflung dessen was mir geschehen ist.

Der zweite Grund zu Deiner Erbitterung ist gewiss der hauptsächliche. Keineswegs bin ich meinen 25 Jahren untreu geworden. Ich hab in den letzten 5 Jahren mehr gearbeitet als in meinem ganzen früheren Leben zusammengenommen. Das Werk, von dem Du weisst, existiert und ist ungeheuer reich. Es ist noch immer nicht abgeschlossen. Darin liegt meine schlimmste Krankheit: die Scheu vor dem Abschliessen. Arbeiten kann ich wieder; ich arbeite täglich, streng und regelmässig; Veza kann Dir bestätigen, dass buchstäblich mehrere tausend Manuskriptseiten vorliegen. Ich muss aber abschliessen lernen. Das werde ich jetzt mit aller Kraft versuchen. Mehr darüber müsste Dir als Phrase vorkommen; ich muss es aber *machen*, das ist alles.

Ich hoffe, dass es wahr ist, was Du Veza über Dich geschrieben hast. Falls Du sie nicht aufregen willst – könntest Du mir nicht, an *meine Adresse*, genau schreiben, wie Dir ist? Die 8 bis 10 Monate klingen nicht sehr nach dem was Du zuerst sagst. Ich glaube, mein Missgriff hat wenigstens etwas Gutes gehabt, dass eine *natürliche* Korrespondenz zwischen uns entstanden ist. Ich verspreche Dir, dass sie nicht mehr einschlafen wird. Nimm diesen Brief nicht als Brief, es ist bloss ein rascher Wisch. Ich konnte es nicht ertragen, dass Du glaubst, die Friedl war in all diesen Jahren das, als was Du sie gekannt hast. Wenn Du antwortest, schreib bitte an *meine* Adresse

Es umarmt Dich herzlichst
Elias

Veza an Georges *26. April 1946*

Postamt: Bitte nicht zurück an Absender.

26. April

Geliebter Georges,
wie soll ich Dir für Deinen Brief danken. Einen ganzen Tag lang träumte ich davon, nach Châteaubriant zu fahren, und wie sehn ich mich danach, Dich zu sehen! Wie sehr ist das alles, was ich mir im Augenblick wünschen kann. Ich habe noch nicht beschlossen, *nicht* zu fahren, kann aber nicht gleich anfangen, die nötigen Schritte zu unternehmen. Hier ist alles noch zu unsicher. Ich bin noch zu unsicher. Nach dem gestrigen Tag weiß ich nicht, wie ich das durchstehen soll. Ich fühl mich wie ein Soldat, dem Granatsplitter das Gesicht zerfetzt haben, ich bin nicht mehr ich selbst, und wie soll ich Dir mit diesem Gesicht ins Gesicht sehen. Ich muß warten, bis wir wieder zur Ruhe kommen. Auch werd ich's von Deinen Briefen abhängig machen. Wenn ich viele krieg und über Dich, nicht über andere Dinge, werd ich in Betracht ziehen zu fahren. Du hast nicht einmal richtig über Deinen Gesundheitszustand geschrieben und in welchem Stadium Du Dich befindest. Ja, wenn Du richtig schreibst, werd ich vielleicht kommen. Natürlich würde es mir nicht im Traum einfallen, Dein Gast zu sein. Warum auch.

Ich nehme mit, was immer die Regierung mich mitnehmen läßt, es werden wohl nicht mehr als fünfzig Pfund sein, aber vielleicht darf ich ja auch mehr mitnehmen. An diesem Entschluß ist nicht zu rütteln. Was für einen lieben Brief Du geschrieben hast …

Ich wünschte, die Canettis – alle zusammen (außer Dir, denn Du bist für mich nicht die Canettis, Du bist mein *ein und alles*) – wären zu mir nicht so nett gewesen, ich wünschte, sie hätten sich wie die Ardittis benommen, denn ich würd ihnen liebend gern sagen: Nehmt ihn zurück, ihr könnt ihn haben – ich würde ihn liebend gern zurückgeben, kostenfrei. Denn ich bin all die Ehre und Glückseligkeit unbeschreiblich müde.

Eines Tages wird er Dir sagen, er hätt nicht richtig arbeiten können, sich nicht richtig konzentrieren, weil ich – ich so schwermütig bin, ein Melancholiker, ich hoff, Du wirst ihm widersprechen.

Ich werd versuchen, Dir unser derzeitiges Leben zu skizzieren. *Sie* war über Ostern am Meer, mit ihrem Billy, und kehrte nach fünf Tagen völlig erschöpft zurück. Hättest Du sie in diesem Zustand gesehen, Du würdest mich dafür verachten, daß ich ihr die Türe geöffnet hab. Nun, sie kam, und ich tat, als wär ich eingeladen und ging für eine Stunde fort. In welcher sie erklärte, sie wird für eine Zeit verschwinden, ohne ihm zu sagen, wo sie ist, ohne ihm eine Adresse zu geben etc. Sie muß das tun, weil sie ständig Geld braucht und es die beste Art ist, es zu bekommen. Auch ist sie sehr verärgert, daß sie ihn verloren hat, und rächt sich dafür an ihm. Und vielleicht will sie auch probieren, wie weit sie gehen kann. Sie sah, daß sie sehr weit gehen konnte, denn statt kühl zu reagieren, was sie gewundert hätte und auf ihren Platz verwiesen, bekam er einen Anfall von Verzweiflung und beschwor sie, ihm wenigstens ihre Adresse zu geben. Angesichts dieser Wirkung blieb sie natürlich hart, bis *ich* kam. Mit bis in die Haarspitzen rotem Gesicht erzählte er mir in ihrem Beisein die traurige Geschichte, worauf ich mich ganz ruhig niederließ und sagte, das ist eine ausgezeichnete Idee, und was könnte ein Schriftsteller mehr verlangen, als in Klausur gehen und arbeiten zu dürfen. Dies und ein paar weitere Antworten veranlaßten sie, alles zurückzunehmen, und binnen einer halben Stunde wurde sie zu einem Schulmädchen, und ich hab die Ehre, bei ihr sehr gut angeschrieben zu sein,

»der einzige Mensch, der vernünftig ist und ihr wohl will und sie in Ruhe läßt«. Und das, während *er* sich Tag und Nacht zermartert, weil er sich und mir sagt, er ist ihr *Mörder*, er hat sich nicht genug vorgesehen, hat sie in die Arme dieses anderen getrieben, er ist dafür verantwortlich, daß sie womöglich noch tiefer sinkt und das Leben einer Konkubine (!) führt, daß sie sich jeden Monat an einen anderen wegwirft, daß ihr Talent zugrunde geht (das mit ihrem Talent wohlgemerkt ist etwas, womit er sogar sich selbst belügt, uns, alle Leute; so sehr schämt er sich ein Sklave seiner Zuneigung zu ihr zu sein). Nun, sie war also bei uns, ich tischte auf, was ich fand, ich war klug, milde, ja herzlich, und als sie ging, erbot ich mich, ihre beiden Bücher einer amerikanischen Agentin zu senden, einer Freundin von mir, bei der ich Einfluß hab, denn ihr Verlag konnte ihre großen Werke nicht nach U.S. verkaufen, sosehr man sich auch bemühte. Ein Angebot, das sie für den Augenblick wirklich entwaffnete, aber das hält nicht an, denn die primitiveren Gefühle sind stärker. Aber eines ist gut: Nämlich wiewohl sie manchmal versucht ihn zurückzugewinnen, hat sie doch ihre grausamen Momente, die, vor denen ich solche Angst hatte, und sie kann sich nicht beherrschen.

Du wirst fragen, warum ich mich dazu herablasse, an alldem teilzunehmen. Warum ich die zwei nicht einfach sitzenlass. Ich werd Dir sagen, warum. Gestern, einen Tag nachdem sie da war, hatte er einen totalen Zusammenbruch und weinte stundenlang und sagte, es ist alles seine Schuld und er habe ihr Leben zerstört und das seine. Und er liebt sie, und die Arbeit von sieben Jahren ist dahin, und er kommt nicht drüber hinweg. Die Gründe, die *er* mir nannte, die Antworten, die *ich* ihm gab (das Ganze währte fünf Stunden, und ich mach das jeden zweiten Tag durch und bin völlig erschöpft, denn meine Nächte sind schlaflos), würden Dir *verrückt* vorkommen. Sie *sind* auch verrückt. Und das ist es, wovor ich so Angst hab. Das ist der Grund, daß ich mich nicht rette, daß ich nicht davonlauf – ich hab Angst um seinen Geist. Mehr kann ich nicht sagen.

Bessere Nachrichten. Das Datum für Auto-da-Fé steht endlich fest, und es ist der fünfte Mai. Wir haben schon ein Exemplar, es ist sehr hübsch, natürlich Kriegszeit-Papier, aber ein guter Druck und ein geschmackvoller schwarzer Einband. Der Verlag wird Dir in ein paar Tagen ein Exemplar senden. Heute morgen bekam er einen Brief vom Verleger persönlich, in dem stand, er soll das Ereignis feiern, er und ein paar andere Autoren und seine Übersetzerin werden zusammen zu Mittag essen … etc.

Das munterte ihn also ein bißchen auf, und für heut kann ich still sein, aber da er sie heut abend sieht, hab ich's vielleicht morgen wieder mit einem Verzweifelten zu tun. Wenn Du sie gesehen hättest! Wie sie ausschaut! Eine Landstreicherin, nicht einmal richtig gewaschen, sie war mit ihrem Billy per Anhalter unterwegs, fünf Tage lang, hat in Sommerhäusern geschlafen, sie kam direkt von dort, dreckig, primitiv und vulgär. Wenn Du zur Türe hereinkämst, könntest Du – den Zauberbann vielleicht brechen – nein, Du könntest es nicht. Er hat seine klaren Momente und stimmt allem zu, was ich sag, und sieht, wie vulgär sie ist und wie billig – aber – trotzdem ist alles jetzt *seine* Schuld. Und er dankt mir jeden Tag auf den Knien, weil ich so viel Macht über sie hab, weil nur ich mit ihr fertig werd, weil … Ich werde diese letzten sieben Jahre für ihn retten, verhindern, daß sie häßlich wirken, daß sie vergeudet waren. Nicht vergeudet! Wenn ein Genie sein Leben damit verbringt, eine schreiende Puppe aufzuziehen, statt seine großartigen Fähigkeiten zu entfalten. Um ihn dazu zu kriegen, mir sechzig Seiten seines Buches zu diktieren, mußte ich so rasend werden, daß ich ernsthaft mein Leben fortwerfen wollt. Das war letztes Jahr. Sechzig Seiten mit den erhabensten Gedanken und neuen Ideen, und es gibt zweitausend Seiten Fragmente, die er sich nicht die Mühe macht zusammenzufügen und auszuarbeiten. Ideen, die Du in den Werken seiner Zeitgenossen finden wirst, weil er sie allen Leuten erzählt, von ihnen hochgelobt und bewundert wird und um den Kern bestohlen.

Verzeih mir – ich bin mit meiner Weisheit am Ende. Ich will keinerlei Verantwortung, und *natürlich sag ich ihm, was ich Dir gesagt hab.* Aber – wenn ich nicht geduldig und mitfühlend bin, ist die Gefahr, daß er verrückt wird, sehr groß. Du mußt mir glauben, mehr kann ich nicht sagen.

Du könntest mit Deinen Briefen viel erreichen. *Du mußt ihm schreiben.* Er wartet auf Deine Briefe! Du hilfst *mir*, wenn Du ihm schreibst!! Georg!

In ein, zwei Tagen bekommst Du Nachricht von mir, dann werd ich Dir schildern, wie glücklich ich über Deine lieben

Worte an mich war. Wie sehr ich jede versteckte und offene Freundlichkeit schätze. Wie sehr ich Dich liebe.

Sorg Dich nicht, daß Dein Buch noch nicht erschienen ist. Wir mußten anderthalb Jahre *länger* warten, als im Vertrag vereinbart war – Papiermangel. Ich werd jetzt bald mit seiner Übersetzerin in Verbindung treten, wenn ich mich wieder so weit gefaßt fühl, und kann ich etwas für Dich tun? Sie ist jetzt, wie ich Dir sagte, Mitverlegerin von ..... Sie kann Fr. nicht ausstehen und verachtet sie, und sie *liebt* Canetti.

Verzeih das schlechte Paket von der armen Mrs Menczel, ich bat um Schokolade für Dich. Ich kann mir vorstellen, was drin war, sie schickte mir ein ähnliches, alles Sachen, die wir reichlich bekommen – hier.

All my love
Peggy

Du wirst mich nicht verraten, Darling, es würde all meine Arbeit zunichte machen, sein Vertrauen zerstören und alles verderben.

Veza an Georges *2. Mai 1946*

Mrs Canetti 7 Chestnut Close Amersham, Bucks

2. Mai 1946

~~Geliebter~~ Nein. Ritter Georg,

wenn ich mich niedergeschlagen fühle wie in den letzten Tagen, fehlt mir der Mut, eine Entscheidung zu treffen. Mir ist nämlich das Schlimmste passiert, das passieren konnte – ich kann mich selbst nicht mehr leiden und mir daher nicht vorstellen, daß Du mich wirklich gern sehen würdest. Vielleicht geht das vorüber. Es war schon dabei vorüberzugehen, als vor ein paar Wochen dieser neue Schlag kam. Ich glaub, es kann vorübergehen, und sammle sogar schon Zigaretten, denn ich bin sehr abhängig von Zigaretten und muß ein paar Hundert haben, denn in Frankreich werd ich keine kriegen. Dein Bruder erhielt heute Deinen Brief, erzählte mir seinen Inhalt und las mir die letzten Zeilen vor. Über Dich. Was war ich erleichtert! Doch selbst jetzt noch, während ich schreib, ging ich hinaus, mir ein paar Tassen Tee zu kochen, um mich in meinem Entschluß zu bestärken. Ich würd in ein, zwei Wochen anfangen, die nötigen Schritte zu unternehmen, und will mit dem Flugzeug fliegen. Es könnt auch August oder September werden, obwohl ich gern eher kommen würd, um dazusein, ohne Dir Deine kostbare Zeit zu stehlen – ich meine, während Du noch nicht stark genug bist, um die ganze Zeit zu arbeiten. Ich könnte nämlich bereuen, daß ich gekommen bin. Denn genau wie Dein Bruder in Wirklichkeit darum kämpft, daß dieses Mädchen nicht zerstört, was jetzt seit sieben Jahren zwischen ihnen ist (oder was in seiner Vorstellung zwischen ihnen *war*), so hab ich beschlossen, daß Du mich nie mehr wiedersehen sollst, denn wie Du siehst, bin ich noch nicht reif dafür, fünfzig zu sein. Ich häng noch an meinem schönen Leben mit Dir, den schönsten Erinnerungen meines Lebens, und *die* will ich mir nicht zerstören lassen. Genauso wie Dein Bruder darum kämpft, seinen Traum zu retten. Alles andere ist ihm jetzt unwichtig, anscheinend hat er sich mit dem Gedanken abgefunden, sie »verloren« zu haben. Doch er möchte, daß es auf eine schöne Art geschieht. Das wirst Du verstehen – Du wirst uns beide verstehen. Wär August oder September zu spät? Es wär mir nicht lieb, wenn viel Familie da wär, denn so schwach, wie meine Nerven sind, taugen sie nicht zur Konversation. Ein vernünftiges Gespräch von einer halben Stunde, ja, aber Konversation, nein. Ich kann wohl einer hübschen Frau beim Flirten zuhören, ich kann ihr zusehen, aber ich kann nichts sagen. Deine Fans können also ruhig dasein, ich liebe gutaussehende Frauen. Auch könnt ich nicht *jeden* Tag kommen, jeden zweiten Tag vielleicht, eine Weile lang, und manchmal muß ich vielleicht anrufen und sagen, daß ich nicht kommen kann. Und ich würd nicht in Paris bleiben. Paris ohne Dich bedeutet mir nichts, und es gibt noch einen Grund … nein, es gibt nichts Neues von Alice … und darum ist mir Paris zuwider. Ich könnte Paris nicht genießen … es gibt nichts Neues, ihre Schwestern sind voller Hoffnung, aber ich bin's nicht.

Mein letzte Begegnung mit F. glich ein wenig einer Karikatur. F. selbst sah auch wie eine Karikatur von sich aus. Sie sollte um ein Uhr kommen, und Dein Bruder stand am Bahnhof und wartete treu, während ich in einem Restaurant in der Nähe saß und auf die beiden wartete. Er kam allein und war so blaß und besorgt, daß ich das Essen hinzog, um noch den nächsten Zug abzuwarten. Um zwei Uhr warteten wir beide, aber sie kam nicht. Es war erbärmlich, ihm zuzusehen, wie er am Bahnhof auf und ab ging. Um drei kam sie dann. Aber wie die Stuarts, nein, anders als die Stuarts, hatte ich in diesen zwei Stunden viel gelernt und nichts vergessen, und mein Empfang war kühl. Und am Ende, nach einem faden Nachmittag, der zum Glück dadurch verkürzt wurde, daß wir zu einem Treffen gingen und sie zurückließen und dann mit meinem deutschen Freund wiederkamen – sagte ich ihr, sehr höflich, sehr würdevoll und herablassend, daß ich nur Gäste mag, die die Ehre zu schätzen wissen … was einen guten Effekt hatte. Zum einen brauch ich sie nicht allzuoft hier zu haben, und zum anderen sagte sie zu Deinem Bruder, sie ist nicht wirklich gern mit uns zusammen, weil sie es einfach zu gern ist … und sie merkt, was sie verloren hat, wenn sie mit uns beiden zusammen ist. Ich weiß nicht, ob an all dem ein Funken Wahrheit ist, möglich ist's, denn sie hat so viel verloren, daß ihr vielleicht die Wahrheit aufgeht. Aber es tat Deinem Bruder gut, es zu hören, und nun ist alles leichter für ihn, da das Buch am Montag erscheint. Dein Brief scheint sehr gut gewesen zu sein, denn er trägt ihn immer bei sich und sagte, er merkt, daß Du ihn liebst, und das ist das einzig Wichtige. Nur *Du* kannst ihm jetzt helfen.

Wirst Du im Garten liegen, wenn ich im Sommer komm? Oder im Bett? Ich bin so faul, es stört mich nicht im geringsten, die ganze Zeit zu sitzen, ich bin nur eine dicke, faule spanische Jüdin. Und ich verstehe, was für Bücher Du magst, oder besser gesagt, nicht magst. Und stimme, was philosophische Werke anlangt, ganz mit Dir überein, sie sind ein einziger Bluff. Und finde, Geschichte ist das einzige Fach, das ein wenig Interesse verdient. Mit Ausnahme der Gedanken Deines Bruders. Er hat doch tatsächlich gesagt, daß er mir vor meiner Abreise viel diktieren will, um Dir einen großen Teil seines Werkes zu schicken. Da siehst Du, wie Du mir wieder geholfen hast. Werd ich's Dir jemals lohnen?

Wir glauben, ich werd an die Hundert Guineen mitnehmen können, und das werd ich auch tun. Kannst Du banale Fragen beantworten, dann laß es mich wissen. Besteht irgendeine Aussicht, daß ich mir in Châteaubriant ohne Marken Kleider kaufen kann? Kann ich für Deinen Bruder in Paris Unterwäsche kaufen, er läuft in Lumpen herum. Was brauch ich noch, außer

Tee und Zigaretten? Arzneimittel bekommen wir hier reichlich, gibt es etwas, das ich mitbringen soll? Ich werd nicht kommen, ohne daß mir der Rich vorausgeht, wie könnte ich. Nicht unsere Schuld, die Verzögerung, glaub mir. Und was die arme Regine anlangt, die meine Leibesfülle mit Pariser Schick umgeben soll, das würde sie nicht schaffen, die Arme. Ein Kleid in Châteaubriant wird reichen, alles, was sauber ist, reicht, wir laufen in Lumpen herum, und meine Strümpfe krieg ich aus U.S.

Der Canetti ist zurück und wird mir über die Schulter sehen wollen, der Schuft. Um das zu verhindern, muß ich schließen. Ohne die üblichen Versicherungen, aber Du kennst sie ja.

Peggy

Schreib *über die Behandlung, immer noch* Temperatur?????

Veza an Georges *11. Mai 1946*

Mrs Canetti 7 Chestnut Close Amersham Bucks

11. Mai 1946

Geliebter Sohn,

bevor ich Dir in allen Einzelheiten von meinen schönen und häßlichen Erlebnissen gestern in London erzähl, werd ich erst einmal das Geschäftliche los: Ich nahm ein Taxi zur Gower Street, bevor ich aufbrach zu dem, was ich anschließend tat, um den Rich zu bekommen. 136 Gower Street, Medizinische Bibliothek. Der Gentleman war *immer noch* höflich, aber ich wollte es *nicht* noch einmal riskieren! Und eine Vorauszahlung lehnte er rigoros ab. »Das wird nichts ändern«, sagte er streng, die ganze Würde des Hauses, seiner Gelehrtheit und englischen Abstammung im Gesicht. Mir blieb also nichts anderes übrig, als ihm schmeichlerisch zu sagen, er möge bitte nicht vergessen, uns sofort zu benachrichtigen … etc. Was er »selbstverständlich« nicht tun wird. Die Adresse hab ich Dir gegeben, die Deines Bruders steht dort auf der Liste, falls Du also meinst, es könnte das Ganze beschleunigen, wenn Du persönlich schreibst, in Deiner Eigenschaft als Arzt, wobei Du natürlich darauf hinweisen mußt, daß der Name Deines Bruders (Durris, Stubbs Wood) auf der Liste steht, dann versuch es unbedingt. Ich kann's niemandem in U.S. schreiben, denn das

Buch ist sehr teuer, und ich darf dort kein Geld hinsenden. Meine Verwandten könnten es freilich tun, doch ich plag sie so sehr mit meinen Lebensmittelpaketen, die sie großzügig schikken, daß ich sie nicht mit Buchbestellungen verschrecken will, ganz zu schweigen davon, daß ich sie in den letzten Jahren einiges an Geld gekostet hab, das kannst Du mir glauben.

Nun zu dem freudigen und traurigen Ereignis des gestrigen Tages. Du kannst Dir nicht vorstellen, wie glücklich ich war, als ich in allen großen Buchhandlungen, in denen ich nach Auto-da-Fé fragte, angeherrscht wurde: »Das ist einfach nicht zu bekommen!« »Ausverkauft, nein, wir können es nicht bestellen!« »Es ist leider keins mehr übrig, Madam!« Ich hätte sie küssen können, vor allem die Verkäuferin bei Selfridges, eine dünne, abgezehrte Frau mit irren Augen, die ganz erschöpft war davon, den Leuten sagen zu müssen, sie kann ihnen das Buch nicht besorgen. Also ging ich mir eine hübsche Tasche für meine Frankreich-Reise kaufen, nahm drei Mittagessen, zweimal Tee und vier Eiscreme zu mir (so daß ich mir das Essen heut sparen kann) und traf dann Deinen Bruder, um zu unserem Zahnarzt Dr. Hirschtritt zu gehen, ich glaub, Du kennst ihn, wir brachten ihm ein Buch mit, denn ich zahl ihm nie einen Penny dafür, daß er meine Zähne restlos ruiniert. Er ist nett, hat aber einen schrecklichen Sohn, der zum Christentum konvertiert ist, sich »captain« nennt, einen englischen Namen angenommen hat und mit keinem Juden mehr spricht. Sein armer Vater ist sehr unglücklich darüber und über ein paar häßliche Dinge, die ihm sein Sprößling angetan hat, ich erzähl sie Dir in einem anderen Brief. Wir waren gerade da, als der Bursche hereinkam, um seine Post zu holen, denn sein Vater hat eine vornehme Adresse, und er will seine Post nicht nach Hampstead bekommen, wo er zu seinem großen Unglück wohnt. Er kam herein und sagte: »Gerade hab ich im Manchester Guardian eine Kritik über Ihr Buch gelesen.« – »Ist sie gut«, fragte der arme Canetti, wobei er innerlich zitterte. »Nein«, sagte der Philanthrop und verlängerte den Genuß, indem er jedes Wort dehnte, »sie ist sehr schlecht.«

Nun mußt Du wissen, daß der Verlag uns gesagt hat, es würde im Mc G. eine schlechte Kritik geben, denn der Kritiker ist 75 und gegen Kafka, Joyce und alle modernen Autoren, sein Idol ist Galsworthy. Dennoch bedrückte es uns, wiewohl wir es nicht zeigten, da kannst Du sicher sein. Und ich erzähl's auch nur *Dir*, und erzähl es *nicht* der Familie. Es wird noch mehr gute Kritiken geben und auch schlechte (die Kritik in der Tribune war sehr gut). Dagegen kann man nichts tun, und mich würde das überhaupt nicht kümmern. Denn ich dachte: *Gute* Kritiken und *schlechte* Verkaufszahlen, und ich muß den Rest meines Lebens Böden scheuern, doch das Gegenteil ist für mich zu erstaunlich, als daß ich's verdauen könnt, und ich weiß nicht, soll ich weinen oder lachen. Ich würd ja nur lachen (die Kritik im G. war so, daß ich als Leser neugierig würde, das Buch nennt er »Insanity Fair« etc.), aber der arme Canetti ist so niedergeschlagen. Darling, wenn Du wieder schreibst, wirst Du nette und liebevolle Bemerkungen über ihn schreiben. Ich zeig ihm nicht *alle* Deine Briefe (nicht den, den ich ihm nicht gezeigt hab, den ich Dir zurückgeschickt hab), aber Deinen nächsten möchte ich ihm zeigen, mit viel Liebe darin, er denkt, daß Du ihn nicht wirklich liebst. Was mir mehr Sorgen macht als alles andere. Gut war, daß Friedl kam, wir hatten es ihr befohlen, und sie hatte so entsetzliche Kritiken und wurde so verrissen, außer von zwei Kritikern, die vom Verlag darauf angesetzt worden waren, daß sie, als sie kam, sagte, die Kritik ist doch gar nicht so schlecht und so lang, womit sie uns zum Lachen brachte und aufmunterte. Das war einstmals immer ihre Aufgabe gewesen, und skrupellos und gefühllos, wie sie ist, ist sie darin ausgezeichnet. Sie für ihren Teil hat Deinen Bruder freilich schändlich im Stich gelassen, denn er hat sie einer Menge Schriftsteller vorgestellt, die gute Kritiken schreiben würden, wenn sie nur hinginge und es ihnen sagte, aber sie ist so beschäftigt damit, ihren Billy zu beschäftigen, daß sie es versäumt hat, und Dein Bruder, der von ein paar wichtigen Schriftstellern eingeladen wurde, die vorhatten, eine Kritik zu schreiben, vorausgesetzt, daß er ihnen einmal die Ehre erwies, sie zu besuchen (es ist genau so, wie ich's sage), ging nicht hin, weil er ihretwegen so unglücklich war, daß ihm die seelische Kraft fehlte, um ruhig zu bleiben und einen guten Eindruck zu machen. Aber wenn Du ihn fragst, wird er Dir sagen, *sie* hat ihm Glück gebracht. *Hat nicht sie ihn herausgebracht aus dem* Nazi-Wien! Ja, das hat *sie* getan, Du kamst, weil *sie* das getan hat …

Ich muß jetzt schließen, weil ich Auto-da-Fé an Dich absenden will. Ich gab für das Buch gestern fünf Guineen aus, denn ich mußte es doch allen schenken, denen wir zu Dank verpflichtet sind, und Du bist ja eine von diesen Gestalten. Den anderen Canettis können wir es noch nicht schicken, nicht vor Juni, wenn wir Exemplare der zweiten Auflage bekommen, damit es uns nicht so viel kostet. Du siehst, ich verfalle wieder in meine übliche sarkastische Denkungsart, und wenn Du etwas schreiben willst, leg eine extra Seite zu Deinem üblichen Brief, der so sein muß, daß der arme alte C. ihn lesen kann, er sehnt sich nach Deinen Briefen. Aber schreib nie, auch nicht auf einem separaten Blatt, Schimpfworte gegen ihn oder daß Du ihn nicht liebst. Das duld ich nicht.

All my love
Peggy

habe das Buch gerade abgeschickt

Veza an Georges *24. Mai 1946*

Mrs Canetti 7 Chestnut Close Amersham, Bucks

24. Mai

Geliebter Georges,
endlich ein Brief, Du Hund. Bevor ich Dir die Tortur beschreibe, die wir vor zwei Wochen durchgemacht haben, werd ich mit dem Ende beginnen. Das ist keine sehr schlaue Art, Ereignisse zu beschreiben, und läuft meinen Fähigkeiten als Dramatikerin zuwider. Ich sollte Dich an den Pranger stellen, so wie wir am Pranger standen. Und dann Stück für Stück mit unseren großartigen Neuigkeiten herausrücken. Aber ich hab nicht das Herz, Dich auf die Folter zu spannen, und darum sollst Du wissen: Dein Bruder ist heute in London Stadtgespräch, der letzte Schrei, er hat die besten Kritiken, die man sich vorstellen kann, eine Besprechung im Radio, die so gut war (am 22. – hast Du sie gehört?), daß ich, mit dem Stift in der Hand, nicht mehr schreiben konnt, ich fiel tatsächlich vom Stuhl. Der »Spectator« hat heute eine große Kritik gebracht, in der man ihn mit Swift und Joyce verglich, den »Observer« leg ich bei, am Sonntag kommt seine Übersetzerin her, um mich zu besuchen und uns mehr zu erzählen über all die günstigen Ereignisse, die jetzt niederprasseln.

Ich schrieb Dir von der schlechten Kritik im Mc Gard., aber

das war noch gar nichts. Am nächsten Tag erschien eine Kritik im »Times literary supplement«: So etwas hat es noch nicht gegeben, seit man Kritiken schreibt. Das Buch und Canetti selbst wurden in nie dagewesener Weise zerfetzt. Wir wußten, sie stammte von einem persönlichen Feind, aber das half wenig. Das wußten die Leser ja nicht. Und die Verlage in anderen Ländern auch nicht. Wir fürchteten das Schlimmste. Wir saßen ganz allein da, denn plötzlich hatten wir keine Freunde mehr. Niemand kam. Unsere gute Freundin Friedl war verschwunden (!). Als sie am nächsten Tag kam, tat sie's nur, um uns zu sagen, daß es nach dieser Kritik in der Zeitung *nur* noch schlechte Besprechungen geben würd. Weil die Kritiker hier in diesem Land alle zu *einer* Clique gehören, *einer* macht den anderen nach. Das war völliger Unsinn. *Gute* Besprechungen folgten, wie Du in der Anlage siehst, und der Höhepunkt war die Radiosendung am 22. Ich saß im Zimmer meiner Hausfrau, ohne zu wissen, *wie* die Sendung ausfallen würde. Der Mann begann damit, daß er Somerset Maugham kritisierte. Dann kritisierte er »Cary«, einen sehr bekannten Schriftsteller, den ich liebe (ich bekomm kein Exemplar von seinem Buch »The Horse's Mouth«, sonst würd ich's Dir schicken, es ist ein entzückendes Buch). Als er fertig war und begann: »Der österreichische Schriftsteller …« zitterten mir die Knie. Ganz Ö. hörte zu, halb London hörte zu. Ich hatte etlichen Freunden geschrieben, daß sie es sich anhören sollten. Ich dachte, wie dumm von mir, mit einer Fremden, meiner Hausfrau, dazusitzen, die mir die Wirkung jedes Wortes ansehen würde, sosehr ich in all den Jahren gelernt hab, mich zu verstellen. Schnell sagte ich: »Wenn er gegen Literatur wie die von Cary ist, was wird er dann erst über Canetti sagen«, um der schlechten Wirkung vorzubeugen. – Er begann mit den folgenden Worten: »Auto-da-Fé … Es ist ein großartiges Buch. Sinnlos, zu versuchen, Ihnen eine Vorstellung zu geben von dem Reichtum « … und dann konnte ich nicht mehr weiterschreiben. Ich hörte zu wie im Traum. Ich dachte an die ganze Armut, die Demütigungen, das Elend der letzten zehn Jahre. An unsere tiefe Verzweiflung vor zwei Wochen. Und ich hörte weiter zu. Alles, was je zum Lob eines Buches gesagt wurde, Darling. Ich werd versuchen, beim B.B.C. eine Kopie zu bekommen und sie Dir zu schicken. Und ich schick Dir den Spectator, sobald ich kann. Und ich schreib davon niemandem außer Dir, denn ich muß für Deinen Bruder so viel Post beantworten, weil er natürlich keinen Finger rührt, daß ich keine Minute Zeit hab. Dabei klopft mir das Herz und zieht sich zusammen. Seit zwei Wochen hab ich nicht mehr geschlafen, erst aus Angst, jetzt vor übergroßer Freude. Du mußt nämlich wissen, der amerikanische Vertrag war gefährdet, die beiden Verlage konnten sich in einem Punkt nicht einigen, und zwar verlangen die Amerikaner das Recht, das Buch auf dem Kontinent zu verkaufen, und Cape hier hat berechtigterweise gesagt, *er* will die Rechte haben, nachdem er die ganzen Kosten der Übersetzung getragen hat. Nun, Cape gab nach, nur damit Dein Bruder den besten Verlag in Amerika bekommt und, wie er in einem sehr schmeichelhaften Brief schrieb, »finanziell einen großen Gewinn davonträgt«. Wenn ich sage, nur Dir, so muß ich mich korrigieren: Eine Kopie von diesem Brief schick ich der Frau, die ich nach euch zwei Brüdern am liebsten hab – meiner Cousine Veza Cansino.

Aber von dieser dritten Seite sicher nicht, die ist für Dich bestimmt. Ja, Dein Bruder wird jetzt leicht eine Wiedereinreiseerlaubnis für mich erhalten, aber bevor nicht Dein förmlicher Brief kommt, kann ich nicht anfangen. Und vergiß nicht, mich nur für ein paar Wochen einzuladen, und schreib *nicht* »auf Deine Kosten«, denn dann darf ich kein Geld mitnehmen. Und ich komme, Benjamin. Und erzähl Dir dann wochenlang hauptsächlich von einer persönlichen Feindin und österreichischen Schriftstellerin und alles, was geschehen ist. Und von Elias Canettis Privatleben. Das nicht so erfreulich ist. Denn die Schlampe wird sich wieder in ihn verlieben, wenn er im Rampenlicht steht. Und ich werd Dir erzählen, welch eine Prüfung es für mich ist, mit stolzem Gesicht durch Amersham zu laufen. Und daß seine Freundin hier, Marie Louse, sich eine Wohnung in London gemietet hat, weil sie dachte, das Buch wird ein Mißerfolg, und *nicht* an den Pranger wollte – ja, wir waren allein. Und nur *du*, das wissen wir, hättest uns beigestanden.

Wenn Du es jemals wagst, mich so lang ohne Nachricht zu lassen, glaub mir, dann komm ich nicht. Und laß mich wissen, woran es dort fehlt, ich hab Angst, dort mehr Hunger zu leiden als hier, ohne meine Pakete aus N.Y. und bei Eurer Lebensmittelknappheit. Aber ich werd Dich fressen.

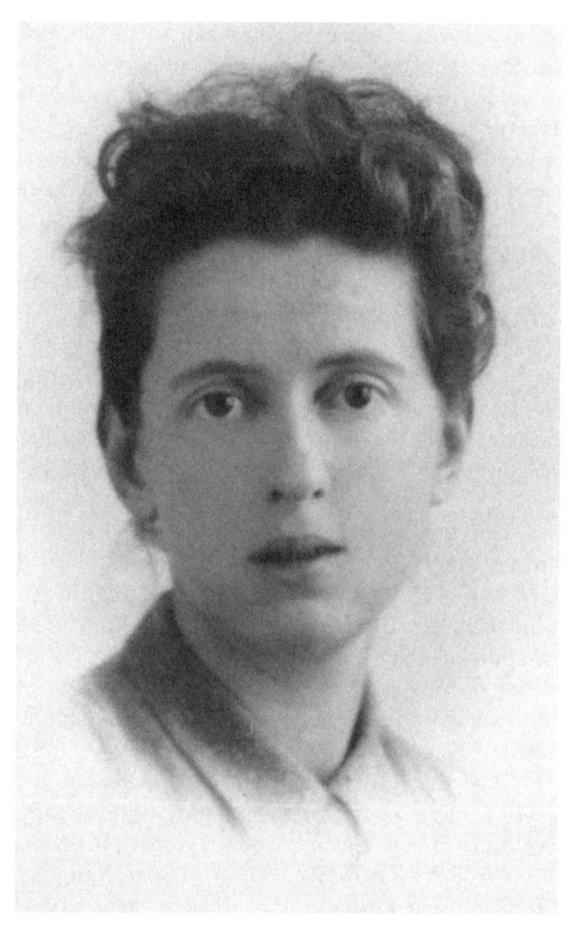

Marie-Louise von Motesiczky, 1943

So viel für heute – bald bekommst Du alberne Briefe, Kritiken, Berichte. Und Dein Bruder war wirklich stolz auf Deinen Brief und will nicht, daß Du den Observer der Familie zeigst, er glaubt, sie werden's nicht verstehen, und Du mußt uns alle Kritiken sicher *aufbewahren*, das Papier ist knapp hier. Und paß gut auf Dich auf, was wär das Leben, wenn Du nicht wieder gesund würdest.

All my love
Peggy

Natürlich hab ich in der Kopie für Veza Cansino all die Darlings gestrichen. Sie würde Dir gefallen, sie ist ganz reizend.

wichtig: Wir brauchen die Komödie zurück, für Amerika, bitte rasch.

Das ist kein Scherz, *sehr wichtig*. Wir brauchen die Komödie für USA.

Dein Bruder war entzückt über Deinen Brief. Georges Kien wurde in der Radiosendung zitiert.

Veza an Georges *2. Juni 1946*

Mrs Canetti 7 Chestnut Close Amersham, Bucks

2. Juni

EIN TÖDLICHER BRIEF

Du Mistkerl,
schreibt mir so eine kurze Nachricht und beschwert sich, wo ich ihm doch immer so gescheite Berichte schick und nichts anderes tu, als so einem undankbaren, kaltherzigen Franzosen zu schreiben! Klebst Du meine Briefe übrigens an die Wand oder legst Du sie einfach in eine Schublade. Nicht wahr, Du sperrst sie nicht weg? Ich wünschte, Du tätest es, denn meist gehst Du mit ihnen sehr sorglos um, und mein Mann kennt all meine Liebesbriefe an Dich auswendig und zitiert sie manchmal, sehr zu meinem Nachteil. Ich möchte nicht, daß er bei seiner nächsten Fahrt nach Paris meine Briefe aus Amersham liest, so gern *er* es täte. Er sagt, *er* hat den ganzen Ärger mit mir, und Du kriegst die netten Briefe, und da ist etwas dran.

Du schreibst kein Wort über Dich und darüber, was Du tust und wie es Dir geht und ob Du den ganzen Tag im Bett liegst und was mit dem Abszeß ist. Ich hatte eine schlimme Bronchitis, ich hab sie noch, aber als ich mich kaum bewegen konnt, dacht ich, wie Du Dich fühlen mußt, der Du doch zwanzig Jahre jünger bist und schön, bei all den Versuchungen, denen ein hübscher junger Gelehrter ausgesetzt ist. Bei mir gibt es wenigstens keine Versuchungen, nicht die Geringste. Kommen sie um fünf Uhr morgens in Dein Zimmer, um Deine Laken zu wechseln und Dich schön zu machen für die erste Visite? Das machen sie in Wien, und ich könnt sie umbringen dafür. Sprechen in Frankreich alle Französisch? In der Clinique? Ich kann kein Französisch mehr und hoffe, niemand spricht mich an. Wir lachten darüber, daß Du wissen willst, was für ein Kleid ich tragen werd. Ich schickte einen alten Mantel an die Nothilfe für die verschleppten Juden auf dem Kontinent, aber sie schickten ihn zurück mit der Begründung, daß er für das Konzentrationslager zu schäbig sei. Eine Schneiderin hat mir daraus ein Kleid gemacht, und es ist mein bestes Stück. Das ist also meine Garderobe. – Durch die Bronchitis fühl ich mich so schwach, daß ich nicht weiß, wie ich einen Zug oder ein Flugzeug oder sonst etwas besteigen soll und wann ich nach Châteaub. komm. Vielleicht krieg ich meine sechste Grippe in diesem Jahr, warum nicht, und kann Dich dann tagelang nicht besuchen, und ist im Hotel für mich ein Zimmer frei, und ich werd die Wirtschafterin von nebenan fragen, ob sie mir ein Nachthemd leiht, ich besitze keins, um vor dem französischen Zimmermädchen zu tun, als wär ich's gewohnt, ordentlich gekleidet zu sein. Ich werd's freilich niemals tragen, da ich ja keins zum Wechseln hab. Wenn ich *ein* Hemd Deines Bruders wasche, zieht er sein zweites an, das wir auf dem elektrischen Ofen getrocknet haben, denn ein drittes hat er nicht, und das ist die übliche Ausstattung des niederen Mittelstands. Natürlich bin ich jetzt die First Lady von Amersham, aber das ändert nicht viel an unserer Ausstattung, weil wir es nicht so gemacht haben wie der liebe Onkel Joe, der in dieses Land kam und sich gleich am ersten Tag auf dem Schwarzmarkt einen Tweedanzug kaufte. Wir sind ehrenwerte Leute, aber arm.

Miss Wedg. war hier, wie ich Dir schon schrieb, und warum soll ich so bescheiden sein. Sie hatte Angst, mich kennenzulernen, weil Robert Neumann ihr über mich erzählt hat: »Sie ist schüchtern, schwierig, aber äußerst begabt, viel begabter als Canetti.« Sie sah ziemlich hysterisch aus, als sie aus dem Bahnhof trat, und – was soll ich sagen – sie fand mich »bezaubernd«, was wir zuerst durch eine dritte Person erfuhren, die wir ausgeschickt hatten, um nachzuforschen. Dieser Person erzählte sie, was R. N. über mich gesagt und wieviel Angst sie gehabt hatte. Gott, bin ich müde, ich wollte Dir fünf Seiten lang jenen netten Nachmittag mit Miss Wedg. schildern, die mich aufforderte, »sagen Sie doch Veronica zu mir«, und wie ich ihr Herz gewann, aber nun bin ich erschöpft und werd aufhören. Es geht für uns so wunderbar voran, daß ich gar nicht weiß, hab ich Dir die glänzende Kritik im »Spectator« geschickt? Und in ein oder zwei Wochen wird im »Horizon«, einer führenden Monatsschrift, ein großer Aufsatz über Canetti erscheinen, und noch in anderen, ich weiß nicht mehr, wo, und es gab eine dritte Radiosendung auf deutsch, für die verdammten Österreicher, und der liebe Canetti wurde darin befragt, damit die Wiener hören konnten, wie er ihre Stadt pries und sich nach Wien sehnt, wobei ich eine Gänsehaut bekam, sie sollten *mich* einmal im Radio zu ihnen sprechen lassen! Immer wenn ich lese, wie sie hungern, geh ich in die Küche und esse ein Ei, manchmal geh ich in unser vornehmes Restaurant und denk daran, wie sie hungern, und esse Brathuhn. Ja, es schaudert einen, aber meine liebe Tante Olga wurde in die Gaskammer gebracht mit ihren Kindern und Enkeln, acht an der Zahl, sie wurden vor ihren Augen ermordet, und damit ist die Sache klar … gibt es in Châteaubriant übrigens Kinos, denn ich muß jeden zweiten Tag einen Film sehen, sonst werd ich verrückt.

Natürlich willst Du mehr wissen über das Privatleben von Mr. Canetti, zum Glück ist er zur Zeit so berühmt und so begeistert von sich, daß dies ein wenig in den Hintergrund getreten ist, oder zumindest tut er so vor mir. Wenn er nur so tut, ist das bereits ein Fortschritt, denn es gab eine Zeit, in der ihm das nicht möglich war. Er will Dir dieser Tage schreiben und Dir die empörende Kritik senden, damit Du Dich amüsieren kannst, denn jetzt ist sie amüsant. Ich *werde* nach Chât. kommen, Du Schuft, und meine einzige Sorge ist, Du könntest feststellen, daß ich kränker bin als Du. Und einen ironischen

Brief über das Privatleben Deines Bruders beim nächsten Mal, aber nicht bevor ich wieder einen netten, langen, klugen Brief bekomm. Hast Du die Kritiken der Familie geschickt? Ja, ich glaub, es wird auch eine französische Übersetzung geben. Und ich halte von der Blendung nicht so viel, wie ich von seinen zwei Stücken halt, die wirklich zwei große Meisterwerke sind, einzigartig und unsterblich, beide sind eine »Ahnung« all dessen, was dann später geschah.

Wenn Du zum Mörder werden willst, ohne ersichtlichen Grund, dann besuch den gehobenen Mittelstand in Amersham zum Tee. Bismarck sagte: »Ich hab die ganze Nacht gehaßt.« – *Ich* »morde« die ganze Nacht lang. Erinnerst Du Dich übrigens an Irmgard von Wallpach, unsere nette arische Freundin in Wien? Ihr Sohn war vermißt, und ich hab ihn gefunden. Ich hab mich ans Rote Kreuz gewandt, sie haben ihn für sie gefunden, und gestern hab ich ihr die frohe Botschaft nach Wien telegraphiert! Was wird sie sich freuen! Ihr einziger Sohn, und er hat eine junge Ehefrau. Er ist in U.S. in Kriegsgefangenschaft.

All my love
Veza

schreib sofort!

Veza an Georges *10. Juni 1946*

Mrs Canetti, 7 Chestnut Close, Amersham, Bucks

10. Juni

~~Geliebter Sohn~~, nein,
Benjamin,
dies ist ein schneller Brief voller Liebe, der vor dem 15. dasein soll, weil ich an Größenwahn leide, ich heg die Hoffnung, er wird Dir nicht völlig gleichgültig sein, dieser Brief. Und überdies werd ich nicht mehr schreiben, ich werde kommen! Bei den ausgezeichneten Verbindungen, die wir jetzt haben, mit »Auto-da-Fé« unterm Arm, hoff ich in 4–6 Wochen alles regeln zu können, und Du wirst eine dumme, kleine, dicke spanische Jüdin dahaben, die den ganzen Tag ißt und Dir sieben Jahre aus dem Leben von Emigranten in diesem Land hier erzählen wird. Du wirst reichlich komische Beschreibungen hö-

ren, von Hausfrauen, wobei meine letzte die komischste ist, die mir im übrigen gekündigt hat (in vier Wochen muß ich hier heraus, Dein Bruder weiß es noch nicht). Sie hat T.B. und muß sich jetzt eine Pflegerin nehmen, braucht das Zimmer dafür. Das ist der äußere Grund, der innere ist, daß die Haupteigenschaft der Leute in diesem Land … es tut mir sehr leid, das sagen zu müssen, denn ich liebe sie doch … Neid ist … sie kann unseren Ruhm nicht ertragen! Darüber bald ausführlicher, mir ist nicht nach Schreiben zumute – ich werd so schnell wie möglich nach London ziehen, mir dort ein Zuhause sichern und dann kommen. Eben hab ich den Merkels geschrieben, daß wir uns bald sehen, sie werden außer sich sein! Erwähne um Gotteswillen nicht, daß ich umziehen muß, diesmal bin ich begeistert, denn es bedeutet, daß ich für immer nach London zieh, der arme C. liebt leider diesen Ort hier, darum werd ich's ihm so spät wie möglich beibringen. Wie hat es mich gefreut, daß es jemanden gibt, der kommt und Dich anbetet und den Du liebst … es wird noch jemand anderes kommen, und jetzt ist genau der Zeitpunkt dafür, wenn mein Sohn noch im Bett und voll Ungeduld ist, wenn Du erst wieder gesund bist, steht Dir ja die ganze Welt offen! Dieser Brief ist so blödsinnig glücklich, weil es Dir so viel besser geht und bald gut gehen wird, Dein Bruder freut sich mit mir! Wir sind ganz verrückt! Unser Sohn bald wieder gesund! Unser einziges Kind und alles, was wir haben! Wenn meine beiden Söhne gedeihen, hab ich das Gefühl, daß alles, was ich durchgemacht hab, nicht umsonst war! Wart's nur ab, ich bring Glück, und genau wenn ich komm, gibt es gute Nachrichten zu dem Erscheinen Deines Buchs. Am 17. ist Nissims Theater hier, heißt das, er kommt? Das wäre schön! Ich werde Dir nur noch Kritiken und Berichte schicken, keine langen Briefe mehr! Ich werde kommen! In Österreich verlangt man glühend nach meinen Werken, ich werd also in Frankreich schreiben müssen, weil ich jetzt nichts auf Deutsch hab. – Dein Bruder erhielt heut einen Brief von einer Agentin, die um die Rechte für sein Buch für den Film bat! Sie schreibt: »Gerade habe ich diesen großartigen Roman fertig gelesen …« Du hast natürlich recht, die Kritiken sind dumm, aber ach, was bin ich froh! Du wirst kurze Nachrichten kriegen, und hab Geduld, wenn ich da bin, wird die Zeit schneller vergehen, was bin ich froh, daß ich nach Ch. komm.

Paris wäre nicht das richtige, in Paris würden sie Dich mir nicht überlassen! Versuch, es so einzurichten, daß, wenn ich komm, nicht alle Deine Fans da sind, nur ein oder zwei, wiewohl ich's mag, wenn man meine Söhne bewundert.

Much love, Du wirst viele kurze Nachrichten bekommen
Wir denken am 15. beide an Dich

Veza

Sehr dringend: Schick beiliegende Radiosendung zurück, wir haben keine Kopie. Bitte sofort zurücksenden.

Veza an Georges *6. Juli 1946*

Mrs Canetti 7 Chestnut Close Amersham, Bucks

6. Juli

Geliebter Benjamin,
daß ich nicht geschrieben hab, hatte viele Gründe – unter anderem den, daß wir überall so mit dem Erscheinen Deiner zwei Bücher geprahlt haben – ja wir haben so geprahlt, daß Dein Bruder am Ende in dem Glauben lebte, *er* hätte sie geschrieben, und er wurd noch fauler, als er's ohnehin ist, nach einer solchen Anstrengung. Ja wenn man ihm zusah, wie er davon erzählte, zweifelte man wirklich an seinem gesunden Menschenverstand (den er ohnehin nicht hat). Ich glaub nicht, daß ich heut darüber schreiben kann, dies ist eher ein Geschäftsbrief. Ich bin heimatlos, und bevor ich mich in London niederlaß, was in zwei Wochen der Fall sein wird, kann ich Dir wohl keinen richtigen Brief mehr schreiben. Zuviel zu tun: Ich muß mir verschiedene Logis anschauen, ich muß Briefe schreiben, denn die Geschäfte Deines Bruders laufen gut, und ich muß meine Übersetzung von »The Power and the Glory« von Graham Greene korrigieren, das ich vor sieben Jahren übersetzt hab und das jetzt erscheint, und natürlich kommen die Fahnen gerade vor meiner Übersiedlung. Vor sieben Jahren mußt ich das Buch in acht Wochen übersetzen, weil der Verlag es sofort herausbringen wollte. Acht Wochen lang übersetzte ich Tag und Nacht, tippte das meiste selbst auf der Maschine, und als es fertig war und ich erschöpft (wir waren den Mietzins schuldig, und ich lebte von Tee und Brot), brach der Krieg aus.

Ich hätte sieben Jahre Zeit gehabt, um diese Arbeit zu tun. Die Übersetzung ist ziemlich gut, im Vergleich zu anderen, sie ist ausgezeichnet, aber sie wär noch besser geworden, wenn man mich zeitlich nicht so gedrängt hätte. Jedenfalls ist es gut, daß sie erscheint, denn hier ist's etwas wert, wenn man einen guten Schriftsteller übersetzt hat (und er ist jetzt berühmt hier). Ein Wiener Schriftsteller, der jetzt nach Wien fährt, nimmt ein Stück von mir zum Josefstädter Theater mit, und Dein Bruder fängt an, mich auf die Bühne zu bringen.

Ich hoff, Du beantwortest diesen Brief sofort und bestrafst mich nicht dafür, daß ich nur noch aus Aufregung und Erschöpfung besteh. Dein Bruder macht sich natürlich nie die Mühe zu antworten, nicht einmal seinen Verlegern, und wenn ich's dabei belaß, bestraf ich nur mich selbst. Er hat jetzt das Angebot für Italien, ein Professor dort will das Buch übersetzen, er hat bereits Gerhart Hauptmann übersetzt. Er wird Monate warten müssen, bis er von Canetti eine Antwort kriegt, denn das kann ich nicht beantworten, er muß erst bei seinem Verlag anfragen, und das kann ich nicht für ihn tun, wenn Du mich also eines Tages wiedersiehst und feststellst, daß ich eindeutig irrsinnig bin, mit einer »Maske, die ich nur selten abnehm«, wie eine Dame gestern zu mir sagte, dann wirst Du einen Teil der Gründe kennen. Wenn Du mich siehst … es ist sehr schwierig … vielleicht muß ich warten, bis man Deinem Bruder die britische Staatsbürgerschaft verspricht, was man tun wird, ich kann nicht riskieren wegzufahren, selbst wenn ich eine Wiedereinreiseerlaubnis bekomm, die Gründe beim nächsten Mal. Ich hasse all dieses geschäftliche Gerede. Ich hoff immer noch zu kommen, aber vielleicht wird es Herbst, und wer immer Dich besuchen will, soll das tun, ich bin traurig genug, und das ist der Hauptgrund, warum ich nicht schrieb. Nächste Woche (oder in vier, fünf Tagen) werd ich zu Daniels gehen und ihm Tee bringen und ihm alles erklären. Es ärgert ihn wirklich furchtbar, daß Dein Bruder so viel Erfolg hat, aber warum nur? Er wiederholt immer noch, was wir ihm über Ehrlich erzählt haben, weil er wollte, daß er etwas von Ehrlich kauft! Wenn Du wieder in Paris bist, glaubst Du, daß Du mit Deinem berühmten Namen und Einfluß jemanden kennst, der Merkels eine Wohnung anbietet, ohne daß sie dafür einen Schwarzmarktbetrag zahlen müssen?? Dieser große Maler kann nicht nach Paris, weil er die Schwarzmarktsumme nicht hat, aber er kann durchaus einen anständigen Preis für die Zimmer zahlen. Wo sind Deine Bücher? Schick sie an die Adresse »Durris«, Stubbs Wood, Chesham Bois, Bucks, denn das ist derzeit am sichersten, aber schreib sofort einen Luftpostbrief an die obige Adresse, die noch zwei Wochen gilt. Und wo sind die Kritiken? Du wirst nur gute kriegen, ich schwör's, aber Attacken sind gut für Dich, sie regen die Kontroversen an, die besser für Dich sind als dieser stille, harmlose Beifall. Die Erfahrung haben wir gemacht, dafür haben wir schwer bezahlt. Dein Bruder hat Dir einen langen Brief geschrieben, den ich gesehen hab, aus dem er mir vorlas und den er zerreißen wird. Gott weiß, warum, er legte auch seine schlechte Kritik bei, weil er dachte, das könnte Dich aufmuntern, nur für den Fall, daß Du eine kriegst. Er ist ein guter Bruder, glaub mir, aber kein Mann der Tat. Nein, das ist er nicht. Künftige Generationen werden das bewundern, ich für meinen Teil bewundere jeden Postminister.

Bitte schreib sofort und über Deinen Gesundheitszustand und die Bücher und die Familie und Deine Träume und das Wetter und das Essen und Deine Freuden und Sorgen und Deine kleine Nichte, wo ist sie, und über Deine Freunde und das Sana und die Krankenschwestern und alles andere auch – Deine Briefe sind alles, was ich hab.

Love von Deinem Bruder und noch mehr von
Peggy

Dein Bruder wollte Glückwünsche telegraphieren, ich hielt ihn davon ab – ich dachte, das regt Dich vielleicht auf …

Veza an Elias *August 1946*

Mrs Canetti 35 Down~~shire~~ Hill, London NW3

Geliebter Canetti,
es fällt mir schwer nicht mit »himmlisches Kind« und »Bauscherl« zu beginnen, ich vermeid es wegen der Nachwelt, doch on second thought, werd ich mirs nicht nehmen lassen, denn der Brief ist ohnehin nicht für die Nachwelt. Also, ich fang

gleich an mit dem was Dich am meisten interessiert und erwähn nur nebenbei schnell das Geschäftliche, nämlich dass mich die Margarete wirklich mag, und denk Dir, ich mag sie auch, und gestern abend brachte sie mir einen grossen Krug Cider, und sagte, vor der Tür steht ein riesiges Fass und ich soll immer anzapfen, worauf ich sagte »certainly not« und eben schenkte ich ihr Zündhölzer (dies erwähn ich mehr aus kulturhistorischen Gründen, die Not an matches im Anno 1946, und sie lud mich herzlichst zum Lunch ein, mit dem Jan und Martin und ich dankte liebenswürdig).

Und jetzt kommt es. Ich war also nachmittags bei der Anna Sebastian. (Ich muss an dieser Stelle, vielleicht weil ich eine Dramatikerin bin, und Effekte liebe, unterbrechen, denn ich hab zu meiner Freude bemerkt, dass ich das einzige Exemplar der Komödie bei mir in der Lade habe, und ich werde gewiss zusehen, dass sie kopiert wird.) Die Türe öffnete Evelyn, und sie sah attractiv aus. Im Halbstock stand der neue Ehemann, und mit seinen gediegenen Furchen und den redlichen Linien im Gesicht, erinnerte er mich sympathisch an jemanden, nein, zum Glück nicht an Dich, ich dachte lange nach an wen, wie er so stand und das Haus restaurierte, aus dem er dann weichen wird müssen, und mir fiel ein, er erinnert mich an *mich*. Im nächsten Halbstock telephonierte bildschön und strahlend Angela, die alle ihre ungewagten Erlebnisse am Telephon auslässt, ja, und da gefiel sie mir.

»Doch … die Dritte, ach die Dritte …« ich sing es mit Offenbach Musik, »sie stand daneben und blieb stumm.« Der Sebastl lag im Bett und blickte mir mit gefühlvoller Lügenhaftigkeit stumm ins Gesicht. Da ich schon vorher beim Postamt war und ein Telegr. aufgesetzt hatte »Sebastian alright« das ich nur nicht abschickte, weil die Beamtin Samstags schon zu müde war, bin ich es wohl zufrieden, dass kein Fieber vorliegt, und dass wir zusammen meine Pathé de Fois gras assen, die der Canetti abends zuvor nicht zum Nachtmahl haben konnte, weil er nie etwas Gutes hat, und überhaupt nichts, denn er hat sein Leben eingeteilt und in den Dienst gestellt von drei Hexen; eine alt und schlaff, eine jung und böse und die dritte nagend und wurmstichig, die ihm das Blut saugen, bis er wie ein müder Zwerg aussieht, dem Blödsinn nahe, statt es abzuschütteln. Abzuschütteln alles was er sich aufgebürdet und schon millionenmal gelohnt hat, das nämlich, was er nicht bekan. Denn jede hat sich die Bezahlung längst geholt.

Ich setzte mich also nieder und packte meine Gaben aus, natürlich hatte ich gerade in der Stadt vorzügliche Biscuits erbeutet und feine Pfirsiche, ich kaufte vier mit der Absicht dem Sebastl zu sagen, der Canetti trug mir auf Dir zwölf zu bringen, das war mir zu teuer, vier sind genug. Da ich aber im Bus zwei davon aufass, erzählte ich die Mär lieber nicht, sondern brachte eben nur zwei, und dachte wie gross sie sind, und wie klein waren die, die der Bauscherl mitbekam –

Ich sagte also, der Canetti war besorgt und so wollt ich telegraphieren dass Du o.k. bist, aber die Beamtin war nicht willig. Worauf der Sebastl nackend aus dem Bett sprang und schöne mollerte Gliedmassen enthüllte und es sich nicht nehmen liess nackend hinunterzulaufen, nein im dressing gown, und das unökonomische Telegramm diktierte, wobei sie nicht wissen konnte, dass ich das Geld hierfür in blankem Silber auf dem Tisch zurücklassen würde. Zurück kam sie mit Tee und dann begann der Schmaus und ich berichtete, wie ein findiger Porter Dich ausersehen hatte, wohl erkennend dass hier der gentleman ist der alles immer zahlt, und dass ich hoff ihr hattet Sitzplätze zu eurer Reise nach Cornwall. Ich erzählte ihr auch, denn es ist wahr, wie recht dieser Canetti hat, wenn er Bahnhöfe so liebt. Denn dieser Paddington Bahnhof war berauschend und ich plane jetzt öfter hinzufahren und dort herumzustehen. Ich sagte ihr auch, dass ich viel länger blieb, lang nachdem der Zug »due« war, ich sagte ihr freilich nicht, immer noch hoffend a glimpse of Bauscherl zu erhaschen obschon bereits die nächste queue auf die nächsten Züge wartete, immer noch hoffte ich, und ich sagte ihr auch nicht wie sehr der Bauscherl nach ihr ausgesehen hatte, ob sie nicht doch kam, denn sie kam nicht, und wie er mich hasste, dass *ich* da war und nicht sie. Nein, denn das verdient sie nicht.

Dann zuhause sandte ich alle Orders von Canetti ab und die Kritiken an den Italiener und, … ach … ich vergess … ich sitz doch bei der Friedl. Ja, also sie war gerührt über mich, und stürmte gleich eine Wohnung heraus, die sie für mich gefunden hat, für Mitte Sept. und wir gehen diese Woche hin (sie brachte es als Neuigkeit, vergessend, dass sie mir schon davon berichtet hat). Und dann schimpfte sie über Posy, auf die sie eifersüchtig ist, weil Posy matter of fact ist und schon die Zahl der Kinder geplant hat, die sie kriegen will. Ich erinnerte mich dabei etwas verwundert, dass der Sebastian ganz andere Dinge zu planen pflegt und etwas schamloser als herzige Kinder, doch das sagte ich nicht.

Nach zwei Stunden ging ich weg und wir besprachen, dass sie jetzt Margarete bald aufsucht und dann mich und wenn ich Grippe haben sollte revanchiert sie sich und kommt auch. Ein letzter herzlicher, gefühlvoller Blick aus dem Clowngesicht, der Bajazzo verbiss sich bereits das Lachen.

Zu Hause schrieb ich dann an die Frau aus Ungarn, mit einer ungewissen Adresse, denn ich kann ihren Brief nicht finden, Oplatka bestellte ich auch, die ganze Woche ist ausgefüllt denn Donnerstag fahr ich nach Brighton.

Ich will jetzt schliessen, geliebter Bauscherl, denn für einen halben Nachmittag an dem man nichts erlebt hat ist das genug, und ich frage mich, ob nicht *ich* die Komödie von dem freudigen Haus des Sebastl schreiben werde, bestimmt verlockender, als Amersham, und es ist schönes Wetter und ich werd mich den ganzen Tag in London herumtreiben und bedauer mich nur nicht dass ich nicht in Cornwall bin, denn London ist bezaubernd, und ganz neu für mich, und Land, und hier ist es nett, wo ich wohn, und ich muss nicht mehr polischen und alte Leichname bewundern. Und was zum Georg fahren anlangt – ich fahr erst, bis zwei Stücke von mir auf den Bühnen laufen und ein Roman zugleich erscheint denn ich will mein Bild bei Georg bewahren und nicht als abgelebte (nein, das *ist* ein »b«, kein »g«) Frau Canetti dort erscheinen, und Du sollst also nicht herumerzählen, dass Du mein Stück im Josefstätter Theater eingereicht hast u.s.w. sondern einmal die delikate Seite bei mir berücksichtigen, denn wenn ich Waschfrau geworden bin, so bin ichs nicht durch mich. Und der Georg wird mich historisch sehen oder garnicht, bestimmt nicht hysterisch (das war zu verlockend). Worauf ich mit der Versicherung meiner Liebe schliesse, denn ausführliche Beteuerungen hat schon der Sebastl unterwegs, sie schrieb sie gerade während ich kam, damit sie das Leben dann besser geniessen kann.

Veza Canetti.

Mrs Canetti 35 Downshire Hill, London NW3

Darling George,
dies ist das erste Mal, dass ich auf der Maschine schreib, seit ich aus Amersham fort bin, und einen richtigen Brief schreiben kann ich nur auf der Maschine. Ich hatte keinerlei Kraft mehr übrig, um Dir zu schreiben, und da mein Brief an Deinen Bruder meine ganze Lebensgeschichte enthält, verrate ich Deinen Bruder und schick Dir eine Kopie dieses Briefs, voraussetzend, daß Du versprichst, ihn zu verbrennen, wenn Du ihn (zweimal) gelesen hast. Es ist ein Beweis meiner Liebe zu Dir, denn ich verrat den Canetti nie, außer an Dich. Du wirst auch verstehen, warum ich noch immer nicht komm, aber Dein Bruder wird die Sache jetzt für mich beschleunigen, ach, könnt ich doch fahren und Dich sehen. Er hat alle Macht der Welt, und aus einem Nichts, nämlich diesem mehrfach erwähnten Sebastl, der niemand anderes als Friedl ist, hat er einen angesehenen Schriftsteller gemacht, obwohl die Sache jetzt an einem toten Punkt ist. Denn da sie jetzt keine Zeit hat, mit ihm zusammenzusitzen, während *er* ihre Bücher schreibt, ist kein neues Buch in Sicht, und Dein Bruder ist verzweifelt. Ich stellte ihn also vor die Wahl, entweder wird er wieder ein Genie, oder er bleibt ein Sklave. Im letzteren Fall würde er *eine* Hexe loswerden, das sagte ich ihm sehr deutlich. Worauf er mir wieder einmal entschieden Einhalt gebot. Mich loswerden? Nein. Er fürchtet sich vor der Freiheit, sie würde viel schlimmere Ketten bedeuten.

Um das groteske, komische Bild zu vervollständigen, erzähl ich Dir, daß ich jetzt in einem sehr netten Privathaus bei der *Cousine* von Friedl (!) wohne, die freilich ungefähr die gleiche Meinung von ihr hat wie ich. Wirst Du mir wirklich nicht schreiben? Wirst Du's mir wirklich verübeln, daß ich Dich behalten will? Das Bild aufrechterhalten will? *Du* hast mir doch so poetische Briefe geschrieben, so viel Erdichtetes, fast alle sind erdichtet, aber der letzte Brief war so schön. Und so lieb. Muß ich das verlieren? Eine Herzogin bleibt immer eine Herzogin, selbst als Großmutter, und ich möchte eine Herzogin sein, bevor ich Dich seh. Eine Herzogin auf der Bühne.

Denn ich bin sehr begabt, wie Du eines Tages in der Zeitung lesen wirst.

Willst Du mir denn Deine Kritiken *nicht* schicken und mir *nicht* vom Erfolg des Buches erzählen? Oder wirst Du, mit den Augen des großen Arztes und Philosophen, der Du bist, meinen Geisteszustand durchschauen und mir noch einmal helfen, wie Du mir schon so oft geholfen hast?

Du bist die Hauptfigur in einem Stück, das in alle Länder reisen und auf allen Bühnen wird aufgeführt werden, und Du bist der, in dem Stück, der alle Wogen glättet, die andere Hauptfigur treibt alle zur Raserei.

Was die »Blendung« anlangt: Im Horizon war eine schlechte Kritik, allein durch die Schuld von Miss Wedg., die wollte, daß ihre Freundin sie schreibt, während ein Buchhändler in Charing Cross eine fabelhafte Kritik schicken wollte, was wir verhinderten, da wir dachten, Wedg. kennt sich am besten aus. Sie ist furchtbar betrübt darüber, nicht daß es viel ausmachen würd, außer natürlich daß es Deinen Bruder furchtbar getroffen hat. Bald wird eine glänzende Kritik von Wedg. erscheinen, ich weiß nicht mehr, in welcher Zeitschrift. Überdies hat ein italienischer Professor geschrieben und will das Buch übersetzen, wir antworten freilich erst nach zwei oder drei Monaten oder überhaupt nicht, und jede Antwort kostet mich zehn Jahre meines Lebens, um Deinen Bruder dazu zu kriegen, daß er's tut. Schweden und Dänemark haben wir wahrscheinlich verloren, weil der Canetti sich nicht die Mühe macht, einen Brief zu schreiben, und ich befind mich gegenüber Miss Wedg. in einer sehr heiklen Lage, ich kann nämlich ihr gegenüber nicht geschäftlich werden, es würde unser Verhältnis zerstören, das mir letztlich wichtiger ist als das Geschäft. Hab ich Dir erzählt, daß der amerikanische Verleger in London war und dem Canetti geschrieben hat. Der ihn in seinem Hotel besuchen ging, wo jener ganz erstaunt war, weil er diesen jungen, eindrucksvollen, christlichen Dichter vor sich sah, während er einen alten, mageren und abgezehrt aussehenden, schäbigen Gelehrten erwartet hatte. Das Buch wird in Amerika »The Pyre« heißen, ein Titel, den *ich* gewählt hab, denn Auto-da-Fé, sagt er, taugt nicht für U.S.

Ich werd Dir heute nichts über Deine großartigen Bücher schreiben. Sogar ich kann sie lesen und verstehen, so wunderbar und menschlich ist der Stil, dafür brauch ich einen extra Brief. Es ist zu kostbar, um es mit meiner häßlichen Lebensgeschichte und meinen persönlichen Angelegenheiten zu vermengen. Wir sollten sie der Tochter von Lord Croft geben. Onkel Joe schrieb, daß Du *gut beisammen bist, ist das wahr*? Dieser Klecks ist ein Kuß.

Peggy.

Veza an Elias *28. August 1946*

Mrs Canetti 35 Downshire Hill London NW3
Kopie über Maud Arditti

August 28. 1946

Geliebter Canetti,
(bitte erwähn zu niemandem von diesem Brief)
Ich hatte Maudie Arditti merkwürdigerweise vor das Lost Property Office in Piccadilly bestellt und als ich dem Tor zuging, sah ich eine Frau an mir vorbeigehen. Ich dachte, ich bin wohl verwirrt, denn diese Frau sah ihr ähnlich, sie war es aber nicht. Ich, *ich* vergess schon Gesichter. Ich war ordentlich erleichtert, dass es nicht diese Frau war, diese Frau nicht die herzige Maud, und mich verdross die Ähnlichkeit. Die Frau kam zurück. Ich trat ihr eigens in den Weg, um nur sicher zu gehen, dass dieses fremde schreckliche Gesicht nicht Maud war, die wir doch vor einem Jahr gesehen haben. Sie erkannte mich. »Sie müssen ordentlich froh sein«, sagte sie, wie eine Lektion, »dass Elias einen so grossen Erfolg hat. Sie haben immer an ihn geglaubt und richtig es ist so gekommen.« »Danke« sagte ich, zu der Fremden. Auch die Ansprache war fremd. Wir gingen weiter. »Ich war schwer krank. Sehr schwer krank. Aber jetzt bin ich dreiviertel geheilt. Dreiviertel. Ich bin nur noch ein Viertel krank …«

Sie war irrsinnig.

Sie ist so weit hergestellt, dass sie es weiss. »Ich war verrückt«, versicherte sie mir und sah wie Mathilde aus. »Ich hab nicht verstanden was man zu mir sprach, ich konnt selbst nicht sprechen.« Wir setzten uns in ein Restaurant, ich wählte einen entlegenen Tisch. Ich war so erschrocken, dass ich dachte ich selbst bin irrsinnig. »Das Ärgste ist der Verfolgungswahn. Ich muss bald gehn. In die Apotheke. Medizin kaufen. Es begann damit, dass ich nicht nachhause fand. Wie ich dann doch ankam, sprach ich ganz wirr. Wir gingen sofort zum Gynaekologen, denn alles beginnt doch immer im Bauch. Er sagte, ich bin ganz gesund, er ist nicht der richtige Arzt für mich, ich hab eine Psychose. Ich lag dann im Kloster, nach Tisch wurde abgedunkelt, dann ging ich stundenlang allein durch die Felder. Jetzt bin ich in Analyse. Ich muss die Medizin in Wigmore rd kaufen, denn wenn die Männer merken, dass ich in eine Apotheke geh, glauben sie, ich bin krank, so ist die Welt.«

Ich hatte ihr zum Glück sehr vorsichtig angedeutet, warum ich sie treffen wollte, denn ich wollte einen solchen Brief nicht aus der Hand geben, aber sie hatte verstanden und liess nicht locker. Mit einem grell geschminkten Clowngesicht und tausend Falten, wollte sie heiraten. »In vier Wochen bin ich gesund, es wird rapid besser. Der Arzt sagt ich helf ihm sehr, weil ich so gescheit bin. Ich hab zwei Freier, ausser dem von ›Ihnen‹, der eine liebt mich sehr und hat geweint, weil ich ihn ausschlug, er ist aber noch nicht geschieden und hat Familie und muss alle erhalten und ist arm und will dass ich arbeit und verdien.« Es stellte sich heraus, dass der zweite Freier, mit dem sie so gut wie verlobt war, sie im Kloster besucht hat, »und wahrscheinlich weil er mich im Liegestuhl sah, in Decken gewickelt, hat er es sich überlegt, das ist doch herzlos, ich hab seiner Tante erklärt wie es ist, ich werd doch bald gesund sein, ich wirk doch ganz gesund, nicht?« »Vollkommen.« Wir mussten sehr rasch essen denn sie wollte in die Apotheke und am Weg war sie aufgebracht, weil eine Dame ihre Beine »anstarrte«, »weil ich diese eleganten Strümpfe habe«, sagte das arme Geschöpf. »Hoffentlich werf ich nicht die Beine übereinander oder sag oder tu etwas Unschickliches, wenn ich Ihren Freier kennen lerne.« Ich sagte, er ist bis Oktober nicht in London. Das passte ihr, denn bis dahin ist sie ganz gesund. Sie hat übrigens auch keine Gewalt über ihre Arme und Beine und lässt alles fallen. Sie vergisst natürlich alles und sprach ganz durcheinander und obszön und nur in einem Punkt war sie schlau und ganz normal: als ich sie nach ihrem Alter fragte und sie sich jünger machte.

Über jünger machen fällt mir eine zu komische Geschichte ein, als dass ich sie nicht zum Abschluss erzählen möchte.

Nämlich, wie ich bei der Frau Somlo war, die stinknormal aus Ungarn gekommen ist, begann sie: »Ich habe, liebe Frau Canetti eine seltene Eigenschaft, nämlich, ich sage die Wahrheit. Und so will ich Ihnen nicht verhehlen, dass ich einen Sohn von 37 habe. Ich weiss, das tut man nicht, man verrät nicht sein Alter, aber was nützt es einem. Man hat Ringe um die Augen, wie Sie wissen, man hat Furchen, kurz ich mache mich nicht lächerlich, wie meine Freundin, die Ilonka, wir wohnten im selben Haus in Budapest. Sie war siebenunddreissig nach ihrer Angabe und sie blieb 37 (die Zahl scheint sie zu verfolgen). Denken Sie, sie hat nicht nachgegeben, selbst wie die Nazis kamen, sie ist lieber ins Konzentrationslager, als zuzugeben sie ist über vierzig. Wir hatten doch immer Appelle und mussten alle am Gang antreten und unser Alter angeben, und wer unter vierzig war musste mitgehen. Sie ist lieber ins Konzentrationslager gegangen, bevor sie gestanden hätt sie ist über vierzig und wenn sie heut nicht tot ist, ist es nur, weil zwei junge Mädchen geflüchtet sind und sie hat sich ihnen angeschlossen.« – »Ist sie nicht 37«, sagte ich. »Ich möchte Herrn Canetti sehr gern kennen lernen, denn mir imponieren nicht Autos, mir imponiert nur Geist. Weil ich im Dorchester zu Mittag esse, das tu' ich nur wegen meiner Freunde. Da kann er sechzig Brillianten haben (gemeint ist der Herr Canetti) das macht mir keinen Eindruck, Geist ist alles, ich muss etwas lernen von einem, ich war immer so.« Ein Gentleman und das Muster der guten Kinderstube, *feine* Manieren – ist der Karl Hirsch …

Veza an Georges *28. August 1946*

Mrs Canetti 35 Downshire Hill London NW3

August 28

Geliebtes Kind,
ich schicke Dir eine Kopie meines seltsamen Briefes an Bauscherl, denn es handelt sich um Deine Cousine Maud. Ich wollt sie mit unserem Zahnarzt verheiraten, dem es glänzend geht, er hat eine gute Praxis und suchte eine Frau. Sie hat mich voriges Jahr sehr darum gebeten, weil ich doch auch »Renée so gut verheiratet hab« und ich versprach es ihr. Ich verheirat immer Leute, manche mit Erfolg, manche starben im Gas chamber,

aber ich tu es weiter, und Thackeray sagt: every kind woman is a match maker. Ich tus aber, weil mich die Geschichte interessiert und was dabei herauskommt, bei Renée kamen bereits zwei Kinder heraus, hoffentlich nicht rothaarig. Eine sehr liebe junge Wiener Jüdin hab ich an einen Cousin in Belgrade verheiratet, oh wie dankten sie mir, die Eltern gingen ihr nach, nach Belgrad, sie war bettelarm, mein Cousin reich, kurz, die wurden alle umgebracht und ich bins entsetzlich müde immer daran denken zu müssen, und ich wach nicht gern auf. Ausser Du schreibst mir, es geht Dir viel viel besser. War der Schwindel nicht von Schwäche? Und wenn man so berühmt ist wie Du, so grossartig und begabt, macht das nichts, wenn man krank ist, nicht so viel. Liebes Kind, ich war entsetzlich krank ungefähr wie Maudie, nur nicht obszön (Dir vertrau ich es an) und fürcht beständig Wahnsinn, und ich sag die Bus Nummer im Bus, statt »Twopence« zu sagen und ich verstell mich nur, und niemand weiss, dass ich Rumpelstilzchen heiss, und mir war so schlecht, oh so schlecht, und ich durft nicht im Bett bleiben, denn die landlady durfte nichts merken, und ich hatt nicht ein Kloster wie Maudie und keine elektr. Behandlung und keinen Arzt … Übrigens, nicht alle starben in gas chambers, die ganze Familie von Renées Mann wanderte mit *ihrem* Geld nach Amerika aus, die waren auch bettelarm und ihr Geld bekamen sie nur (ich wollt Dein Bruder und Du, ihr wärt ein wenig Arditis), weil sies in Wien hatte und diese armen Leute sich trauten unter Lebensgefahr zur Bank zu gehen und das Geld zu beheben (für Juden war darauf Todesstrafe) und sie wagten es, das muss man, wenn man arm ist und sie reisten alle ab, sogar die Liebchen der Söhne insgesamt zwölf Personen reisten zu Renées Mann, der Vater von Renée, der gewisse arge Arditti, muss sich nicht schlecht »gefreut« haben. Aber es sind brave, arbeitsame Leute. Du siehst, ich bin etwas verwirrt, und dies seit ich Maudie traf, es war ein zu grosser Schock. Voriges Jahr war ich arg lädiert und sie war vergnügt, sah ganz jung aus – ein solcher Jammer und man kann nicht helfen, denn schliesslich wohn ich nach zwanzig Jahren Dienst am Canetti in einer (reizenden) kleinen Kammer, gnadenweise und ohne Zins zu zahlen, und nur die Spesen zahl ich mir, und da ich mir nichts schenken lasse unterricht ich den Jungen in Deutsch dies für ein Kämmerchen in London, für eine guinea die Stunde tät ichs nicht.

Georg, Canetti ist verzweifelt, weil ich ihm von den Schwindelanfällen schrieb, weisst Du ich wollt nicht kommen, ich seh aus wie ein Kretin, dann beim Sprechen bin ich sehr gescheit, aber ich war entsetzlich krank und das sieht man im Gesicht, meine Freunde erschrecken, deshalb wollt ich nicht kommen, aber wenn Du Schwindel hast und noch in Chateaub. bleibst und wo ich Dir alles gestanden hab, darf ich *doch* kommen? Ich bin entweder amüsant oder ich telephonier ab. »Wegen Lebensmüdigkeit kann ich heut nicht kommen …« Darf ich kommen?

Veza

Wie gehts, lass uns nicht in Angst!

Elias an Georges *31.? August 1946*

Perranporth, Cornwall

Mein lieber lieber Georg,
Veza schreibt mir, dass Du seit einigen Wochen an Schwindel-Anfällen leidest und deswegen in Paris warst, um einen Arzt zu konsultieren. Bitte schreib mir doch genau was es eigentlich ist: hab keine Angst davor, etwas zu technische Ausdrücke zu gebrauchen; ich habe mich beim Lesen Deiner Bücher daran gewöhnt; Du wirst es kaum glauben, aber ich ⟨bin⟩ von der Methode und Klarheit Deiner Bücher wirklich fasziniert. Schreib mir, was diese Anfälle bedeuten. Schreib es mir so, dass ich es auch hier mit einem geschulten Menschen diskutieren kann. Ist es etwas, das Dich beim Auto-Fahren z.B. behindern kann? Ist es etwas, das periodisch wiederkehrt und langsam schwächer wird, oder muss es ganz verschwinden, bevor Du wiederhergestellt bist?

Über Veza müsste ich Dir einmal lange schreiben. Ich persönlich bin überzeugt davon, dass sie kommen wird. Ihre Zögerungen Dir wirklich begreiflich zu machen, ist ein sehr schweres Unternehmen. Ich glaube, sie stellt sich vor, dass Du sie noch ganz wie früher siehst. Es ist ihr sehr sehr wichtig, wie Du sie siehst. Ich finde sie schöner als je. Sie hat einen weisen und mächtigen Kopf bekommen; etwas strahlt von ihr aus, das ganz wenige Menschen haben: ihr Witz und ihre Liebe bilden vereint etwas Neues. Nun ist aber das Merkwürdige, dass sie, die soviel ist, und gerade bei Dir, auch auf eine äußerliche Weise bestehen möchte. Es ist ihr zu lange zu schlecht gegangen. Sie braucht ein kleines Stück Erfolg, vielleicht bloss um sich sagen zu können, dass sie nicht immer Pech hat. Bitte, Georg, schreib mir doch einmal klar, was es mit den sogenannten »Theatern« vom Nissim auf sich hat. Ich will für mich nichts von ihm, das sollst Du mir glauben; aber falls er wirklich anständige Theater hat, wär es geradezu idiotisch, ihn nicht *seriös* für die Sachen der Veza zu interessieren. Sie ist ein *geborener* Dramatiker, allerersten Ranges, und er würde bestimmt mit ihren Stücken gut fahren. Schreib mir darüber, an meine alte Adresse »Durris« Stubbs Wood Chesham Bois, wohin ich morgen zurückfahre.

Ich hab drei Wochen hier in Cornwall verbracht, am Meer, unter wunderbaren Felsen und alten Zinn-Bergwerken. Es ist einer der interessantesten Teile Englands, seit Jahrtausenden durchlöchert, das älteste Bergwerks-Land Europas. Es gibt hier in der Nähe einen Stollen, der bis vier Meilen weit unters Meer hinaus vorgetrieben ist. Manche Stollen sollen drei Meilen tief sein. Fünf Minuten von wo ich wohne haben die Phönizier schon Zinn abgetragen. Aber man fand hier auch Gold, Silber, Kupfer, Blei, und heute gewinnt man Wolfram. Du wirst Dich wundern, dass ich solche Sachen erwähne. Ich bin, zum ersten Mal in meinem Leben, von einem Bergwerks-Land tief beeindruckt. Viele von den Öffnungen sind unmittelbar am Meer. Wenn Du nach England kommst, hoffentlich nächstes Jahr, muss ich Dir Cornwall zeigen. Die alte Sprache ist verloren gegangen, aber die Menschen sind ungeheuer stolz auf ihre Tradition, und da sie sich über die ganze Erde ausgebreitet haben, erinnern sie mich manchmal an Juden. Statt des Auszugs durch die Wüste musst Du als ihren Zentral-Mythus das Bergwerk setzen. Es ist ihnen egal, wo sie nach Schätzen graben, ob in Schiffen oder in Felsen, aber sie graben danach. – Soviel müsste ich Dir über diese drei Wochen hier erzählen; für mich waren sie eine Erlösung; ich bin die letzten seelischen Krankheitsspuren von jener alten Geschichte endlich los. Das Meer hat mich geheilt. Sei Du bald und ganz geheilt und schreib gleich

Deinem Bruder Elias.

Mrs Canetti 35 Downshire Hill London NW3

4. Sept. 1946

Geliebtes Kind,

welch ein Brief! Er traf eben ein, und jetzt wünschte ich, ich wär dort! Ich wünschte, ich könnte Dich sehen und all diese Schmerzen und Übelkeiten und Schwindelanfälle mit Dir mitempfinden! Jetzt werd ich leben. Stell Dir vor! Du hast mir das Leben gerettet. Ich war wieder einmal krank und müde (zur Abwechslung). Nichts bedeutet mir mehr das geringste, nicht einmal, daß ich den Bauscherl aus den Klauen dieses Vamps befreien muß und darin wunderbar erfolgreich bin. Nicht einmal, daß die »Hochzeit« in Wien aufgeführt wird! Nichts. *Du* bedeutest mir alles. Ja ich werd sogar das große Opfer bringen, Dir zu erlauben, mich zu sehen. Es ist wirklich ein sehr großes Opfer, denn ich wollte dadurch unsterblich werden, daß ich in Deinem Herzen unbefleckt weiterlebte. Ich wollte, daß Du mich nie mehr siehst, wollte so bleiben. Ich lege keinen Wert auf Unsterblichkeit und diese ganze Atombomben-Schimäre, ich leg Wert darauf, in Deinem Herzen das zu bleiben, was ich immer war. Und wie kann ich das, wenn Du mich siehst. Aber ich werde das opfern, denn ich muß Dich sehen. Jetzt will ich Dich sehen und mit Dir reden. Und Dich aufmuntern. Seltsamerweise hab ich noch etwas von meiner früheren Lebendigkeit, und ich bin niemals langweilig. Außer wenn ich anruf, daß ich nicht kommen kann, weil mein seelisches Gleichgewicht gestört ist. (So lautet die gerichtliche Formel nach einem Selbstmord. Selbstmord im Zuge einer Störung ihres seelischen Gleichgewichts. Keine Angst. Ich werde noch alle überleben.) Und hab keine Angst, ich könnt kommen, bevor es Dir recht ist. Ich weiß genau, wie's Dir damit geht, mir geht es viel zu oft selbst so, als daß ich das nicht respektieren würde. Dank unserer guten Verbindungen werd ich hier wiedereinreisen können. Wenn Du schreibst, daß ich kommen soll, kann ich ein paar Wochen später da sein. Und liebes Kind, Du wirst mir helfen. Du wirst sofort schreiben und mir sofort Deine neue Adresse mitteilen, falls Du nach Paris fährst. Ich hab massenhaft Geld, um in Paris in feinen Hotels zu wohnen. Hier geb ich am Tag ein Pfund aus und zahl zur Zeit keinen Zins. Ich würde keinen Tag länger leben als Du, also paß gut auf Dich auf, Sohn. Das ist keine Phrase. Du kannst Dir vorstellen, wie's mir mit dieser neuen Operation geht und wie ich Dich dafür bewundre und *anbete*, daß Du es mir auf so nette, reizende, noble Art beibringst, damit ich's verdauen kann! Eine Operation ist eine Operation, und wir beide wissen das. Deine Operation erfüllt mich mit Scham. Daß ich mich beklag. Daß ich aufgeben wollte. Daß ich jemals aufgeben wollte. Auch will ich Deine Telephonnummer! Sobald Du das überstanden hast, will ich Deine süße, bezaubernde Stimme hören. Am Sonntag hab ich einen Brief von Canetti an Dich abgesandt. Ich weiß nicht, was er geschrieben hat, aber glaub mir, Deine Schwindelanfälle und Dein Zustand haben auch ihn gerettet. Mir scheint, er ist jetzt den Klauen dieses Geschöpfes wirklich entronnen. Ich hab Dir über ihren Charakter noch nicht die ganze Wahrheit gesagt, doch das werd ich, wenn wir uns sehen. Im Moment tut sie nichts anderes als Deinem Bruder das Geld aus der Tasche ziehen, um mit dem anderen ein schönes Leben zu haben, und hat Erfolg damit. Er wird ihr jetzt die Reise nach Schweden finanzieren, wo sie ihre Eltern besucht. Darüber bin ich allerdings froh, denn es besteht die Hoffnung, daß sie dort bleibt. Jedenfalls wird er ihr, wenn sie dort ist, schreiben, daß alles aus sein muß. Das hat er ganz fest vor. Cornwall hat geholfen. Er hat sich dort ein wenig in ein junges Mädchen verliebt, das ihn viel geküßt hat, und das hat ihm seine Selbstachtung wiedergegeben. Davor glaubte er ernsthaft, daß niemand ihn liebt und daß die Frauen ihn nicht mehr anziehend finden. Er telephonierte mit diesem Mädchen vor mir, überdies erzählte mir unser Freund, der Doktor, daß es wahr ist. Ich tu hier alles, damit er andere Frauen kennenlernt, das war der Hauptgrund, daß ich nach London gegangen bin. Erwähne bitte nicht, Darling, daß ich Dir meine Briefe an ihn kopiert hab, es würde ihn verletzen. Auch überzeug ihn, daß Du nach Cornwall eine große Veränderung an ihm bemerkst, das hilft auch. Er möchte, daß Du an ihn glaubst und ihn respektierst. Er war so unglücklich meinetwegen, darum hat er sich selbst verloren. – Ich mußte kurz aufhören. Ich hatte selbst einen furchtbaren Schwindelanfall – bei mir sind's die Nerven und Mitgefühl mit Dir. Ich werd alle Beschwerden bekommen, die Du hast. Das wird Dir helfen. Deine Handschrift sieht übrigens sehr beruhigend aus. Ich schließ jetzt lieber. In ein paar Tagen werd ich wieder schreiben. Du weißt nicht, wieviel es mir bedeutet, Deine Handschrift zu sehen.

Gestern erhielt ich einen Brief von Edith, sie scheint sehr glücklich zu sein und ist den Canettis noch immer sehr zugetan, vor allem Dir. Das ist gut, des Kindes wegen. Es freut mich, daß Nissim eine nette Frau hat, das ist sehr wichtig. Hat er diese Theater bekommen, die Du erwähntest? Wenn nicht, so mach ich mir dennoch keine Sorgen, er wird schon zurechtkommen. Wie begeistert war ich, als ich las, daß Deine Bücher überall liegen. Sie *lesen* sich so gut. Darüber in meinem nächsten Brief. Es ist der Stil eines Dichters, der wissenschaftliche Prosa schreibt. Auch meiner Maschine ist schwindlig.

All my love

Bitte schreib!
Ich werde – in ein paar Tagen

Veza an Georges *10. September 1946*

Mrs Canetti 35 Downshire Hill London NW3

10. Sept.

Lieber Benjamin,
Du tust mir sehr unrecht. Denn obwohl ich nicht geschrieben hab, hab ich doch äußerst wichtige Schritte unternommen, um nach Frankreich zu fahren und Weihnachten mit Dir zu verbringen. Ich werd mich jetzt nicht so elend fühlen, wenn Du mich siehst, denn da Du ja ein Genesender bist, wird Dir eine gute alte Mutter viel wohler tun als Deine roués. Du mußt mir meine pornographischen Aufzählungen verzeihen, ich hab nämlich die Angewohnheit, immer wieder den Herzog von Saint-Simon zu lesen, um dem weniger glanzvollen Leben am Hofe des Herzogs Canetti und seiner Kurtisanen zu entfliehen, von dem ich Dir jetzt einen kleinen Eindruck vermitteln will. Laß mich Dir nur sagen, daß ich von diesem Land hier einen Paß bekommen hab, um nach Frankreich zu reisen, daß ich die Wiedereinreiseerlaubnis ohne weiters kriegen werd, daß ich jedoch dem Innenministerium den kostbaren Brief überlassen mußte, den Du im Mai für mich aufgesetzt hast, und daß ich kein visé vom französischen Konsulat bekomm, wenn Du mir

nicht noch einen Brief schickst, von einem der Ärzte, die Dich behandeln, von jemandem vom Pasteur, kurz gesagt einen glaubwürdigen Brief, daß Du krank bist und mich dringend brauchst. Es tut mir sehr leid, aber das ist für den französischen Konsul die einzige Möglichkeit, da ich nun einmal staatenlos bin. Aber ich will mich nicht beschweren, daß ich's bin, denn das hat Deinen Bruder davor bewahrt, während des Krieges eingezogen zu werden. Ich kann nur 75 Guineen mitnehmen, das heißt also, ich kann nicht allzulang bleiben (dies, um Dir den Schock zu nehmen, den Du bekamst, als Du gelesen hast, daß ich komm). Wenn ich diesen Brief bald erhalte, könnt ich etwa fünf Wochen später in Châteaubr. sein oder einem anderen Sanatorium. Ich bin entschlossen zu fahren, und da ich ziemlich schwach bin, werd ich sehr froh sein, bei Dir sitzen zu dürfen, ohne viel zu reden, einfach nur bei Dir zu sitzen. Du brauchst keine Angst zu haben, daß ich zusammenbrech, und ich glaube nicht, daß ich mich sehr elend und krank fühlen werde, denn ich hatte gerade einen schlimmen Anfall, und darauf folgt meist eine bessere Zeit. Ich werd nur ein oder zwei Nächte in Paris bleiben und dann die ganze Zeit bei Dir. Ich spür, es wird mir viel besser gehen, wenn ich bei Dir bin. Das mein ich ernst, sonst könnt ich's nicht schreiben. Falls Du dran denkst, gib mir Bescheid, ob: ich Seife, Kaffee, Tee und Zucker mitnehmen soll. Das alles hab ich hier in rauhen Mengen und hab mir sagen lassen, daß es Euch in Frankreich fehlt. Schreib mir ja nicht, daß ich noch ein wenig warten und erst kommen soll, wenn es Dir besser geht, denn wenn Du gesund wärst, würd ich nicht kommen, dann würd ich Dir viel angenehmere Gesellschaft wünschen. Selbst wenn Du mich nicht willst, weil Du meine Stimmungen fürchtest, mußt Du mich kommen lassen, Canetti möcht es gern, und er will selbst kommen, wenn ich zurück bin. Wenn nämlich einer von uns im Land ist, kann der andere, falls es Schwierigkeiten gibt, immer zurück. Wir müssen vorsichtig sein, verzeih, aber wir bauen uns hier eine Existenz auf – und wie. Mit zu vielen Schwierigkeiten, um irgendein Risiko einzugehen.

Der Stand der Dinge zwischen Deinem Bruder und dem heiligen Sebastian (das ist Friedl) sah vorgestern aus wie folgt. Das ist streng vertraulich. Dein Bruder darf nie, nie erfahren, daß ich Dir alles erzählt hab. Aber warum solltest *Du* nicht einen spannenden Brief bekommen, wenn ich den ganzen Ärger hab. Nicht nur Ärger, ich fang an, sarkastisch zu werden, wie Du gleich sehen wirst. Also, F. hat vor drei Tagen versucht, sich umzubringen, aber so (um Canetti zu zitieren), daß man sie rechtzeitig retten würde. Ich hatte davon keine Ahnung und sah sie vorgestern abend, sie war sehr niedergeschlagen und sagte mir mit echtem Gefühl, daß sie verzweifelt ist, weil sie C. verloren hat und den anderen nicht mehr liebt, ja daß sie Bill tatsächlich verlassen hat, jede Verbindung abgebrochen. *Das* sagte sie mir um zehn Uhr abends und redete ganz bezaubernd weiter, so daß ich Mitleid bekam und so warme Gefühle für sie empfand, daß ich nur deshalb nicht zum Standesamt ging, um sie mit Canetti zu verheiraten, weil Canetti schon verheiratet *ist*. Ich spürte aber, wie ich ganz schwach wurde, und war nahe daran, dumme Sachen zu sagen, wobei ich vergaß, wie dieser Drachen uns schon betrogen hat. Aber um zwölf Uhr am selben Abend klingelte das Telefon, nein, es war nicht der Canetti, es war Bill. Sie sprach eine halbe Stunde mit ihm, im Zimmer ihrer Cousine, und kehrte strahlend zurück. Da wußte ich, es hatte eine Versöhnung gegeben und daß es nun wieder Bill ist, und sie konnt es nicht ganz leugnen. Das Problem ist, daß Canetti der Friedl nicht genug Geld gibt für sie und Bill und daß Bill, weil er nicht genug Geld aus ihr herauskriegt, manchmal schmollt. Nun, Friedl plauderte weiter, zwar nicht ohne jedes Gefühl für die Situation und nicht ohne sich zu schämen, aber um diese nächtliche Stunde, halb zwei, doch schon munterer. Als sie ging, versicherte sie mir, was sie wolle, sei eine reine »Freundschaft«, keine fleischliche, nur eine ideale Freundschaft mit Bill. Diese war so ideal, daß sie letzte Nacht mit ihm geschlafen hat, und Dein Bruder ertappte sie, nicht gerade auf frischer Tat, aber er rief zu einem ungelegenen Zeitpunkt an und merkte es. Heute abend ist er bei ihr, Dein Bruder, weil sie ihm die Situation erklären muß, denn daß sie die ganze Nacht mit Bill zusammen war, heißt durchaus nicht, daß sie mit ihm im Bett war, nein, wahrscheinlich waren sie auf dem Sofa. Verzeih die derbe Geschichte, aber das Ganze ist nun einmal derb. Dein Bruder – er ist immer noch bis über beide Ohren in sie verliebt – ist manchmal in einer sehr gefährlichen Stimmung, und ich muß auf ihn aufpassen, wobei ich selbst in eine gefährliche Stimmung gerate. Darum hab ich nicht geschrieben. Denn bei all dem und weil ich dazu noch so krank bin, daß ich hoffe, Du kriegst Morphium für mich, um mir über die schlimmsten Schmerzen (die Nerven) hinwegzuhelfen, weiß ich nicht, wie ich schreiben soll, in welchem Stil, in welcher Laune, auch wenn ich immer wüßte, *was* ich schreiben soll, wie Du siehst. Ich weiß nicht, ob ich ihn nicht doch mit ihr verheiraten werde. Denn ich bin all das Mich-Einmischen, Ihn-Überwachen und -Warnen und Mich-Sorgen so leid, daß ich's am besten fänd, er würd noch tiefer in dieses kalte Wasser springen und sich noch ärger verkühlen. Glaubst mir nun, daß ich mich sehn, für eine Weile fortzufahren? Sie, das ist ausgemacht, fährt nach Schweden (wobei Dein Bruder die Reise und ihren Aufenthalt dort finanziert), und sie wird sich dort entscheiden, was sie braucht, Sofas, Betten etc. Auch geht Marie Louise für einen Monat nach Wien, um sich ihr Schloß dort zu sichern, nein, das ist jetzt nicht Saint-Simon, es ist wirklich ein Schloß, eines der schönsten in Österreich, und sie bekommt es zurück. Canetti wird also eine Zeitlang allein sein, was seiner Arbeit sehr guttun wird. Hab ich Dir erzählt, daß die Schweiz an einer Ausgabe interessiert ist? Ich warf heute einen Blick in sein Macht-Buch, es ist wunderbar, ist es nicht eine Schande, daß ein Genie seine Zeit mit so unangenehmen Dingen verbringt. Byron hatte zumindest viel Spaß, er hat *nur* Sorgen und Ausgaben.

Entschuldige diesen sehr unpoetischen Brief, aber ich mußte es Dir erzählen, ich glaub, es war nie jemand in einer schlimmeren Lage als ich (hier in London ist es jetzt besser, ich seh Freunde und hab ein bißchen Komfort), bis auf die Menschen in Belsen. Aber der Gedanke an sie läßt einen erst recht an allem verzweifeln, und ich hoff nur und geb die Hoffnung nicht auf, daß nun ein paar bessere Jahre kommen, nach Deiner Operation. Denn wenn Du die überstanden hast, wirst Du auch alle anderen schrecklichen Schwierigkeiten schnell überstehen. *Wenn Du nicht wärst*, würden wir beide denken, es lohnt sich nicht weiterzuleben, trotzdem Dein Bruder jetzt berühmt wird. All my Love, mein lieber Engel, was für eine große Ehre, daß ich Dich kenn, dessen Werke durch das Institut Pasteur vertrieben werden. *Du wirst den Nobelpreis bekommen!*

Die arme Peggy
Nur Dich liebt
Veza

Mrs Canetti 35 Downshire Hill London NW3

28. Sept.

Lieber Lauser,

Du bist genausoschlimm wie Dein Bruder … aber ich werd Dich nicht schelten, weil Du so tapfer warst und so nobel, diesen Brief *vor* Deiner Operation zu schreiben, Du mußt wirklich ein Held sein, und wir haben Dich sehr bewundert. Dennoch war ich so besorgt, daß ich mich unfähig fühlte, Dir zu schreiben, denn Du bist eher ein Held als ein Sohn, kein guter Sohn, ich sage Dir, Dein älterer Bruder läßt mich *nie* ohne Nachricht, Kleiner, und schrieb aus Cornwall *jeden* Tag, er, der nicht auf ein Angebot zur Verfilmung seines Buches geantwortet hat. Also tu das nie wieder, es treibt uns zum Wahnsinn. *Lauser.* Gestern, nach Deinem Telegramm, kam Dein Brief, offenbar haben sie Dir den Arm nicht rechts an den Körper bandagiert, denn wie hättest Du ihn sonst schreiben können. Ich nehm an, ich werd keine Einzelheiten über Deinen Zustand erfahren, und werd eines Tages in Châteaub. vorbeikommen müssen, um es mir selbst anzusehen. Dort werd ich wahrscheinlich viele »Favoritinnen« vorfinden, wenn nicht sogar ein paar roués, Frauen stören mich nicht, vor allem junge, aber könntest Du Deine roués, wenn ich da bin, zweimal die Woche für eine Stunde fortschicken? Ich mag sie nicht. Ich nehm an, alle Ärzte nutzen Dich aus, da Du ja hilflos im Bett liegst, schön, wie Du bist, hier täten sie's, denn die Tendenz unter den modernen Engländern geht eher in diese Richtung als in die andere. Oscar Wilde hätte hier verdammt viel zu tun …

Am 15. Sept. fand mein Bruder in seinem Garten in Kent ein vierblättriges Kleeblatt, und da er wußte, wie sehr wir uns um Dich sorgen, schickte er's mir, ich klebte es an Deine Photo, wo es noch immer Wunder wirkt. Was wird er sich über das Resultat freuen. Das Problem ist, ich könnte nicht einfach vorbeikommen, ohne Dich vorzuwarnen, weil Du dann nicht wissen würdest, wer dieser fette alte Brocken ist, der da in Dein Zimmer gerollt kommt. Es wär so ein Schock für Dich, daß Du wieder krank würdest, was ich verhindern muß, und ich glaube im Ernst, ich könnte Deine Genesung beschleunigen, weil ich nämlich Glück bring. Was nicht heißt, daß ich nicht selbst alles Unglück der Welt hab, aber ich bringe Glück. Falls Dein Chirurg ein bißchen Fleisch in Deine Hüften einpflanzen will, steh ich Dir zur Verfügung, sie könnten's von meinen Hüften nehmen oder auch von meiner Nase, an meiner Nase ist genug für Dich dran, dickes, fettes Fleisch, ich würde es nur zu gern loswerden.

Neulich lernten wir einen plastischen Chirurgen kennen, einen Juden aus Wien, und er erklärte uns Brustoperationen wie folgt. »Ich steckte die Brustwarze, die sich an den Knien der Frau befand, durch einen Spalt, den ich oben gemacht hatte, und befestigte sie mit einem Stab, und da hing sie nun, gleich unterm Kinn, und sie wuchs sogar an, so daß die Frau, wenn sie wollte, Milch produzieren könnte …« So redet Ihr Chirurgen. Nur Du nicht, Du redest in Deinem Buch wie ein Prinz. Auf *deinem* Seziertisch hat niemand das Gefühl, ein Kadaver zu sein. Ich werd heute nicht ausführlich über Dein Buch schreiben, weil ich immer noch erschöpft bin von all dieser quälenden Angst um Dich, und Deinem Bruder geht es kein bißchen besser, so daß er mich auch nicht aufmuntern kann. Und das ist der Grund, warum ich meine Vitaminflasche heute verschließ und hoffe, in ein paar Tagen mehr Kraft zu haben, um einen meiner Skandalbriefe zu schreiben. Für Deinen Bruder geht alles (bis auf die Liebesaffären) sehr gut voran, und wir werden bald nicht mehr genug deutsche Exemplare haben für all die Anfragen, so viele Länder, nur Frankreich nicht, dieses verfluchte Volk, ich weiß nicht, warum sie dieses große Buch nicht haben wollen. Du kennst nicht zufällig jemanden in Frankreich, der eine deutsche Blendung eintauschen würd gegen Auto-da-Fé, wir brauchen es für die Schweiz, wo sie's auf deutsch neu auflegen wollen. Vielleicht hat Nissim eins, aber ich nehme an, es wär Zeitverschwendung, ihn um diesen Gefallen zu bitten, da Edith jetzt ja nicht mehr greifbar ist und zu beschäftigt mit ihrem neuen Baby. Falls Du dran denkst, schick uns die Adresse von Joe und Elias, sie sollen Auto-d. bekommen, wenn im November die dritte Auflage erscheint. Es wird noch ein paar glänzende Kritiken geben, und Horizon wurde mit bösen Briefen überschüttet, der Herausgeber hat es Canetti selbst erzählt und sich entschuldigt, er sei in Brasilien gewesen und wußte nichts von dieser Schande, er liest das Buch gerade und ist begeistert. Auch erwägen sie, wie ich bereits erwähnte, die Hochzeit in Wien aufzuführen, wir warten auf weitere Nachricht, der Postverkehr läuft immer noch sehr schlecht, sie haben dort so viele Zonen, daß durch das Streiten darüber, welche Zone und wie und warum, in jenem Land ein Riesendurcheinander herrscht, mit den Nazis ganz oben, in führenden Positionen, sogar bei der Polizei.

Wenn Du nicht Deine »Favoritin« oder Deine »Kurtisanen« oder Deine »roués« dazu bringst, mir sofort über Dich zu schreiben, gibt es keine Vitamintabletten. All our love, Dein Bruder erhielt Dein Telegramm erst heut morgen, wie wird er sich freuen, er wird es küssen.

Love
Peggy, Pharaonin von Ägypten

Elias an Georges *10. Oktober 1946*

10. Oktober 1946

Mein geliebter Georg,
Eben kam ein Brief von Nissim (Veza hatte ihn um die Komödie gebeten, die wir dringend brauchen) und er schreibt, dass es Dir ein *wenig* besser geht. Wenn es nur wahr ist, wenn es nur wahr ist. Wir haben inzwischen beide beschlossen, dass wir Dich diesen Winter sehen müssen. Ich habe das sichere Gefühl, dass genug operiert worden ist, hoffentlich nicht zuviel, und dass Du Dich eine gute Weile ausruhen und erholen und wieder an Gewicht *zunehmen* musst. Wir wollen Dich hintereinander besuchen, erst Veza auf einen Monat (und wenn es Dir gut tut, natürlich auch länger) und dann, vielleicht einen Monat nach ihrer Rückkehr, ich. Das sind jetzt keine leeren Versprechungen. *Veza hat endlich ihren Pass* (ein sogenanntes Travelling Paper, das Staatenlose hier von den englischen Behörden bekommen), und was wichtiger ist, sie fühlt sich seelisch durch den Aufenthalt in London so weit wiederhergestellt, dass sie zu einer Reise allein den Mut hat. Sie will also wirklich fahren, und es hängt jetzt ausschliesslich von Dir ab, dass sie das französische Visum bekommt. Die Franzosen sind nämlich, was Staatenlose betrifft, sehr heikel mit Visa. Ein Brief von Dir allein genügt nicht. Du müsstest von einem hochgestellten Arzt (etwa dem Direktor der Anstalt, in der Du

jetzt bist, oder Ameuille, oder dem Institut Pasteur) einen Brief schreiben lassen, aus dem ersichtlich ist, wer Du bist und vor allem, dass ein Besuch von Deiner Schwägerin jetzt von kardinaler Wichtigkeit für Deine Gesundheit ist. Das kannst Du gewiss ohne Schwierigkeit mit einem Deiner Freunde besprechen. Wenn Du glaubst, dass es stärker wirkt, lass hineinschreiben, dass es Dir um den Besuch Deiner Schwägerin jetzt und dann auch Deines Bruders geht, der aber noch nicht gleich kommen könnte. »Bruder«, als näherer Verwandter, ist vielleicht eindrucksvoller. Ich glaube, dass die Franzosen es der Veza dann geben werden. Das englische Rückreise-Visum kann sie leicht haben.

Denk Dir nur aus, wie Du es am liebsten hättest. Die Veza kann, sobald sie das Visum hat, jederzeit kommen, also schon in zwei oder drei Wochen, wenn Du Lust hast. Übers Geld mach Dir keinerlei Sorgen, das nimmt sie von hier mit. Wenn Du vor hast, in kurzer Zeit von Chateaubriand wegzufahren, könnte sie Dich in Paris treffen (wo der Nissim immer ein Zimmer für sie bereit hat, in einer Pension, aber es ginge auch bei ihm, schreibt er, er schreibt wirklich sehr nett) und falls Du nur kurz in Paris bleibst, mit Dir nach St. Hilaire weiterfahren. Da kannst Du sie doch sicher leicht unterbringen. Sie hat einen einzigen Gedanken, das ist, viel mit Dir zu sein, und denselben Gedanken habe auch ich. Du weisst nicht, wie verstört sie diesen Sommer war, durch ihre widerwärtigen Erlebnisse mit Hausfrauen, und wie verändert sie jetzt ist, seit sie mit kultivierten Menschen zusammenwohnt. Ausserdem besteht jetzt auch Aussicht auf eine eigene kleine Wohnung und das macht sie wieder stolz und selbstbewusst. Ihr quälender Gedanke diesen Sommer war, dass sie Dir in ihrem verstörten Zustand nicht vor die Augen kommen darf, sonst könntest Du sie vielleicht nicht mehr so hoch achten wie früher. Alles bei ihr ist rührend und ergreifend und menschlich und ich frage mich oft, wie es möglich ist, dass ein Wesen ihrer Art heute in dieser Welt überhaupt da ist. Glaube ja nicht, dass sie keine Lust hatte zu kommen, Du würdest ihr bitter unrecht tun. In einem Punkt ist sie natürlich wie jede Frau und versucht herauszubekommen, wie gern Du sie hast; aber ich glaube nicht, dass sie je ernsthaft an Deinem Gefühl für sie gezweifelt hat. Es ist immer die umgekehrte Angst, dass Du aufhören könntest, sie gern zu haben, weil sie so viel erlebt hat und acht Jahre älter geworden ist. In Wirklichkeit, im Wesen, ist sie keineswegs älter, nur reicher und klüger und noch besser als je. – Falls Du mich zuerst bei Dir haben willst, kann ich natürlich auch jederzeit kommen; das Schwierige wäre nur, dass ich nur meinen Pass erst einreichen müsste, was bestimmt wieder einen Monat dauert. Wenn aber Veza erst fährt, kann ich inzwischen meine Papiere in Ordnung bringen und für später bereit sein. Ausserdem hat Veza, die kein Mensch von leichtem Entschluss ist, so wenig wie ich, jetzt grosse Lust. Der November in England hat ihr nie gut getan; ich fürchte, wenn sie den November hier ist, könnte sie wieder herunter kommen und dann einfach den Mut verlieren.

Vor allem sei so lieb und verschaff uns einmal gleich den wichtigen Brief und dann überleg Dir's, wie Du Dir's wünschst. –

Freitag

Mein Brief ist wieder einen Tag liegen geblieben, und eben erzählt mir Veza, was mit Deinem Buch geschieht. Das *ist* eine Ehre, und in Deinem Alter! Ich kann Dir nicht sagen, wie ich mich freue, von hundert Herzen, ich glaube, ich hab soviele, und manche davon magst Du. Das Institut Pasteur kann es wieder zu was bringen, wenn es so viel von Dir hält. Georg, mein zärtlich geliebter *grosser* Bruder, Du *wirst* wieder ganz gesund werden, und wir werden beide schöne und gute Dinge leisten, wenn ich Dich nur schon sehen und umarmen könnte. Meine Sehnsucht nach Dir ist in den letzten Monaten so gewachsen, dass ich manchmal einfach in ein Flugzeug steigen möchte und in zwei Stunden bei Dir sein.

Ich werf diesen Brief jetzt so ein, obwohl er nicht so ist, wie Du ihn Dir gewünscht hast. Aber Du bekommst bald einen andern, mit seriösem geistigen Gehalt. Heute musst Du mit »blossen« Gefühlen vorliebnehmen. Und vor allem: überleg genau, wie Du es haben möchtest. Natürlich kann die Veza auch vorfahren und ich in einigen Wochen nachkommen, falls Du uns gern beide zugleich in Frankreich hättest. Wir könnten abwechselnd in Paris sein und dann jeweils ein paar Wochen bei Dir in St. Hilaire: Bestimme es *wie Du willst* und es wird genau so geschehen.

Sei tausendmal umarmt und geküsst und geliebt und bedankt dafür, dass Du mich noch immer gern hast

Dein Bruder Elias.

Veza an Georges *24. Oktober 1946*

Mrs Canetti 35 Downshire Hill NW3

24. Okt.

Geliebter Sohn,
eben erhielt ich Deinen Brief, und aus mehreren Gründen bin ich entzückt: Erstens, Deine Stimmung ist besser, zweitens, daß Du so bald nach Paris fahren kannst, und dann dacht ich, ich würde diesen Brief von Deinem Sana nie kriegen, weil ich dachte, Du möchtest nicht, daß ich komme. Wenn ich aufs Datum schau, *fürcht* ich, es wird St Hilaire sein müssen, *natürlich* nicht Paris, ich will ja nicht, daß all die Frauen, die in Dich verliebt sind, mir meine hübschen Augen auskratzen, und überdies würd ich sie alle umbringen mit meiner scharfen Zunge. Meine Stücke gehen nach Wien, Salzburg etc., also hab keine Angst, daß Du sie lesen mußt, ich werd keine Kopien mehr übrig haben, sie sind jetzt ganz versessen auf unsere Erzeugnisse, denn es sind nicht mehr viele Schriftsteller übrig, die auf Deutsch schreiben. Morgen schick ich eine Gillette-Klinge ab, beste Qualität, in einem leeren Kuvert, und Du wirst mich wissen lassen, ob das die Sorte ist, die Du willst. Und denk dran. Ich komm Dich besuchen, damit Du ruhig auf Deinem Sofa liegen bleibst, um Dir die Zeit zu vertreiben, während Du noch nicht allzu kräftig bist. Was Geschichten anlangt, so werd ich sie mitbringen, in meinem Kopf, genug für einen ganzen Monat. Und natürlich werd ich einen Monat bleiben, wenn Du meiner nicht allzu müde wirst. Wenn der Mantel, den meine Cousine in New York an mich abgeschickt hat, nicht rechtzeitig eintrifft, werd ich in Lumpen gekleidet sein, also sag bitte, daß ich eine alte Gouvernante bin, die Dich besuchen kommt, oder Dein Kindermädchen oder etwas in der Art. Ich kann Dir auch einen »Verkaufs«-Witz erzählen, jetzt gleich, und einen französischen noch dazu. Meine Cousine hat mich damit immer versorgt, als ich noch jünger war. »Eine vornehme Französin …« Nein, ich hebe sie mir lieber auf, als pièce de resi-

stance. Dein Cousin Elias Canetti schrieb uns einen reizenden Brief, über das Archiv: »Ihr habt einen verkalkten Vetter, der alles aufhebt …« etc. Wir haben uns totgelacht. Hast Du ihm alle Kritiken für das Archiv geschickt? Es wäre gut, wenn Du's tust, denn ich zieh ständig um und verlier dabei alles, was mir teuer ist. Die Vorstellung, daß ich etwas von Marianne anziehen könnt, ich hab ungefähr den Umfang von Tante … ich hab ihren Namen vergessen, die Mutter von Mathilde in Wien.

Dein Bruder war beeindruckt und begeistert, als er las, daß die Kongreßteilnehmer Dein Buch bekommen haben. Er ruft jeden Tag aus Amersham an, um zu fragen, ob ein Brief von Dir da ist. Morgen zeig ich ihm diesen, wird *er* sich freuen! Der Geschmack von Euch Franzosen ist *gar nicht* so gut, denn der Verlag, der sein Buch nicht übersetzen wollt (wegen Papiermangel), nahm Sebastians Buch an, das Canetti geschrieben hat, und eben ist es in Frankreich erschienen, nachdem jedes andere Land es abgelehnt hat. Für diesen Dreck haben sie das Papier. Ich würd's Dir gern schicken, nur zum Spaß, sie hat mir ein Exemplar versprochen, doch Dein Bruder wird mir keins geben, aus Angst, daß ich's Dir schick. Er sagte, niemand in Frankreich aus der Familie darf es lesen, er schämt sich. Wenn Du's Dir also irgendwo besorgen kannst, tu's, hier hieß es »The Monster«, nicht nötig, den Titel im Französischen zu ändern, Anna Sebastian der Autor. Den Verlag weiß ich nicht, aber wart noch ein bißchen, ich hoff noch, eins für Dich zu bekommen. Auch werd ich Dir endlich den Macaulay schicken. Warum läßt Du Dir keinen Bart stehen? Ich wußte gar nicht, daß Du Dich schon rasierst, ich dachte, Kinder tun das nicht. Ich werd mich sicher nicht über Deinen Bart beschweren, ich bin nicht mehr so sehr fürs Küssen, ich bring lieber eine Peitsche mit.

Da Du nach Pornographie verlangst: Nun, sie und Bill sind wieder aufs engste verbunden (es gäbe noch andere Worte dafür, aber vielleicht bist Du nicht stark genug, um sie zu vertragen), und Dein Bruder zahlt die »Bills« – der Doppelsinn ist durchaus beabsichtigt. Wenn ich aus Frankreich zurückkehr, werde ich einen Nicht-Dichter heiraten (Dein Bruder darf davon nichts wissen). Nicht, daß ich für irgendwen eine besondere Vorliebe hätt, doch ich hab Angebote von ein paar alten Gentlemen, und ich bin es so leid, in diesem Durcheinander zu leben, ich sehn mich einfach nach Ehrbarkeit, und wenn ich jemanden finde, der ein Kastrat ist, werd ich mich in das Abenteuer stürzen. Dein Bruder darf davon nichts wissen, denn so froh er auch wär, mich loszuwerden, wenn es Ernst wird, fängt er zu schreien an wie ein kleines Kind und muß getröstet werden. Ich werd mich an den verkaufen, der eine Flucht von Zimmern hat, Kristallglas bei Tisch und einen Butler. Seltsamerweise findet man solche Männer in diesem Land, sogar in meinem Alter. Wenn er beim Mittagessen und beim Dinner strenge Regeln befolgt, wenn er sich zum dîner umzieht, wenn er regelmäßig in die Kirche geht, dann wird er bevorzugt, ich sehn mich nach Regeln, Vorschriften, strengen Prinzipien, und es kümmert mich nicht, wenn er einen Schnurrbart hat. Mich kümmert gar nichts, außer es ist ein Durcheinander, und aus der Entfernung kümmert es mich noch nicht einmal, wenn ich mich um Deinen Bruder kümmern muß.

Auch Nissim schrieb mir einen sehr netten Brief, er weiß eine Adresse, wo ich bleiben könnte, leider glaubt er, ich bleib in Paris, und empfiehlt mir eine Pension, wirklich sehr billig, es würde mir auch nichts machen, für eine Woche zu zahlen, selbst wenn ich nur zwei Tage bleib. Ich sagte ihm, ich möchte *nicht* bei Verwandten wohnen. Die Aussicht, alle Verwandten sehen zu müssen, bevor ich zu Dir komm, ist mir offen gestanden unerträglich, und wenn Du ein Hotel weißt, wo ich ein Zimmer find, ohne irgendwen zu verständigen, wär ich Dir äußerst dankbar. Es wär eine zu große Strapaze für mich, ihnen von ihrem berühmten Verwandten zu erzählen, der dann vielleicht gerade den dritten Roman von Anna Sebastian korrigiert, dahockt wie ein Idiot und ihr Werk, ihre Schönheit und ihren Charme bewundert. Mit gebrochenem Herzen, weil sie Bill liebt und noch tief sinken wird (das wird sie zweifellos) und im Gefängnis landen und als Straßenmädchen sterben (wenn auch nicht in Piccadilly, da würde sie nicht den üblichen Preis bekommen, sie sind schön in Piccadilly), oder greinend, weil *sie* in Schweden ist und ich in Frankreich bin, anstatt froh zu sein, daß er seine Ruhe hat und allein ist, mit so vielen hübschen Frauen, die hinter ihm her sind, jetzt, wo er ein berühmter Mann ist. Er ist so komisch, daß ich nur unglücklich bin, wenn ich ihn seh, mit seinem wunderschönen Kopf, einem noblen Lächeln, tiefen Falten, die wie die Falten eines neugeborenen kleinen Bären aussehen und nicht in dieses Gesicht gehören. Mit seiner Stimme, die so sanft und schön ist wie Deine. Mit seiner naïveté und seiner Ahnungslosigkeit in Sachen Frauen, auch wenn er Therese beschrieben und die »Hochzeit« verfaßt hat. Mit seiner Unfähigkeit, mit der Wirklichkeit fertig zu werden, wenn es darum geht, sie zu *leben*, und nicht, sie zu schreiben. Ja, ich lache, wenn ich allein bin, und fürcht mich davor, ihn zu sehen, den »Don Quijote«, der den Don Quijote geschrieben hat. »Und wer soll mir dann meine Briefe schreiben?« sagte er vor drei Tagen, als ich davon sprach, nach Frankreich zu fahren. Ja, wer? »Ich werd sie Dir nach Frankreich nachsenden«, war der Ausweg, auf den er verfiel.

Ich leg die leere Hülle einer Gillette bei, damit Du mir sagst, ob es die richtige ist, es gibt drei Sorten, und ich schick die Klinge morgen in einem leeren Brief, damit Du entscheiden kannst. Nun, lieber Sohn, mein einziger Stolz und ~~der Jakob (das ist der, der die Linsen nicht bekam)~~ (das Zitat und der Vergleich haben mir nicht gefallen, er stammte aus der Bibel und paßt nicht in diesen Brief), all my love, ich schreib in ein paar Tagen. Ich hab ein paar alte französische Filme gesehen, »La Femme du Boulanger«, »L'Atalante«. Sie sind wirklich wunderbar. (Aus lauter Leidenschaft für Dich bin ich in französische Filme gegangen.)

Peggy
Veza

Veza an Georges *6. November 1946*

Mrs Venetia Canetti 35 Downshire Hill London NW3
6. Nov. 1946

Mein Geliebter,
heut war ich von 12 bis 3 Uhr auf dem französischen Konsulat, und ich wäre sehr zuversichtlich, daß ich das visé bald bekomme, wenn mir nicht ein Freund gesagt hätt, ich hab keinerlei Aussicht, es bald zu bekommen, weil ich eine verdammte Ausländerin bin, und die Franzosen sind in dem Punkt viel schlimmer als die Briten. Er sagte, das dauert in etwa zehn Wochen, wenn ich nur diesem Brief von Deinem Sana hab. Das sagte man mir auch bei den britischen Reisepapieren, und

die bekam ich mit großer Zuvorkommenheit innerhalb von fünf Tagen, so daß ich nicht völlig entmutigt bin, aber ich sag Dir, wie's steht. Ich werd ihnen zwei Wochen geben und dann hingehen und drängeln und versuchen, irgendeinen einflußreichen Menschen hier zu bewegen, sich einzuschalten. Tatsächlich ist der Gentleman, der mir das sagte, der Wiener Schwiegersohn von Lord Croft, der Mitglied des Unterhauses ist und Millionär, aber das zählt weniger als der *britische* Paß zum Beispiel einer Klosettfrau oder Scheuerfrau oder sogar eines »crook« (ein »crook« ist einer jener Männer, die mich verführen werden, um mich in Marseille zu verschleppen und mir mein Geld zu stehlen etc.). Wie wird Dein Bruder lachen, wenn ich ihm das erzähl. Sohn, Du mußt Dich daran gewöhnen, daß ich fünfzig bin, aber noch zehn Jahre älter ausseh und so dick bin, daß sie mich in London »granny« nennen (grandmother). Dein Brief ließ mich erröten, denn wenn Du so mit mir sprichst, wonach Dir zwar, wenn Du mich siehst, nicht mehr zumute sein wird, was Du jedoch aus Galanterie in der ersten Woche vielleicht noch wirst tun wollen (in der zweiten nicht mehr, dann werd ich Dich bereits langweilen), dann gehe ich. Ich habe die Würde einer Matrone, mein Lieber, und ich erröte nicht gern. Wenn ich nicht wüßte, hélas, daß ich unfähig bin, mich zu verlieben, und nicht einmal Opfer Deines sehr großen Charmes werden kann, würd ich nicht kommen, denn Du bist eine große Gefahr, mit Deiner Stimme, aber vor allem wegen Deiner noblen Haltung. Denn nie zu klagen, nein, auf so reizende Art über all Deine Qualen zu schreiben, das übersteigt meine Vorstellungskraft, und ich schäme mich so für meinen Brief, den ich gestern einwarf, daß meine einzige Hoffnung ist, dieser erreicht Dich vor dem anderen. Und dieser ist heiterer, weil ich beim Konsulat war und eine Chance besteht, daß ich bald bei Dir sitz und Dich seh. Ich werd meine Brille aufhaben, um Dich besser sehen zu können, ich trag eine Brille, hab keine Zähne, noch nicht einmal falsche, und geh am Stock. Du wirst also feststellen, ich bin kränker als Du, denn abgesehen von meinen verschiedenen Beschwerden, ist das Alter selbst eine Krankheit.

Was Du dazu schreibst, daß Du in Ch. bleiben mußt, und zu dem Grund – ach, welch ein Held du bist! Wie bewundernswert! Du wirst wieder völlig gesund werden, Du wirst schon sehen, bei so viel Feuer und Mut kann es nicht anders sein, überdies werden *Deine* Fälle immer völlig gesund, wie Du in Deinem Buch nachlesen kannst und wie ich mir von berühmten Ärzten hier habe sagen lassen. Und Du wirst länger leben, als wenn Du gesund gewesen wärst, weil Du keine Möglichkeit hast, Dein Leben, Deine Jugend, Deine Kraft einfach wegzuwerfen, wie's Dein Bruder tut.

Danke für Deine wertvollen Angaben dazu, daß ich zu Deinem Sana eine halbe Stunde zu Fuß gehen muß, das ist ein Punkt, der mir nicht das geringste ausmacht, selbst wenn es eine Stunde ist, und abends werd ich eine »torch« nehmen (so eine elektrische Lampe, die man in der Tasche trägt) und werde nicht mit Deinen Ärzten im Auto fahren, denn ich mag nicht mit ihnen Konversation machen. Ich werde sehr schnell müde, Sohn, die Nerven, und nichts hasse ich so wie Konversation. Überdies werd ich nie lange bleiben, aus den genannten Gründen, ich würde müde werden, und Du im übrigen auch. Ich hab vor zu fliegen, so daß die »crooks« kaum eine Chance haben, mich zu verschleppen, aber vielleicht ist kein Platz frei, in dem Fall muß ich den Zug nehmen, was keine große Sache ist. Was das Taxi betrifft, werd ich Deine Anweisungen befolgen, doch ich schau nie in den Spiegel, mein Lieber, ich hasse meinen Anblick, und werd nur das Gepäck abgeben und weiterfahren. Auf keinen Fall werd ich mit irgendwem Französisch reden, denn das bißchen, was ich konnte, hab ich vergessen und muß manchmal innehalten, wenn ich Deutsch sprech, um die richtigen Worte zu finden. Ich werd wohl nicht lange in Frankreich bleiben können, denn das Innenministerium gesteht mir nur 75 Pfund Sterling zu, und man sagte mir, da drüben ist alles schrecklich teuer. Doch was ich hab, werd ich für meinen Aufenthalt in Ch. ausgeben, Paris ist mir völlig wurscht. Ich komme, um *Dich* zu sehen und nicht Paris. Du bedeutest uns mehr als Paris. Auch werd ich Dir alle Nettigkeiten der Welt sagen, aber Du darfst nicht nett zu mir sein, aus den auf Seite zwei genannten Gründen. Du wirst sehr respektvoll sein müssen und »Küß die Hand« sagen, wenn ich komm und geh. Denn meine Haupteigenschaft ist *Stolz*.

Deinen Bruder seh ich erst übermorgen, er wird sich wirklich sorgen um Dich, darum darfst Du uns nicht ohne Nachricht lassen. Und vergiß nicht, *ihm* zu schreiben und *ihm* zu sagen, daß Du ihn unbedingt dahaben willst. Es ging ihm so gut, als er aus Cornwall zurückkam, dieses elende Frauenzimmer hat seine innere Ruhe zerstört.

Ich glaub, ich erwähnte bereits, daß ich noch in diesem Monat eine Wohnung bekomm, nicht schön, nur für ein Jahr, aber ich muß sie nehmen, obschon ich mich dort, wo ich jetzt bin, sehr wohl fühl, ich werde Dir alles darüber erzählen. Ich kann nicht mehr weiterschreiben, ich muß mir meine Geschichten jetzt für die Zeit aufheben, wenn ich bei Dir bin, ich denke schon an nichts anderes mehr als daran, daß ich *Dich* bald seh, ich wünschte, ich könnt auf der Stelle fliegen. *Vielleicht* entschließ ich mich doch noch, die Familie zu sehen, kann aber niemanden damit belasten, mich zum Zug zu bringen. Ich nahm einmal einen falschen Zug in Paris, also warum soll ich mich nicht wiederholen. Im übrigen glaub ich nicht, daß ichs werde. Du siehst, ich bin voller »préparatifs«, das dürfte das französische Wort dafür sein. Much love, und in ein paar Tagen bekommst Du einen Brief. Nein – *all* my love

Veza

Veza an Georges *10. November 1946*

10. Nov.

Lieber St Georges,
die Krönung Deiner Noblesse war nach unserer Ansicht, daß Du Dich weigertest, das »monströse« Buch zu lesen, eine Weigerung, die Deinen Bruder entzückte, der immer noch in einer traurigen Stimmung ist, wenn auch mit komischen Einschüben, zum Beispiel, als die Cousine von F., bei der ich wohn (und die ich mag), um ein Uhr nachts mit ihm zu F. ging, die eine halbe Stunde entfernt wohnt, wo die eine Cousine der anderen, in seiner Gegenwart, die häßlichen Dinge vorwarf, die sie, eine zur anderen, über ihn gesagt haben, während F. ihre Beute bereits entkommen sah, ahnte sie doch ganz richtig voraus, daß die Cousine hier, die ich Gill nennen werd, ihr den C. ausspannen will, was mir insgeheim lieber ist, denn sie ist ein viel besserer Charakter. Hélas, sie weiß nicht, daß C. sie nur mag und sieht, weil sie die Cousine der anderen ist und weil er über die andere reden und mehr über den Goldman aus dem

Eastend erfahren will. Die Cousine hier hat wahrscheinlich größere Chancen auf einen besseren Leumund im Leben – sie hat eine Million Pfund geerbt und hat jetzt auf ihrem Sparbuch nur die lumpige Summe von etwa dreitausend. Ihr Haus an der Adresse, die ich aus ersichtlichen Gründen heute nicht oben angebe, ist eines der elegantesten Londons, die Beschreibung heb ich mir für unser persönliches Gespräch auf.

Kurz bevor ich einzog, schilderte man sie mir wie folgt: bösartig, geizig, grausam, hartherzig, eifersüchtig, tyrannisch, eigensinnig und gemein. Vielleicht ist sie das alles (obwohl ich das sehr bezweifle), aber das Komische ist: Grausam, wie sie ist, hat sie sich doch in mich verliebt, und ich mag sie, vielleicht auch, weil ihre Geschichte so merkwürdig ist. Sie hat in jungen Jahren ihren Verlobten verloren, er starb unmittelbar vor der Heirat, was sie in Verzweiflung stürzte. Anscheinend hatte sie ein paar Liebhaber, zumeist bekannte Namen, und dann einen ständigen, der hier ein großer Physiker ist und verheiratet war, zwei Stiefsöhne hatte, die seinen Namen tragen, und der sich nicht scheiden lassen wollte von seiner Frau, obwohl sie mit einem anderen Mann zusammenlebte. Gill wollte ein Kind von diesem Mann und bekam es auch, womit sie die große Ausnahme war, eine Dame der höheren Gesellschaft mit einem natürlichen Sohn. Eine sehr mutige Tat, die ich bewundere, wenn's auch nicht allzuschwer war, denn sie kann diesem Kind schließlich den Weg mit Gold pflastern. Dieser Junge, neun Jahre alt, ist das reinste Wunder, ich kenne keinen Erwachsenen, der so klug, gebildet, reizend und künstlerisch begabt ist wie er, und ich bete ihn an.

Der Vater dieses Kindes blieb noch lange mit ihr zusammen, doch als ein leidenschaftlicher Mann hatte er daneben viele Liebchen, so daß sie sich nach ihm verzehrte, wenn er zu kommen versprach, sich aber verspätete wegen Fionna oder Diana oder wie immer sie hießen, die wahrscheinlich zehn Jahre jünger und viel hübscher waren (sie ist attraktiv, schlank und sehr gescheit, äußerst kultiviert, aber nicht schön).

Nach zehn Jahren des Leidens hatte sie es satt und suchte sich einen jüngeren Liebhaber. Einen schönen Mann, der hier bei ihr wohnte, als ich einzog. Aber da sie eine nüchtern denkende Frau ist, erwartete sie nicht, daß er in Muße ⟨*⟩ von ihrem Geld leben würde, sondern wollte, daß er eine Stellung annahm, und besorgte ihm eine. Die er auch wirklich annahm, aber dann dachte er sich, wenn er schon arbeiten muß, warum dann mit einer Frau leben, die zweiundvierzig ist, wenn er zwei haben kann, die einundzwanzig sind, und verließ sie. Jetzt ist dies ein Trauerhaus, sie tut mir schrecklich leid, wenn ich seh, wie sie durch ihr großes Haus wandert, nein, schwebt, in all dem Glanz, und nur diesen winzigen Sohn hat, der in seinem Kinderzimmer hockt, wo ich viel Zeit verbringe, denn es ist voll mit allen ägyptischen Ausgrabungen (Photos natürlich, gottlob), die es gibt, denn ihr Vater ist die höchste Autorität auf diesem Gebiet. Das ist die Lage, für mich ziemlich angenehm, aber es könnt mir heiß werden, und für den Fall find ich's ein Glück, daß ich eine eigene Wohnung haben werd und mir alles aus der Entfernung ansehen kann.

Edler Lord der Gangway, Du würdest mir mehr Gerechtigkeit widerfahren lassen, wenn Du das Buch lesen *würdest*. Dein Bruder sagte, ich sollte über das Ganze ein Stück schreiben, und fing an, mir mysteriöse Entwicklungen, Gründe und Ziele vorzuschlagen. Ich sagte: *Ich* nicht. Wenn ich es schreib, dann wird es hiervon handeln: Die Heldin ist eine Frau mit Sexappeal, primitiv und vulgär. Zum Lohn dafür, daß sie nur schlechte Eigenschaften hat, nur ihrer Lust lebt, mit anderen ein falsches Spiel treibt, *stiehlt*, lügt, betrügt und verleumdet, verneigen sich alle vor ihr. Da sie keinerlei besondere Fähigkeiten besitzt, werden sie bewundert. Da sie keinerlei Schönheit besitzt, wird diese gepriesen. Tatsächlich ist sie einer der beiden Betrüger aus dem Märchen, die einen Stoff weben, den es gar nicht gibt, und wer den Stoff nicht sieht, ist ein Lügner und muß sterben. Selbst der König tut, als würd er ihn sehen, und um ihn zu weben, bekommen die beiden Betrüger eine Menge Gold- und Silberfäden, die sie beiseite legen, und eines Tages verschwinden sie damit. Sie ist dieser Betrüger, und so sieht *mein* Stück aus, erklärte ich ihm. Nicht daß ich's schreiben würd. Im übrigen verriet ich ihm, daß ich Dir alles darüber schreib, auf komische Art, denn, sagte ich, irgendwie muß ich diese Bürde loswerden, und da ich das Ganze sehr tragisch find, muß ich's in etwas anderes verwandeln, damit ich nicht selbst verrückt werd. Ich fügte hinzu, ich werd Dir alle diese Briefe wegnehmen und sie verbrennen, denn ich will nicht, daß die Nachwelt erfährt, was für ein Narr er ist. – Das ist die einzige Art, wie ich ihn zurechtweisen kann, er ist in einer so gefährlichen Stimmung, daß richtiges Schimpfen ihn völlig verstören würde, und er ist in einem sehr schlechten Zustand.

Da ich selbst in keinem guten Zustand bin, muß ich mich in einer übermenschlichen Anstrengung zusammennehmen, und meine einzige Freude ist jetzt der Gedanke daran, wie ich bei Dir sein und Dir alles erzählen werd.

Nicht daß ich nicht froh bin, in London zu sein. Das muß ich zugeben. Ich liebe die Stadt, die Menschen, die Möwen, Guy Fawkes, die Kinder und die Katzen. Ich liebe London. Ich mag die guten Manieren der Leute, ihren Anstand, ich gehe gern in die gerade laufende Ausstellung, die den Titel »Die Bilder des Königs« trägt, ich mag es, wenn ich amtliche Briefe bekomm, auf denen »On his Majesty's service« steht. Hinter all dem steckt mehr als nur Förmlichkeit – es steckt Geschichte dahinter, in den Bildern des Königs in der Royal Academy, in »His Majesty's service«, in dem Festzug des Lord Mayor, in Guy Fawkes.

Ich hoff, dieser Brief löscht ein wenig den schlechten Eindruck von meinen früheren aus, und ich hoff, Du wirst ihn erhalten, und ich werde keine Rasierklingen beilegen, obwohl sie beim Auslöschen hilfreich wären, weil ich nicht möchte, daß er verlorengeht, aber von nun an werd ich mit jedem Brief vier Klingen schicken, die ersten in ein paar Tagen.

Much love, und wenn Du nicht sofort schreibst, was es mit dem Mißgeschick auf sich hat, und alles ganz genau beschreibst, gibt's keine reizenden Briefe von Deiner bösen Schwägerin

Der Duchesse des Ursins.
(dite) Peggy

Ich fürcht mich vor dieser Clinique, all der Würde dort, Deiner hohen Stellung, bist Du hochnäsig? Wirst Du herablassend sein?

Mrs Canetti 35 Downshire Hill NW3

26. Nov.

Mon très mignon et charmant et très beau-frère,
hélas, Du bist ein hinterhältiger Hund. Du bist nach Paris gefahren, um Dich zu amüsieren, und ich glaub Dir kein Wort von wegen Schwindelanfällen, und wenn ich Dich in Ch. nicht *im Bett* antreff, sondern aufrecht sitzend, werd ich tun, was Tante Trotwood tat, als David Copperfield zur Welt kam, ich werde Dir den Rücken kehren und abfahren nach Strasbourg. Herr Hoe ist einer der alten Gentlemen, an die ich in Sachen Heiraten denk, er ist zweifellos ein Kastrat, ganz reizend, betet mich an und ist durchaus in der Lage, mich von einer Wirtschafterin bedienen zu lassen. Aber ich weiß nicht, ob das reicht. Denn ich will doch einen Butler und Kristallglas bei Tisch.

Am Freitag waren wir so betrübt, Dein Bruder und ich, weil ich ihm ein paar harte Worte gesagt hatte, daß wir beide dachten, es lohnt sich nicht zu leben, denn auch all sein Erfolg schleppt sich dahin. Wir waren unbeschreiblich müde. Am Samstag fuhren wir zum Schloß von Sir J. Wedgwood aus der berühmten Familie Wedgwood (Porzellanfabriken, Förderer von Coleridge, Conrad und jetzt von Canetti, um im *C.*-Geschäft zu bleiben), ein Neffe von Josia Wedg., diesem Juden-Beschützer. Wir wurden in einem Schloß empfangen, es war ein prächtiges Schloß mit großartigen Gemälden, einer Geheimkammer hinter der Wand, wo die Mönche sich früher versteckten, und allem, was zu einem Schloß gehört, bis auf das Gespenst. Das Gespenst war Mutter W., während der Vater ganz reizend ist. Veronica war natürlich dabei, nahm uns in ihrem Auto mit, und daß sie die Übersetzerin Deines Bruders ist, weißt Du. Wir waren also da, und Dein Bruder sagte die wunderbarsten Dinge über »Schönheit«, »Geschmack«, »Wahrheit« und alles Mögliche*, und unserem gesetzten, aristokratischen Benehmen nach hätte niemand gedacht, welch ein Sturm in unseren Teetassen tobte.

* nachdem er am Freitag mit mir über Bordelle und Huren geredet hatte,

Es scheint, Sir J. ist von Deinem Bruder entzückt, und man bat uns inständig wiederzukommen. Doch so verderbt sind wir und so tief gesunken, daß wir uns lieber in einem Abstellraum in London aufhalten als in den Sälen und Vorhallen und Wäldern und Glashäusern von Seals Hill, ja, sie mochten uns, und das alte Gespenst sagte mir im Vertrauen: Veronica betet Sie und Ihren Ehemann an – pst, still. Wir saßen frohgemut da und aßen von eins bis sechs, das erinnert mich daran, daß ich einen Dankesbrief schreiben muß, denn das tut man hier. Und zum Schluß bekamen wir eine Schachtel mit Eiern geschenkt. Habt Ihr Eier in Ch.? Eier sind für mich das Höchste, ich strebe gar nicht nach so hohen Dingen wie Marzipan. Ich könnt mich von Eiern ernähren und hoff, sie in Frankreich zu kriegen, hier bekommen wir *eins* im Monat. Ja, *eins.* Veronica, die Deinen Bruder wirklich »anbetet«, setzte sogar auf meine Bitte hin ihre Brille ab, denn sie ist sehr schüchtern, zurückhaltend, bescheiden, angezogen wie eine Scheuerfrau, denn da sie Engländerin ist und erst 34, weiß sie noch nichts von der Wirkung von Rüschen, Parfüm und all den Frivolitäten des Lebens, und ich wünschte, sie hätte mehr Zeit, damit ich sie unterweisen kann, denn ich will sie unbedingt für Deinen Bruder haben, *Du* würdest sie mögen, jeder mag sie, sie ist mollert, mit roten Babywangen und einem netten Grübchen in der linken Wange. Ziemlich dunkelhäutig, sie sieht aus wie eine Jüdin aus der Zeit Abrahams. Aber sie hat keine Zeit. Sie ist einer der fünf Direktoren von Cape, sie veröffentlicht ein historisches Werk nach dem anderen, sie ist die Herausgeberin von Time and Tide (aber das ist ein Geheimnis). – Da wir gerade vom Erfolg reden, ich hab Dir erzählt, daß in Horizon durch viele Kabalen und Intrigen eine schlechte Kritik über Aut. erschien, aber »zum ersten Mal in der Geschichte von Horizon«, um den Herausgeber zu zitieren (den berühmten Kritiker Conolly), wird es noch einen Essay geben, eine scharfe Rüge für Julia Strachey, diese Schlange, die für Canetti den Hitler gespielt hat, und zwar von Tornb~~oy~~ee oder wie auch immer er heißt, einem großen Kritiker. Horizon erhielt so viele böse Briefe von Canettis zahlreichen Fans, darunter auch ein Buchhändler, daß Conolly das Buch las und anfing, sich persönlich bei Canetti dafür zu entschuldigen, vor einer großen Gesellschaft.

Sohn, offenbar läßt selbst *Dein* Name in einem Brief die

Franzosen nicht schneller handeln, denn wenn es um eine Ausländerin geht, werden sie stur wie Maultiere. Wir werden warten müssen, und ich werd amüsante Briefe schreiben und nicht mehr wissen, was ich Dir erzählen soll, wenn ich komm. Ich hoff doch, Du hast Deinem Bruder geschrieben, der hart arbeitet, an dem dritten Roman von Anna Sebastian, aber obschon er hart arbeitet, ist es doch Dreck.

Gestern brachte er Egon Friedells Buch mit und begann mir das Leben Lichtenbergs vorzulesen, der auch nie etwas fertig machte, weil alle Fragen zu groß sind, um daran je letzte Hand zu legen. Dieser Lauser, Dein Bruder, war entzückt, einen Genossen unter den Genies zu haben, doch am Ende stellte sich heraus, daß L. Professor an der Universität von Soundso war, während Dein Bruder für eine Dirne Romane schreibt.

Alles über ihre neuesten Streiche, wenn wir zusammen sind. Ich sag nicht gern, wenn wir uns sehen, denn ich wünschte, Du würdest mich nie mehr sehen. Es war meine letzte Fata Morgana, ich dacht, ich könnt Dich in dem Glauben lassen, daß ich noch bin, was ich war, nun … da gehen sie hin, meine Lebensträume, kein Stern, sondern die Atombombe wird in Deine stille Zelle einschlagen. Ist es eine häßliche kleine Zelle mit Ölfarbe an den Wänden und einem Tisch, der am Boden festgeschraubt ist, wie sie die Irren haben? Oder ist es ein nettes Krankenzimmer, wie ich es gerne mag, weil meine liebste Cousine zehn Jahre ihres Lebens in Sanatorien verbrachte und ich nach und nach daran Gefallen fand, bei ihr zu sitzen? Much love, Sohn, Du bist ein lasterhafter, lasziver Casanova mit all diesen Männern …

Peggy

Alles verdammte Liebe die verdammte PEGGY *SCHREIB*
Bitte schick Canettis Brief zurück

anbei 4 *Rasierklingen*
Bitte bestätige die Rasierklingen

Mrs Canetti 35 Downshire Hill NW3

16. Dezember

Mein entzückender Sohn,
ich bin unbeschreiblich gerührt, eben erhielt ich Deinen Brief über den »Schnitt« – ich hatte viel Unglück, aber welch eine Entschädigung, einen Sohn wie Dich zu haben! Ich kann Dir nicht sagen, wie erleichtert ich bin! Ich bin so hysterisch, daß ich seit zehn Tagen fürchterlich elend war, lebensmüde, und seit zehn Minuten, seit Dein Brief kam, ist eine schwere Last von mir genommen, kann ich wieder atmen. Lieber Sohn, laß mich nicht ohne Nachricht, fühlst Du Dich auch nicht zu schwach? Was ist mit dem Essen? Schreib nur über Dich und wie es Dir geht! Wie kannst Du denken, ich will Dich nicht sehen, wo ich doch nichts will als das! Es gibt noch keinerlei Anzeichen von einem visé, und das kann noch einen Monat so bleiben, genau, wie man's mir vorhergesagt hat, obwohl ich's nicht glauben wollt. Ich seh keine Chance, vor Jänner zu kommen, eben hab ich's mit Deinem Bruder besprochen. Der, eine Minute bevor Dein Brief kam, ging! Morgen wird *er* überglücklich sein, Du weißt, Du bist unser *ein und alles*, ohne Dich hat unser Leben kein Ziel! Wir scheinen beide nur um Deinethalben ehrgeizig zu sein, »um es Georg zu erzählen«, ja er dachte schon, daß er sich bald mit Nissim zusammen ein Häuschen in einem netten französischen Dorf kaufen kann, so daß wir dort abwechselnd leben können – mit Georg, der viel auf dem Land wird sein wollen, ein Häuschen für Georg, das war sein Gedanke!

Also, Darling, mit derselben Post hab ich eine »Mappe« mit zehn prachtvollen farbigen Reproduktionen von prachtvollen Königen und Königinnen abgeschickt und einen Kommentar, der erklärt, wer wer ist. Das ist das Weihnachtsgeschenk Deines Bruders, mein Macaulay – ich hab in halb London danach gesucht, Dein Bruder hofft immer noch, ihn zu finden, ich kaufte einen Swift, Gulliver's Travels, aber er lachte mich aus und sagte: Das hat Georg doch, ich fürcht also, mein Macaulay wird erst nach Weihnachten kommen und vielleicht sogar ein gebrauchtes Exemplar.

Etwas Merkwürdiges ist uns passiert ... Ich hab eine Cousine, die Veza heißt, viel jünger und sehr schön und anziehend, schrecklich elegant, ihr ganzes Leben ist auf Luxus aufgebaut – sie schrieb aus Amerika: Mein Mann liegt krank in einem Sana in Northampton, könntest Du so gut sein und zu ihm fahren? Er wird Dir seine Kleidermarken geben, sag ihm .... und eine lange Liste von Dingen, die ich ihm sagen sollte. Ich hab ihn sehr gern, wiewohl er nur ein angeheirateter Cousin ist und zwanzig Jahre älter als Veza. Sofort brachen wir nach Northampton auf, der Canetti und ich, mit Büchern und ich mit Blumen, und wir sprachen von dem leckeren Brathuhn und dem feinen Mittagessen, das wir bekommen würden, da er ein reicher Mann ist und sehr großzügig und gastfreundlich, ein echter Grandseigneur!

Als wir hingingen, wurden wir in einen Saal mit einem Dutzend Betten geführt, düster, häßlich (ein Privatzimmer, wohlgemerkt, sehr teuer). Der Pfleger schob den Vorhang beiseite, da lag, was einmal mein Cousin *gewesen war – verrückt*! Du kannst Dir vorstellen, wie entsetzt ich war, der ruhigste, friedlichste Mann der Welt. Seine Frau ging mit seinen zwei jungen, hübschen Töchtern nach Amerika. Dort gefiel's ihr so sehr, daß sie ihn zwang, sein Haus in Mc zu verkaufen und nachzukommen, denn sie wollte nicht zurück nach England. Amerika war ihm so zuwider (er ist ein alter spanischer Jude, der Synagogen besucht, Zionisten, alte Tanten und jüdische Klubs), daß er nach seinem Rückflug nach Manchester irrsinnig wurde. Seine Familie steckte ihn in die Anstalt, und jetzt wettert er gegen meine Cousine, seine Frau, er *haßt* sie, will nicht, daß sie ihn besuchen kommt, die Arme in New York ist verweifelt, denn die Ärzte wollen sie nicht zu ihm lassen. »Wenn sie kommt, so nur mit ihren Eltern«, lautet seine Bedingung, ihre Eltern sind sehr alt, würden die Reise im Winter nicht überstehen ... eine böse Geschichte, und ich weiß nicht, was ich ihr raten soll. Denn sie hat nichts, wo sie bleiben kann, ich habe ja meine Wohnung noch nicht. Es war der Schock meines Lebens! C. sagt, das ist eine neue Methode, alle in einen Saal zu legen, die depressiven Fälle. Sein Arm war dick verbunden, Selbstmordversuch. C. glaubt, mit allen in einem Saal halten sie sich gegenseitig davon ab, allzuviel zu klagen, sie nehmen sich ein wenig zusammen, unter den Augen so vieler anderer. Ein schönes Mittagessen, nach zwanzig Minuten warf er uns hinaus, zwanzig Minuten lang hatte er die übelsten Schimpfworte benutzt, die man sich vorstellen kann, alle gegen meine arme Cousine, die so reizend ist und die er angebetet hat! Wir gingen und tranken Tee und aßen Toast mit Marmelade, und das ist alles, was wir in diesem verwünschten Land haben.

Ja, ich les Bücher für Hutchinson, aber nicht aus Begeisterung, Du edelmütiger Ritter der sechs heldenhaften Abenteuer. Nein. Ich begutachte nur die Bücher, die *sie* mir schicken. Wenn ich ein Buch empfehlen würde, würden sie mir nichts dafür zahlen. Dennoch bin ich dankbar für Empfehlungen. Die erste gute Besprechung (Du wirst entsetzt sein) schrieb ich über Benjamin, L'Enfant tué. Doch es ist Hutchinson, weißt Du, nicht Cape, für diesen Verlag ist es ein gutes Buch, und zufällig ist es das. Meine Angst ist, daß er wirklich ein Kollaborateur war, aber daß er in Afrika, nein in Mulhouse, seinen Sohn verlor, im Kampf gegen die Nazis, ist Sühne genug. Was meinst Du, laß es mich wissen. Ein »Leben Tolstois« von einem Schweizer hab ich abgelehnt. Es gibt schon genug Ameisen, die sich von diesem Kadaver ernähren.

Ich hoff, dieser Brief macht Dir ein wenig Freude, und wenn ich im neuen Jahr meine zehn Reproduktionen nicht Deine Zelle schmücken seh, reis ich sofort wieder ab. All my love, und schreib um Gottes Willen! Der »Tower of Babel« erscheint im Feber in New York (Auto-da-Fé). Ich finde »Tower of Babel« einen sehr guten Titel. All my love, meine ewige Liebe …

Veza

Erzähl um Gottes Willen keinem spanischen Juden von meinem Cousin. Er hat zwei Töchter im heiratsfähigen Alter!!!!

Das war eine »Falle« Deines Bruders, was meine Briefe anlangt! Der Schuft!

Lieber Sohn,
ich vergaß, Dich zu fragen: Tut Dein Verlag etwas dafür, daß Deine Bücher übersetzt werden? Wenn nicht, laß mich wissen, welches hier in diesem Land die entsprechenden Verlage sind für naturwissenschaftliche Werke, dann können wir mit ihnen Verbindung aufnehmen.

Vergiß nicht, darauf zu antworten.

Eine komische Geschichte. Eine Herzogin hier, die in Frankreich gewesen war, kehrte mit einem Dutzend Eier zurück, die sie 5000 Pfund kosteten. Denn in einer Hand hielt sie ihre Handtasche mit Schmuck im Wert von 5000 Pfund, gab jedoch bald nicht mehr acht darauf, da sie die ganze Zeit ihre zwölf Eier im Auge behielt, damit sie ihr nicht gestohlen wurden, und ihre Handtasche verschwand.

Wenn der Rich in U.S. nicht vergriffen ist, wirst Du ihn jetzt von meiner Cousine bekommen, direkt von dort. Bitte wiederhole im nächsten Brief den richtigen Titel. Rasierklingen im nächsten Brief. Love

Veza an Georges *1. Januar 1947*

Mrs Venetia Canetti 14 Crawford Street (Nähe Baker Street)
London, erster Jan. 1947

EIN GUTES JAHR!

Schöner Prinz,
erst einmal laß mich Dir sagen, wie schlecht ich bin und wie lieb Dein Bruder ist. Als er Deine Photo sah, dachte er, Du siehst krank und dünn aus, mit tiefen Augenhöhlen, und er wurde schrecklich besorgt und behielt die Photo, so daß Du mir eine neue schicken mußt. Ich sah sie zuerst, und alles, was ich dachte, war: Oh, wie beneid ich ihn, er ist so dünn und hat diesen klugen Ausdruck von einem, der mehr weiß als alle anderen, und nicht das idiotische Gesicht einer melancholischen Irren wie ich etc. Du siehst also, dies wird das visé nicht beschleunigen, doch wenn ich's bekomm, schick ich Dir den Brief vom Konsulat, um Dir zu zeigen, wie gemein die Franzosen sind, und an den Daten, die angegeben werden müssen, wirst Du sehen, daß ich's vor zwei Monaten beantragt hab und vielleicht noch einen weiteren Monat warten muß. Ich werd's aber sicher bekommen. Ich glaub, es kommt genau dann, wenn ich mich gerade stärker fühl, im Winter bin ich meist sehr schwach und würde vielleicht als Leiche in Châteaub. ankommen. Ich hoff, Du hast meine neue Adresse bemerkt, die vom Freitag, dem dritten Jänner an, gilt. Ich zieh am Freitag hin,

habe sie aber schon. Die Dame, bei der ich jetzt wohn, ist untröstlich. In dem verdammten Amersham haben sie mich zumeist hinausgeworfen. Weil ich so *traurig* aussah (!) und sie jemanden wollten, der sie aufmunterte. Da sie selbst tote Kadaver waren, wollten sie jemanden, der sie wieder aufleben ließ, der Teufel soll sie holen.

Darling, meine Cousine Veza hat Wunder gewirkt, als sie ihren Mann besuchte. Ich war dabei (oh, ich vergaß, Du weißt ja gar nicht, daß sie mit dem Flugzeug kam, wobei sie ihr Leben riskierte – nebenbei bemerkt, so sind die Vezas eben), und als er sie sah, der verfluchte Narr, wurd er zum Kronzeugen und schimpfte auf alle anderen und starrte sie staunend an (was er kann, ist er doch zwanzig Jahre älter als sie) und lobte sie und bewunderte sie, dabei hatte er sie eine Woche zuvor noch *verflucht* und die Rache Gottes auf sie herabbeschworen, so daß sie jetzt denkt, wir wären alle gegen sie, würden gegen sie intrigieren, denn natürlich haben wir ihr nicht die Wahrheit gesagt.

Noch eine Nachricht: F. ist nach Schweden abgereist und rückt Deinem Bruder jetzt mit gerissenen Briefen zu Leibe, macht ihn furchtbar eifersüchtig auf einen anderen Mann, der wieder aufgetaucht ist, der sie damals in Wien liebte. Das tat er wirklich, das stimmt, aber wenn Du ihn sehen könntest, er ist eine Art Go-go-Lancelot, ein Schwachkopf, der nie eine finden konnte, der er gefallen hätt, und als er doch eine Frau fand, ließ sie sich von ihm scheiden.

Ich werd Dir alles darüber erzählen, wenn wir uns sehen. Ich bin nicht zu Scherzen aufgelegt, da mir Dein Bruder leid tut, der mehr denn je am Rande des Wahnsinns zu stehen scheint, und das ist kein Scherz. Er war immer ein Grenzfall, und jetzt bin ich nicht mehr stark genug, ihn aufzuheitern und ihm zu helfen. Nein. Ich bin selbst ein Grenzfall. Dies ist ohnehin ein Brief über Wahnsinnige, und der einzige in dem Brief, der stark ist an Körper und Geist, vernünftig und anbetungswürdig, ist der Mann, an den er gerichtet ist, der schöne Prinz. Ich sagte, ich sollte Dir eine Photo senden, um Dich vorzubereiten auf meine idiotische Physiognomie, und Dein Bruder drängte mich ganz im Ernst, das zu tun, weil er dachte, Du würdest den Schock Deines Lebens erleiden, wenn Du mich siehst, aber ich will keinen Penny ausgeben für eine

Photo von mir, so sehr haß ich mich. Aber ich hab Erfolg. Als Lektor für Hutchinson, die mich mit Büchern überschütten. Ich hab einen Cassou abgelehnt, wobei ich mir vorkam wie ein König, da er in Frankreich offenbar der letzte Schrei ist. Was für ein Haufen edle Langeweile mit nichts dahinter außer Szenen voller amour, »amour«- und nicht Liebesszenen, brrr! Ich gab ein hübsches (!) Gutachten über ihn ab, schade, daß er's nicht sehen kann. Ich muß diesen häßlichen Brief beenden, wie reizend sind Deine, ich schäme mich! Doch ich erhol mich eben erst von einer schrecklichen Grippe und zieh aus und muß dieses verfluchte Manuskript von einem deutschen Grafen lesen, ich glaub, ich werd ihn niedermachen, und … ich bete Dich an, ich könnt meine Arbeit verlieren, wenn ich zu Dir nach Frankreich fahr, es ist das einzige, was ich in neun Jahren in diesem Land erreicht hab, aber kommen werd ich und sobald ich das verdammte visé hab und zwar mit dem Flugzeug. Es wird besser für mich sein, wenn die Tage länger werden. Wie nett Du über die Landkarte schriebst und über alles andere, wieviel Esprit, kannst Du nicht einen Roman schreiben? Ich werd ihn bei H. unbeschreiblich loben. Auf französisch! Schreib auf französisch.

All our love …
ich.

Veza an Georges *11. Februar 1947*

Mrs Canetti 14 Crawford Street London W1

11. Feb. 1947

Lieber Sohn,

während Du Dein siebentes Martyrium durchmachtest, hatte ich die Grippe meines Lebens. Es war eine außergewöhnlich schwere Grippe und eine, bei der man völlig aufhört zu denken und sich nur elend fühlt. Aber in gewisser Hinsicht ist das gut, denn es heißt, in den nächsten sechs Wochen werd ich keine mehr kriegen, und da ich hoff, mein visé *jetzt* zu bekommen, nachdem die letzte First abgelaufen ist, werd ich in Frankreich recht gut beisammen sein. Auch werd ich, glaub ich, meine Arbeit nicht verlieren, es ist mir gelungen, mich auf eine Art unentbehrlich zu machen. Das ist wichtig, Sohn, ich kann doch einem jungen Dichter nicht zur Last fallen. Und was Möbel anlangt, nein, ich könnt es mir noch nicht leisten, mir welche anzuschaffen, aber ich besorg mir ein Radio, das zwanzig Pfund kostet, mehr, als wir uns leisten können. Vergiß nicht, Dein Bruder ist ein intellektueller Schriftsteller, ein Genie, kein Feuchtwanger. Du hättest sehen sollen, wie wir kreuzunglücklich beisammen saßen, Dein Bruder und ich, obwohl er eine gute zweite Kritik im Horizon hatte, die Du mit derselben Post bekommst, und obwohl wir die wunderbare Ankündigung des amerikanischen Verlags erhielten – ich bitte Dich, schick beides dem Elias fürs Archiv. Wir waren unglücklich, weil F. in Schweden eine … hatte und weil sie deprimiert war und weil Dein Bruder dachte, sie stirbt. Ich wußte, sie wird nicht sterben und daß ihr Brief reine Erpressung war, und doch saßen wir unsäglich elend da, ich nur darum, weil er offenbar Angst hatte, er hätt sie umgebracht (in Gedanken natürlich). Er war die Ursache ihres Todes, und wir zwei Schuldigen saßen da und trauerten. Ich nur mit Tee und Brot im Bauch, während sie in Schweden Brathuhn aß und es ihr ganz gut ging, wie wir inzwischen wissen. Aber manche Menschen, vor allem Künstler, sorgen sich nie und sehen das Leben so heiter! Ja, und dann hatt ich den klugen Einfall zu sagen: Ruf doch ihren Geliebten an … vielleicht weiß *er*, ob sie tot ist. Nun, Willie machte sich keine Sorgen. Er war erstaunt, daß Dein Bruder es tat, er verbrachte gerade die Nacht mit einer anderen Freundin von ihm, aber er war nicht böse, daß Dein Bruder anrief, nein, er fühlte sich sogar geschmeichelt, er würd sie uns gerne verkaufen, für eine Zigarre, für eine Empfehlung an einen Verlag, für ein Linsengericht. Und Dein Bruder war plötzlich völlig verwandelt, und damit gut.

Mir tut die linke Lunge weh, Sohn, und das wird erst aufhören, wenn Du schreibst, daß es Dir besser geht. Und wie kannst in so einem Zustand so einen reizenden Brief schreiben? Was bist Du überhaupt für ein Wesen? Und warum beschimpfst Du mich nicht, weil ich das visé noch nicht hab? Warum sagst Du mir nicht, ich soll von unseren einflußreichen Freunden Gebrauch machen? Das können wir nicht. Ich werd Dir sagen, warum. Wir sind wieder unter Nazis, mein Lieber. Das kommt von den Terroristen, und wir werden sie retten, um unsere eigene Haut zu retten … Es kann leicht sein, daß ich nach Frankreich fahr und es ein Gesetz gibt, nach dem Juden, die ausgereist sind, nicht mehr zurück dürfen. Dafür müssen wir uns unsere einflußreichen Freunde aufheben. Denn ich *werde* die Erlaubnis bekommen, wegzufahren und wieder einzureisen.

Wir haben nicht nur die Terroristen, wir haben auch noch Shinwell. Wir sind vom Pech verfolgt … er ist Jude … und er hat alles verdorben, und Gott hat alles verdorben, es ist so kalt in diesem Land wie noch nie, zumindest wie seit zwanzig Jahren nicht mehr. Und ich fühl mich so schwach … seit acht Jahren Essen aus Dosen …

Ich schließ jetzt, Du sollst diesen Brief bald bekommen und die guten Nachrichten über Amerika, und ich werd Dir in ein, zwei Tagen schreiben, ich bete Dich an, und ich hab eine schlechte Lunge, sie tut mir weh, nur um mich an das reizendste, geliebteste, am meisten verehrte Wesen der Welt zu erinnern … werd nicht schwermütig, hilf uns, wir haben nur *Dich*, was wär das Leben, wenn wir nicht an Dich denken und Dich lieben müßten …

Die Rasierklingen sind in Ordnung, eine bessere, verbesserte Ausgabe der blauen, wenn Du sie nicht willst, kannst Du auch die blauen bekommen.

Bitte schreib … laß mich nicht so ohne Nachricht, wir warten voll Angst auf Deine Briefe.

Peggy

Elias an Georges *22. Februar 1947*

Samstag 22. Februar 1947

Mein lieber Georg, Dein Brief hat mich sehr geschmerzt, aber wie wenig ist dieser Schmerz gemessen an Deinen, ich nähme gern mehr auf mich. Bevor ich Dir zugebe, wie sehr Du im Grossen Recht hast, und wie sehr im Einzelnen Unrecht, will ich Dir eine gute Nachricht geben. Veza hat mir erlaubt, sie Dir als Erster zu schreiben: ihr Visum ist endlich gekommen, *vier* Monate, nachdem sie darum eingereicht hat. Es liegt jetzt an Dir, wann Du Veza sehen willst; sie meint, Dir wäre es am liebsten gegen Ende März, wenn Du Dich schon kräftiger fühlst; vielleicht ist es dann auch nicht mehr so kalt, sie leidet bitterlich an der Kälte. Aber du weisst auf jeden Fall, wann immer Du ihren Besuch haben willst, Du musst es nur sagen und sie wird in wenigen Tagen dort sein.

Ich weiss, dass ich Dir viel zu wenig schreibe; ich weiss, dass ich mich auf etwas verlasse, das zwischen Menschen und mir entsteht, etwas ungeheuer Starkes und wie ich glaube immer Lebendiges, ich weiss, dass dahinter ein mystischer Hochmut steckt, der unverzeihlich ist, denn der Andre *braucht* Worte und Zeichen und unmittelbare Mitteilungen, von Handlungen nicht zu reden, in denen ich schon gar ein Schwächling bin: dafür kannst Du mich verabscheuen, wie Du es jetzt tust – ich werde Dich nie weniger lieben; wie sehr ich schuldig bin, ich liebe Dich doch: *aber* in dieser letzten ungeheuerlichen Beschuldigung tust Du mir *bitter unrecht*: ich habe mich sofort nach Empfang Deines Briefes über das Streptomycin mit den zuständigen Leuten in Verbindung gesetzt. Man sagte mir *übereinstimmend* (das ist drei oder vier Wochen her, wenn ich richtig rechne), dass die Resultate in England eher beunruhigend seien. Die Regierung gebe das Mittel noch nicht frei, weil manche Patienten, die damit behandelt worden sind, wahnsinnig geworden seien; es werde noch daran gearbeitet, es in andrer Form oder Dosierung zu verwenden, und erst wenn man günstigere Resultate erzielt habe, könne daran gedacht werden, es allgemein zu benützen. Veza wollte Dir das sofort schreiben; ich überredete sie, es nicht zu tun, es war sehr schwierig. Ich sagte ihr, sie solle Dir, gerade nach der neuen Operation, die Hoffnung auf eine solche sichere Kur nicht zerstören. Inzwischen könnten bessere Behandlungs-Resultate aus Amerika da sein. Es sei besser, wir sagten Dir vorläufig nichts darüber. Ich zöge es vor, dass Du schlecht von mir denkst und eine unverzeihliche Gleichgültigkeit witterst, als dass Du, mit hohem Fieber und starken Schmerzen, plötzlich eine Hoffnung aufgeben müsstest, die Dir gerade über die kritischen Wochen hinweghelfen könnte. Ausserdem könnten wir Dir *vielleicht*, wenn wir nur eine Weile schwiegen, bald wirklich gute Nachrichten darüber geben. Das also ist geschehen. Inzwischen *haben* wir aus Amerika gehört, dass die Resultate besser werden.

Du kannst über mich so schlecht denken, wie Du musst, aber in diesen Sachen hast Du Dich getäuscht. Ich glaube noch immer, dass ich richtig gehandelt habe. Zumindest wirst Du mir zugeben, dass der äussere Verlauf der Ereignisse mir recht gibt. Daniels hat versprochen, Dir zu schreiben.

Ich will Dir dieser Tage die amerikanische Ausgabe der »Blendung« schicken, es heisst dort, wie Du weisst: »The Tower of Babel«. Hoffentlich kann Dir etwas, das von mir kommt, überhaupt noch Freude machen. Ich weiss nicht recht, was ich Dir schreiben soll; ich hab das Gefühl, dass Du mit Deinem Brief eine wirkliche *innere* Distanz zwischen mir und Dir schaffen wolltest. Von mir aus ist das unmöglich. Vielleicht aber war es doch nur ein Jähzorns-Ausbruch bei Dir, wie Du sie schon immer gehabt hast; und selbst wenn dem nicht so ist, könntest Du gerecht genug sein, meine Erklärungen zu akzeptieren. Zeugen stehen Dir, von Veza angefangen, so viele zur Verfügung, wie Du willst.

Meine Beziehung zu Fr. siehst Du in einem ganz falschen Licht, in dem Vezas nämlich. Von »volupté« kann da bei Gott nicht die Rede sein. Du musst begreifen, dass meine Sorge um sie genau so ist wie die um ein *Kind* (ich hab ja keines); und wenn ich sie nicht einfach in Bausch und Bogen verurteile wie es Veza tut, die sie mit Recht hasst, so hängt das damit zusammen, dass ich meine eigenen Fehler genau kenne. Sie hat unter mir bestimmt mehr gelitten als Du, und zwar unter genau denselben Eigenschaften. Sie hat sich auf eine sehr gemeine, weibliche Weise gerächt. Sie hat sich damit noch mehr getroffen als mich. Sie liegt jetzt schon krank in Schweden, mit einem Nervenzusammenbruch, nach einer lebensgefährlichen wochenlangen Behandlung durch einen argen Pfuscher. Du wirst von mir nicht erwarten, dass ich triumphiere; ich kann darüber nur traurig sein. Ihre Leute bombardieren mich mit Briefen und bitten mich, nach Schweden zu fahren, weil sie sich so wünscht, mich zu sehen, und sie dann wieder zu mir zu nehmen. Ich werde das gewiss nicht tun, weil es für beide nicht gut wäre; ich glaube, dass wir wirklich nicht zusammenpassen; aber irgend eine hochmütige Überlegenheit über sie will ich mir nicht zuschreiben; sie ist ein Mensch sehr nah am Rande des Irrsinns; ich war jenseits dieses Randes, als ich sie verlor. Warum glaubst Du, dass Du alles darüber weisst, bloss weil Veza witzige Briefe schreibt, als ob damit irgendetwas *Wirkliches* ausgesagt wäre. Ist das Deiner würdig? Kannst Du irgend ein Urteil fällen, bevor Du sie gehört hast? Du hast nicht einmal mich gehört. Du kennst nicht meine volle Anklage gegen sie, und von ihrer Verteidigung kennst Du *nichts*. Du wärest erstaunt, wieviel Dir Vertrautes und Wahres über mich Du in ihrer Verteidigung hören würdest. (Wenn auch nie das Wort »Carence«, eher das Gegenteil.) Aber das langweilt Dich vielleicht. Ich wäre Dir sehr dankbar, wenn Du mir schreibst. Es wäre schön, wenn Du das an Deinem Brief zurücknehmen würdest, was den Tatsachen nach irrtümlich ist. Aber es macht auch nichts, wenn Du es nicht tust. Nur schreiben tu mir doch auf alle Fälle, damit ich nicht glaube, dass Du von Dir aus eine Barriere zwischen uns schaffen willst, die bei mir durch nichts in der Welt zu schaffen wäre, nicht einmal wenn Du Dich gegen mein Werk wenden würdest. Es umarmt Dich

Dein Bruder Elias.

Veza an Georges *22. Februar 1947*

Mrs Canetti 14 Crawford Street London W1

22. Feb. 1947

Lieber Sohn,

ich verzeih Dir die »chère belle-sœur« und was immer Du sonst noch geschrieben hast, werd Dir aber die nackte Wahrheit über das Medikament mitteilen, freilich nicht, bevor ich Dir gesagt hab, daß heute morgen das visé eintraf. Also zuerst das Mittel. Wir haben die ganze Zeit darüber gelesen und uns informiert, das heißt, Dein Bruder hat das getan, und vor einem Monat wurde bekanntgegeben, daß es in diesem Land nicht angewendet werden darf, denn in U.S. hat man herausgefunden, daß es noch nicht sicher ist, es hat zwar eine ausgezeichnete Wirkung auf Tuberkulose, aber in einigen Fällen eine schlechte Wirkung auf das *Gehirn*. Das wollt ich Dir erzählen (diese Woche wurde hier bekanntgegeben, daß das Verfahren so weit verbessert wurde, daß die schlechte Wirkung nicht mehr auftritt). Das wollt ich Dir letzten Monat gleich schreiben, aber Dein böser (!) Bruder schrie, das darf ich nicht tun, denn sie werden bald bessere Resultate erzielen, und es wird Dich entmutigen, und das ist der Grund, warum auch Daniels nichts darüber schreibt, wir müssen warten, ich sollte es einfach übergehen, das wäre besser als ein negativer Bericht. Tatsächlich, sagt er, haben sie *jetzt* ein anderes Verfahren entdeckt, um es anzuwenden, und wir werden Dir gedruckte Informationen schicken, sobald sie verfügbar sind, *jetzt* scheint es wunderbar zu helfen, wird jedoch in diesem Land noch nicht eingesetzt, sie warten auf weitere Ergebnisse aus U.S.

Was das visé anlangt: Da ich's heute bekam, wirst Du mir wohl glauben, wenn ich Dir sag, daß sie es letzte Woche abschickten und es verlorenging, und ich hatte schreckliche Mühe, es mir zu besorgen. Es wurde nach Hampstead geschickt, und Margaret, die mir ein paar Dutzend Briefe ganz verläßlich nachsandte, schrieb darauf Nummer 8 statt 14. Nr. 8 in der Crawford Street sind nun aber die Montague Mansions, ein Häuserblock, der bis 13 reicht, mit dreitausend Büros. Ich wanderte von einem Block zum anderen, schließlich half ein gutes Trinkgeld für den Briefträger, und heut bekam ich's. Ich werd Deine Anweisungen befolgen und das visé für Mitte März beantragen und hier um den zwanzigsten abfahren, nicht wegen der Unannehmlichkeiten, sondern wegen eines schlimmen Zusammenbruchs, den ich vorgestern auf der Straße erlitt und der vielleicht eine Folge der Grippe ist. Für mich deutet alles auf das Herz hin, aber da ich eine Neurotikerin bin, eine Wahnsinnige gewissermaßen, darf ich das nicht sagen. Ich konnte tatsächlich noch heimgehen, und nach ein paar Stunden ging es mir besser. Ob ich mich trau zu fliegen? Das frag ich mich?

Weiters ist da meine Melancholie, und ob Du nicht den Tag verfluchen wirst, an dem ich gekommen bin. Dagegen kann man freilich etwas tun, denn je eher ich zurückkehr, um so besser ist's für meine Arbeit, da sie viele Lektoren kriegen können und ich keine Verlage. C. V. (das ist Wedg.) hat mich zum Lektor ernannt, aber dabei hat es das gute Mädchen belassen, und in zwei Monaten hab ich nicht *ein* bescheidenes Buch bekommen, während Hutchinson sehr konsequent ist und zufrieden mit mir. Doch noch Schlimmeres ist zu berichten. In New York ist das Buch bisher ein völliger Mißerfolg, und Dein Bruder weiß nicht, in *welchem Maße*, denn bis jetzt konnt ich die schlechten Kritiken, die beständig eingehen, vor ihm verbergen. Grauenvolle, dumme, sehr amerikanische, sehr gefühllose, bissige, vernichtende Kritiken, keine Hoffnung also auf ein paar Dollars aus U.S., *bisher*. Das *kann* noch besser werden, ich hoff's, aber zur Zeit sieht unsere Lage so aus, daß jetzt, wo das Buch hier in dritter Auflage erscheint, wir nur ein gesichertes Jahr vor uns haben, ein Jahr ganz einfaches Leben, ohne auch nur einen Stuhl kaufen zu können, und es ist ein Segen, daß ich meinen Zins verdiene. Bisher verdien ich nicht mehr als das, denn ein Monatszins hier entspricht einem Jahreszins auf dem Kontinent. Ich muß Dir das alles erzählen, denn trotz Herzbeschwerden und einer Depression würd ich sofort abfahren, aber da Du's nun einmal für besser hältst, wenn ich Ende März komm, ist es besser für meine Stellung als Lektor. Je mehr ich les, um so zufriedener sind sie mit meinen Berichten und werden mich wieder nehmen, wenn ich für eine Weile aufhör.

Was meine Reise anlangt – könntest Du mir nicht den Schlüssel zu Deiner Wohnung schicken, und könnte ich dort nicht zwei Nächte schlafen und die Familie überhaupt nicht sehen? Ich bin ein klinischer Fall von Melancholie, was Du in dem schrecklichen Moment merken wirst, in dem Du mich siehst, und ich bin kaum in der Lage, zu lächeln, heiter zu sein, und meist zu müde, um auch nur ein Wort zu sagen. Bei Dir find ich das nicht so schlimm, oder besser gesagt, ich kann's nicht ändern, und Du als Arzt wirst das verstehen. Doch die Familie würd's nicht verstehen, und ich würde sie lieber sehen, wenn ich aus Châteaub. zurückkehre, wenn ich nicht mehr frisch von all dem Ruhm und Erfolg und meinem glücklichen Leben mit Deinem Bruder kommen muß. Was das teure Hotel anlangt – lieber nehm ich die Pension, von der Nissim schrieb, er gab die Adresse nicht an, die genaue Adresse wußte er nicht, wenn Du also einen Weg findest, sie mir zu besorgen, wär ich sehr froh. Auch bin ich nicht ausgestattet für ein gutes Hotel, denn ich hab nur das Kostüm, das ich trag, und ein Kleid. Was Bäder anlangt, die man in Frankreich nicht kriegt, so hab ich hier jetzt zum Glück jeden Tag mein heißes Bad, herrlich, und kann eine kurze Zeit ohne auskommen. Und falls Du dran denkst, laß mich wissen, ob ich in Frankreich Zigaretten kaufen kann, sie helfen mir ein wenig, wenn ich Kopfschmerzen hab, und ich hatte hier zweihundert gesammelt, aber wir haben sie geraucht, da wir seit Wochen hier einen schrecklichen Mangel haben (und weit schlimmere Bedingungen als während des Krieges), und ich schreibe mit steifen, eiskalten Fingern. Ich muß Freunde hier bitten, daß sie welche für mich sammeln, darum frage ich. Tee hab ich für Georg reichlich gespart.

Ich werd die Leute beim französischen Konsulat bitten, mir den Zettel zurückzugeben, auf dem sie mir mitteilen, daß meinem Antrag nach drei Monaten stattgegeben wird. Tatsächlich sind es drei Monate und zwei Wochen, aber fünf Tage irrte das visé ziellos umher. Ich hoff, sie werden mir diesen Zettel für Dich geben.

Vielleicht kann ich Dich ja mitnehmen, wenn ich zurückfahr …

Friedl – – – – hatte ihre Operation, und Dein Bruder wird mit Briefen überschüttet, von ihr, ihrer Mutter und ihrer Schwester, in denen, auf eine nette Art, alle Schuld an ihren Eskapaden *ihm* zugeschoben wird, das müsse er doch *einsehen*, aber sie betet ihn an, will sich von Willie trennen und zu ihm zurückkehren, das alles, nachdem sie den Prospekt erhielten, in dem The Tower of Babel angekündigt wird. Die Begeisterung wird vielleicht erlahmen, wenn sie hören, daß es keine Dollars gibt (in dem Brief steht auch, daß sie wenig Geld hat und ihre Eltern sehr arm sind). Ich weiß nicht, was Dein Bruder tun wird, denn ich trau seinen Beteuerungen nicht ganz, daß er das Ganze durchschaut. Er findet sie wunderbar und ist ihr eindeutig »hörig«. Alles, was ich weiß, ist, daß ich ihn, wenn das so weitergeht, nicht mehr beschützen werde, sondern die Scheidung einreiche. Er wird mir das bißchen geben müssen, was er verdient, der arme Kerl (und ich werd's für ihn zurücklegen, für schlechte Zeiten), und dann wird er die Benedikts bald los sein, ihr gegenüber freilich gewisse Verpflichtungen haben, denn *das* ist es, was sie will, ein Balg, um ihn an sich zu binden und damit er für sie schuften muß, oder eine Heirat. Mich schert das nicht mehr, ich bin mit alldem fertig.

Es tut mir leid, daß dies kein heiterer Brief ist, aber erwartest Du, daß ich fröhlich bin, nach dem, was ich über Dich gehört hab? Wie können wir der Zukunft entgegensehen, wenn Du krank bist? Bitte, bleib bei »belle-sœur«, und schreib nicht einmal »*liebe*«, Du wirst sehen, ich bin nicht lieb, ich bin langweilig. Heiraten werd ich allerdings nicht, falls ich mich von Deinem Bruder scheiden laß, denn ich seh, ich kann mir mein Brot allein verdienen oder werd es bald können (bisher hat Dein Bruder meinen Unterhalt gezahlt und das seit sieben

Jahren). Mir ist meine Freiheit lieber, *wenn* das *Leben* denn Freiheit *ist.* ?? Entschuldige diesen offenherzigen Brief – aber wenn Du uns besser verstehst, wirst Du vielleicht gar nicht verletzt sein …

Peggy Veza

Schreib *sofort* über Dich, wir machen uns Sorgen!!! Begreifst Du das nicht!!!!

Veza an Georges *25. Februar 1947*

Mrs V. Canetti

14 Crawford St W1
London, 25. Feb.

Lieber Sohn,
die Neuigkeiten sind ein wenig besser, insofern er diesen Sonntag hier in der Sunday Times eine kurze, aber sehr gute Kritik bekommen hat (die zweite in dieser Zeitung), auch wird es *hier* wieder eine Radiosendung geben, von dem Herausgeber einer Zeitschrift, der dem Verlag über dieses »bemerkenswerte« Werk schrieb. Die beste Neuigkeit ist, dass Veronica (das ist Wedg.) sich noch nicht mit mir getroffen hat, weil es bei ihr so viele Rohrbrüche gab, daß sie seit Wochen kein Wasser hatte und eine Überschwemmung im Haus, und dadurch zeichnet sich London derzeit vor allem aus. Daß sie mich *jetzt* aber wegen der *Arbeit* sehen will. Ich werd ihr sagen, daß ich nicht vor meiner Rückkehr aus Frankreich anfangen werd. Daß das Buch hier weiterhin ein Erfolg ist, ist ein Trost.

Dein Bruder schrieb Dir selbst, und Du wirst seinem Brief bestimmt entnehmen, daß er schrecklich froh ist über ihre Vorwürfe und die ihrer Familie, nach denen alles *seine* Schuld ist, und daß er entschlossen ist, das wiedergutzumachen.

Aber auch ich bin entschlossen.

Much love, und ich freu mich darauf, Dich zu sehen. Ich denke die ganze Zeit daran, und das muntert mich auf.

Peggy

Es ist nicht 3 Monate her, sondern *4*, daß ich um das *visé* eingereicht hab.

Hotel Lutetia Bld Raspaille

April 9th

Süsser Georg,
Die Reise will ich Dir lieber erst in London beschreiben, jetzt sag ich nur, das ist nicht wahr mit den Franzosen. Nachdem ich 3 Stunden am Gang auf meinem Sac gesessen bin, hat mir ein Herr seinen Platz abgetreten. Er ist zwar nach einer halben Stunde ausgestiegen, aber er hat sich geniert dass er aussteigt. Die anderen zündeten Cigarrette an, borgten mir Journale und die Frage des Gepäcks hab ich mit Hundertfranc Scheinen gelöst. Von dem sadistischen Soldaten, der mir mit grausamer Wut versicherte, ich werde den Anschluss in Rennes versäumen, abgesehen, war ich ganz gerührt und ich mag dieses Volk. Was das Lutetia anlangt, ist es genau das Hotel, das ich mir gewünscht hab, und ich bin in den reinen Bettlaken heute gesund aufgewacht (die im Hotel Central waren bereits von zehn liebenden Paaren benützt worden).

Die Regine stand rührend am Bahnhof um über Dich zu hören und obwohl ich Mitleid hatte, quälte ich sie ein wenig und liess sie warten. Dann sagte ich aber doch mit Kennerblick, dass ich den Eindruck habe Du hättest Sie sehr gern. Und was die Folgen sein werden …? Tu l'as voulu, Georges Dandin. Sie begann hierauf sehr zu explizieren und mich zu examinieren, und ich brachte sie vollkommen aus dem Geleise, es erschlug sie, als ich abrupt sagte: Er ist sehr schön! Ein solches Geständnis hatte sie nicht erwartet und mein Mut raubte ihr ihren. Henry Miller würde sie kaufen, könnte er sie sprechen hören, zum Malheur hat sie *mich* für ihre Lebensgeschichte ausersehen und ich zahl nicht viel. Sie hat mich königlich amüsiert, besonders wenn sie dachte, jetzt hat sie mich erwischt. Und ich mocht sie gestern gut leiden. Was sie mir heute antun wird, weiss ich noch nicht. Sie wollte mich auch aufklären, über verschiedene Arten Liebe, sie ist in allen zu Hause, was die Kellner leider auch finden, wenn sie sie sehen. Ich wollte Dich nicht ganz hineinlegen, und sagte Canetti besucht Dich bald. Denn sie würde in Fougerays eine displaced person sein, vollkommen explosiv und die Manageress würde sich ärgern, wogegen der Manager mehr wie die Kellner reagieren würde. Sie hatte grosses Misstrauen wegen der Halva und verdächtigte mich, doch da wurde ich grob. Du schneidest täglich eine dünne Scheibe herunter und hast seither zugenommen. Was die Liebe und Sünde anlangt, hielt sie mich für ein country bumpkin.

Der Canetti schrieb rührend, er glaubt wir haben uns zerzankt u. darum bin ich nach Chateaub. u. er glaubt meine »Eifersucht« könnte mitspielen. Was das anlangt, Adonis, bin ich nur auf die Knaben in St Hilaire eifersüchtig, wiewohl ich alles nachfühlen kann. Seine Übertreibung meiner Übersiedelung war echt Master of the tower.

Die Manageress muss bei der Beichte einen Verweis bekommen haben, denn sie war zuckersüss u. die ganze Klinik war so froh, dass ich endlich wegfahre, dass sie mich zehn Mann hoch umstanden und die Manageress wollt mich ins Kino mitnehmen. Sie liess mich dann das Auto nicht zahlen, wir fuhren 7 an der Zahl zurück und ich sass wo sonst die *Herren* in France sitzen. Der Briant war ekelhaft, und so ass ich, zu Kreuze kriechend, eine Omelette bei meinem Patron, worauf er wieder sehr herzlich wurde und *hundert*siebzig Francs rechnete. Mit weiteren hundert Francs trug mir sein Stallknecht den Sac zur Bahn und war ich froh, dass es ein Sac war und ich später am Gang darauf sitzen konnte. Alles ging glatt mit 100 Fr Noten und der Lokomotivführer, der mich und den Sac ins Waggon warf, schüttelte mir herzlich die Hand.

Im Hotel hatt ich Angst wegen meiner Ausstattung und dann hab ich aber Engländer im selben Stock, die sind genau so angezogen wie ich und genau so dick, weil nur die Gefrässigen zu solchem Wetter nach France reisen. Der Mlle Lucy sagte ich, das Wetter ist auf die Atombombe zurückzuführen. Es war sehr lieb von ihr zu kommen, und noch lieber von Dir, sie zu senden, u. ich schick ihr etwas Artiges aus London.

Der Canetti ist übrigens ganz eifrig dabei in St. H. viel zu arbeiten.

Über die Füsse schreib ich ein anderes Mal, jedenfalls waren sie sehr verlockend und ich wäre nicht weiter als bis zum pansement gegangen. Aber warum soll sich so viel Schönheit küssen lassen.

Was das pansement anlangt, so ist es alles Geld wert, das die Reise mich kostet! Denn wir werden jetzt nicht mehr stöhnen müssen, »täglich ein pansement!« statt im Diktionär nachzusehen, was das heisst.

Bitte schreibe mir nach 14 Cr. Str. einen ebenso reizenden Brief und das kannst Du und ich will den Brief vorfinden, wenn ich fahre. Denn es sind allerhand »Französische Briefe« zu schreiben und Du bekommst sie nicht, wenn Du nicht regelmässig berichtest über: pansement, Temperatur, Gewichtzunahme, vertige, regime (nein nicht Regine) und das Allgemeinbefinden. Und wenn diese Briefe nicht genau so kommen, anwort ich nicht. Man muss von Regine lernen und ihr seid alle 3 ein poison. Das Wort war amüsant, denn Nissim pflegt ihr zu sagen, wenn er sie allein mit Lucienne lässt: ne lui donne pas trop de poison … A poisonous kiss

Veza

Veza an Georges *16. April 1947*

Mrs Canetti 14 Crawford Street London W1

April 16.

Süsser Georg,
inmitten von sehr schönen Blumen, Trauben, herrlichen amerikanischen Kritiken, unbezahlten, verschlampten Rechnungen (Elektr. Gas. Teleph.), verstreutem Gepäck und sehr vielen Obligationen, schreibe ich Dir, sofort als Antwort auf Deinen Brief den ich »Dichtung und Unwahrheit« betitle, gestört vom jungen Merkel, der gestern abends seine Handschuhe hier vergessen hat, ja, er fährt heute und kam noch gestern. Ich schreib aber nicht aus Dankbarkeit für Deinen impertinenten, ironischen Brief, sondern nur, damit ich bald wieder einen krieg, weil ich doch eine Sadistin bin (was Du später in diesem Brief bemerken wirst). Ich muss allerdings zusammenfassen, denn ich kann Dir die köstlichen Tage in Paris nur in Ruhe schildern, und das werde ich, und die Regine ist ein Schlager. Diesmal war sie zuckersüss *fast* durchgehend. Nicht nur, weil ich solch ein Fiasco in Chateau. erlitten hatte (sie weiss nicht dass ich selbst über Fiascos schon hinaus bin), sondern weil sie allerhand von mir will, so zum Beispiel, dass ich hier eine Rechnung für sie zahle und sie will nach London kommen, wie sie sagt, wird *sie* hier Logis finden. Da sie es nicht wird, droht mir ein grosses

Unglück, das ich nur ertragen kann, weil sie vorher *Dich* besuchen wird. Denn ich hab das alles so freundlich ausgerichtet, dass sie, nach einer fürchterlichen, genanten und köstlichen Szene in meinem Hotel mit dem Elias Canetti, beschlossen hat *Dir* zu verzeihen, denn er ist noch ärger, und alles was ich tun konnte ist, zu verhindern, dass sie zwischen dem 18. und 22. kommt. Vielleicht sitzt sie aber bereits bei Dir, und dann gib auf diesen Brief acht, denn sie klaut ihn. Als Elias entsetzt davonlief (erst hielt ich Deine Version für dichterische Freiheit, sah aber, jedes Wort ist wahr und er ahnungslos, wird bestraft für etwas was nicht existiert) und als sie in Verzweiflung ausbrach, und schrie, je suis une femme incom*prise*!!!! verstand ich doch die Grotesque, besonders da Edith mit ihr gebrochen hat, weil sie zu dieser sagte: ich könnt Dir ganz leicht Deinen Mann wegnehmen, ich tus nur nicht, weil ich Deine Freundin bin. Mit einem Wort, ich sag Dir ganz ehrlich, auf einige Tage wird sie Dich köstlich amüsieren, und Du musst nur auf Deiner Hut sein, denn sie ist eine Frau die bereits drei Mal die Woche weiss, wie es mit ihr bestellt ist und sie wird à la Elizabeth von England Dir nie verzeihen, dass sie alt und welk ist, der arme Essex musste darum geköpft werden, und ihre Methode Dich zu enthaupten wird erheblich unfeiner sein, sie wird Dir entsetzliche Dinge vor Leuten sagen, auf die es *Dir* ankommt. Wenn Du sie aber im Zaum hältst, kann sie einige Tage ganz vergnüglich wirken, denn man braucht dann nicht Henry Miller zu lesen. Ich lachte Tränen über sie und wir schieden in grösster Freundschaft und sie will nur nicht wahr haben, dass ich Dich weiter heiss liebe, obwohl ich so durchgefallen bin, und sie sagt riesig, ja entsetzlich gemeinplätzig »Deine Enttäuschung über Georg wird Dich Deinem *Mann* näher bringen«! Worauf mir leicht übel wurde. Sie hatte eine Art zu behaupten dass ich unmöglich in der Metro fahren dürfe oder in bürgerliche Lokale gehen, was mich sehr viel Geld kostete, wofür sie dann am Ende des Tages, nachdem sie es recht genoss mir erklärte »Du bist eine grosse Verschwenderin«. Natürlich klappte nichts mit H. der empört war, dass C. so kleine Bilder wollte, er macht nur Photos in grossem Format, dann liess er sich herab doch kleine Photos zu machen, die er aber erst in sieben Wochen in Paris entwickeln wird, so dass Nissim etwas warten wird müssen, er borgte mir indessen aus seiner Kollektion, nur ganz wenige. Da *ich* die Sache leite wird alles gut geordnet werden. Dem Fass den Boden hat es ausgeschlagen, als Regine die reizenden Geschenke sah, die mir Elias Canetti beim Portier abgab, nachdem sie verhindert hatte dass ich rechtzeitig ins Hotel komme um ihn noch einmal zu sehen, er war angesagt. Sie schrie, ich bin fertig mit ihm, er ist »un lâche«, kein Mann, und dann begann sie den Entschluss zu fassen nach Chateaubriant zu fahren. Ich versuchte ein wenig Lulu, aber das wirkte nicht, ich versuchte stärker, sie wurde nur noch entschlossener. Und ich glaub ehrlich, Du wirst viel lachen mit ihr. Aber »de ton cousin gateux« hat sie entsetzlich gereizt, denn sie dachte nichts anderes als die Päckchen wären für sie, aber sie waren für mich und eins für den »Maharadscha«. Über Ausfahrten mit dieser Branche der Familie im nächsten Brief. – Der Bauscherl empfing mich festlich und es sind etwa zwanzig neue Kritiken da, die meisten gut, einige und zwar in den wichtigsten Magazinen und Zeitungen hervorragend!!!! Ich war ausser mir vor Freude, hab aber nur die pompösen und äusserst schmeichelhaften Aufschriften gelesen, und fünf Kr., weil ich Dir schreiben muss. So ein Biest!

Und jetzt schliess ich, denn ich schick den Brief nur ab, damit sofort von Dir einer kommt, und um Gottes willen versteck ihn vor Regine, sie schickt mir sonst vergifteten Marzipan. Und wenn nicht sofort einer von Dir kommt, erhältst Du nicht den Pariser Brief!

Sehr viel kitschige Liebe und andere auch, überhaupt alle Art von

Peggy.

Statt Loire inferieure wollt ich eben »*infernal*« typen.

All my Love

P.

Schreib sofort über pansement, Schwindel aber ohne Schwindel. Gewicht!?

Veza an Georges (Kopie an Nissim) *3. Mai 1947*

Mrs Canetti 14 Crawford Street London W1

May 3rd

Dearest Georges,

man sagt, jedes Jahrhundert im Jahr 47 trifft dieses Land eine Katastrophe und sie ist eingetreten – Regine ist hier. Ich hatte gerade C.V. Wedgwood zum Tee, so ging der gute Canetti sie holen. Sie sprang aus dem Zug und sagte: »Barreau kennt Dein Buch, ein Freund von ihm hat es gelesen und ihn darauf aufmerksam gemacht und er ist begeistert!« Canetti war erfreut, denn er *liebt* Barreau, und Regine hatte schon am Weg zu mir dreissig Pfund in der Tasche, die sie Deinem Bruder abknöpfte. Als sie in mein Zimmer trat und das Geld wohl verwahrt hatte, sagte sie: »Weisst Du, das mit Barreau war nur Spass, er kennt nichts von Dir.« Ich geriet in solche Wut, dass ich sagte: »Regine sieht aus wie ein Toulouse Lautrec!« Worauf sie antwortete: »Weisst Du, Deine Frau ist eine große Verschwenderin!« Hierüber war Canetti ganz entzückt, denn nichts liebt er mehr als Verschwender, nur als er mit ihr dann soupieren ging (ich schickte sie allein, ich war erschöpft), erkannte er, dass wirklich Regine meine Verschwendung in Paris gewesen ist. Sie begann ihm nun zu versichern, ich sei sehr raffiniert. Dein Bruder liebt eine Bosheit, aber nur wenn sie gut sitzt, und er geriet nun in Zorn und begann mich über die Massen zu loben, was der armen Regine das gute Nachtmahl verleidete. Er setzte sie dann in ein Taxi und schickte sie in ihr Hotel, denn mit einem grossen Trinkgeld hatte er erreicht dass ein Träger ihr ein Hotel für die Nacht sicherte und mit ihrer Geschicklichkeit dürfte sie es behalten, denn sie bleibt noch einige Tage. Ihre Angelegenheit in der Bank hätte sie ebenso gut mit einem Brief erledigen können, doch sie liebt Abenteuer. Ich lud darum meinen Doctor für sie ein, der gelassen und freundlich zuhörte, doch nach einer halben Stunde vorschlug ins Kino zu gehen und heute fährt er eine halbe Stunde weg von London nach Purley und kauft sich dort ein Haus, nur für den Fall dass Regine wieder kommt. Canetti fährt trotz Kälte aus Verzweiflung nach Amersham und bleibt bis Montag denn er ist absolut exhausted. Er war erstaunt einen ganz anderen Bericht über die Familie zu hören, besonders wie hässlich Marcel ist. Dies konnte sie über Lucienne nicht gut sagen, er ist vernarrt in ihre Photo und sie steht auf unserem Kamin und so sagte Regine: »Nun, die Figur sieht man nicht auf der Photo und ihr Männer findet ja gross schon schön.«! Über meine Wohnung konnte sie nicht genug schimpfen und doch wären wir froh wenn ich nicht im Jänner wegmüsste, und Canetti, der sie gern hat (die Wohnung, mein ich) versicherte ihr, sie könne ohnehin nicht hier wohnen, das haben wir bis jetzt verhütet, ich les meine Briefe gern allein. Ich werd eine grosse Plage haben weiter auf gutem Fuss mit ihr zu stehen, aber wenn ihr Nissim klatscht was ich über sie schreibe, wird sie das bisschen Tee vergiften, das ich ihm schicke (leider Tee ist hier rationiert und ich sparte ein Jahr für Deinen) und wie ich ihr beibringen werde, dass sie mir ein wenig Schokolade (auch sehr kleine Rationen) für Lucienne mitnimmt, weiss ich nicht, ich fürcht mich jetzt schon davor. Sardinen für Dich kann sie gottlob nicht vergiften, und hat versprochen, sie nimmt sie mit, oh wird es schwer sein sie in guter Laune zu erhalten. Die dritte Auflage der Blendung erschien diese Woche und es erscheint eine Kritik im Statesman (eine grosse Zeitschrift hier) und in einer neuen Zeitschrift, die erst herausgekommen ist und was Niveau anlangt laut Miss Wedgwood die beste hier sein soll. Ich hoffe, das mit Canettis schweizer Reise geht gut ab, er hat sich doch leider mit den Papieren Zeit gelassen. Den Brief bis hierher send ich in Kopie an Nissim, damit ich mich nicht wiederholen muss. Wenn Du Hund, mich wieder verklatschst, schick *ich* das Gift, wie Du siehst, ich treff es auch! Bitte Lucienne soll über euch schreiben. Und was ist mit Georg? Muss er wieder operiert werden?????

Veza an Georges — *4. Juni 1947*

Mrs Canetti 14 Crawford Street London W1

June 4th 1947.

Machiavell,
ich war nicht besorgt, weil ich immer schon besorgt bin, bevor ich besorgt bin und ich hab vier Leute, die mir schreiben, *vier*. Die Regine ist nicht darunter. Ich will Dir gleich sagen, dass ich

den Sartre gelesen habe, und deshalb schreib ich Dir auch wieder, weil du nämlich ein Jude bist, und ich hab so ein Mitleid mit euch Juden, wie ichs nur noch mit mir hab. Ich würde das Buch mit Vergnügen empfehlen und durchsetzen, aber das Buch ist sicher schon untergebracht, man nimmt es spielend hier und ich kann als Lektor nur etwas anbieten, wofür ich die Rechte hab. Wenn Du dem Sartre darüber schreiben willst, tu's und frag an, dann erst kann ich mich damit wichtig machen, seine Werke, die Rechte, dürften aber schon im Voraus vergriffen sein. Ich fand das Buch grossartig, ich bin tief gerührt und dankbar, was für eine noble Seele, und wie er die heiklen Punkte von allen Seiten beleuchtet … ich hoff er hat sich nicht sehr geschadet, und ich hoff die Juden dankens ihm. Ich erwart von Dir, dass Du eine meisterhafte Replique oder Ergänzung geschrieben hast, und wir können hier etwas damit unternehmen, wenn das Buch hier herauskommt. Die Regin*a* hat Deinem Bruder das Buch geschickt und wird nie eine Antwort kriegen, nie von ihm und von mir auch nicht, so schreibst *Du* ihr das besser.

Mit der Diabetes hast Du ganz recht, aber bis ich diesen Mondsüchtigen dazu krieg noch einmal sein Nektar herzugeben ist eine andere Sache und ich hab nichts als Katastrophen. Jetzt erst aber eine erfreuliche Nachricht, die von Wichtigkeit ist und Du findest sie in dieser Nummer der Partisan Review, die ich Dich bitte sofort zu bestätigen. Es ist nicht leicht zu verstehen aber die klügste und tiefste Review, die er bis jetzt hatte, und wir konntens brauchen und sind wieder optimistisch. Das Magazin ist literarisch *sehr bedeutend.*

Dein Bruder, der reine Tor, hat Dir geschrieben, weil er wirklich glaubt Dir liegt an meinen Briefen und ich hoff Du befolgst seinen Rat nicht und schreibst mir nicht, ich soll wieder Walpole Briefe senden etc. Er weiss nicht wie Du mich behandelst und dass ich nur gut für die Hügel bin aber in der Grossstadt grüsst Du mich nicht. Ich werde Dir weiter schreiben, weil Du sonst nicht wissen würdest wann er kommt, und weil ich die guten Beziehungen mit den Capulets aufrecht halten will, ich will dass er Brüder hat. Denn die feindliche Familie hier hasst mich derart, dass sie mich selbst nicht zu einem Begräbnis zuliessen, wie der alte Arditti starb, das war gestern, und man liess mich draussen warten, in tropischer Hitze, weil die Sephardim keine Frauen zur Leich' zulassen. Ich ging daher zwischen den Grabsteinen herum und spuckte auf alle männlichen Gräber, nein, nicht spukte, ich spuckte, und ich nahm nur schöne Namen aus, wie Spinosa und Aphtalion. In eine Frau Aphtalion war ich als Kind verliebt, buchstäblich krank vor Liebe, sie war verbrecherisch schön, ich wartete auf ihr Lächeln, sie lächelte viel, sie freute sich weil sie so schön war, und ich wartete und sie lächelte und ich träumte von ihr und noch heute ist sie etwas vom schönsten meiner Kindheit. Eine andere hiess, nein sie hiess nicht, ich sag nicht den Namen, aber sie war noch schöner, sie war so blass, oh so bleich, ihr Bruder – – – alle liebten ihn toll, ich aber liebte nur sie und sie stürzte sich prompt vom fünften Stock in die Tiefe, weil sie in einen Teppen vernarrt war, der einfach nicht verstand wie so eine bleiche Frau lieben kann, *sie* war der Asra, ich hasste diesen Menschen, wenn Du wüsstest wie dumm er war, wie man sie hätte retten können, wie *ein Satz* sie hätte retten können, sie war 28, ich gab ihm nie wieder die Hand, er wusste nicht warum, ich war ein Kind. Siehst Du, wie ich lieben kann, vierzig Jahre lang lieb ich diese beiden schon, und das hast Du Dir verscherzt.

Ja, und ich stand also am Friedhof und sah den langweiligen Zug der Männer, die alle nicht trauerten, es war zu heiss, der Henry Arditti war zu alt, und zu arm und sein Sohn ist froh, dass er für ihn nichts mehr zahlen muss und auf seine Farm zurückkann, er sieht aus wie ein Lustmörder der dann noch die Opfer ausraubt und die Haare schneidet für seine Matratzen auf dem Land. Niemand trauerte und Canetti kam um seine Rührung, er war nicht ein bisschen gerührt und ich begann auf dem Friedhof zu rauchen, was noch ärger ist wie wenn man auf eurem Korridor in Chateaubriant raucht, in dem nur die Patienten das dürfen, die accompagnes, oder wie ich dort hiess, dürfen nichts.

On second thought, ich schick die P. Review mit gleicher Post aber extra, damit Du sie gleich bestätigst. Dein Bruder kauft Dir sogar den deutschen Kafka-Brod, weil der besser sein soll und überdies kostet er viel mehr und das ist ausschlaggebend für ihn. Den Hitler schickt er Dir sicher, wenn er ihn aus dem Boden stampfen muss, aber der Elias C. sendet ihn Dir auch. Über die Trials werde ich nachdenken, denn Dein

Bruder, der noch ein Herz für Dich hat, findet sie ein Greuel, der Georg, flötet er, darf das nicht lesen.

Ja, also nach dem Begräbnis fuhren wir zu den Ardittis, sie benahmen sich zu mir impertinent, weil die Freier sie alle nicht wollen und nur der Harry Arditti war nett, ich sah ihn zuletzt vor dreissig Jahren, aber er liess es mich nicht fühlen und so sagt ich ihm, ich hoff ich seh ihn bei meinem Begräbnis, was ihn masslos erschreckte und in Erstaunen setzte, denn wie fürchten diese Leute den Tod. Und es war alles sehr hässlich, denn der leidtragende Sohn verhandelte im Vorraum mit einem tauben Juden, und brüllte ihm französisch ins Ohr, »combien *esceque'*on donne au Rabbiner« genau so stilisierte er es, und ich sagte zu Canetti »in *meiner* Familie fragte man so etwas nicht, man schenkte eine grosse Note« und Canetti sagte, »was willst Du, es sind Ardittis!« Hast Du schon je so viel Sanftmut gesehen in einem Menschen? Er ist so reizend und knabenhaft, Dein Bruder, dass er wirklich viel schöner ist als Du, als ich ihn nach Paris zuerst sah, dacht ich der Arme, was hab ich erzählt, wie schön er ist, und sie werden ihn alle etwas vierschrötig finden, aber selbst der alte Arzt, der ihn untersuchte und bestimmt nichts von Diabetes weiss, sagte ihm, »*wie jung* Sie sind, wie jung!« das ist eine Familienschönheit bei euch, Nissim sieht aus wie achtzehn. Der arme Canetti hat solche Angst vor Chateaubriant, weil ich ihm schilderte, wie ich allen seine Schönheit pries, und *er* ist wieder in Dich vernarrt, was er sich abgewöhnen wird, wenn er Dich näher kennen lernt. Nach France werd ich ihm Georg-Briefe schreiben und ihm Deine Teufeleien erzählen und er wird wie Noble, der Löwe reagieren. Ich schätze er kommt nicht vor August, Sept., er hat sein paper noch nicht, die Schweiz ist vorbei und ach, wie freute ich mich ihn dort zu wissen. Bitte antwort ihm auf seinen Brief und sag ihm das mit dem Zucker ist sehr ernst. Er nimmt wahnsinnig weiter ab und isst Brot mit Heisshunger, ich ertrags wirklich nicht. – Gerade war der landlord von meinem Vermieter hier und fragte, wann er zurückkommt, es ist weiter nicht tragisch, es kann nur seine Rückreise beschleunigen und ich hoffte noch ein Jahr hierzubleiben. Ich muss hinzufügen, wir haben gute engl. Freunde die mich wieder gut unterbringen werden, aber wenn das der Sartre wüsste, wie oft *ich* schon umgezogen bin. Dein Bruder ist in der Partisan review zugleich mit Sartre besprochen. Schick diese P.R. nicht dem Elias Canetti, ich kann für euch nicht so viel Geld ausgeben, ich bin eben sparsam geworden! Mit diesem letzten Hieb und einem Vorgeschmack, Nachgeschmack von Briefen von mir bin ich

Veza Canetti.

Dein Bruder sagt, Du bist sehr gescheit geworden.

Veza an Georges *2. Juli 1947*

Mrs Canetti 14 Crawford Street London W1

July 2nd

Lieber Beau,
eben war Dein Freund Marcel bei uns, der mir diese Woche schrieb, er möchte mich sehen. Er bekam sofort einen etwas frostigen Zug als Canetti ins Zimmer trat, der Mann ist konsequent. Er nahm ihn aber jetzt dafür in seinem Auto mit, »can I give you a lift« heisst das hier. Wir sind beide bei einer Garden Party eingeladen, aber ich schickte Deinen Bruder allein, denn er ist noch jung.

Daniels sagte dasselbe, was Canetti auch vermutete, dass nämlich Deine Schwindelanfälle von der Behandlung der Wunde herrühren. Aber da wir Laien sind, schwieg ich respectvoll. Er erzählte nett von den Erfahrungen am Kontinent, leider wird er vor Canetti etwas steif. Er sagt er fand Dich glänzend beisammen (nach Paris hättest Du nicht dürfen). Dein Bruder findet hingegen, das Erlebnis wird die Heilung nur beschleunigen. – Vielen Dank für das Telegramm und die Intervention. Sie freut uns natürlich, nur liegt der Fall so: Dein Bekannter ist nur Lektor, und kann im besten Fall den Roman empfehlen, was auch zweifelhaft ist. Ein Lektor kann nicht mehr, und bis alle am Verlag den Roman gelesen haben und die Entscheidung eintrifft, dauert es Wochen. Hier aber kann er das sichere Angebot nicht auf so lange hinziehen, er zögert ohnehin schon seit Wochen. Das Angebot ist für Frankreich glänzend und in Scotland Yard liegt gegen diesen neuen Pariser Verlag nichts vor. Kannst Du erfahren, ob er »Children of Vienna« von Robert Neumann herausbringt? Von diesem Verlag dürfte auch ein Angebot reif sein. strictly confidential: die franz. Verlage bieten nur höchstens dreissig Pfund Vorschuss, dieser bietet hundert Pfund und 12 Perzent. Cape ist verblüfft, Erkundigungen werden weiter eingezogen. Dein Freund müsste binnen acht Tagen ein Offert machen, länger lässt sich die Sache nicht hinziehen.

Dein Bruder liest seit einer Woche den herrlichen Kafka, den er für Dich gekauft hat, Deutsch, diese Ausgabe ist vollständiger, und erklärt er muss ihn lesen, ob nicht etwas drinsteht »dass den Georg kränken könnte«. Ich sagte, Georg weiss genau Bescheid über sich zum Glück. Zum Glück, weil er keinen Grund hat besorgt zu sein. Aber nett ist es doch von ihm. Mlle Langlois, Du hättest die Arme verhindern sollen Zeit an einen Brief zu verschwenden, sie hat genug zu tun. Daniels ist übrigens entzückt von Chateaubriant. Er hat freilich nicht dieses interessante social life, das die Canettis in London haben. – In Deinen gescheiten Briefen stellst Du seltsame Fragen, Sohn, aber ich kann sie nicht beantworten. Ich bin ein Melancholiker, und ich find alles zum verzweifeln. Wäre alles wunderbar in der Welt und auch mein Leben, und dies von euch beiden, ich wäre dennoch verzweifelt, weil, wie Dein Bruder sagt »es den Tod gibt«. Dass er einmal kommt – ist es nicht zum Verzweifeln, dass Goethe starb? Du siehst ich bin hoffnungslos. Daher auch meine stille Verwunderung und Rührung über Deine Artigkeiten, Galanterien, Deine Pagenart mich über mich selbst vergessen zu machen. Es ist mir leider nicht wichtig, dass mein Haar grau ist. Wäre es mir wichtig, es wäre schwarz. Über diese Konsequenz meiner Schwermut bin ich aber eher zufrieden, *‹eine halbe Zeile unleserlich gemacht; handschriftlich darüber:›* Das war eine misslungene Pointe … Ich hab mich aber sehr gut erholt in France und noch besser seit meiner Rückkehr, denn hier ists schön. Und ich krieg langsam wieder den Humor, der mir, als Du mich sahst, noch fehlte.

Ich hatte wenig zu tun, als ich kam, und Wedg. fuhr nach Italien und scheint nicht mehr eine grosse Nummer bei Cape, es war betrüblich denn ich möcht den Canetti nicht so viel kosten (höchstes Raffinement, sagte Regine, die es mir nicht glaubte, tiefste Schwermut, sagte Canetti der es nur zu sehr glaubte), und dabei ist dies doch meine normalste Reaktion.

Canetti hat eine wunderbare Erklärung warum es Melancholiker gibt: weil wir Fleisch essen. Wir töten Tiere und das rächt sich bei manchen von uns, in dem wir darüber Melancholisch werden. Niveau, was?

Meine Cousine Veza, die ich Peggy taufte, fuhr mit ihrem Mann (completely cured) zurück nach N-Y. Peggy ist ein guter Name, ich hab ihn endgültig angenommen und seither hab ich viel mehr zu tun und komm fast diese Woche nicht nach. Meine Katze Kien ist originell. Wenn ich sie zur Strafe in den Schrank sperre, will sie nicht wieder heraus, und wenn ich sie schlage, ist sie hocherfreut. (Wie die beiden Canettis.)

Den Kafka schick ich morgen endlich ab, Dein Bruder las mir rührende Stellen aus seinem Brief an seinen Vater vor, wir heulten beide. Die Friedl schreibt zwei Liebesbriefe, dann einen um Geld, sie ging eine Scheinehe ein und heute kam wieder ein Geldbrief. Darüber erwähn nichts, denn sein Herz hängt an ihr.

Vor zwei Tagen noch hätt ich Dir einen Liebesbrief geschrieben, ich hatt so eine Anwandlung, aber jetzt bin ich etwas erschöpft vom Lesen Schweizer Autoren, über das Rothorn, die Bergunglücke dort, den gewissenhaften Helden, mit dem Schuldgefühl, dem Wilddieb, der blonden Bestie, das Haar wird mir ganz weiss. Die franz. Romane sind wieder so selbstgefällig, klüger, aber gewöhnlich autobiographisch und wen interessiert das schon. Ich muss jetzt diesen Gaston Baissett weiter lesen, warum schreibst *Du* nicht Romane!????

Der Klemperer, als er Canetti kennen lernte, frug ihn, ob er einen Canetti in Paris kennt, er mache gerade ein record bei ihm. Er liess dem Nissim sagen, er hat hier am 2. Juli ein Konzert, er soll doch herkommen und sichs anhören. Ich denk, Du wirst in St Hilaire sein, wenn Dein Bruder abreist, was sicher besser ist, er hat Berge gern und ist dort ein normales Hotel? Denn, dass ich in einer Schenke wohnte, bewundert Dein Bruder noch heute (ich auch) er brächt es nicht fertig er hätt *Angst*! Bitte schreib sofort und ich versprechs ich werd wieder komisch werden.

Nochmals vielen Dank, Canetti war tief gerührt, dass Du Dich so um sein Buch bemühtest. Ich möcht gern unter den Schwarzen leben, in Afrika, eine zeitlang. Vielleicht brennt

sich dann die Sonne in mich ein. *WIE GEHT ES DIR.*
All Our Love Peggy
Love
Peggy

Du bist sehr lieb.

Veza an Georges *10. Juli 1947*

Mrs Canetti 14 Crawford Street London W1
Tel WEL beck 9334

July 10th

Lieber Hampelmann,
neulich waren wir bei einer private party, zusammen, denn die Tänzerin, die vor dem B.B.C. zwecks Television vortanzte, wählte nur besonderes Publikum und hält mich für sowas (auch). Sie versprach uns die Herlie, die grösste Schauspielerin hier, die seit einem Jahr hier in einem schlechten Stück von Jean Cocteau, »der Adler mit zwei Köpfen« die Hauptrolle spielt und einen grossen Erfolg hat. Sie ist so hervorragend, dass Dein Bruder drei Mal zu dem schlechten Stück ging – und wegen ihr ertrugen wir einen Tanzabend. Sie sass vor mir, schön, stolz und mit einem kalten Blick, dem hysterischen Blick der grossen Schauspielerin, sagte ich mir. Mir tat der Canetti leid, denn ich sah, sie wird zwei kühle englische Phrasen mit ihm sprechen, und Schluss. So drehte ich mich um. Hinter mir sass ein bildschönes junges Mädchen, mit einem weichen Lächeln, einer Haut! ich konnt die Augen nicht von ihr wenden, was sie entzückt aufnahm und ich beschloss sie anzusprechen. Nach der Gala-Aufführung, beim Büffet, stand ich mit Canetti, Anna und Fistl und ich wandte kein Auge von ihr.

»Die Herlie!« jammerte Canetti mich an, aber die Herlie hatte sich davongemacht. Das bildschöne Mädchen tröstete mich, sie reichte mir ein Bier, ich refüsierte, sagte aber kupplerisch, *er* trinkt Bier und Canetti hingerissen von ihrer Schönheit, nahm ein Glas Bier. In der Folge brachte sie mir Sandwiches, Kaffee und bediente mich immerzu göttlich lächelnd. »Ist sie nicht wundervoll!« sagt Canetti. »Armer Kerl, die Herlie ist leider davon«, sag ich, um ihn zu trösten. Er starrt mich an als wär ich irrsinnig.

Meine Bildschöne war die Herlie.

Ich liess sie natürlich nicht aus und wir hatten einen vergnügten Abend.

Den nächsten Tag nahm der Doktor Billette in der ersten Reihe Mitte, Ecksitze, und natürlich, sie lächelte uns zu.

Von der Garden Party kam er aber niedergeschlagen (die war vorher). Alle hatten ihn nach der Friedl gefragt, und er kam gequält noch nachts zu mir, er war zu unglücklich. Diese Geschichte wird nicht enden, denn sie lässt ihn nicht aus, er ist ihr zu nützlich. Ich sagte ihm, *Du* siehst sie und seine Liebesgeschichte jetzt mit ganz anderen Augen an, seit ich in Chateaub. war denn erstens will ich Dir a chance geben selbst zu urteilen, und dann will ich, dass er offen zu Dir ist und ich will dass Du Überblick hast. Auch magst Du wirklich die Geschichte anders beurteilen als ich, ich will jetzt ein Outsider sein, ich hab genug. Ich sagte ihm ganz klar, von mir hat er keine Widerstände mehr zu erwarten, ich hab ihn verlassen und bin jederzeit bereit dies per solicitor zu bestätigen. Ich bin fertig mit dieser Geschichte, die nicht fertig ist.

Die Sekretärin von Horizon schrieb aus Frankreich, dass der Verlag unbekannt ist, und ein ganz grosser Verlag, I forget which, mit G. fängt er an und ist euer grösster Verlag, wird sein Buch verlangen. Wir werden also die Sache verschleppen. Der Verlag, der sein Buch erst lesen will ist der von Kafka. Es fragt sich, ob er das Buch auch nimmt. Hier geht es sehr gut, wieder, die neue Auflage auch, von U.S. wissen wir noch nichts.

Canetti lernte einen Verleger kennen, den er sofort für Dich interessieren wollte, er hat nämlich den grössten medizinischen Verlag in England, vorläufig übersetzen sie leider keine mediz. Bücher. Der Mann ist ganz vernarrt in ihn und das ist für mich günstig, er arbeitet auch mit einem Verlag der für mich Arbeit haben wird.

Hoffentlich hast Du schon den Kafka, ich schliesse für heute, dies ist ein ganz unverdienter Brief, eine Draufgabe, denn Du hast noch nicht geantwortet. Aber ich muss immer an Dich denken, wenn Du nur gut beisammen bist. Schreib darüber *sofort.* Love

Schreib sofort wie's Dir geht!

Love
Peggy

Mrs V. Canetti 14 Crawford Street London W1

August 27.

Entzückender Georg,

ich bin fassungslos über Dich – und schäme mich entsetzlich, dass ich Dir mit meinen Trivialitäten gekommen bin, ohne zu ahnen, wie es um Dich steht. Denn wie Du jetzt bereits wissen wirst, hatten wir Deinen Brief erst hier. Das war natürlich wieder eine grosse Operation und wie kann man so engelhaft sein und nicht einmal klagen! It beats me. Und ich mit meinem blöden Einbruch! Bin ich froh, dass Du von Chat. wegkommst, in St. Hilaire wirst Du Dich bestimmt keine Minute langweilen, denn Dein Bruder ist bei Gott fascinierend. Ich möchte schrecklich gern unsichtbar zuhören, was ihr alles zu sprechen finden werdet, die grossen Probleme, die man, wie er sagt nur mit Georg besprechen kann, er ist der einzig *wirklich* gescheite Mann den er kennt. Bitte schreibe sofort, wie es Dir geht, ich fang sonst unbändig zu telegraphieren an. Dein Bruder wird ausser sich sein, armer Kerl, ein Schlag nach dem anderen, wir tragen Deine Operationen nicht so leicht wie Du. Es scheint zu sein, dass die Schwindelanfälle von dieser Komplikation herrührten, und doch endlich aufhören werden. *Bitte* um Nachricht und sofort! Claudine ist hier, wir sehen sie morgen, hoffentlich weiss sie mehr über Dich.

Bitte schreib mir die Adresse von Arth. denn Kutusov wird sie mir nicht geben und lass mich wissen, in welcher Sprache ich antworten soll, gewiss nicht Französisch, ich kann die Endungen der Verben nicht mehr, und wieso kann er nicht engl. wenn er das Buch gelesen hat? Oder kann er Deutsch? Hätte ich nur gewusst er kommt, ich wär bestimmt nicht weggefahren, und viel Verdruss wär mir erspart geblieben, zum Beispiel, dass man bei Hutch. wütend auf mich ist, weil ein Buch markiert »urgent« an mich kam, und zurückging, und dies durch Nachlässigkeit des office, denn ich hatte sie verständigt, dass ich fahre, aber dort herrscht eine heillose Unordnung und sie geben einfach ihre Fehler nicht zu und schoben schon einmal alles auf mich. Ich bin neugierig, wie das enden wird. Von mir lässt jetzt eine angesehene Engländerin (die schlanke) auf ihre Kosten ein Stück ins englische übersetzen, denn ihre Mutter ist eine grosse Schauspielerin und sie will mich unbedingt aufführen. Dies erzähl nicht weiter, ich bin ein gebranntes Kind und nur Dir vertrau ich blind, weil nur Du mir alles Gute wünschst.

Der Einbruch ist überraschend glimpflich abgelaufen. Ein Schaden von kaum mehr als dreissig Pfund, der seelische Schaden ist freilich nicht zu beziffern. Sie stahlen unsere Clothing coupons und sweet ration coupons, für ein volles Jahr und da ich nichts von dem Diebstahl wusste, und daher diesen Verlust nicht gleich angegeben habe, begegne ich dem grössten Misstrauen, von der offenen Feindschaft jetzt auf den Ämtern nicht zu reden. Was food anlangt – ich bekomme parcels aus New-Zealand und Amerika dies fortlaufend, also darüber keine Sorge. Ich will Dir Honig mit Claudine schicken, schreib sofort, ob Dir das recht ist, oder was Du sonst willst, Sardinen haben wir augenblicklich nicht, aber willst Du getrocknete Zwetschken? Rosinen? Ich werd sehen, was mir das Kind mitnimmt, razor blades folgen in jedem Brief, sind die blue gillettes nicht besser? Antwort, Du Tor! – Unser Post office saving book war gar nicht gestohlen, dafür saving certificates, goldene Löffel und trinkets, erklär mir, warum der Dieb nur sechs Löffel nahm und sechs zurückliess, Canetti sagt, er war ein philantrop und ich tat ihm so leid, weil ich nichts besitze, dass er meinen Besitz mit mir teilte. Alle food tins liess er mir und ein Dutzend paradiesischer Toilette Seifen, die ein fan von Canetti mir aus New-Zeal. sandte. Bereits unterwegs für uns ist ein Xmas pudding, von derselben lieben Clare, die selbst nicht reich ist, uns aber mit parcels überschüttet. Du siehst, ich bin wieder nüchtern.

Ehe ich wegfuhr, hatte ich einen fürchterlichen Ausschlag, wie Canetti sagte von der Katze, und die Katze wurde weggeschafft. Ich litt unsäglich weil es von der Katze war, und wünschte mir, es wäre Tuberkulose, nur damit ich nicht von einem Tier angesteckt bin. (Diese Dummheit erzähl ich Dir aus psychologischen Gründen.) Mir grauste derart vor mir, weil ein Tier mich angesteckt haben sollte, dass ich die ganze Zeit hoffte es ist T.B. Eines Tages rief die sehr liebe Sekretärin von der Tate Gallery an, die einen Band herausbringt, auf dem in jeder Seite jedes Bild mit einem grossen Roman verglichen wird und eine Seite darin mit Autodafé, und da sie round the corner wohnt, fragte sie: how many hundred flees have you got? Und ich erfahre, dass die ganze Gegend hier im Sommer eine Fliegeninvasion hat, weil alle Häuser baufällig sind. Ich sah auf meine Strümpfe, die Beine hatte ich verschwollen, und da sassen sie und sitzen noch jetzt, ich hab nicht ein Dutzend Flöhe und nicht zwanzig sondern Hunderte und täglich wird desinfiziert und wer Dir sagt D.D.T. ist gut gegen Flöhe, they *love* it, mein Neffe sagt, man verkauft es, weil die Flöhe es so gerne haben. Zum Trost schickte mir Miss Frost ein Bild aus der Tate Gallery »Ghost of the Flea«, ein Mann, wie ein Geist, voll mit Flöhen! Jetzt graust mich wieder vor mir, alles mit Tieren graust einen so, man fängt an zu glauben, wir sind wirklich höhere Wesen. Wenn man eure herrliche Fabel von den zwei Löwen in der Staatsgalerie nicht kennt.

Was mich so schmerzt, bitter schmerzt, enttäuscht, niederwirft, ist, dass ich heimlich, leise, glücklich hoffte Du kommst bald. Über wohnen hier was *Dich* anlangt, Dein Bruder hat die halbe highbrow Stadt zu Füssen. Gottlob in dem Punkt klappt alles, und wenn er in France erscheint ist das wirklich ein grosser Schritt. Hoffentlich kannst Du mir helfen, dass nicht alles ins Wasser fällt, weil er doch der Kutusov ist, nur schritt der Kutusov zuletzt doch ein, er aber wird zögern und zögern, mir hat nie ein Mensch so imponiert und nichts hat mich so gequält.

Bitte schreib sofort, was ich mit Cl. senden soll, Zigaretten natürlich, Tee hab ich keinen, Kaffee so viel sie mir mitnimmt.

Was die Schönheit anlangt – die wird Dich immer lieben, denn die Hälfte der Frauen sind eben keine Therese, so sehr Dein Bruder, der grosse »Frauenkenner« dies bestreiten wird, er wird von den Sachlichen verfolgt weil er ein Träumer ist, die Träumenden verfolgen nicht, und er selbst ist immer in Abwehr, ein kleiner Liebesgott. Du wirst ganz entzückt von ihm sein, diese Weltfremdheit in dieser penetranten Welt!

Alles Gute vom ganzen Herzen, ach, der kleine Kerl hatte recht sich zu sorgen, als er Deine Photo sah … er war ganz bestürzt, ich verhöhnte ihn …

Sofort schreiben, sofort …

Peggy

wenn er in 5 Wochen in Paris ist werd ich Gott danken.

Mrs V. Canetti 14 Crawford Street London W1

Sept. 20

Liebster Benjamin,

C. ist in den Cotswolts, bei Glocks, er ist ein angesehener Musiker hier, von ihr schrieb ich Dir schon (der Knabe für Dich). Ich fühl mich dadurch freier, Dir einen Brief zu schreiben, den Du vernichten wirst. Er ist in einer entsetzlichen Verfassung und dies wegen F. In zwei Briefen schreibt sie wie glühend sie ihn liebt, im dritten, weil er nicht gekommen ist, wie sie am Meer sitzend geträumt hat, deutet sie an, dass ein anderer da ist, sie ist eine Scheinehe eingegangen und ich fang an zu glauben, dies schreibt sie ihm nur, damit er ihren Roman fertig macht über den Schein, denn den schickte sie ihm jetzt eben und natürlich wird er Monate lang daran arbeiten. So furchtbar es ist, ich wünsche eher dass sie ihm Liebe vormacht, denn gestern kam wieder ein solcher Brief zugleich mit ihrem Roman (Cape nimmt ihn nur, wenn er fürspricht) und er war sofort verwandelt und vorher hatte er solche Anfälle von Verzweiflung, dass er nicht nur ..... diesmal der Marie Louise Szenen machte, und dies wie er mir gestand über eine Sache die ihm gar nichts machte. Er gestand er erfand etwas um sie zu quälen (nur weil er so gequält ist). Ich bin also in seinem Fall zu der Einsicht gekommen, jeder muss nach seiner Façon unglücklich werden und wenn er es lieber mit der F. ist, soll er es werden, es ist sicher noch besser wie dieser Zustand, in dem er nichts arbeitet und was so beängstigend ist, ich las dies über Kleist (der hatte immer etwas vor), jetzt hat er einen Roman vor, vorher ein Drama, nichts wird fertig gemacht. Natürlich haben wir nicht ewig mit der Blendung zu rechnen, und es müssen andere Einkünfte her. Ich bin seit der unglücklichen Reise bei H. kalt gelegt, dies war schon nach Frankreich der Fall, doch sind sie so begeistert von meinen reports, dass sie wieder regelmässig schickten, jetzt sind sie wütend, weil ich immer wegfahre, und natürlich gibts genug readers die kniefällig danken. Es wird sich vielleicht wieder einrenken, aber ich bin schon daran mich zu verkaufen, und das ist kein Scherz. Es ist nicht sehr tragisch in meinem Alter, eher sogar schmeichelhaft, aber ich habs mir würdevoller vorgestellt und werds nur tun, wenn uns jetzt alles scheitert. Denn mit Amerika *scheint* es nicht gut zu stehen punkto sale. Wir haben noch keine Abrechnung. Von der verkauften Braut (!!) erwähn nichts, er fühlt sich sonst verraten von allen.

Mit Arthaud ist noch nichts abgeschlossen, denn Contou versprach alles, dann kam das memorandum, und in dem waren verschiedene Versprechen weggelassen, so musste ich gestern protestieren, und wir werden sehen, ob sie nachgeben, denn Dein Bruder gibt nicht nach. Die hundert Pfund haben sie konzediert. Aber Cape hat uns gewarnt, dass die Franzosen nichts einhalten, und so sind wir vorsichtig. Auch hab ich nach reiflicher Überlegung dem Cape den Fall übergeben, wofür er leider zehn Prozent bekommt, dann kam C. aus Wales und wollte nicht Cape, so musste ich ihm schreiben, jetzt nachdem er gesehen hat, wie man ihn behandeln würde, wenn er keinen Agenten hat, will er wieder Cape und ich musste wieder ändern, was dem Contou nicht den besten Eindruck machen wird. Ich weiss ein Lebensalter zu spät, dass ich ihm hätte nie nachgeben sollen, er hat mir immer alles zerstört und mich verstört. Diesen Brief wirst Du *zerreissen*, und sofort.

Das Traurige ist seine eigene Verfassung. Ich hoffe es ist Neurose und nichts Schlimmeres. Man hat zu viel über Nietzsche, Kleist etc gelesen um nicht besorgt zu sein. Ich bin jetzt ganz gut beisammen und stütze ihn sehr, aber ich möchte doch, dass Du mir hilfst. Es lastet zu viel auf mir. Nur Du hast ihn wirklich gern ausser mir, und befass Dich mit ihm!!

Die Reise nach der Schweiz zum Beispiel wurde verschlampt, weil er so missmutig war, so kreuzunglücklich wegen F. dass er nicht fahren wollte und Dir hundert blödsinnige Gründe angeben wird. Und er wäre vollkommen gemacht in pekuniärer Hinsicht, denn ein Theaterdirektor, der ihn von Wien her schätzt wartete auf seine Stücke, die Weltwoche wollte ihn in grosser Aufmachung bringen – alles war bezahlt vom Pen – er ging nicht. Nach Fr. wird er fahren, denn Du bist noch der einzige Mensch den er sich zu sehen wünscht, aber dieses Zögern hängt damit zusammen, dass F. schreibt sie will nach Frankreich, denn plötzlich antwortete sie nicht, wenn er frug, ob sie hinkommen will. Er wird auch fahren wenn sie nicht kommt, aber wie schwer ist es ihm. Und wie rührend ist diese Anhänglichkeit! Mich wollt er schon hundert Mal loswerden, ich bin eine grosse Belastung und er weiss was er mir trotzdem immer bedeuten wird, aber wenn es dazu kommt also auch jetzt, verhindert er doch alles und dies hat er immer getan. Natürlich denk ich mir, seine Seelenruhe ist wichtiger als mein Komfort und geb nach. Dies spielt sich unausgesprochen ab, darum erwähn Du nichts darüber. Wenn er einen Liebesbrief kriegt, dann gönnt er mir auch, was er für mein »Vergnügen« hält, ist er verzweifelt, dann zerstört er mir die Möglichkeit mir den Rücken zu decken, was ich nur seinethalben will, denn ich will dass er ein grosses Bankkonto hat, damit er sich auf nichts ausreden kann. Er hat immer eine lange Zeit vor sich, aber ich will dass er sich etwas mehr gönnt zum Beispiel eine Wohnung kauft, was tausend Pfund kostet. Jetzt muss er weg aus seinem Atelier, und das hat ihn auch verstört. Er hatte ein entsetzlich unglückliches Leben, die M.L. mag er nicht als Frau, sie hingegen stellt allerhand Anforderungen besonders an seine Zeit, es quält ihn, er ist ihr aber verpflichtet, und er ist so ängstlich geworden, dass die Tatsache, sie wäre immer zur Stelle wenn er je wieder in Not geräte (was er nie wird) ihn bewegt sich weiter ketten zu lassen.

Dies ist ein sehr nackter Brief, aber vielleicht hilfst Du ihm aus dieser Verwirrung heraus, ich kanns nicht mehr. Sein Gefängnis ist er selbst, besonders seine Angst, die wir beide nie loswerden, seit Hitler.

Du wirst Dich über all dies nichts wissen machen und zu niemandem darüber sprechen. Er wird Dir selbst alles erzählen, Du wirst aber *für* F. sein, es ist besser so.

Der Claudine wollt ich Geld geben, sie ist aber so sparsam erzogen, dass sie sich lieber von fremden Leuten aushalten liess und so weiss ich nicht genau wie er es machen wird. Wenn er nach Frankreich fährt und der Vertrag mit A. ist unterzeichnet, wird ihm das government vielleicht etwas dort zubilligen, aber er kann nicht sparen und es wird nicht viel sein.

Über Dich will ich Dir in dem Brief nichts schreiben, ausser dass wir angstvoll auf Dein Bulletin warten. Und einen netten Brief hast Du bekommen und Liebesbriefe schreib ich Dir täglich, aber ich tus nicht wie Du bei mir aus psychologischen Gründen sondern aus Liebe.

Peggy

Den Band vier der War Trials konntest Du natürlich nicht lesen. Bitte heb ihn mir gut auf, ich habe alle Bände, zehn bis jetzt und C. braucht sie für sein Werk. Ich selbst lese jede Zeile und freu mich wie das Pack gebraten wird. Sie haben alle nichts von concentration camps gewusst! Aber sie hatten es mit chief Justice Jackson zu tun, er ist Amerikaner.

Bitte sofort zerreissen!!
So ein Brief darf nicht existieren bitte schreibe mir, dass Du ihn zerrissen hast.

Veza an Georges *27. September 1947*

Mrs V. Canetti 14 Crawford Street London W1

Sept. 27.

Liebster Georg,
ich bin noch nicht verkauft, denn es scheint sich (auch für mich) wieder alles gut anzulassen. Canetti hat zwei stürmische Anträge. Arthaud willigt in alles (nur 8.000 copies, zwar) und Labastie kam eigens nach London, um Cape aufzusuchen und bietet eine höhere Anzahlung, *jeden* Übersetzer und alles was Dein Bruder verlangt, er sagt er ist *verliebt* in das Buch, dennoch hat Canetti eben für Arthaud entschieden und wie ich Deinen Freund betont, weil eure Freundschaft ihm die beste Gewähr ist. Dein Bruder war in Bath, wo ihn ein Polizist ansprach, ob er der Polizei einen Gefallen tun will, und bei einer Identify parade mitwirken, sie wollen einen Kinderschänder feststellen. Zitternd vor Angst ging der Canetti zu der Parade, wo er unter acht Männern mit Schnurrbart stand und wartete, wie Kinder an ihnen vorbei defilierten. Flehend sah er die Kinder an (der wirkliche Verbrecher, ein geschniegelter Herr der sich sehr frech benahm kam als letzter in die Mitte) und erwartete jeden Augenblick, als der Kinderschänder identifiziert zu werden, er lächelte unschuldig, fühlte sich vollkommen ertappt und war todfroh, dass die Kinder keinen, auch nicht den Verbrecher erkannten. Dann war er bei einem Arzt zu Mittag, der gerade einen Magen in einem Gefäss auf der Kommode stehen hatte, und er wies während des Lunch auf den Magen, er hatte ihn eben einem vermutlich Krebskranken herausgeschnitten, der

jetzt nur ein Zehntel Magen hat. Canetti musste dann noch mit ihm ins Lab. wo er den Magen wie ein Schnitzel auf den Tisch warf und zwei Ärzte begannen ihn nun abzutasten und in 4 Tagen werden sie wissen, ob es Krebs ist. Also ein aufregender Tag für Deinen Bruder. Dies für heute, schreib sofort wie es Dir geht. *Sofort*!

All my love
Peggy

Veza an Georges *15. Oktober 1947*

Mrs V. Canetti 14 Crawford Street London W1

Okt. 15.

Liebster Georg,
ich weiss nicht, ob Dich dieser Brief erreicht, denn ich weiss die Adresse nur vague, und hab Deine früheren Briefe nicht hier sondern versperrt in A. Es ist auch kein Malheur, denn es ist nur ein Geschäftsbrief. Es benimmt sich dieser Arthaud nämlich unfair. Vor über zwei Wochen willigten wir in den Vertragsentwurf, doch noch immer ist der Vertrag nicht eingelangt und der andere Verleger, Droin, schreibt dringende Briefe. Er schreibt sie seit Mai, und wie man mir bei Cape bedeutete, er hat nicht viel Papier, wird schliesslich einige andere Bücher nehmen und zwar immer Autodafé, aber er wird die Herausgabe dann verschieben müssen, bis er wieder Papier hat. Man riet mir also an Arthaud einen dringenden Brief zu senden. Ich wartete dennoch noch eine halbe Woche und schrieb gestern, mit Einwilligung Deines Bruders. Statt mir aber den Brief zu diktieren, sass er stundenlang hier bei mir und korrigierte das Manuskript von F. (vier Stunden dauerte das) und er hatte für seine Angelegenheit nicht fünf Minuten Zeit. Ich schrieb also was man mir am Verlag geraten: dass Mr C. nämlich, falls diese Woche kein Vertrag kommt oder zumindest ein cable, dass der Vertrag unterwegs ist, sich genötigt sehen wird, einen andern Verleger vorzuziehen. Ich fügte noch höflich hinzu »you will understand, that Mr C. cannot afford to miss his other opportunities.« Der Brief ist korrekt und wie er sein soll, und es ist auch heute kein Vertrag da und ich bin sicher dass der Brief seine Wirkung haben wird. Dennoch ist

Dein Bruder verzweifelt, ich habe zu scharf geschrieben. Ich wollte Dich bitten, falls Du dies auch findest, es durch einen persönlichen Brief zu mildern, indem Du schreibst, ich habe Dir gerade mitgeteilt, dass Cape hier drängt, und dass ich deshalb genötigt war dies auch zu tun. Schliesslich schreibt Droin seit *Mai* und gestern kam wieder ein stürmischer Brief, er schreibt reizend, will mehr Vorschuss geben und 250 Pfund allein für Reklame investieren. Wenn Du aber denkst es ist nicht gut, unternimm nichts.

Was F. anlangt kommt jetzt jeden zweiten Tag ein Brief, sie hasst Schweden, hält es dort nicht aus und will herkommen und natürlich liebt sie Deinen Bruder glühend, *nur* ihn und auf ewig. Dies bedeutet, es sind ihr dort alle Spekulationen zum Teufel gegangen, oder aber, sie will wieder zu diesem Bill hier zurück, und da er ihr nicht einmal die Fahrt zahlen kann und nur Dein Bruder alles bestreiten würde, auch ihren Aufenthalt hier, nimmt sie diesen Ausweg. Er ist darum ganz konfus, auch misstrauisch und hat den Kopf verloren, so dass er seinen eigenen Angelegenheiten wie gesagt nicht fünf Minuten widmen kann. Er hofft sie dazu zu bringen, dass sie noch in Sch. bleibt zur Belohnung darf sie dann nach Frankreich. Wie er das bestreiten wird, weiss ich nicht, denn sie ist anspruchsvoll und lebt nicht wie ich von Paketen und Kleidern der Verwandten aus Amerika.

Ich bitte Dich mir sofort zu schreiben wie es Dir geht, und verzeih, wenn ich jetzt schliesse, wir sind beide nach einer Grippe und recht trübselig, und ich schreib Dir in einigen Tagen einen komischen Brief, bis ich Deine Adresse weiss. Nissim sandte sofort die verlangte Einladung, wirklich lieb. Hat Dir Claudine von uns erzählt? Bist Du nicht zu schwach seit Paris? Gefällt es Dir in St.H.?

Bitte interveniere wenn möglich bei A. und lass mich überhaupt Deine Meinung wissen. Er war schon vorher höchst unfair, bevor wir uns wehrten, wie wird das erst sein wenn er royalties zahlen soll! Die franz. Verleger haben leider einen miserablen Ruf.

Peggy

Mrs V. Canetti 14 Crawford Street London W1

Okt. 27.

Süsser Georg,
ich schreibe Dir sofort und per Flugpost, um Dir die Zeit zu vertreiben. Das ist wirklich traurig, dass Deine Knaben ausgewechselt sind, armer Herzog von Orleans, aber ich kann mir nicht vorstellen, dass Du nicht schon jetzt die ganzen Studenten zu Deinen Füssen hast, wenn ich an Deine Augen denke, bin ich sofort hingerissen, und bei Deinem Brief denkt man an Deine Augen, er ist wieder delightful. Ich versteh nicht, wie ich je wahnte, *ich* schreib gute Briefe. Du hast mich natürlich lang warten lassen, aber ich schrieb sofort an meine satelites und war also nicht besorgt. In dem Punkt bist Du ärger als Dein Bruder. Der wieder eine fabelhafte Review hat, in einer neuen Zeitschrift die sehr gut und kritisch ist. Sie ist wegen des jetzigen Papershortage schwer zu bekommen, doch erhältst Du bald ein Exemplar. Überdies erhältst Du, aber *nicht* so bald, ein hochinteressantes Buch, die proof copy, »To the Bitter End« von einem deutschen hohen Beamten zur Zeit des Nazi Regimes geschrieben, aus dem einwandfrei hervorgeht, dass ein Putsch unter den Generälen geplant war, und wäre der blockhead mit dem Regenschirm nicht nach München gefahren (was das Volk und die Polizei zum ersten Mal überzeugte, dass Hitler recht hat und alles mit Erpressungen und ohne Krieg erreichen wird), der furchtbare Krieg und das Elend wäre für Millionen vermieden worden.

Ich bin entzückt von Deiner schweizer Reise, das heisst Du kommst bald her und hier wirst Du nicht enttäuscht sein, I swear. Er – braucht ungefähr den Brief den Du für mich schreiben liessest, Du bestellst ihn etc. von Geld erwähn *nichts* denn dieser Brief ist für das französische Konsulat. Bitte rasch, denn er will wirklich jetzt bald fahren, bestimmt noch im November. Arthaud antwortete sofort per cable und *mit* dem contract, da sich aber Cape wichtig machen wollte, weil *Du* alles gemacht hast und *sie* die Prozente kriegen für ein fait accompli, sandten sie ihn zurück, weil sie herausfanden, dass Arthaud sich tausend Exemplare herausgeschwindelt hat, für die er keine Royalties zahlen wird. Als ob er diese tausend nicht so auch verkaufen könnte, das macht jeder Verlag und macht mir nur unnützes Kopfzerbrechen, denn ich dachte mir natürlich, dass Contou Schwierigkeiten hatte. Diesmal bin jedenfalls nicht *ich* schuld, ich war dagegen, dass man wegen der Lappalie wieder verhandelt. Ich werd Dich aber weiter nicht mehr behelligen, das soll sich jetzt Cape ausbaden.

Jetzt will ich Dir erzählen, warum man mich aus den Fougerays hinausgeworfen hat, ich getraute es mich nicht früher. Du wirst aber bestimmt nicht mehr dorthin zurückkehren, drum kann ichs riskieren.

Als nämlich diese nette hagere Heilige, die Scheuerfrau, täglich den Boden rieb, sagte ich eines Tages »mais vous travaillez beaucoup«! und die Arme starrte entgeistert auf eine Türe. Hinter dieser Türe, tückisch *vor* meiner, wohnte aber die Manageress, die jedes Wort gehört hatte, was ich erst dann herausfand. Und deshalb warf sie mich hinaus, nicht ohne mir gesprächsweise zu erzählen, wie schwer sie es mit dem Personal hat weil keine bleiben will. Ich sagte ihr aber nicht, dass die Hygiene in ihrem Sanatorium sich auf den polierten Korridor beschränkte, und dass dieselbe charwoman, die Näpfe, und das ist ein höfliches Wort, heraustrug, und gleichzeitig mit denselben Fingern, mit blossen Fingern, die Butterringe auf die Teller zählte, die offen in einer Lade lagen, wobei sie den Napf noch angefüllt zu Boden stellte. Ich frühstückte dann überhaupt nicht mehr, und der Heiligen sagte ich *das* nicht. Du wirst Dich noch jetzt in Krämpfen winden, über die Türe und die Manageress, *ich* freu mich eher, aber das asketische Wesen wird sich noch weiter auswinden lassen, denn das gehört zu ihrem Glauben. Und die Manageress wird bald weggehen, sie ist der hysterische Typus, der es nicht lange aushält.

In St Hilaire wird Dein Bruder Dich gut unterhalten und er lässt sich F. hinkommen und ist sehr beruhigt, weil ich sagte Du weisst es schon. Ich versprech Dir, Du wirst Dich köstlich unterhalten. Mit den Patienten wird sie keine Liebschaften anfangen, dazu hat sie sich zu gern, und mit den Ärzten kanns weiter Dir nicht schaden, und sonst ist sie auf eine halbe Stunde sehr amüsant, sie hat die rohe Art zu erzählen, die wir Feinnervigen goutieren, weil es uns herausreisst. Sie wirkt riesig gesund, hat nie eine Sorge in der Welt, die um ihr Wohl wälzt sie immer auf andere ab, gewöhnlich auf Deinen Bruder, und um andere lässt sie sich nicht den Schlaf rauben, denn sie liebt niemanden. Und das sind die glücklichsten Menschen. Es ist nur weise, gute Miene zum Bösen Spiel zu machen, und Du durchschaust das Manöver auch besser. Übrigens hat sie in ihrer Beziehung zu C. etwas zu ihrer Entschuldigung: es ist etwas heikel, und fein ausgedrückt: er brachte sie nie in die Lage, in der Lucienne ist, und nicht oft in die, sie zu befürchten, und sie ist ein junges Weib, und vielleicht waren die Umgehungen ihr nicht so erfreulich, wie sie vormachte. Das freut einen auch nur wenn man liebt. Diesen Brief wirst Du zerreissen. Dear me, welche Fehlleistung, eben ist er mir zerrissen. Ich schrieb dies auch nur, nicht aus Taktlosigkeit, sondern weil ich es erst kürzlich erfuhr, und daher mildernde Umstände vorhanden sind, und es ist meine künstlerische Eigenschaft, dass ich alle Seiten besehe (wie Du einmal in viel schöneren Worten feststelltest).

Du bekommst nicht bald aber *bestimmt* einen Haufen Klingen, ich kann sie nicht mehr per Brief schicken, wegen Zensur, aber Dein Bruder bringt Dir gleich für ein halbes Jahr oder so viele er mitnimmt. Schreib was Du noch willst: noch einmal: willst Du Honig? Tee sammle ich bereits. Jam? Marmalade? Bitte Antwort. Bücher wird der Tollhäusler so viele bringen, dass wir die ganze Zeit schon darüber streiten, weil er nicht einmal Tee mitnehmen will, damit für Bücher genug Platz ist. Ausserdem wird er achtzig Bücher eintreiben, die er bei Freunden in Paris hat, wie ich das Pack kenne werden sie sagen, die Deutschen haben sie gestohlen.

Kann er nicht die ersten drei bis vier Tage doch bei Nissim wohnen? Er fährt dann ohnehin gleich zu Dir und es wird ihm gemütlicher sein und auch billiger. Obwohl ich letzteres nicht finde, denn man revanchiert sich dann was *mehr* kostet. Oder soll er gleich ins Hotel? Bitte schreib mir ehrlich darüber, einen extra Zettel, ich werd ihn dahin beeinflussen. Der Nissim hat ihn telephonisch so herzlich eingeladen, dass er mir nicht recht glaubt wenn ich sag er hat keinen Platz. Bitte Antwort.

Über die Nürenberg Trials hast Du nie geschrieben. Ich lese fieberhaft weiter, und den Gisevius (dessen Buch Du bekommst) ein *Rechts*minister versuchten sie noch *vor* dem Verhör beim Tribunal durch ihre Drohungen einzuschüchtern, Göring hatte diese infame Frechheit, er aber sagte dies kurzwegs auch noch beim Verhör aus, was eine glänzende Wirkung hatte.

Gisevius rettete Schacht, der wirklich vom ersten Tag an am Hitlerputsch (dem von 1939) beteiligt war.

Ich danke Dir sehr für Deine Intervention bei Contou, es war wirklich reizend. Der Quadratnarr hat mich zu Tode gequält. Wie alles geregelt war, dachte er gar nicht mehr viel von dem Vertrag. So ist er. Damit er Tee mitnimmt, schreib *bitte* ausdrücklich »Tee mitbringen!« Nissim will auch welchen, ich werds zusammenkriegen. Mit Hilfe der schönen Knaben im ersten Stock, Much love, schönster Knabe und mir kommt vor Du bist herrlich gut beisammen denn mit Flugzeug in die Schweiz fahren, das ist allerhand. Ist denn die schöne Cousine nicht mehr schön? Die in der Schweiz? in Lausanne?

Ich fürcht mich wird niemand mehr kaufen, so lang überleg ichs mir, aber es sind eigentlich wieder allerhand gute Aussichten. Und es ist so viel schöner und trauriger und schwerer in Träumen zu leben wenn mans in sich hat. Wenn mans in sich hat bildet man sich ein, »La Porte Etroite« ist die eigene Geschichte … Findest Du mich sehr lächerlich? Meist bin ich aber scharf und du wirst Dich bei meinen Parties glänzend unterhalten und Dein Bruder, er der grosse Canetti II. wird Dir versichern »sie ist gescheit geworden, wirklich, glaub mirs.«

All my love
Peggy

Stimmt die Adresse??

Veza an Georges *11. November 1947*

Mrs V. Canetti 14 Crawford Street London W1

Nov. 11.

Liebster Orleans,
vielen Dank, aber ich hab den Brief für das Home Office nicht gelesen, er würde mich aufregen trotzdem alles »falsch« ist. Ich finde es ist genug arg, wenn ein Geist wie Du, überdies ein junger Mann von ausserordentlicher Schönheit und grossem Charm in St Hilaire liegen muss, mit all diesem Quecksilber im Blut, und es tut mir sehr weh. Ich bin nur froh, dass Du bereits alle Knaben verführt hast, und das mit Deinen Buben funktioniert.

Einiges geschäftlich. Die arme Menczel schreibt mir die ganze Zeit um Geld und trieb mich zur Verzweiflung. Die wenigen Pfunds, die ich mir absparen kann, können in einem Dollarland nicht helfen, und so schrieb ich ihr etwas verstört, denn natürlich kränkt es mich, dass ich diesem wertvollen Menschen nicht helfen kann. Da ich fürchtete sie wird Dich angehen, deutete ich ihr an, dass wir Dich die ganze Zeit mit Forderungen behelligen, ich hatte keine andere Möglichkeit, sie abzuhalten. Sie schrieb nämlich sehr verzweifelt, und nachdem sie mich ordentlich aufgeregt hatte, schrieb sie, es ist nicht so schlimm, und geht schon viel besser. Sie glaubt wir haben riesige Dollareinnahmen was wir nicht haben. Dies, zu Deiner Richtschnur, denn Du kannst ihr erst recht nicht helfen, unsere Währungen sind nichts wert in U.S., doch glaub ich, fein wie sie ist, sie wird den Wink verstanden haben und Dich nicht auch aufregen. Sie machte das öfter und immer wenn ich verzweifelt Geld auftrieb kam die Nachricht, »nicht nötig, es geht schon besser«. Sie ist halt auch seit den Nazis verstört.

Ich weiss nicht was der Nissim bezweckte, aber er liess dem Canetti durch einen Swing Musiker schreiben, der hier war. C. dachte, wir sollen ihm vielleicht etwas geben und lud ihn zum Lunch in ein Restaurant ein. Er sagte erst vergnügt zu, dann aber rief er an, Canetti soll ihn besuchen, denn er hat einen Kater. Erst recht dachten wir, er will ihn allein sprechen und er ging hin. Es empfing ihn eine alte Vettel, ehemalige Diseuse, sehr geschminkt und äusserst grotesque, die äusserst auf die Leute in Edinburgh schimpfte, weil die Chorgirls dort Strümpfe tragen müssen, indessen doch alle englischen Frauen mit nackten Beinen auf der Strasse gehen (mit schmutzigen nackten Beinen, sagte sie, was eine Verleumdung ist). Der Swing Mann wollte gar nichts, und wusste nicht einmal, dass Canetti ein author ist, sondern dachte er ist von der Swing Branche. Nun hat Canetti nicht Zeit für solche Bekanntschaften, und bitte sag das auf feine Weise dem Nissim. Alkohol kann er auch so trinken und es ist nicht nötig dass er trinkt. Zu erzählen hatte der Mann nichts und fuhr auch wieder nach Paris zurück.

Der Vertrag von Arthaud ist nicht hier, und ich bin nervous, aber mich gehts nichts mehr an.

Neulich war der Sekretär von Atlee zu Besuch, er liess sich

von 10 Downing Street anmelden, gleich nach dem Anruf von dem Swing. Er ist reizend, er wird Dir sehr gefallen und Du ihm. Er ass neun Sandwiches bei mir, er hatte gerade De Valera vom Airport abgeholt in Stellvertretung von Atlee, er kam um fünf und Dein Bruder, der originell ist, liess ihn auf einmal um halb acht bei mir sitzen und ging zu einer Party. Er (Francis) ist so verblendet von der Blendung und dem Autor, dass er gar nicht böse war und bei mir bis elf sass, und ich leg den Zeitungsausschnitt bei um alles historisch zu belegen und nur weil er nicht gewusst hat dass ich Dir den Ausschnitt schicken werde, hat er nicht erwähnt er besucht jetzt Canettis, sonst stünd es drin. Graham Laurison heisst er. Ich legs auch bei, weil ich wissen will, ob dieser Brief zensuriert wird, unsere Briefe werden jetzt durchleuchtet, vergiss nicht mirs zu schreiben. Und vielleicht kommst Du wirklich im Sommer, weil wir solche Freunde haben. Er ist so bescheiden, dass er sich die ganze Zeit entschuldigt, weil er lebt.

Naphtalin! Es erinnerte mich an die seligen Zeiten, wo das Personal meiner Mutter meine schönen Kleider in Naphtalin legen liess und seither hab ich keins mehr gerochen, vielleicht aber war mein Sack im Airport neben einem mit Naphtalin. Jetzt riecht die ganze Wohnung nach N. denn meine goldige Tante schickte mir einen schönen braunen Pelzmantel und ich kann meinen Kaftan wegwerfen. Er war in Naphtalin gebettet und – am I glad that it is a lovely brown fur. Ich dachte, denn die Juden haben leider keinen Geschmack, es wird seal oder gar Astrachan sein, gediegen und ärgstes East-end, ich hätts umgetauscht, aber gottlob es ist sehr schön und langhaarig Ambra Streifen und hilft mir über meine depression hinweg, nach einer zweiten Flu. Der arme Bauscherl hat auch eine und hustet zum Steinerweichen, er ist so lieb und naiv und von der F. kam gestern ein Brief, wenn sie ihn nicht bald sieht, stürzt sie sich aufs Pflaster. Das sind die Freuden seines Lebens. Andererseits sekkiert die Marie Luise, die auch nach St H. will, weil Du so schön bist, und weil sie glaubt Du wirst sie lieben wie mich. Sie weiss nicht, dass eine solche Beziehung wie zwischen uns dreien, ersessen wird durch lange Jahre Liebe, Schmerzen und Ironie, Angst, Charm und eine magische Gewalt die so stark ist dass nichts sie sprengen kann und niemand kann eindringen. – Gottlob dass Du die Sachen aufgezählt hast, ich hab *zu viele* tins mit Jam und Marmalade etc und jetzt nimmts der Narr mit, weil Dus schreibst auch Honig, meine Verwandten überschütten mich mit parcels und hierzulande ist es das Wichtigste.

Nein, ich stell mir die Reise nicht vor, Sunny, Du wirst herkommen, mich ziehts nicht nach Reisen in Frankreich und auch nicht nach der Kälte der Umgebung in einem französischen Hospiz. Wie reizend sind da die Engländer. Und Paris, es ist sehr schön, aber ohne Gnome und … Freilich Lucienne und Nissim mag ich gern, wirklich gern. Die Kinder auch.

All my love
Peggy

Schreib sofort über Zugluft, Wunde, Wetter, Kost, Gemüt! Sonst kein Brief!

Veza an Georges *23. November 1947*

Mrs Canetti 14 Crawford Str W1

London Nov. 23.

Liebstes Kind,
Canetti hat Dir telegraphiert. Ich kann Dir keinen lustigen Brief schreiben, aber ich bin gar nicht besorgt. Was mich nur quält, ist diese Marter … und diese lange Zeit in St. Hilaire. Und wir sind alle drei keine Sünder, Dein Bruder ist ein Heiliger. Leider. Er wird alles tun um zur Operation zurecht zu sein und bringt keine Weiber mit. Er hatte schon vorher keine grosse Lust, jetzt erst recht nicht. Ob so etwas übertragen wird? Ich leide seit 14 Tg unter schweren Depressionen, so eine Art Herzneurose, denn mir wird oft sehr übel. Übertragung?

Ich komm natürlich im Juni, aber Du musst mir versprechen, dass Du mich diesmal richtig einführst, sag Deine Nannie kommt, damit die Leute nicht wieder Lachkrämpfe kriegen.

Entzückt wird alles von Deinem Bruder sein und ich hoffe nur er hat nicht gerade eine »Periode«. Er behauptet, er hat »Perioden« wie die Weiber, ich glaub ich erzählte es Dir, der Henry Miller schreibt auch darüber, ich brachte ihm dasselbe

Buch, das Du hast,* er las es nicht, derlei langweilt ihn, er liest nur Wissenschaftliches.

Der Arthaud Vertrag ist *unterzeichnet*, es läuft günstig. Ich weiss nicht, ob ich Dir schrieb, dass er wieder eine phantastische Kritik hier hatte, er bringt sie Dir mit. In einer Zeitschrift »Critic« die sehr kritisch ist. Der Verkauf in Amerika ist nicht gut, aber CAPE sagt, wenn es in Paris erscheint, wirkt sich das auf U.S. aus; es läuft noch allerhand. Ich lese weiter für Hutchinson, doch da es nicht viel einbringt, werd ich ein Drama von Robert Neumann ins Deutsche übersetzen. Dein Bruder sieht es wie eine Degradation an, dass *seine* Frau einen solchen Stümper übersetzt, wie denkst Du darüber?

Eine köstliche Sache, Apropos, über den Übersetzer von Bernard Shaw – Trebitsch heisst er und übersetzte ihn miserabel. Wurde aber reich und bekannt durch diese Arbeit. Wenn Du ihn sprichst, sagt er (und es kursiert als Bonmot) der Shaw hat meine ganze Karriere untergraben, ich hab ihm meine eigenen Werke geopfert, um seine zu übersetzen!! Shaw liess sich lange Jahre nicht erklären, wie schlecht er ins Deutsche übertragen ist, jetzt sagt er aber bereits, er wird sich rächen und Trebitsch ins Englische übersetzen.

Über die Zeit nach Deiner Genesung würd ich mir keine Sorgen machen, wir müssten grosse Stümper sein, wenn wir bis dahin keinen Ausweg hätten.

Hier hatten wir Hochzeit und zugleich kursierte das Gerücht, die Königin ist schwanger und diesmal wirds ein Bub und der ganze »fuss« war für die Katz. Ich drehte das Radio an, um alles zu verspotten und sass statt dessen heulend im Zimmer, denn es war sehr schön. Sogar die höchst flache Prinzessin hatte eine zarte Stimme. Der Philip ist schön und natürlich freut man sich, dass er ein foreigner ist. Wie ein Chauffeur meiner Cousine aus Amerika sagte: »She *could* not have married an *English* Duke!!« Indignierend. Warum ich heulte? Weil ich auch einmal eine Prinzessin war. Das war zur Zeit der Monarchie und ich sass jeden Sommer in einer Villa in Ischl und der Kaiser fuhr immer vorbei, und ich winkte und er winkte zurück und meine Mutter war überzeugt es galt *mir*. Das war jeden Vormittag und ich war sieben Jahre alt. Die Wedgwood

* Capricorn war nicht zu bekommen

heulte übrigens auch (wir feierten den Tag bei mir), ihr war es wie mir ergangen, aber sie heulte nicht wegen ihrer Kindheit, sondern weil sie nie eine Prinzessin war. Ich hab sie zu gern um es zu finden, aber es scheint sie ist hässlich. Und überdies heulte sie aus Ehrfurcht, sie ist Historikerin, Conservativ, eine berühmte Familie – Tradition and all that. Sie folgte mir und liest St Simon und ist überwältigt.

Mir ist sehr leid, dass ich Dich mit dieser Schrift belästige, aber ich bin zu schwach um zu typen. Ich brauch dir nicht zu sagen – wir warten auf eine Zeile von Dir, und Telegramme werden Dich nur enttäuschen, Du wirst glauben, der Canetti sitzt schon drin. Bitte schreib sofort, sofort.

Das Buch werde ich bestellen.

Wer wird denn in St. Hilaire operieren, das macht doch immer diese dicke Köchin in Chateaubr.???? Bitte sofort Antwort

Peggy

Veza an Georges *21. Dezember 1947*

Mrs Canetti 14 Crawford Street London W1

Dez. 21.

Liebstes Kind,
ich werde Dir nie vergessen, dass Du mir in Deinem Zustand geschrieben hast. Mittlerweile hast du zu Xmas bekommen: Swift, der Dich gerade jetzt grimmig erquicken wird, Honig, hoffentlich zwei Gläser, ich sagte zwar Jaqueline, sie mag ein Glas behalten, dafür dass sie mir so viel mitnimmt, sie erklärte, Du brauchst es notwendiger und es wurde mich interessieren, ob sie Wort gehalten und Dir beide gegeben hat. After all, nur für Dich sparte ich ihn mir ab, und wir haben genug für Jaqueline getan, die ich gern mag, obwohl Du leider recht hast, wie immer, in Deiner Charakteristik. Ich halte sie aber für gutherzig, und das ist bei mir immer ein grosses asset. Mandarinen sind hier jetzt spottbillig, verfaulen auf den Ständen, sie bringt Dir Mandarinen, bitte nicht die Hülsen schlukken, das bläht den Körper auf und dann glaubst Du, Du hast noch eine wunde Stelle. Man muss Dir das sagen, weil Du doch Arzt bist und es nicht wissen kannst. 24 Rasierklingen, denn Mädchen fürchten sich mehr zu nehmen. Ich hätt hun-

dert Mal mehr Sachen geschickt, man konnt es nicht verlangen, denn ich musste diesmal dem Elias Canetti und Frau etwas senden, Kondensmilch und Zigaretten. Tee kommt mit Deinem Bruder ich spar ihn erst. Er kommt also im Jänner und er stellt jetzt wirklich sein Werk zusammen und spricht von sechs Monaten. Wenn er Dir vorlesen kann, das wird Wunder wirken, und bitte tracht dass er nicht zu lang wird sondern sprich von einem zweiten Band in zwei Jahren. Sonst lässt sich geschäftlich alles wieder gut an, ich will erst Resultate berichten, aber seit ich beschlossen habe auch in geschäftlichen Dokumenten seine Unterschrift zu fälschen geht alles gut, und wenn er Angebote kriegt ist er riesig dankbar, obwohl er mir vorher droht ich solls nicht wagen. Wir werden Dir allerdings das Häuschen in Österreich oder Deutschland kaufen müssen.

Heiter kann ich Dir nicht schreiben, Dein Bruder macht in diesem Jahr Lecture Tours und bekommt für eine Lecture über Kunst 25 guineas. Die Jaqueline schwärmt natürlich für Dich wie jeder Mensch, will Dir von uns erzählen, hatte natürlich aber nicht Gelegenheit die interessanten Bonzen kennen zu lernen, das geht nicht in drei Wochen und verheiraten kann ich sie auch nicht in der Zeit, so gewöhnliche Leute kenn ich nicht. (Elias C. bat mich sie zu verheiraten und es ginge natürlich.) Sie war für mich ermüdend, Dein Bruder war wütend, sie kostete ihn Zeit, zuletzt instruierte ich sie ein wenig und dann mochte er sie schon, weil sie etwas mehr »respektvoll« war.

Verzeih, aber würdest Du es schätzen, wenn ich in *Deiner* Verfassung heiter wäre? Ich schlaf nur mit Pillen und auch nur ab sechs Uhr früh.

Alles erdenklich Gute
von uns beiden
geliebtes Kind
Peggy

Mrs Canetti 14 Crawford Str W1

London 31. Dez

Süsser Georg,
ich schreib Dir natürlich nur, weil ich Antwort will u. überdies kannst Du mich beschimpfen so viel Du willst, Du hast so viel gut bei mir … zum Beispiel, dass Du mir nach der Operation geschrieben hast. Dein Bruder und ich, wir sind beständig krank, das ist eine Seuche jeden Winter, wir haben eine Grippe nach der anderen, schwere Hustenanfälle und ich glaub nicht an die Medizin, wenn sie uns von dieser Pest nicht erlösen kann. Und diese Idiotie man ist einige Wochen immun, wenn man diese Seuchen hatte – ich krieg eine nach der anderen mit kaum fünf Tagen Ruhe. Ins Bett kann man sich doch in diesem Sklaven-Zeitalter nicht legen, weil man sich selbst alles machen muss. Von den Depressionen nicht zu reden.

Dein Bruder wird in Deutschland und Österreich wieder erscheinen, auch seine Theaterstücke im Druck. Noch weitere günstige Nachrichten sind in der Schwebe, ich schreibs erst wenn alles sicher ist. Die Theaterstücke in Buchform anders gab er den Roman nicht her. Bei Arthaud ist alles in Ordnung bis auf den Vorschuss, der ist noch nicht eingelangt u. Dein Bruder mahnt natürlich nicht. Der Vertrag ist legal unterzeichnet. Ich hab sehr wenig zu lesen, eben vernichtete ich Emil Ludwigs Autobiographie, der merkwürdigerweise die Russen sehr lobt: »Die Amerikaner haben die Statistik an Stelle des Gedankens gesetzt – die Russen aber verachten das Geld« – und darum liebt er sie und ihr Regime wiewohl er kein Kommunist ist. Seltsam bei diesem Verehrer von Bismark und nincompoop.

Fritz Jerusalem ist hier aus China. An Tapferkeit kommt er beinahe Dir gleich, er hat in Spanien gekämpft, dann in China u. wurde jetzt nach Österreich berufen, wo er eine hohe Stelle einnehmen wird (er ist Arzt). Er brachte eine chinesische Frau mit, die riesige Heldentaten begangen haben soll, die mir bei der Erzählung nicht ganz einleuchteten. Die wenigen Chinesen, die ich kennen lernte, waren mir alle nicht sympathisch, die vielen Inder *alle*.

Das mit dem Häuschen für Juli in Zentral Europa ist nicht

übertrieben. Leider nicht Frankreich, aber vielleicht next year, wenn Arthaud gut übersetzen lässt. Es macht mir jetzt nicht so viel, dass ich Deinen Bruder so viel Geld koste, denn seit ich entgegen seinem strengen Verbot alle Verträge in den Ländern einleite, gelingt alles, ich fälsche auch die Unterschriften, warum war ich 20 Jahre so bieder und respektvoll. Ich bring ihm alles ein, was ich ihn koste, und viele Ehren. Dies erzähl ich Dir um mich so zu sagen vor mir zu entschuldigen, wie nobel Du denkst, weiss ich, aber eigentlich würde das Geld Dir gebühren und in diesem Sinne leben wir.

Entschuldige diese elende Schrift bin etwas schwach für die Maschine.

Die Jaqueline schrieb selbst, wie sehr die Mama sich über den Honig freute und sendet mir Zucker, den ich nicht brauche, hätt sie ihn doch Dir geschickt, ich hab alles reichlich hier für Dich und hoff der Fritz nimmt mir etwas mit, bei seiner Anständigkeit sehr zu erwarten, er fährt über Paris und wird mit der Post weiterleiten. Wenn Du Leute weisst oder Nissim, die mir für Dich parcels mitnehmen, alle willkommen, in Amerika bricht allen das Herz über meine Hungersnot, dabei hab ich etwa 10 Pfund Jam unberührt, nicht zu reden von allem anderen. Ich wieder sende nach Österreich. Ich schreib Dir diese Idiotien, damit mir der Nissim Leute sendet, die mitnehmen. Hoffentlich hattest Du das Päckchen am 24. Jaqueline versprach mirs.

Ich bin entzückt und erst Dein *unschuldiger* Bruder, dass alles heilt, er war sehr betroffen über Deine Schimpferei, wenn wir über Dich verzweifelt sind, darfst Du uns nicht noch ausschimpfen. Ich glaub es ist Dein Zauber und nicht Deine Bücher, dass alles so voll Verehrung für Dich ist, in Wahrheit sind alle verkracht in Dich. Zum Xmas war ich so deprimiert, dass ich der Veronica Wedg. fröhliche W*ein*achten schrieb, ich dacht es kommt von weinen. Wieso die Jaqueline noch nicht verheiratet ist, beats me, bei ihrer Temperamentlosigkeit nähme sie jeden Mann mit einem Fixum, der ihr vormacht er hat Bildung. Du hast sie wieder gut characterisiert, ich bild mir ein, sie sieht Deinem Vater ähnlich und ist gutherzig wie er war, das ist sicher Phantasie, denn ich kannte Deinen Vater gar nicht, es ist meine Parteinahme für die Canettis. Ich mag doch sogar den Nissim, der sehr knickerisch sein soll (ist das wahr?). Mit mir war er es gar nicht, aber vielleicht hat er dann geseufzt und geschimpft, nicht meine Schuld, ich wollte absolut nicht, dass er auch nur ein Theater für mich zahlt.

Dein Bruder wird hier lecture Tours machen, es wird gut gezahlt, wenn er die lectures nur fertig kriegt, dieser Pathologe.

Bitte sei lieb und schreib sofort, natürlich gehörst Du uns, jeder den wir wollen, der gehört uns, Du vergisst unsere Fascination auf Menschen. Du wärst ganz weg mit uns, wenn Du uns im Kreise unserer englischen Freunde sehen könntest und wie wir sie untergekriegt haben. Sogar Monsieur Verdoux, der Chaplin Film, hat ihnen zu gefallen!

Bitte sofort Brief, das nächste Mal kommt schon ein Walpole Brief! Gesundheit, mein Kind, im neuen Jahr, dies wünscht Dir Dein Bruder und die

Peggy.

Good luck!

Veza an Georges — *17. und 22. Januar 1948*

Mrs V. Canetti 14 Crawford Street London W1

Jan. 17. 1948.

Lieber Candide,
mir fällt keine liebenswürdigere Figur ein, mit der man Dich beschimpfen kann und es ärgert Dich sicher Candide. Kein Brief, Du allein hast das Privileg auf Schonung, I see red vor Zorn und vor Zorn schreibt die Maschine rot, sie streikt. Ich schreib auch nur, weil Du Geburtstag hast und hoffentlich erreicht Dich das Buch, das Dir Dein Bruder schickt, gerade an dem Tag. Was wir Dir und uns wünschen, weisst Du. Was Du uns schon alles anwünscht, wissen wir auch, aber ich kann Deinen Bruder augenblicklich nicht weglassen. Er ist schlecht beisammen, sehr schlecht in Form, muss sich selbst erholen und der zweite ebenso wichtige Punkt ist: er muss sich rangieren, es laufen die günstigen Antworten ein, von den »Geschäften«, die ich entriert habe, und ich liesse ihn gewiss nicht fahren, ehe er hier und für Frankreich finanziell sichergestellt ist, was er jetzt allmählich ist. Es wird auch bald gesetzlich möglich sein, sich Geld von hier mitzunehmen und das ist bei Gott wichtig, ich habe das Lamento von Jaqueline gehört, dass

man für Regine wird 20 Pfund zahlen müssen, welche Indignation ich da auf mein Haupt beschworen hab, ich hätt es verhindern sollen, frankly, das hätt ich nicht einmal der Regine antun können. Der Bauscherl weiss gar nicht, wie unfreundlich man diesbezüglich in der Familie sein wird, und ich werds ihm nicht sagen. Dein Zorn über mein Haupt, *ich* lass ihn nicht fahren, und der dritte Grund ist der – er wird stundenlang bei Dir sitzen wollen und mir ist lieber Du bist schon recht kräftig. Und darüber ist nichts zu reden, ich bin die Mama, und ihr habt halt schon immer strenge Mütter.

Ich hab leider eine schlechte Zeit hinter mir und darum auch vergessen, dass Du einmal ein Buch bei mir bestellt hast. Ich find die Stelle nicht, obwohl ich alle Briefe hab, und bitte Dich, mir dies noch einmal auf einem extra Zettel in deutlicher Schrift zu wiederholen. Du hast mich ja eigentlich gesehen, warum bist Du dann böse mit mir, dass ich »a mental case« bin?

22. Jänner

Der Bauscherl hat Dir geschrieben, dass dies der Grund ist, warum er bis jetzt nicht fuhr (ich glaub wenigstens). Von *ihm* aus ist es auch der alleinige Grund, ohne alle anderen Erwägungen hätt ich ihn nicht gelten lassen. Bitte bestätige sofort das Buch, damit es rasch ankommt sandte ichs *nicht* recom. und das macht mich jetzt ängstlich. Alle unsere Liebe und
good luck. Glück!
Deine Peggy

Elias an Georges *18. Januar 1948*

18. Januar 1948

Mein geliebter Bruder,
Deine bösen Worte sind mir, wie es Dein Wunsch war, ausgerichtet worden. Ich nehme sie Dir nicht übel; jeder Anschein des Rechtes ist auf Deiner Seite. Ich habe aber auch nicht vor, das zu tun, was Du am meisten fürchtest: an meine Brust zu schlagen und in wilde Reue-Bekenntnisse auszubrechen. Ich kann es gar nicht tun, denn ich habe nichts zu bereuen; es ist

einfach so, dass Du die Tatsachen nicht kennst. Veza hat während der Monate November und Dezember wieder einen ihrer schweren Depressionszustände erlebt; seit drei Jahren war es der ärgste Anfall dieser Art, wenn auch nicht ganz so ernst wie damals. Sie hat diesmal alles getan, um es niemand ausser mich merken zu lassen; sie hat wenig Menschen gesehen; und wenn es notwendig war, hat sie sich so beherrscht, dass wirklich nur ganz intime Freunde etwas spüren konnten. In solchen Zeiten schläft sie kaum und isst ebensowenig. Jeder Bissen, zu dem man sie bekommen muss, kostet darum lange Überredung. Sie hat mir ausdrücklich *verboten*, Dir die Wahrheit über ihren Zustand zu schreiben; Deine Meinung über sie ist ihr so wichtig, dass sie selbst mitten in einer Depression noch fürchtet, Du könntest sie verachten oder plötzlich weniger gern haben. Ich musste ihren Wunsch respektieren; hätte ich es hinter ihrem Rücken versucht, es wäre doch einmal herausgekommen, da ihr ja keinerlei Geheimnisse voreinander habt, und sie hätte jedes Vertrauen zu mir verloren. Dieses Vertrauen ist aber sehr wichtig, nämlich eben für die Zeiten ihrer Depressionen, da es mir ein Minimum von Einfluss über sie belässt; so kann ich sie am Leben halten, bis der Anfall vorüber ist. Ausserdem schien es mir nicht gerade klug, Dich in Kunde über ihren Zustand zu versetzen. Jetzt geht es ihr soviel besser, dass sie mir erlaubt hat, Dir, wenn auch nicht in allen Einzelheiten, doch im Allgemeinen über ihre im Abklingen begriffene Depression zu schreiben. Das war auch der Grund, warum *sie* Dir soviel seltener schrieb.

Die Nachricht über Deine Operation kam in ihrer schlimmsten Zeit. Du kannst Dir nicht vorstellen, welche Wirkung sie auf uns hatte. Ich machte mich bereit, sofort zu Dir zu fahren. Ich nahm an, dass Nissim mir telegraphieren würde, dass und wann meine Reise dringlich sei. Ich lebte in Todesangst davor, Veza allein zu lassen; noch heute bin ich überzeugt davon, dass es nicht gut ausgegangen wäre. Darum kam dann der Streit; eine Ewigkeit hatten wir keine Nachricht über den Verlauf Deiner Operation. Du musst mir glauben, dass wir, dieses eine Mal, in keinem besseren Zustand waren als Du.

»Das alles« wirst Du sagen, »anerkenne ich. Aber warum hast Du nicht *geschrieben*?« Kannst Du Dir vorstellen, was ich hätte schreiben sollen? In einem Brief hätte ich meine Ankunft ankündigen können oder aber sagen, dass ich nicht komme. Beides wäre unsicher, also unwahr gewesen. Kein Satz in irgendeinem Brief hätte gestimmt. Es gibt aber, und das wird Dich belustigen, Situationen, die so ernst sind, dass nicht einmal ich mehr lügen kann. Eine solche Situation ist gegeben, wenn die beiden Menschen auf der Welt, die die nächsten und wichtigsten sind, beide zugleich in Gefahr schweben, sosehr, dass sie es eigentlich voneinander nicht wissen dürften. – Auch schien es mir besser, dass Du noch etwas erwartest, eine Ankunft, einen Brief, irgendetwas, als dass eben durch einen Brief das alles abgeschnitten wird. Du kannst immer noch sagen, in so einem Augenblick hättest Du eben alles stehen lassen und sofort herkommen müssen. Du hast aber Veza in diesem Zustand bestimmt noch nie gesehen. Sie gibt sich dann keinem Arzt in die Hände, sperrt sich von allen Leuten ab, isst nichts, und es ist *überhaupt kein Zweifel*, dass sie ohne mich einfach zugrunde gehen würde. Auch jetzt erfindet sie sich allerlei Ausreden, warum ich meine Reise nach Frankreich auf den März verschieben soll. Du werdest Dich dann viel besser fühlen und wir würden mehr miteinander reden können. Ich könnte Dir mit meinem Husten schaden, und viele ähnliche Sachen. In Wirklichkeit, und dessen ist sie sich bestimmt nicht bewusst, fürchtet sie sich noch davor, allein zu bleiben, und fühlt, dass ihr Zustand in einigen Wochen, gegen den Frühling zu, so viel besser sein wird, dass sie ohne mich auskommen kann. Sie hat eine ganz unsäglich tiefe und zärtliche Liebe für Dich; bestimmt hat sie Dich viel lieber als mich; aber für diesen Kleinkampf gegen ihre Melancholie braucht sie jemand, vor dem sie keine Scheu hat, dem sie sich hässlich oder verzweifelt oder böse zeigen kann. Diese Scheu hat sie vor mir wirklich nicht, weil ich sie so schon gesehen habe, und sie trotzdem womöglich noch mehr respektiere. Du aber darfst sie nie so sehen, meint sie, Du könntest sonst plötzlich finden, dass sie gar nicht liebenswert ist. Schon daraus ist ja leicht zu ersehen, wen sie lieber hat; aber weiss Gott, wie ich mir wünschen würde, dass alle Menschen auf der Welt Dich lieber hätten als mich und als jeden andern, Du verdientest es.

Ich möchte, dass Du meine Erklärung akzeptierst; schlichter und sachlicher kann ich sie Dir nicht geben; mit grossartigen Gefühlen habe ich Dich verschont; Du misstraust ihnen mit Recht.

Schreibe mir genau, wie Du Dich fühlst. Die Nähe Deines Geburtstages, nach all dem Schrecklichen, das Du erlebt hast, erfüllt mich mit einem sonderbaren Glücksgefühl, so als sei jetzt alles Schlimmste auf alle Fälle überstanden. Ich weiss nicht, ob das Buch, das ich Dir schicke, Dir wirklich gefallen wird. Immerhin hat es Gide sehr beeindruckt, und ich weiss, dass Du viel von Gide hältst. Ich habe Dir soviel zu erzählen, dass ich uns oft schon in langem, vertrauten Gespräch zusammen sitzen sehe. Es wäre wirklich schön, wenn ich manchmal ein oder zwei Stunden bei Dir sitzen könnte; oder glaubst Du, wird das zuviel sein? Ich möchte Dir auch, wenn es Dich nicht ermüdet, manchmal ein bisschen vorlesen. Schreibe mir *ganz ehrlich*, ob Du es für schlecht hältst, wenn ich erst im März komme. Ich werde mich natürlich nach Deinen Wünschen richten. Deinen Geburtstag werden Veza und ich hier in aller Ruhe feiern; Du bist herzlich eingeladen. Wir werden Dich, obwohl Du weit weg bist, wie einen Besuch behandeln. Àpropos Besuch: selbstverständlich wird Veza im Sommer zu Dir fahren. Sie freut sich schon jetzt darauf; ich weiss nicht, ob sie Dir schon zugesagt hat; wenn nicht, so nur, weil sie sich jetzt keine Reise zutraut. Aber das wird bald vorüber sein, und sie wird gern fahren.

Es wird ein Vergnügen sein, bei Dir ein »Couver«⟨?⟩ vorzufinden. Seid ihr Ärzte immer noch grausamer als unsereins? Hier ist eine herrliche Indische Ausstellung, die Du sehen müsstest. Für mein Leben gern würde ich Dich da herumführen und Dir alles erklären. Ich bin ein solcher Experte in indischer Mythologie geworden, dass alle englischen Dichter und Dichterinnen sich von mir da führen lassen; es ist nicht zu glauben, wieviel man bei solchen Gelegenheiten selber lernt.

Im Sommer soll ich in einer grossen Sommer-Hochschule für Berufs-Musiker, in Dorset am Land draussen, drei Vorträge über Proust, Joyce und Kafka halten, auf Englisch und in freier Ansprache. Das wird nicht ganz leicht sein, aber ich freue mich doch drauf. Die Gesellschaft, in der ich spreche, ist eine sehr gute: die andern literarischen Vortragenden sind Eliot, Forster und Father d'Arcy (der berühmte englische Jesuit). Ausserdem krieg ich ein Honorar von 50 Guineas für die Vorträge. Wir

Elias Canetti und Clement Glock, Bryanston 1948

können es entsetzlich brauchen. Mein lieber, liebster Georg, lass Dich zu diesem und allen künftigen Geburtstagen umarmen und schreib mir einen langen Brief über Dich.

Dein Bruder Elias.

Veza an Georges *18. Februar 1948*

Mrs V. Canetti 14 Crawford Street London W1

Feb. 18.

Liebster Georg,
Dein Bruder hat sich mit Deinem Brief schrecklich gefreut und er kommt bestimmt vor Ostern, knapp vor Ostern. Warum »die Veza nicht schreibt«? Weil sie keine Antwort von Dir kriegt und sie wird auch weiter einen Brief für einen Brief senden. Der Canetti ist gottlob etwas kräftiger, zumindest etwas dicker, und ich weiss nicht was ich sagen soll womit es zusammenhängt. Ich fürcht es hängt damit zusammen, dass er jetzt glühende Liebesbriefe bekommt und sogar ganz schön formuliert und gute Absichten enthaltend. Von seinem Studio bei Victoria Station musst er weg und wohnt bei einer refugee, die ihm ein reiches Frühstück gibt, und sehr viel rechnet. Ich selbst koch ihm drei Mal die Woche, und er sieht jetzt besser aus und ich bin froh, dass er wieder ein rundes Gesichtchen hat, er sah aus wie ein Schrumpfköpferl, erschreckend. Ich muss aber betonen, er erholte sich seit den Liebesbriefen. Die Schreiberin wirst Du selbst sehen und prüfen können und Du wirst Dich für alle Fälle köstlich amüsieren und mir auch Deine Meinung schreiben, die sicher klüger ist als meine. Was ihre chemische Zusammensetzung anlangt, erinnert sie mich erschreckend an Lucienne, ich sag erschreckend, weil dies wie ein Omen scheint. Sie hat denselben Teint, dieselbe etwas träge Art im Fleisch, ich kanns nicht anders als mit Chemie ausdrücken. Dies also ist alles in Umrissen, mehr wird er Dir selbst erzählen und ich sagte ihm, Du weisst sie kommt. Du wirst auch jeden Respekt vor ihm haben, den er verdient, nicht wegen seiner Grösse allein, sondern wegen seiner Güte. Du hast selbst erkannt, dass er Dich mehr liebt als ich und gütiger zu Dir ist (weil er überhaupt zu jedem Menschen gütiger ist). Bitte sieh dazu, dass er sich ordentlich nährt, dies ist notwendig, denn er

wird nur darauf sehen, dass die Karottenelfe sich nährt, dies mein Spitzname für sie, und die tut das schon selbst, denn sie denkt den ganzen Tag nur an sich.

Es ist übrigens Unsinn dem Canetti nach Amersham zu schreiben, er ist nie dort und die Briefe werden nachgeschickt. Wie ich ihn dazu kriegen soll zum bulgar. Konsulat zu gehen, wo er sich so fürchtet fast wie vor der Polizei, und ich sag ihm nur immer, die arme Tante Ernestine wird verhungern, wenn er nicht geht, und hoff im Laufe der Zeit dass ich ihn dazu bring. Es sind die kleinen Leiden eines grossen Mannes und meine grossen.

Was mich anlangt so hab ich nichts zu tun (ich mein nichts lukratives) und plane in absehbarer Zeit nach Amerika zu gehen. (Es ist ein slump hier, in Büchern *auch*, daher die Pause.) Eine Freundin meiner Kindheit hat ihr Haus dort und Auto und shower baths und whatnot, und da sie weiss, wie ich aufgewachsen bin, wirds mir dort gut gehen. Auch hat sie Beziehungen zu Verlegern und glaubt an mich. Ich muss freilich noch viel kräftiger werden und das wird noch dauern, bis ich mich entschliesse.

Eure Tante Arditti ging ihren Sohn besuchen, der eine Farm hat, sie hielt die Streitigkeiten zwischen ihren Töchtern zu Hause nicht mehr aus. The King's Farmer kam ihren Sohn besuchen und kostete von ihren Bäckereien und bat sie, doch für den König zu kochen, wenn er nach Sandrigham kommt, zur Jagd. So ging sie also für den König kochen, und knickste vor den Königinnen, und findet die junge reizend, die Alte riesig gescheit, denn sie fragte sie um Rat über Knöpfe. Die Princess Marguerite ist unscheinbar (denn sie sah sie scheel an) aber die Princess Elizabeth stellt etwas vor. Der King's Farmer ist sehr höflich und dreht den Truthahn selbst um in der Röhre, bevor er zur Kirche geht, damit es nicht zu schwer für sie ist. Die Cissi fuhr sie besuchen, doch als sie sich die Kirche besah, telephonierte die Polizei »there is a strange women around the church,« und bekam von des Königs Farmer die Versicherung »its alright«. Der König ist also gut bewacht. Die arme Alte Arditti muss viel knicksen und die Töchter möchten mir das Haus einrennen, ich zahl aber nicht drei Mal Lehrgeld. Jetzt blüht mir Jaqueline, und die ist wenigstens harmlos.

Dein Bruder wird im August drei Lectures in Dorset halten

für die er 50 Pfund bekommt, und die er in anderen Teilen des Landes wiederholen kann und es kann eine schöne Einkunft werden. Wenn: wenn er sie rechtzeitig fertig macht, worüber ich schon jetzt nightmares hab, denn er ist auf dem Programm mit lauter Prominenten und ich hab in Erinnerung: Diktat der Lecture eine halbe Stunde vor Beginn in Wien, wobei wir zwanzig Minuten zu spät kamen. Vielleicht kannst Du ihn etwas aufrühren. Ob er die Lecture macht und wiederholt hängt leider von den Briefen der F. ab, oder von dem Benehmen hier, falls sie hier ist. So dass ich ängstlich nach ihren Briefen aussehe und aufatme, wenn sie wie jetzt sind. Denn meine Stimmung hängt leider von seiner Verfassung ab, der doch ein so grosses, ewiges Wunderkind ist. Er ist dabei so rein und lauter, dass er niemanden durchschaut, ausser er schreibt ein Buch. In der Phantasie kennt er die Welt, in der Welt ist er ganz Phantasie. Mit diesem schönen Schluss will ich Schluss machen, und ich sprach nicht über Dich, weil ich mich so freu, dass es Dir gut geht, dass ich zum ersten Mal auch wieder einen brauchbaren Brief zuwege brachte, und was ist mehr Beweis.

All our love und da ich alle fünf Tage von den Trabanten in Paris einen Brief krieg, Jaqu. Ed. etc, sind wir nicht besorgt, wenn Du nicht schreibst, Du wirst nur eben nichts von uns hören.

your
disgustedly
Peggy

Elias an Georges *5. März 1948*

Freitag,

Mein geliebter Georg,
Ich kann es noch immer nicht recht glauben, dass ich Dich in wenigen Wochen sehen werde; ich denke so oft daran, dass ich manchmal glaube, ich bin schon dort. Aber ich muss Dir trotzdem schreiben, weil noch so viel zu ordnen ist.

Ich möchte den ganzen Monat April bei Dir oben sein, vielleicht mit einigen Tagen Unterbrechung in Vaucluse bei Freunden, die mich eingeladen haben. Die Friedl wird auch da sein. Ich hoffe, das macht Dir nichts; aber ich muss es Dir doch auf alle Fälle erklären. Zuerst sollst Du wissen, dass Veza, die diese ganze Affäre übersieht, es nicht nur billigt, sondern sehr dafür ist. Ich hab die Friedl für ihr tolles Verhalten mit 1¼ Jahren Verbannung bestraft. Sie hat sich, soweit es bei ihr möglich ist, sehr verändert und bereut bitter, was sie getan hat. Sie hat indessen gut gearbeitet und einen wirklich begabten und merkwürdigen Roman beendet (500 Seiten!). Ich hatte ihr versprochen, dass sie drei Wochen mit mir sein darf, wenn sie das Buch fertig hat und muss dieses Versprechen einlösen. Sie weiss, dass sie dann zu ihren Leuten zurück muss und hat geschworen, nicht wie früher unangenehm und lästig zu werden. Sie ist jetzt immerhin schon 32, hat in Schweden wieder geheiratet, kleidet sich besser, benimmt sich menschlich; Du wirst Dich ihrer bestimmt nicht schämen müssen. Ich muss ihr fertiges Buch mit ihr besprechen; die Schreiberei ist das Einzige, das ihr ganz ernst geworden ist; sie hat viel von mir gelernt; darin kann ich sie, trotz allem, was sie mir angetan hat, nicht im Stich lassen.

Ich verspreche Dir, dass du sie nicht sehen wirst, wenn Du keine Lust dazu hast. Sie weiss, dass ich die erste Zeit mit Dir allein sein will und wird nie stören. Später, wenn sie Dir nicht lästig ist, kann sie natürlich manchmal mitkommen. Ich möchte, wenn es Dir recht ist, in der Woche gegen Ostern in Paris eintreffen, den Nissim und die Verwandten sehen, die Friedl dort abwarten und mit ihr am Dienstag *nach* Ostern (also am 30. März) nach Grenoble abreisen. Dort würde ich mit ihr übernachten und am Mittwoch den 31. in St. Hilaire ankommen. Ich möchte, dass Du uns für diesen Tag zwei nette sonnige Zimmer aufnehmen lässt, nebeneinander, und zwar auf mehrere Wochen. Bitte schreib mir auch genau, was die Zimmer mit Pension dort kosten werden. Ich weiss, dass *ich* von der Familie eingeladen bin, weil ich ja von hier kein Geld mitnehmen kann; aber die Friedl kommt von Schweden, von wo sie Geld mitnehmen darf, und will natürlich für sich zahlen. Schreib mir also bitte genau, was es kostet. Falls man zwei Tage nach Ostern keine Zimmer kriegt, so muss man sie entweder für ein, zwei Tage später aufnehmen, oder schon für Ostern. Bitte lass das alles gleich besorgen und schreib mir *sofort*, wie die Sache steht. Es ist wichtig, dass die Zimmer nett und bewohnbar sind; ich will auch arbeiten; und sie soll auch gleich sich an ihre Arbeit machen, damit die Unruhe nicht sofort wieder über sie kommt.

Für Ostern selbst würde es etwas knapp werden. Ich glaube nicht, dass ich vor Mittwoch oder Donnerstag von hier weg kann, aus vielen Gründen und so käme ich mit der Fahrt zu Dir direkt in die Oster-Feiertage hinein, was sicher ein schrecklicher Rummel ist. Aber wenn Dir wirklich daran sehr gelegen ist, komm ich schon zu Ostern selbst. Macht es Dir sehr viel aus, dass die Friedl gleich mitkommt? Weisst Du, ich halt es nicht für gut, sie allein in Paris zu lassen. Sie ist jetzt gerade sehr ernst und gesammelt, Paris verwirrt sie; Du weisst ja aus Erfahrung, wie sie dort wird. Es ist besser, sie kommt gleich in ihrem menschlichsten Zustand in die Berge. Ich verspreche Dir nochmals, dass Du nicht mehr von ihr hören oder sehen wirst, als Du selber willst. Meine Post lasse ich zu Dir ins Sanatorium kommen. Meinen Londoner Freunden sage ich, dass ich bei Dir im Sanatorium wohne. Aus vielen Gründen, und vor allem aus Stolz, will ich nicht, dass man weiss, dass sie mit mir oben ist.

Jetzt ist noch eine andere Sache, die ich mit Dir besprechen muss. Vor ein paar Tagen kamen endlich zwei Kapitel der »Blendung« in französischer Übersetzung. Zu meinem Erstaunen hab ich bemerkt, dass ich mir überhaupt kein Urteil über die Qualität der Übersetzung bilden kann. Mein Französisch ist völlig eingerostet, es ist Zeit, dass ich es wieder auffrische. Die Veza hat Dir also gestern ein deutsches Exemplar der Blendung und die beiden französischen Kapitel eingeschickt. Bitte lies sie erst einmal im *Ganzen* durch, um Dir ein Urteil über den Stil zu bilden; und dann schau sie *genau* an, im Vergleich mit dem Deutschen. Ich hab niemand ausser Dir, dessen Französisch ich trauen kann. Von Dir also hängt es ab, ob ich mich mit dem Übersetzer einverstanden erkläre. Verbessern muss man natürlich immer, und ich hoffe, Du wirst es später auch für mich tun, aber ich habe *überhaupt kein Urteil* über den Übersetzer an sich. Bitte tu es *gleich*, und schreib mir was Du denkst. Sie warten nämlich auf meinen Bescheid. Vielleicht hast Du mir Genaueres darüber zu schreiben. Die Übersetzung brauch ich zurück, das deutsche Exemplar behalte bitte dort. Jetzt umarm ich Dich auf das Allerherzlichste, ach wäre ich schon bei Dir, mein liebster, liebster, liebster Bruder

Elias.

Mrs Canetti 14 Crawford Street London W1

March 6.

Liebster Georg,
ich schreib Dir diesmal wegen Canetti, der mir seinen Brief an Dich gestern vorgelesen hat. Ich möchte Dich *sehr* bitten ihm freundlich zu antworten, es macht Dir nichts, dass F. gleich mitkommt. Der rührende Mensch säh Dich lieber ohne sie, glaub mirs, aber was er Dir in seiner Herzensnot nicht gestehen kann – er fürchtet sich sie in Paris allein zu lassen, weil sie dann sofort etwas »anstellt«. Es hat keinen Sinn sich da etwas vorzumachen. Seit ihren Liebesbriefen hat er mehr an seinem Werk gearbeitet als in Jahren und wird Dir grossartige Kapitel vorlesen. Er hat auch vor dies Jahr damit fertig zu werden, und wenn er mit ihr gut steht, das heisst, wenn sie ihm die Illusion lässt, wird er fertig werden. Der Preis, dass er in Frankreich ihren Roman machen wird, ist mir nicht zu hoch (dies *ihr* Zweck bei ihm). Sie bekam ihn zurück, das Ende war schlecht. Vielleicht wird er wirklich gut und auch darüber werd ich nur froh sein. Dann ist ihr Ehrgeiz gesättigt und sie wird sich nicht so niederträchtig benehmen. Ich bitte Dich auch Dich sehr freundlich zu ihr zu stellen, so dass er Dir, wenn sie ihn wieder quält alles erzählt. Es kann zum Schlimmsten führen, wenn er nicht erzählen kann und ich werd nicht dort sein. Sie wird Dich nur amüsieren.

Was sein Werk anlangt, so sind es lauter neue, grossartige Gedanken. Da Du darauf nicht so trainiert bist wie ich, mag Dir dies vielleicht nicht immer so scheinen. Wenn Du richtige Einwände hast, das kann ihm nur nützen, aber sei vorsichtig. Es braucht nur eine Schneeflocke damit er es nicht fertig macht. Und *ich* weiss dass es originell ist. Du bist mehr auf Kunst eingestellt, Proust ist ein Künstler, aber ganz unoriginell. Ich les ihn jetzt, denn Dein Bruder wird auch über ihn einen Vortrag halten.

Was die Übersetzung von Autodafé anlangt, so bin ich »miserable«, denn sie ist wörtlich, aber so nicht im Geiste des Buches, so talentlos, dass ich überhaupt nichts von dem Erscheinen in Frankreich halte. Es ist ein grosser Schlag. Ich habs ihm nicht ganz gesagt, wie schlecht ich die Übersetzung finde, sie ist langweilig. Und »gouvernante« für Haushälterin oder »excusez« für »aber ich bitt Sie« nicht zu reden von der Mittelmässigkeit des Stils …

Die Jaqueline fährt in einer Woche zurück, und nimmt Dir ein wenig Tee und vielleicht auch Honig mit, der Canetti will nur Bücher mitnehmen und obwohl ich ihm gesagt habe, wie enttäuscht die Verwandten sein werden. Wegen Ausstattung musst Du nichts fürchten, sein schwarzer Mantel hat einen schönen Schnitt, Qualität Kashmir, sein bester Anzug dunkelblau – Kashmir, zwei ganz brauchbare graue Anzüge, mehr kann er nicht ins Flugzeug nehmen. Er sieht weiss Gott repräsentativer aus als Nissim oder Elias Canetti, ich muss lachen, dass ich das erwähne. Hier werden wir verehrt quoique, nicht parceque, fast möcht ich sagen weil und nicht obwohl.

Jetzt muss ich die Jaqueline aufsuchen, Dein Bruder will sie nicht in seinen Kreisen einführen, weil sie ja wirklich entsetzlich banale Sachen sagt und das gerade vor Leuten, und wir sind geistig so verschmockt wie ihr mit Kleidern. Sie ist ein wenig gekränkt, aber ein Freund von Canetti, ein widerlich hässlicher und ekelhafter Jud, aber begabter Dichter, führt sie noch die Woche in einen Klub, und mein Neffe führte sie aus und geht noch mit ihr tanzen und ich geh mit ihr aus, es ist eine Marter, wenn man bedenkt, dass jetzt Claudine kommt und Regine ist mir auch in Aussicht gestellt … ist Dein Zimmer so schön wie in Chateaub.? An Büchern wünsch Dir, was Dir einfällt, Bücher nimmt er alle gern. Bitte nochmals, stell Dich so, dass er Dir vertraut! Er ist jetzt so gut in Form und war so elend. Ich möcht dass er er selbst bleibt. Du wirst eine grosse Freude mit ihm haben.

Love Peggy

So wie Proust könntest Du leicht schreiben!

Mrs V. Canetti 14 Crawford Street London W1

March 8.

Liebster Phoebus,
bitte möchtest Du Dich nicht deutlicher aussprechen, über diese Radiographie, das ist wieder quälend, nicht zu wissen, was es bedeutet, doch nicht wieder ein Eingriff? Die Depression hattest Du auch wegen des Föhn, den nervöse Menschen nicht vertragen und sogar einige Engländer are just going to pieces. Der Teil, der überhaupt aus seinem Phlegma heraus kann. Diese Hälfte ist zum grösseren Teil jetzt antisemitisch und das äussert sich jetzt sogar schon in leisen Bemerkungen im Kino, wenn Palästina gezeigt wird, weil einige Tommies daran glauben mussten, die 5 Millionen Gaskammer Opfer gingen spurlos vorüber. Und der Rest, der nicht anti-semitisch ist ist paniky, wegen des drohenden Kommunismus hier (wie sie sich einbilden). Eher wird er sich am Mars durchsetzen als hier, aber sie fürchten es eben. Über Panik, was nämlich Panik ist, das heisst warum sie entsteht *und was* sie ist, das hat nicht einmal Freud gewusst, doch Dein Bruder wird Dir eine grossartige Erklärung darüber vorlesen. Er hat einen grünen Pass, der sehr viel Wert ist, denn er kann jederzeit ohne Erlaubnis aus England heraus und immer wieder ohne Visum herein. Das französ. Visum kriegt er morgen und er ist sehr reiselustig.

Wie kann man so reizende Briefe schreiben, mit dieser Grippe erst hinter Dir (die allein einen schon selbst zum sterben zu müde macht) und den Ex Rays ... Die Bester kenn ich nicht, wenn sie schön ist, mag ich sie schon. Der Schles würd ich sagen, ich muss jetzt die nächsten zwei Wochen hart arbeiten, denn Dein Bruder kommt und Du musst ein Essay fertig machen. Dein Bruder wird sie auch nicht loswerden, aber der Friedl sag ein SOS und die macht das prompt. Die Katastrophe von Arthaud hast Du mittlerweile gelesen, meine ganze Hoffnung sind jetzt die deutschsprachigen Länder, da lässt sich alles gut an auch mit den Stücken. Denn gottlob, dort sind nicht alle solche Seicherln wie Du und Dein Bruder Nissim, und die wissen dort unsterbliche Stücke so einzuschätzen (die Stücke sind grossartiger als der Roman). Ich mach schon so viel Parenthesen wie der Proust, seine lass ich immer aus. Mir geht es miserabel mit Arbeit, das kann sich aber schon morgen bessern. Sehr gescheit dass Du gesauft hast, ich glaub man sagt gesoffen, das Deutsch lässt schon bei uns beiden nach, sogar bei dem Dichter. Ein angenehmes Gefühl, dass euer Chefarzt Cohen heisst, heimatliche Klänge.

Die Jaqueline war gestern rührend, sie sagte plötzlich, ich soll ihr doch meine Lebensgeschichte erzählen, immer wird von Canetti gesprochen, nie von mir. Ich hab ihr dann weiter von Canetti erzählt. Mein Doctor, derselbe der mich nicht gekauft hat, hatte 6 Wochen lang eine bildschöne Freundin, 20 Jahre alt, er ist 60. Ich hab ordentlich aufgeatmet, denn ich hatt ihn 4 Mal die Woche hier sitzen und es war eine Marter, alles was im Leitartikel vom Chronicel steht jeweils zu hören. Sie wollt aber immer zu ihm ins Bett und er kam nicht nach, auch schläft er nicht gern die Nacht durch mit Frauen, weil er gern sein falsches Gebiss auszieht und dann fallen ihm die Lippen ein. Es kam zu Differenzen und jetzt werd ich die grösste Plage haben die beiden zu versöhnen und noch grössere, den Canetti zu schützen, denn auf den ist die Jackie (so heisst sie) auf alle Fälle aus und erst recht jetzt, und er hat auch nicht gern die Frauen zu oft im Bett. Das tut mir leid, denn sie ist sehr hübsch und von Beruf Krankenpflegerin und mit Passion, so dass ich schon nachdenke, wie ich sie im schlimmsten Fall, falls der Doctor nicht funktioniert, nach St Hilaire senden kann. Du hast immer die Ausrede mit Deiner Wunde und darum *hast* Du sie sicher, der Doctor hat auch jetzt Lumbago, um sich zu retten. Dies für heute, ich wär sehr gern bei Dir und es wird mir wohltun, von Canetti alles zu hören, und von Dir alles über Canetti und ich hab wenige leidenschaftliche Wünsche, aber den, dass ihr beide euch so heiss liebt wie ich euch, und dass er Dir Glück, das ist Gesundheit bringt, ich hab Dir keins gebracht, aber er ist »Lucky«. Bitte antwort sofort mein Kind, und so wie ich Dich gebeten habe und trags uns nicht nach, dass wir Dich mit der Übersetzung belästigen, Paris ist wegen Amerika und der Stücke wichtig. Schreibst Du schon Deine Lebensgeschichte? A la Recherche du temps *gagné* bei Dir Du Fleisspinkel.

All my love

Love Peggy

Mrs V. Canetti 14 Crawford Street London W1

März 17.

Geliebtes Kind,
ich bin tief gerührt über Dich, dem es doch nicht so zumute sein kann, und der doch diese langweilige Arbeit für Canetti gemacht hat, Deine Characterisierung des Übersetzers (ich glaub es ist eine Frau) ist von Proustischer Präzision und wir werden uns ganz an Deinen Rat halten. Ich mein es sehr ernst, wenn ich Dich neben Proust stelle, Du schreibst so wie er und insofern besser, als Du die Härte der Zeit in Deinem Stil hast und Du würdest vieles streichen, das Proust hätte streichen müssen. Er ist ein Meister in der Beschreibung von Beziehungen, nicht der Leute zueinander sondern *eines* Menschen zu den andern, und über den Tod seiner Grossmutter, nämlich allem was dem vorangeht bin ich mehr begeistert als über die Characterisierung des Swann (wiewohl sie glänzend ist, ist sie nicht neu). Ich les ihn gern und mit Hochachtung für sein Können und seine Kunst, aber ich hab für Saint Simon eine leidenschaftliche Begeisterung, die mir hier fehlt, weil er von St Simon herkommt, er ist ein disciple. Eine leidenschaftliche Begeisterung hab ich für *Deine* künstlerischen Fähigkeiten und ich wollt Du würdest endlich gestehen, Deine Autobiographie ist begonnen. Ich bitte Dich auch sehr, schreib mir wie es mit den Xrays stand, lass uns nicht in Sorge!!!

Jaqueline hat Dir leider keinen Honig mitgenommen, weil sie für sich so viel mitschleppte, was sie mehr tut weil sie so entsetzlich praktisch ist, und das ist für ihre Zukunft sicher besser. Wiewohl ich mehr für sie getan hätte, wär sie's nicht, aber ich tat so auch genug und sie war sehr begeistert und drohte wieder zu kommen. Noch schlimmer, jetzt kommt Claudine, und die Familie bedenkt nicht, wie öd das für mich ist, die Schwester konnt ich auf meinen Neffen abladen, der sie tanzen führte, auf Steiner, den Freund Canetti's, der sehr froh ist wenn ein Mädchen mit ihm spricht, und wie ich Deinem Bruder erklärte, temperamentlos wie sie ist, ist sie nicht wählerisch in ihrem sexuellen Komplement und da sie die Männer kalt lässt, ist sie froh mit Steiner. Sie wartete freilich auf unsere »posh« friends, aber wie gesagt, Canetti wollte sie nicht einführen, sie würde zweifellos ihre Superiorität damit ausdrücken, dass sie vor dem Sekretär von Atlee zu C. sagt, »heut bist Du endlich besser angezogen«, ihre Pariser Überlegenheit damit ausdrückend. Neben der Banalität an sich, muss gesagt werden, dass ich den Geschmack der Engländer teile, die die französischen Moden verlachen, es wäre also ein leerer Schuss. Sie nahm Dir aber Tee mit, ich bekam einen Tag vor ihrer Abreise ein halbes Pfund, hermetisch verschlossen aus Amerika, und sie hat kein Parfum, sie gebraucht keines, worauf sie auch stolz ist, und wahrscheinlich gebraucht sie keines, weil sie nicht duftet, innerlich nicht, und weil zu viel Geld verdunstet. (Und so wird der Tee nicht riechen.)

Mit meiner Arbeit stehts noch immer nicht gut, heut sandte man mir z. B. ein italienisches Buch, und ich kann nicht genug italienisch.

März 19.

Hier wurde ich unterbrochen und ich will Dir erst von Canettis Reise schreiben und dann erst über die komischen Zwischenfälle, komisch für *Dich.* Also Friedl hat eine Entzündung und kann erst in einem Monat kommen, so musst Du bitte ein Zimmer vorläufig bei der schönen Wirtin, die Du so liebst, während Regine mehr den boy liebt (ich sagte, ich dachte es wäre umgekehrt) *ein* Zimmer nicht *absagen*, aber *verschieben* und ich weiss nicht genau für wann. Canetti kann von Dir nach Strassburg fahren und dann wieder zurückkommen, falls er Dich ermüdet, auch hat er eine Einladung irgendwo im schönen Frankreich auf einen Turm. Er dürfte am 31. in St Hilaire sein, doch auch das ist nicht *ganz* bestimmt, denn erst morgen kriegt er das Visum und muss dann einen neuen Brief von Nissim haben, der hoffentlich unterwegs ist.

Regine stürmte gestern herein, überschüttete Deinen Bruder mit Geifer, der *mir* galt, ich ging aber dann hinaus und gab ihm Gelegenheit sich in ihren Geldangelegenheiten generös zu benehmen, und als ich von der Küche herein kam, hörte er nur »Je t'adore« leider mit physischen Manifestationen, die er von ihr sehr fürchtet. Er sagte ihr, sie sieht aus wie Barrault, *ich* sagte ihr, Du hättest geschrieben, wie schön sie bei der Hochzeit war, und die Eleganteste und wie jung, und so teilten wir

Liebenswürdigkeiten aus, und leidtragend bin nur ich, denn Dein Bruder flüchtete nach einer Stunde, ich aber ertrug sie drei weitere, und heute früh weckte mich schon Claudine nach *drei* Stunden Schlaf und kommt heute, es ist zum steinerbarmen, doch niemand erbarmt sich. Denn Dein Bruder ist die Güte selbst und es macht ihm garnichts, wenn in seiner Gutherzigkeit die Leute mich behelligen, er würd sie in meinem Bett schlafen lassen, so gut ist er. Aber die Regine nimmt Dir den Honig mit, das versöhnt mich, und wenn sie mich nicht wieder ärgert, hab ich diesmal einen besseren Eindruck von ihr, sie scheint resignierter, irgendwie geläutert, aber vielleicht hat das die Kavaliergeste von Canetti bewirkt, man weiss nie bei ihr wie lang es dauert. Sie war sehr anziehend, und wenn ich auch die Ansichten über die Welt, die Ehe, die Politik und Nylon stockings nicht anhörte, so gefiel mir ihr Gesicht. Sie ist übrigens verliebt in alle männlichen Canettis und jetzt sogar in den Jo, was auch rührend ist. Den Doctor rief ich gleich an, er war nicht willig, doch werd ich versuchen die beiden einander näher zu bringen, denn die nymphomane Junge hat ihn verlassen, und ich halt ihn nicht aus. Razor Blades schick ich mit Canetti, ich vergass sie mit Jaquel*ine*, vielleicht nimmt auch Reg*ine* welche. Ich habe »ine«itis, wie Du siehst.

Schreib wie es Dir geht!

Veza an Georges *21. März 1948*

Mrs Canetti 14 Crawford Street London W1

March 21

Dear Playboy,

die französische Beziehung hat nicht funktioniert und die Aktennummer geben die Franzosen nicht her, so ist es besser Du verschiebst auch Canettis Zimmer, was der blonden Wirtin egal sein kann, denn er bleibt gleich lange. Er will kein Datum mehr angeben sondern telegraphieren. Es ist freilich auch möglich, dass er noch rechtzeitig kommt, auch dann wird telegraphiert. Und nach Ostern bekommt er bestimmt Zimmer, wahrscheinlich kriegt er schon eines im Eisenbahncoupé, mitsamt einer Putaine. Er soll das Visum noch immer jeden Tag kriegen oder in 3 Tagen spätestens.

Die Friedl hat eine »Entzündung«. Wenn damit eine gewisse Operation gemeint ist (meine Vermutung) werd ich Gott danken, ich hoff es ist keine V.D. Voriges Jahr um diese Zeit hatt ich schöne Stunden in France und ein Glück dass Chat. so hässlich war und die Tanten so ätzend und karbolriechend, sonst wär ich sehr traurig weil der Bauscherl *allein* fährt. Die Regine ist wieder wütend, weil wir keine Zeit haben aber ich bestellte den Geifer zu einer Zeit, wo der Bauscherl hier war und so gellte sie *ihm* ins Telephon. Die Jaqueline ist zufriedener und da ich keine Zeit zu schreiben hab, send ich die Illustration. Die Familie ist äusserst unzufrieden mit meinem Äusseren, aber grüner Schnürlsamt allein genügt nicht, alle Leute schauen vom Samt aufs Gesicht.

Peggy

Bitte nicht bös sein *er* ist diesmal wirklich unschuldig!!!

Elias an Georges *22. März 1948*

Montag,

Mein geliebter Georg,
das Visum, das jeden Tag kommen muss (ich hab am 12. Februar eingereicht), ist noch immer nicht da, so dass ich die Fahrkarte vor Ostern kaum noch kriegen werde. Es ist ganz ausser Zweifel, dass ich es in den nächsten Tagen bekomme; aber es macht mich doch furchtbar zornig; ich freue mich jetzt so unbändig auf Dich, dass mich jeder Tag Verzögerung ärgert. Ich schreib Dir jetzt nur, *um Dich auf das Inständigste zu bitten*, Dich nicht zu kränken und mir nicht zu grollen; es handelt sich nur um Tage. Die Friedl ist sehr krank und wird erst 14 Tage nach mir kommen können; ihr Zimmer musst Du also vorläufig abbestellen (natürlich so, dass sie später eines haben kann). Was mich anlangt, so ist es am besten, dass Du gleich sagst, dass ich Mittwoch noch nicht werde dort sein können. In dem Augenblick, wo ich Visum und damit auch Fahrkarte habe, telegraphiere ich Dir, wann ich in St. Hilaire sein kann. Ich rechne dann auf der Hinfahrt nur drei Tage Aufenthalt in Paris. Aber es könnte sein, dass ich dann eine Fahrkarte von hier erst für Dienstag oder Mittwoch nach Ostern bekomme.

Mein lieber, lieber, lieber Georg, sei nicht ungeduldig; ich sag das, obwohl ich es selber bin; ich hab so Angst, dass durch die Verzögerung ein Schatten auf unser Wiedersehen fällt. Ich bring Dir allerhand zum Vorlesen mit.

Der Brief vom Nissim, in dem er mich für die ganze Zeit einladet, ist schon da. Falls es Dir keine Mühe macht, wäre ich froh, wenn Du mir auch einen englischen Brief *rasch* schreibst, in dem Du betonst, wie sehr Du, wegen Deiner Krankheit, mich wiedersehen möchtest, nach diesen 9 Jahren der Trennung, und dass ich selbstverständlich für 2 oder 3 Monate in Paris und St. Hilaire euer Gast bin. Schreib ihn bitte *leserlich*, und so dass klar ist, dass ich Dein Bruder bin. Im Brief vom Nissim kann man nämlich *nichts* lesen, und sein Name steht überhaupt nicht drin. Es ist wegen der englischen Behörden besser, wenn ich das *klar* habe; bitte benütze Papier des Sanatoriums. Deine Antwort kann leicht bis Samstag da sein. Die Ausreise-Erlaubnis für das allgemeine Publikum gilt nämlich erst ab 1. Mai.

Lebwohl, mir ist, als wär ich schon bei Dir, und ich bin froh, dass wir die erste Zeit doch allein sein werden.

Dein Bruder Elias.

Veza an Georges *28. März 1948*

Mrs V. Canetti 14 Crawford Street London W1

March 28. Sonntag

Liebster Georg,

Canetti fährt so Gott will Donnerstag von hier um 9.20 früh ab und ist 6.10 in der Gare du Nord. Ich bin froh er fährt per Bahn. (1 April) Er bleibt bis Montag früh in Paris und fährt Montag zu Dir. Er wird allein sein, F. kommt sicher erst in 2 Wochen. Seit sie eine »Entzündung« hat, ist sein Arbeitseifer hin und seine Verve. Er hat auch Verdacht, den ich ihm ausrede, aber er fragt andere Frauen und die reden es ihm nicht aus.

Jetzt eine grosse Bitte: er muss Anfangs August für drei grosse Vorträge vorbereitet sein. Von Kafka hat er *etwas* gelesen, von Joyce weniger, von Proust nichts. Er muss sie *auswendig* sprechen und jedes Mal eine Stunde. Wenn er es so macht wie in Wien, wo der letzte Vortrag abgesagt nein verschoben wurde, wegen »Krankheit« (!), hier ist er erledigt und verliert seine besten Freunde. Ich bitte aber, wenn Dir mein Leben lieb ist, halt ihn an die Vorträge auszuarbeiten, er ist nicht ganz jung und das auswendig lernen, frei sprechen in einer fremden Sprache nimmt auch Zeit. Ich werd hier nicht die Nervenkraft haben beständig zu mahnen. Die Schande, wenn ers nicht macht will ich nicht erleben. Er soll Dir *vorlesen*, er wird Dir natürlich täglich sagen, er ist mitten drin.

Ich möchte, dass er mindestens drei Monate bleibt und möglichst in St Hilaire. Hier lassen ihn seine Parasiten nicht arbeiten, seine »Bewunderer« aus Prag, lauter miese Baldover, frag ihn nach ihnen. Er hat ihnen alle seine Beziehungen zur Verfügung gestellt, sie sind entsprechend lästig und er macht sich entsprechend verhasst.

Ich schreib jetzt an Contou, der Übersetzer soll ihn anrufen, *vor* Montag, denn er will dies natürlich möglichst hinausschieben. Wird das schön sein, wenn ich einige Wochen nicht Sklaventreiber sein muss! In Paris soll er seine 80 Bücher zu Dir bringen lassen, sie sind noch dort, falls der gute Freund dort sie ihm herausgibt.

Bitte verzeih diesen Brief, aber ich habs schwer. Er ist sein eigener Feind, alle anderen könnt ich ermorden.

Regine war wieder hier, und ich lud den Doctor ein (der nach der Isle of Wight fuhr). Canetti war sehr belustigt, wie sie ihm sofort sagte, sie möchte auch auf zwei Tage wegfahren und er ihr Bournemouth anriet, die Insel sagte er ist zu weit. Sie tut einem dann natürlich entsetzlich leid, aber ich bin schon Gouvernante bei Claudine, womit ich nicht Haushälterin meine, das auf alle Fälle talentlos übersetzt ist. Denn Haushälterin ist ein historisches Wort und sie müsste im Don Quixote nachsehen, wie dort H. übersetzt ist, bestimmt nicht mit Gouvernante. Jaqueline hat sich bereits für April angesagt, dann bin ich Zuhälterin, ich fürcht ich werd keine Lust mehr haben.

Bitte schau, dass Canetti dort nicht Patienten findet, denen er unbedingt das Leben retten muss, so dass er dann nicht arbeitet, er ist immer froh über so rührende Vorwände und manchmal redet er es den Sterbenden geradezu ein, damit er nichts tun muss. Das klingt hart, aber Du wirsts erleben. Dies ist kein Brief an Dich, einer an Dich folgt bald, ich bin aber jetzt schon immer in Frankreich, und weiss nicht, warum ich Dir schreiben soll. Er nimmt *gar* nichts mit, und selbst mit razor blades ists ein Kampf, aber Claudine wird aushelfen.

Alles Gute und ich schrieb an Nissim, falls Du ihn aber siehst, wirst Du ihm ohnehin sagen, wann C. ankommt.

All my love
Peggy

Dein Brief kam eben, und Canetti ist sehr froh. Er wird nur bis Montag bei Nissim sein und bei der Rückfahrt in ein Hotel gehen und es wird bestimmt kein Grund für Nissim sein sich zu ärgern, eher kann er ihm helfen und er selbst braucht nichts von ihm. Er weiss auch, dass Lucienne die F. nicht zu Gesicht kriegen darf.

Elias an Georges — *4. April 1948*

Sonntag

Mein lieber Georg,
ich schäme mich sehr, dass ich Dich bis jetzt ohne Brief gelassen habe; aber Du kannst Dir vom Rummel, in dem ich hier lebe, kaum eine Vorstellung machen. Am ersten Tag schon lief ich der Honor Frost in die Arme; sie war überglücklich, wir gingen abends ins Theater vom Nissim; ich glaube, dass sie sich ganz gut unterhalten hat. Ich war keinen Augenblick allein. Der Nissim versprach, gleich bei meiner Ankunft, Dir über den Zustand der Kleinen zu telegraphieren; ich kann nicht herauskriegen, ob ers wirklich getan hat. Es geht ihr wirklich viel besser, die Nurse ist ausgezeichnet, das Fieber vorüber; sie schreit kräftig; das ganze Haus ist auf sie abgestellt. Lucienne sieht sehr gut aus. – Es war unmöglich, bei Dir zu wohnen, es ist nicht einmal ein Gasherd da.

Vor den Verwandten konnte ich mich bis Freitag abends verstecken, ich werde Dir erzählen, auf welche komische Weise ich mich dann verraten habe. – Mittwoch um 2.30 fuhr die Honor nach London ab, mit Flugzeug. Die Nacht vorher gingen wir fünf Stunden, bis um 4 Uhr nachts in den dunklen Strassen von Montmartre spazieren, es war herrlich, diese Häuser, diese einsamen Bäume, diese Stille, dieses schrecklich unglückliche Mädchen (ein sehr schönes Geschöpf mit einer Totenmaske), das mir nie näher kommt, ich habe mit ihr immer das Gefühl, eine Ertrunkene geht an meiner Seite.

Zwei Stunden nach ihrer Abfahrt war die Friedl da, dick wie ein Knödel; ein Mondgesicht von einem Menschen. Ich wohne mit ihr in einem ganz kleinen Zimmer in einem alten, stimmungsvollen Hotel (des Saints Pères) und ich bin in diesen wenigen Tagen so glücklich gewesen wie noch nie zuvor. Ihre Eltern haben sie sehr verwöhnt, sie hat schöne Kleider und ist nicht mehr so verwahrlost. Sie ist wieder ganz kindlich und verspielt, das Intellektuelle ist von ihr abgefallen, als hätte ich es ihr nie angedichtet, sie spricht Deutsch und Englisch mit einem Wiener Akzent, als hätte ich sie nie gekannt. Ihre Müdigkeit, von der Krankheit her, ist noch sehr stark; sie liegt viele Stunden des Tages, ich sitze bei ihr wie bei einem kranken Kind und beantworte ihre Millionen albernen Fragen. Das Alles dauert nun noch wenige Tage, sie weiss es, und vielleicht ist es diese merkwürdige Sorglosigkeit und Leichtigkeit, die ich nie erlebt hab, was mich so glücklich macht. Weisst Du, ich komme mir zum ersten Mal in meinem Leben vor wie ein normaler Mensch, als wären wir beide in der Provence, und von Renoir gemalt. Ach, Georg, lass mir, lass mir diese wenigen Tage, schreib niemand erschreckte oder besorgte Briefe darüber, denk sie mir nicht weg, ich hab eine so intensive Beziehung zu Dir, dass ein kritischer Blick, ein abschätziger Gedanke alles in Scherben schlagen könnte.

Dienstag kommt William Glock nach Paris, ich muss ihn sehen. Ich werde also erst Mittwoch oder spätestens Donnerstag bei Dir im Sana sein.

Mit meiner Übersetzerin war ich nochmals zusammen. Sie gefällt mir ausgezeichnet. Sie ist überglücklich, dass sie die Arbeit weiter macht. Sie hat die meisten Deiner Änderungs-Vorschläge angenommen. Sie hat eine tiefe und leidenschaftliche Liebe für das Buch, ich glaube jetzt, dass es überhaupt nicht in bessere Hände hätte fallen können. Morgen seh ich Contou. Gestern war ich bei Elias zu Mittag essen. Es war allein von Dir die Rede, und mit Recht.

Auf Wiedersehen Mittwoch oder Donnerstag; es umarmt Dich

Elias

Veza an Georges *April 1948*

Georg!
Bitte, liebes Kind, schreib mir sofort, falls das curriculum nicht am 15. abgegangen ist, die Leser und publisher glauben nämlich er sieht aus wie Kien mit einer krummen Nase und das nützt ihm nicht. Ich erwarte mir alles von Deutschland. Er hatte dort schon früher die fabelhaftesten Kritiken. Ich verzeih Dir alles, seit Deinem entzückenden Brief, wenn er nur nicht sein eigener Kerker wäre. Er soll Dir immer alles über F. erzählen. Zeig ihm *nicht* diesen Brief an Dich. Er ist leider der vornehmste Charakter, der lebt, zu gut für diese Zeit. Werde Dir bald schreiben, will gleich das Negativ zur Post tragen. Habe dem Verlag über Dich und Deine Werke geschrieben, vielleicht übersetzen sie auch wissenschaftliche Werke.

Alles Liebe. Dein Brief war ein Proust, der schon Deinethalben in St Hilaire gelebt hat, aber in Combray.

Peggy ist
mein Lucky Name

Elias an Georges *17. April 1948*

Samstag

Mein liebster Georg,
Dies ist der schönste Ort, den ich je in meinem Leben gesehen habe, eine alte Stadt auf einem Burgfelsen mit Aussicht nach allen Seiten über die gegliederten Felder der Provence. Ich wohne in einem riesigen Zimmer, hoch oben auf einem Schlossturm; man ist frei und friedlich und wie abgelöst von allem Lauf der Welt. Auch die Menschen sind merkwürdig, sie haben die eindrucksvollsten und manchmal auch unglaublich schöne Gesichter. Ich werde Dir viel zu erzählen haben. Post geht selten von hier; Samstag und Sonntag überhaupt keine, dieser Brief wird also erst Montag ausgehoben und frühestens Dienstag bei Dir sein.

Montag führen mich meine Freunde auf einen grossen Markt nach Cavaillon; Dienstag fahren wir nach Les Baux, Arles und Tarascon. Avignon war wunderbar; aber nichts, wirklich nichts kann sich mit diesem Orte hier vergleichen. Ich muss wieder her; nirgends, glaube ich, könnte man so gut arbeiten. Ich schicke Dir eine Postkarte von Gordes, wo wir gestern waren, aber Ménerbes ist viel schöner.

Ich will es so einrichten, dass ich Donnerstag fahre und mit dem späten Abendbus bei Dir bin. Sollte ich aber doch nicht so nach 7 auftauchen, so weisst Du, dass ich irgendwo übernachten musste; dann komm ich erst Freitag.

Ich denke viel an unsre Gespräche; und es ist merkwürdig genug: einen ganz besonders tiefen Eindruck hat mir Deine Abhandlung über die Juden gemacht. Vielleicht hab ich mich während des Krieges aus Angst um Dich und die Andern zu sehr in die andre Richtung entwickelt; mein Widerstand gegen Deine *Tendenz* (nicht gegen Gehalt und Form) war, während Du gelesen hast, sehr stark; Du hast es sicher gespürt. Jetzt, nachträglich, bin ich Dir auch *persönlich* dankbar; Deine Auffassung ist die freiere; Du hast Dich, in diesem Punkte, *weiter* gehalten als ich mich. Ich will nicht sagen, dass ich meinen kaum bewussten jüdischen »Chauvinismus« schon ganz losgeworden bin, aber die Blase ist wenigstens aufgestochen, und es war höchste Zeit. – Ich bin so schrecklich gern dort mit Dir zusammen, obwohl ich Dir oft auf die Nerven gehe, und ich freue mich schon jetzt auf meinen nächsten Besuch bei Dir in Frankreich. – Die Friedl kommt vielleicht doch Anfang Mai noch auf 14 Tage nach St. Hilaire; ich glaube, sie wird Dich nur amüsieren. – Ich seh Dich immer vor mir, wie ich Dich zuletzt sah, beim »Concours«; Deine Art, gerecht zu sein und alles abzuwägen, gefällt mir so gut – ach hols der Teufel, ich möchte Dir noch tausend liebe Sachen sagen, Du musst nur warten, bis ich es persönlich tue. Ich höre die Stimmen aus dem Sana, wie sie mit soviel Hoffnung Deinen Namen nennen und bin stolz und glücklich über Dich

Elias

Mrs V. Canetti 14 Crawford Street London W1

April 18. Sonntag

Liebstes Bauscherl,

wie ich in der Stunde der Kae befahl eine faulty action zu erklären, sagte sie: »Well I suppose, if I forget my bag here, it means, that I'd love to come again.« Und dann ging sie weg und vergass ihren Hut. Sie ist völlig unter meinem Bann, denn sie liebt Dich heiss. Heute kam sie den Hut holen, mit Bruce. Wenn der Bruce der schiache Kommunist ist, hat er sich sehr verändert und ist nett und ganz klug, und overawed. Ich sagte ihm, Canetti ist jetzt eine Null in France, denn er ist bei seinem Bruder, einer celebrity in France und dort kennt man eben nur den Docteur. Its my way of rubbing it in to them and it worked. Sag das Deutsch so knapp. Andererseits machen mich manche engl. Ausdrücke ganz nervös zum Beispiel »disembark«, so eine Verneinung der Bejahung, ich ärgerte mich krank über das Wort im report on Musso. Morgen kommt Kae wieder, sie sieht so lieb aus, dass ich mit ihr in der Sonne spazieren werde, was ein Pleonasmus ist, so golden ist Kae. Kannst Du nicht dieses Essay on the Jews by Droin unterbringen (der Dich in Paris anrufen wird). Oder bei Arthaud? Hier ist augenblicklich höchstens ein Anti-Jewish book genehm, und wird zum Glück vom Zensor verboten. Ich möchts gern lesen. Das hab ich schon selbst erlebt, der Georg thronend über seinen disciples, deshalb ist er, glaub ich, krank.

Ich rate Dir dringend sofort den Proust dort zu lesen und wenn Du bis Seite 350 liest, sind schon alle Elemente seiner Eigentümlichkeiten drin, auch die meisten Personen eingeführt. Nicht zu reden von dem Vergnügen, der erste Band ist flawless. Das Paradoxon wiederholt sich immer, so im ersten Band, when Swann zwar sehr gewandt ist, in der Conversation mit einer Herzogin, wenn er sich aber sehr anstrengen muss, »when the fair is in humble circumstances. Just as it is not by other intelligent man, that an intelligent man is thought a fool, so it is not by the great gentleman but by boors and ›bounders‹ that a man of fashion is afraid of finding his social value underrated.« Dieser Swann schläft übrigens mit Vorliebe mit »her grace's maid«. Was ich nicht gedacht hätte, da ich doch im 2 Bd begonnen habe.

Bauscherl, obwohl ich jetzt glühend für Georg bin, hat er mir doch den Brief nur in Deinem Auftrag geschrieben, ich meine die packenden Stellen über mich, und ich werde mit ihm erst wieder korrespondieren, ganz regelrecht und wie immer, a la Walpole (der nicht so krass war, wie ich), bis Du hier bist und ich Stoff für ihn hab, denn wer ist besserer Stoff als Du. Jetzt ist niemand zum Zerzausen da, denn er kennt nicht die Charactere hier. Sollten Deine Essays nicht schon entworfen sein, wenn Du herkommst, ich hab einen Ausweg, ich geh nach Wien, honey, ich habs noch immer in mir. Ich werd nicht zusehen, wie Du im letzten Augenblick alles hinschleuderst und mit Angst nach D. gehst. Von dem curriculum erwähnst Du nichts und sehr gut gelaunt bist Du nicht, Bauscherl, vielleicht wirds besser, wenn Du mit Georg bist. Wie war das Brains trust, hat der Georg gekichert und nichts gewusst? Das Sana scheint herrlich zu sein, jeder bewundert es, das sieht ihm ähnlich, dass er schon wieder einen neuen Anzug kriegt. Zieh ihn an und lass ihn verschneien.

Ich geh heut zum tea zum Doc mit den Kaplans, »ein Vergnügen« wie Du zu sagen pflegst. Mir fällt nichts Impertinentes ein, und so sag ich Dir, Adlers Werke sind »steril« und jedes Gedicht von Dir ist besser, eigenartiger, grösser als die von der Lotusblume in der Schweinsblase. Morgen send ich den Brief ab, dann kommt er gerade, wenn Du in St. H. bist. Der Georg schreibt entschieden wie der Proust und ist wahrscheinlich ein Dichter. Trotzdem er immer in den Mikroben herumstiert, es steht für das Meer, eigentlich will er das Meer erforschen, »aber sie haben ihn nicht erkannt«, und haben ihm eine gold fish bowl gegeben.

19. April Montag

Also gestern die tea-party war noch langweiliger, das Thema die »Juden«. Die Kapi sagte, die Terroristen sind an allem schuld, und ich sagte »shooting hostages is by far the worst and most abominable crime« ich dachte mir überhaupt nichts dabei, aber es ist eine der stehenden Redensarten der Back und so steckte ich sie an. Der Kaplan sagte, »wir sind den Terroristen so viel Dank schuldig, wir müssten ihnen Geld …« und dann besann er sich und ihm schien es sicherer ihnen den Dank schuldig zu bleiben. »Wir sind ihnen verpflichtet«, korrigierte er. Und der Doc nahm den Statesman und begann drei Spalten daraus vorzulesen, ich gönnte es ihnen. »Za vef of hetraid …« Mir machte es nichts, denn ich hörte eh nicht zu, und sagte, »ja, der Statesman«.

Bauscherl, obwohl Du auch nur ein hundertstel glaubst von dem was in Deinem letzten Brief steht, sei vorsichtig, die Regine würde Dir das Ganze glauben. Von ihr muss übrigens gesagt sein, dass in ihr trotz ihrer Verkümmerung eine Spur von Sehnsucht, Noblesse und Liebe ist, die nie hervor dringt. Sie gilt, in all fairness, dem Georg, und ich glaub nicht, dass sie sie je zeigen wird, aber für ihn ist sie da. Was Dich anlangt – Du schreibst das Leben, aber wenn Du lebst verschreibst Du Dich – und alles in dem Brief ist falsch. Übrigens, hüte Dich, der Alte fährt am 13. nach Paris und bleibt vier Tage, zeig Dich vorher nicht bei Merkel, und sei wenn möglich nicht in Paris. Den jungen Merkel schickte er zum Daniels, der ihm einen Rat geben sollte, aber der Daniels ist so geizig, dass er ihm *ab*riet. (Er wollte *hier* eine Stelle in einem Spital nehmen, eine dumme Idee, denn sein English ist non-existent und er wirkt entsetzlich unsympathisch. Er sollte nach Wien.) Ich liess den Daniels fragen, warum er dem Georg nicht schreibt, er behauptet er hat jetzt geschrieben. Dr Kaplan war entsetzlich enttäuscht, dass Du in Frankreich bist. Bauscherl, sei doch heiterer, ich hoff die Provence hat Dir Freude gemacht, ich schliess jetzt, damit der Brief am 22. in St. H. ist.

Alles erdenklich Schöne euch beiden
Donna Venetia.

Dienstag

Die Kae hatte einen verglasten Tag und war öd und verschrumpft. Der Bruce ist nicht der miese Baldover, und soll in seinem ganzen Leben noch nie so viel gesprochen haben wie hier. Bei der Boston-tea party war nur ein Gespräch über Kur-Schinken komisch, aber danach lief ich weg. Der Alte behauptete, nur in Polen wird der Schinken ordentlich geräuchert, und der Dr Kaplan erklärte: Mit dem Räuchern des Schinkens ist es so wie mit der Anästhesie. *Wir* machen *da* eine Injection, *dort* eine Injection, bis es durch ist – hier in England aber mit dem

Schinken, räuchern sie nicht gut durch. Worauf ich das Nachtmahl lieber allein in einem Baker Street Restaurant nahm, das Du nicht magst, das aber dem Georg gefallen würde. Mir gegenüber sass eine hussy, mit grossen Augen aber einem Stich wie ein Vogel. Da Augen hier selten sind, war ich fasziniert, und merkte zu meinem Staunen, dass dieses schwache Geschöpf mich hypnotisierte. Es war seltsam, denn sie war ganz ahnungslos, und konnte ihren Willen nicht einmal auf eine Katze übertragen. Es war wie die Wirkung eines Dynamo. Auch der Proust hat mich gefangen. Ein wichtiger Punkt ist auch, wie er gewöhnliche Dinge so exquisit ausdrückt, dass man sie erfreut hinnimmt, etwa wie Swann ein schönes Blumenarrangement oder ein Geschmeide in der Auslage sieht und sofort Odette schickt, denn er denkt sich, ihr wird es auch gefallen und sie wird dann immer an ihn erinnert, wenn sies anblickt. So etwas traut er sich oft und es wirkt ganz neu. Odette sieht übrigens aus, *wie die* Zipporah, Jethros Tochter in einer der sixtinischen Fresken, für Swann.

Alles Liebe, ich schick jetzt weg, damit der Brief am 22. in St. ist. Jaqueline ist hier … das Baby lebt noch, und hat Ohrenschmerzen. Hier werden die meisten 3 Pfund babies nach 4 Monaten ganz normal.

Veza

Bitte: 4 Nurenb. Trials!

Veza an Georges *21. April 1948*

Mrs V. Canetti 14 Crawford Street London W1

April 21.

Liebster Georg,
ich schreibe Dir jetzt deshalb nicht richtige Briefe, weil ich gern einmal für mich träumen möchte. Das kann man nicht, wenn der Bauscherl hier ist, denn damit *er* es kann muss man immer *denken* – und was! »Hat er das curriculum geschickt«, zum Beispiel. Was Du leider nicht für mich tust. Du bist der Proust und ich werde Dich verlassen. Denn meine Sehnsucht ist ein Steuerbeamter, wegen meiner auch ein chick-checker oder teataster. Ich möcht, dass sein Bild in dem Kat. erscheint, damit man nicht glaubt er ist ein krummnasiger Hebräer, das beein-

flusst die Kritiker, und Buchhändler, schon gar in Deutschland. Und was ist mit dem Vortrag? Ich schreib ihm schon den halben Proust ab, ums ihm schmackhaft zu machen. Und was ist – denn das ist ein Geschäftsbrief – mit der Analyse? Hast Du die schon gemacht? Lüg mich nicht darüber an, denn er lügt Dich darüber an. Der Apotheker hatte keinen Grund Zucker zu finden. Bitte sieh selbst, wie man sich für die Aphorismen interessiert und hilf mir, dass er sie in Deutschland erscheinen lässt, denn dann hat er wenigstens seinen Ruhm hier gerettet. Sei doch ein wenig nett zu mir. Ich bin fest entschlossen nach Wien zu gehen, damit ich träumen kann. Ich will jetzt wirklich nur ein Fass, aber *mich*, für mich, wie ich bin, nicht verzerrt, wie ich nicht bin. Sei nicht bös, sondern hilf mir. Ich glaub Du wärst ein Swann geworden, da kam zum Glück (wie Broch meint) die Krankheit und Du wurdest ein Proust. Es macht nichts, dass Du die Welt überdies von einer Seuche befreien wirst, »den Seinen gibt's der Herr im Schlaf«. Euch beiden gibt ers im Schlaf, aber nur Du verdienst diese grossen Gaben.

Alles Liebe und schreibst Du nicht, so schreib ich nicht einmal Geschäftsbriefe.

Deine Peggy

Die Odette ist sehr die F.

Veza an Georges *26. April 1948*

26. April.

Liebster Georges,
ich schreibe in grösster Eile, denn ich muss jetzt zum Silver wedding, nicht zum wedding, das ist vorüber, aber der King fährt hier bei uns vorbei, du siehst ein, das ist wichtig. Nach allem was ich in Band 7 Proust gelesen habe, nehme ich an, es wird Dir ein Vergnügen sein, wenn Du den Herzschlag des schönen Knaben Canetti abhörst, und mir eine grosse Beruhigung. Nimm es ernst, bitte, ich bin übertrieben, vielleicht ist es richtig, ich seh nicht ein wieso, bei *dem* Vater, und den Ohnmachtsanfällen Deines Bruders alle 3 Monate, die er wegleugnen wird. Kannst Du Deine Verachtung für andere Fälle als Viecherl die herumkriechen überwinden und sein Herz untersuchen trotz der Analyse? Ich krieg ihn mein Leben nicht

wieder in die Nähe eines Arztes, und er sieht *nicht* gut aus, er ist *lebhaft*, glaub mir das schon. Für den Proust bewundere ich Dich sehr, irgendwie hast *Du* ihn geschrieben. Er wächst gewaltig in der zweiten Hälfte. Bitte ich werd nie wieder etwas von Dir wollen, aber untersuch den Lauser und schau Dir seine Füsse an, dies aus Schönheitsgründen, sie sind klassisch schön. Und sei nicht so indigniert, dass auch der Canetti schön ist, bei ihm ist es nicht so deutlich sichtbar, er streckt sich nicht so in die Länge wie Du. Dieses Kapitel über Inverts ist so meisterhaft geschrieben, dass man glaubt die Griechischen Statuen im British Museum lieben sich, und dabei ist es gar nicht aesthetisch.

Ich tu viel mehr für *Deine* Familie, ich hab Jaqueline hier ...

All my inverted Love
Peggy

Elias an Veza *3. Mai 1948*

Montag,

Mein Türmchen, mein allergeliebtestes Geschöpf, eben sind Deine beiden Briefe gekommen, und ich schäme mich schrecklich. Deine Argumente sind so liebevoll und zärtlich wie immer; ich weiss nicht, warum ich diesen läppischen Verdacht hatte, dass alles mit dem Steiner zusammenhängt. Ich bitte Dich in aller Form um Verzeihung. Dass ich Dir im Wesen nachgegeben habe, hast Du ja am Lebenslauf gesehen, der mit den Aphorismen schliesst. Ich hoffe, Du kannst den Lebenslauf noch verwenden. Es wäre schade, wenn ich ihn umsonst gemacht hätte. Findest Du ihn nicht auch ganz gut? Ich nehme an, dass die Leute vom Verlag im neuen Prospekt mich nicht hinterm Jahnn verstecken werden. Beim alten Prospekt war ich ja nur in aller Eile eingeschoben worden, und dafür find ich es recht gut. Mein liebes, leises Türmchen, Du musst begreifen, dass ich über die Leute ein bisschen verärgert war; ich hatte plötzlich das Gefühl, dass der Weismann sich um die »Hochzeit« herumdrücken will. Bei ruhigerer Überlegung glaub ich jetzt selbst, dass er sie mit einem Nachwort von mir drucken wird. Etwas Besseres als so ein Nachwort aber hätte ich mir gar nicht wünschen können. Ich werde da ein für allemal meine dramatischen Prinzipien ausdrücken, und Du kannst Dich darauf verlassen, dass ich es *gut* machen werde.

Wenn Du wüßtest, was Briefe hier in diesem Nest bedeuten! Ein Brief von Dir ist hier wie die ganze grosse Welt, London ist eben doch herrlich, und ich möchte nirgends anders wohnen, *nirgends*, und auch Du wirst Dich von hier nicht rühren. Mit Wien machst Du mir keine Angst: *Du gehst auf keinen Fall hin.* Alles wird wunderbar gehen: mit Dir wird mir alles gelingen. Ich bin nicht wirklich traurig, aber wohl bin ich benommen und auf eine sonderbare Weise verzaubert von der Atmosphäre in diesem Sanatorium und vom Georg. Am liebsten würde ich mich hinsetzen und ein Buch über ihn schreiben. Manchmal glaube ich schon, ich lieb ihn so sehr wie Dich – aber das ist doch nicht ganz möglich. O wenn er nur gesund wird, wenn er nur gesund wird! Alles hier lebt von seinen Ideen. Jeder junge Arzt bittet ihn um eine Idee für eine wissenschaftliche Arbeit. Dabei ist er so gar nicht anmassend, zu allen Menschen menschlich, und klug und weitherzig. Er ist mir auf hundert Arten überlegen; und vielleicht bin ich nur darum eher ein Dichter als er, weil ich diese furchtbaren Angstgefühle hab, die er nicht kennt. Mein Traum, meine größte Hoffnung, meine Sehnsucht, meine Pflicht, und auch unser *Glück* wäre es, wenn wir Drei zusammen leben könnten. Die Idee von einem gemeinsamen Haus in Südfrankreich, wo er sich immer erholen kommen könnte, wo Du den englischen Winter vermeiden, wo ich arbeiten könnte, wo auch Du wieder Sachen für Dich arbeiten würdest (das muss man dort) – diese Idee hat ihm sehr gefallen. Ich hab das Gefühl, dass es dazu kommen wird, und vielleicht in gar nicht allzuspäter Zeit. – Liebstes Türmchen, schreib mir um Gottes willen weiter *ausführlich*. Gerade jetzt wo die Friedl kommt, brauch ich Deine Briefe mehr als je, lange Briefe, mit Deinen Segenswünschen und gescheiten Beobachtungen. Es ist mir unverständlich, aber ich freu mich nicht mehr auf sie; wenn sie letzten Monat gekommen wär, hätte es mir Spass gemacht. Jetzt bin ich so vom Georg eingenommen, dass mich eigentlich alles stört.

In einer halben Stunde geht mein Bus nach Grenoble und dann nehm ich den Nachtzug nach Paris. Diesen Brief werde ich schon in Paris aufgeben, damit er Dich rascher erreicht.

O Türmchen, Türmchen, wie ich diesen Proust liebe! Ich

bin Dir mehr als dankbar dafür, dass Du ihn genau liest. Er ist so dicht, dass ich unmöglich mehr als zwei Bände ganz lesen kann, und ich wäre verloren, ohne Deine *genaue* Hilfe. Du wirst sehen, ich werde diese Vorträge *wunderbar* machen und ich werde viele, viele Vorträge kriegen, und wir werden ein schönes Einkommen haben; mach Dir keine Sorgen, ich will *arbeiten* wie nie bis jetzt, der Georg hat sich durch Arbeit gerettet, und er hat ganz recht, was er mir immer sagt: die einzige Rettung vor meinen Angstzuständen ist Arbeit.

Lebwohl, meine süsseste Veza, mein Mensch, Deine Worte haben etwas so Edles, *ich bleibe dabei*, ich beneide den Georg um jeden Brief, den er je von Dir gehabt hat und ich hab ihn so gern, dass ich ihm *tausend!* weitere Briefe von Dir wünsche.

Dein sehnsüchtiger, dankbarer
und um Verzeihung bittender
Gog.

Ab Samstag schreib wieder nach St. Hilaire

Elias an Georges *3. Mai 1948*

Grenoble, 3. Mai 1948

Mein lieber Georg, Du wirst es nicht wenig lächerlich finden, dass ich Dir schon von Grenoble schreibe, aber ich schäme mich sehr für meine Szene heute Mittag: es ist wirklich Dein Pech, dass ich meine Post vor Dir in Empfang nehme und lese. Du musst wissen, dass ich jeden uneröffneten Brief mit Todesangst in die Hand nehme – nun gar zwei oder drei auf einmal, und von Menschen, die mir so viel bedeuten!

Mein erster Impuls auf den Brief der Veza, war der, sofort nach London zu fahren. Natürlich beruhigt man sich dann nach ein paar Stunden. Aber es schien Dir so wichtig, dass ich nicht zu lang in Frankreich bleib, dass ich ein wenig erschrokken bin. Vielleicht habe ich Dich doch sehr ermüdet, oder die Arbeit an der Übersetzung geht Dir auf die Nerven; bitte schreibe mir das ganz offen nach Paris; wenn es so ist, werde ich die Übersetzung natürlich nie wieder vor Dir erwähnen. Du musst nicht glauben, dass ich sie nur aus Nützlichkeitsgründen mit Dir durchnehme. Ich habe im Car darüber nachgedacht, warum mich diese Zusammenarbeit so glücklich gemacht hat wie nichts sonst seit ich in Frankreich bin. Ich glaube, es ist, weil Du mich da *belehrst*, und zwar auf meinem eigensten Gebiet, dem der Sprache. Es hat Jahre in meinem Leben gegeben, und es waren die meines grössten Einflusses auf Dich, wo ich von nichts lieber geträumt habe als von einer *wirklichen* Zusammenarbeit zwischen uns beiden. Dass es nun, gerade wegen der verschiedenen Sprachkulturen, in denen wir leben, möglich geworden ist, scheint mir wie der Beginn einer Erfüllung dieses Wunsches. Aber ausserdem freut mich alles, in dem Du mir überlegen bist; eine »*Theorie*« dafür habe ich nicht, bitte find sie selber.

Am Ausgang der Funiculaire stand Mme Cohen und begrüsste mich wie einen ganz alten Freund. Sie hat eine kindliche Zutraulichkeit, die ich sehr an ihr mag, einen Augenblick lang tat es mir leid, dass sie nicht mit nach Grenoble fuhr.

Lieber, lieber Georg, erhol Dich gut von mir; darf ich Dir noch sagen, dass Du punkto Prahlerei mit bekannten Leuten völlig recht hast, ich tu das immer; Veza bestärkt es, Marie Luise schämt sich meiner, wenn es vor Leuten losgeht. Ich habe mich nur gewehrt, weil es so wahr ist, und werde jetzt damit Schluss machen. Lebwohl und schreib auch gleich

Dein Bruder Elias

Veza an Georges *7. Mai 1948*

Mrs V. Canetti 14 Crawford Street London W1

Mai. 7. 1948.

Liebstes Kind,
you are telling *me* – kann ich da nur sagen. Du beurteilst ihn vollkommen richtig, nur eben auch im Zorn, wie ich es tat, als ich den Brief schrieb, was ich hinterher bereute, weil er so verwundbar ist und ganz so, wie Du ihn schilderst, aber ohne die verächtlichen Beweggründe. Er ist ein unentwickeltes bezauberndes geniales Kind, glaubs mir. Und darum musste ich eine Megäre werden und ich kann Dir versichern, ich hab vollkommen recht mit den »Aphorismen«. Kirkegaard hat gehungert, ehe er etwas herausbrachte was ein »seller« war. Das klingt Dir hässlich von Deiner Höhe herab, doch da er ja Ruhe

haben soll seine grossartigen Arbeiten fertig zu machen, verlang ich nicht, dass er wie Kirkegaard das »Tagebuch eines Verführers« schreibt, sondern nur *druckt*, was schon da ist. Er kriegt von Deutschland sterlings ausbezahlt. Er hätte es freilich leichter, wenn er nicht auch für mich sorgen müsste, aber andererseits muss er das, weil ich durch ihn so heruntergekommen war, dass ichs nicht selbst konnt, und erst jetzt, seit er weg ist, habe ich alles für mich unternommen, erst *jetzt* hatt ich den Mut. Ich habe auf Anfragen für meine Arbeiten nicht einmal geantwortet, weil es mir schon schrecklich schwer war, seine Korrespondenzen und Geschäfte zu erledigen. Es ist ein *Kern* Wahrheit an dem was ich ihm über Amersham schrieb und doch ist er unschuldig – so ist ein richtiger Dichter. Goethe ist immer zusammengeklappt und war reich. Jetzt erst *er*, der so schwer zu kämpfen hatte und in eine so furchtbare Zeit hineingeboren wurde. Lies doch, was er über Dich schreibt, wie nobel, wie verständnisvoll, wie *gerecht*. Er will immer gerecht sein und darum verteidigt er *sich* nie und er ist ein Heiliger, glaubs mir. Leider hat er sich so auch mit dieser Bauerndirne benommen, Du wirst ja sehen … was Du jetzt sehen wirst. Jetzt wird er nicht Proust lesen, jetzt arbeitet er an *ihrem* Roman. Und was die beiden anderen Autoren anlangt, er kennt vielleicht zehn Seiten Kafka und zwanzig Seiten Joyce, der Vortrag wird dennoch glänzend sein, was ich nur fürchte – das sind Hörer, ich fürchte die Fragen. Bei Proust kann man sie nicht beantworten, das sind keine einfachen Sätze und Andeutungen. Weisst Du was, er gab mir Proust vom zweiten Band an zu lesen, der erste fehlte, er sagte das ist ganz egal und natürlich verstand ich dieses herrliche Werk nicht. Ich schreib ihm jetzt eigens immer darüber ums ihm schmackhaft zu machen, so Szenen wie bei den Guermantes, das regt ihn auf. Bitte sei wieder *lieb* zu ihm und schrei *nicht* mit ihm, einmal bin ich Dir sogar dankbar, denn das gibt ihm doch zu denken, und wie Du recht hast mit dem Plan! wie das richtig ist! Wie Du ihn retten könntest wenn er den Plan noch macht! Hier hab ich monatelang sekkiert, arbeit an den Vorträgen, es ist nicht die 50 Pfund es sind tausende Pfund. Er kann sie hier im Land zehn Mal wiederholen, auch im B.B.C., ich übersetze sie indessen, er kann damit im Kontinent reisen, er kann sie drucken, er kriegt hier ein Vermögen für *ein* Essay, nichts wird hergegeben und dann fall ich zusammen. Ich bin bestimmt ein Melancholiker der aber sehr manische Zeiten hat, wie jetzt, wo ich hundert Dinge unternommen hab von denen etliches wieder gelingen wird, wie das mit Deutschland, das ich hinter seinem Rücken machte, der Verlag war ihm zu unbekannt! Mach ihn bekannt, schrie ich! Der bekannte Verlag Knopf hat nichts für ihn erreicht weil er es nicht nötig hatte sich einzusetzen, geht das Buch nicht gehn hundert andere. Dieser *unbekannte* Verlag *muss* sich einsetzen, denn er hat noch keine grossen Autoren. Dieser Kampf, diese Streitigkeiten, dann war er überglücklich dass die Dramen endlich in Buchform herauskommen. Dem deutschen Verleger musst ich schreiben *Du* hast die Lebensbeschreibung geschickt, ich konnt ihn nicht desavouieren, ich folge Dir und sandte nur die Daten. Ich hätt mich erinnern sollen, dass er das auch gern macht, erst grosse Szenen und hoch zu Ross, dann möcht er für sein Leben gern dass sein curriculum erscheint und macht es doch. Jetzt wird er in Paris wegen dem Frauenzimmer diesen reizenden Glock nicht sehen wollen, der ihm so hilft und die Vorträge verschafft und noch mehr verschaffen wird, um den ihn *angesehene* Engländer hier beneiden. Aber ich meins ernst, Kind, wenn er versagt, geh ich nach Wien. Ich schwör Dir, Du weisst wie abgöttisch gern ich ihn hab, ich bin froh, er ist weg, ich atme auf, ich werde ich selbst, ich war ein Bündel Angst, Sorge, Hilflosigkeit, wie er, es steckt an nach 20 Jahren Frondienst. Ich hab keinen Menschen zu dem ich sprechen kann, denn natürlich geb ich ihn nie preis, zu keiner Seele, und so ist er der Engel und ich der Teufel, was mir wurscht ist, aber meine Seele ist bereits teuflisch geworden. Dieser Steiner sass jede Woche hier zwei Tage, mit ihm, er verabscheut ihn im Grund, aus Mitleid sitzt er mit ihm von 12 morgens bis elf Uhr nachts, nichts wird getan, der Steiner geht mit guten Gedanken weg die er sich notiert, Canetti mit einem Zusammenbruch, den nächsten Tag sieht er ihn wieder weil er ihm »leid« tut. Ich kann nicht mehr, glaub es mir, *ich* war bestimmt kein Glück für ihn, er war aber auch keins für mich und ich wär nie so heruntergekommen, wenn ich ihm nicht hätt jedes Mal in A. mit Selbstmord drohen müssen, damit er wenigstens etwas von seinem Werk diktiert (erstens damit ich seh dass es da ist, zweitens weil er alles mit einer nur von ihm leserlichen Stenographie schreibt, so dass kein Sekretär das je entziffern könnte). Bitte zerreiss sofort diesen Brief und verzeih mir, Du hast uns immer gerettet, rett ihn jetzt und sieh Dir auch diese Dulcinea an. Sieh Dir an ob sie nicht mit ihm ist, damit er den Roman schreibt, stell sie auf die Probe, ich bitte Dich. Er ist der unglücklichste Mensch, den ich je gesehen habe, nur wegen seiner kindlichen, rührenden, Schwäche. Mir ist leid, wenn ich Dich durch meinen Zornausbruch beeinflusst habe, der unverdient war, er selbst entbehrt für sich alles, um mir ein gutes Leben zu bieten. Ich möcht dass er nach Strassburg geht, das kann nur nützen und dann soll er bis zum 15 Juni zurück zu Dir nach St Hilaire und dort die Vorträge machen. Ach Georg, wenn Du wüsstest, diese Szenen hab ich jeden Monat und ich bin versteinert. Denn ich sag mir, wie krank euer Vater war, er selbst hat einen *zu schwachen Blutdruck*, das wurde schon in Wien festgestellt und überdies, er *hört* nicht mehr auf mich und ich will nicht mehr. Lass ihn nicht weg ohne Plan, lass ihn nicht weg ohne dass er Proust wenigstens zum Teil gelesen hat, prüf ihn jeden Tag in St H. bestell die Dulcinea allein zu Dir, flirt mit ihr, nur veranlass ihn zu arbeiten. Hier wenn er ankommt, hat er hundert Freunde die nur darauf lauern, obenan dieses Vomitiv, der Steiner, hier wird er nichts machen, mit der Marie Louise am Hals, die wirklich dachte, ich droh ihm mit Selbstmord, »damit er sich nicht scheiden lässt«! und selbst solche Mittelchen gebraucht denn bei mir war es ein »Mittelchen«! Ich sehn mich oft nach Postbeamten, Buchhaltern, Menschen mit Ziffern, Pedanterie, Ordnung, so durcheinander ist alles in ihm und wurde alles in mir. Ohne Dich wird er die Vorträge absagen, denn die F. wird ihm schreiben sie liebt ihn nicht, oder sie wird herkommen und Mätzchen machen, Liebschaften anfangen, dann hat er keine Lust zu leben und ihm liegt dann nichts an seinem Renomée, Geld, Ruhm. Das alles hab ich erlebt und *wie*. Ich hab um die Gunst dieser Metze geworben, damit sie kommt und er nicht sterbend vor mir auf dem Bett liegt. Sterbend am Telephon steht und sie anruft und sie ist nicht da, der Swann ist ein Boxer gegen das was er sich geleistet hat für genau dieses Frauenzimmer. Bitte sag ihm kein Wort von diesem Brief, ich setz Dein Ehrenwort voraus und ich kenn Dich, hilf uns, rett uns wie in Wien!!! Wir wissen was Du uns bist, lies seinen Brief und send ihn mir zurück. So ein lieber Brief! Und wie lieb er mir schreibt und ich war natürlich ungerecht. Was machst Du mit einem Menschen, der sich *fürchtet*, wahnsinnig fürchtet auf ein Konsulat zu gehen, von Polizeiangst nicht zu reden. Von dieser Furcht weiss zum Beispiel die M-L und sie weiss, sie braucht ihm nur mit Skandal zu drohen, er mag sie nicht recht und kann nicht los. Von der Furcht wissen alle seine Parasiten und beuten ihn aus. Bis ein Uhr nachts musste ich Briefe für andere Leute schreiben ehe er abreiste, unsere waren nicht erledigt.

Wäre nicht die Geldfrage ich würds leiden, es ist lauter Güte, nichts als Güte das Motiv. Wenn er seinen englischen Tabak für die Pfeife braucht, sollte das der Grund sein, dass er schon im Mai zurück kommt schreib sofort, ich send ihm Tabak mit Jaqueline, nur bleiben soll er. Du weisst wie gern ich ihn hab, wenn er ein halbes Jahr dort bliebe, ich wär selig, die Leute hier glauben ich hab einen Liebhaber, weil ich so verjüngt, erquickt und heiter bin, seit er weg ist. Schrecklich es zu sagen, über den besten und reizendsten Menschen der je gelebt hat. Seinen Brief von Paris solltest Du lesen vor *ihrer* Ankunft. Selig ist der Arme, er vergöttert einen Stein!

Dir an Dich will ich erst schreiben, bis er wieder hier ist. Es geht nicht recht, Du verstehst das. Gottlob, der Charlus intriguiert wieder, denn die Albertine ist zu öd. Ich leb mehr im Proust als im Leben. Sei gesegnet, Gesundheit Glück, Du wirst noch sehr viel Glück haben.

All my Love
Peggy

Veza an Georges *Mai? 1948*

Liebster Georg,
da war schon wieder eine Operation, über die Du hinweggingst, wie über Schneeflocken. Das sind offenbar die »paar Zehntel mehr«. Über die Du mich nun sicher auch noch in suspense lassen wirst. Aber ich werde durchgehen, nach Vindobona, ich bin entschlossen, denn mein einziger Verbündeter, ist dieser Wolkensalami auch schon hineingefallen. Ich mache Dir keine Vorwürfe, Du warst schwach, vor der Operation, und neben ihm wird überhaupt jeder schwach, es ist sein Zau-

ber, und ich wollt, ich könnt meine Memoiren schreiben und würd sie »Xantippe« nennen. Die Leser würden Tränen weinen über das Los der Xantippe.

Wenn ich Proust lese, glaub ich ich les Dich und Musik ist mir deshalb noch lieber als Proust, weil es schon die Erfüllung ist, Proust macht mich so sehnsüchtig – nach mir selbst, dem was ich *war*, nach Schönheit, Luxus, Gemälden, Herzoginnen, Aperçus, und diesem attischen Salz das hier an der Konversation gänzlich fehlt. Mögen sie noch so gescheit sein, verträumt sind sie nie. Du bist eine ganz grosse Figur, denn Du hast das alles in Dir, was ich eben aufzählte. Werd mir nur bald gesund, und hab Dich nur so gern, wie Du die anderen hast. Du hast *auch* etwas zu wenig Selbsterhaltungstrieb mitbekommen. Dein Bruder hat ihn überhaupt nicht. Vielleicht weil er doch unsterblich sein wird. Welches Wort einen *beben* macht, vor schmerzlicher Rührung über diesen Traum. Wann ist der nächste Krieg und wer wird übrig bleiben? Heute beschäftigt mich Palästina, und ich hab die leise Hoffnung, dass es so sein wird, wie in Russland, und dass auf einmal diese Juden vormarschieren werden. Die *leise* Hoffnung, meine Ansichten kennst Du, das Resultat, Du hast es, wie ich, selbstständig gefunden. Verschwinden, auslöschen. Bitte hab ein Herz und schreib mir wie's Dir geht, Untertan. Mit zerstörender, böser, stolzer Herrschsucht

Veza

Elias an Georges *27. Mai 1948*

Donnerstag,

Mein liebster Georg,
es ist eine arge Enttäuschung, Strassburg wiederzusehen; die Menschen, die man so gut gekannt hat, sind nichts als langweilige und selbstzufriedene Bürger; ich wollte, ich wäre nicht hergekommen. Man soll nichts und niemand wiedersehen, *ausser Dir*, und an das Übrige soll man sich nur erinnern.

Ich schreib Dir heute nur mit der Bitte, den inliegenden Brief zu frankieren und zwar *für Luftpost* (24 francs), und Samstag um 2 noch aufzugeben. Es ist sozusagen mein letzter Brief aus St. Hilaire an die Marie-Luise.

Georges Canetti

Dir selber schreib ich richtig in einigen Tagen. Montag bin ich in Paris, ich denke auf drei Tage.

Das Münster steht noch, sonst ist hier sehr viel zerstört. Das Schreckliche ist, dass es mir nicht einmal wirklich leid tut, so unerträglich gewöhnlich und niedrig finde ich die Menschen. Madeleine Cohn ist die einzige, die mir noch gefällt. Leb jetzt wohl und entschuldige die Eile, in der ich schreibe, Hoepffner wartet unten auf mich.

Es umarmt Dich Dein Bruder
Elias.

Veza an Georges *10. Juni 1948*

Mrs V. Canetti 14 Crawford Street London W1

June 10.

Liebster Benjamin,
ich find das nicht so schlimm mit den paar germs, die wieder aufgetaucht sind, denn wenn Du kein Arzt wärst, wüsstest Du, dass jeder Mensch irgend einmal germs hat, schreib mir dennoch, wie Du Dich fühlst denn ich brauch Dir nicht zu sagen, dass es uns nahe geht, weil es Dich niederdrückt. Wäre es nicht möglich herzukommen? Ich behalte die Wohnung noch bis mindestens Jänner 49 und ich würd für Dich kochen. Dein Bruder findet zwar alles schauerlich, nach France, aber mir schmeckt alles, was ich koch, so schlecht ist alles was ich nicht koch. Es wird jedenfalls nahrhaft sein und eine Abwechslung. Ich koch auch für den Lauser vier Mal die Woche, und bis Oct. ist das nicht schlimm, weil wir Gemüse und Obst haben.

Seine Strassb. Reise war nicht wie er's erwartet hat, nur für mich fiel es nett aus, denn der Herr Hoe sandte mir etwas Entzückendes (ganz vergessend dass ich fair fat and fifty bin) nämlich sieben bezaubernde winzig kleine chinesische Figuren jede einen Zentim. hoch und feinste Schnitzerei mit Bemalung. Auch den Auftrag einmal im Monat einen »Londoner Brief« zu senden, »es werden sich dann Francs für mich ansammeln« liess er mir sagen. Das ist alles, doch bin ich froh er war dort, wir sinds dem lieben Alten schuldig. Dein Bruder kam Sonntag nachm. und todmüde, eine schlaflose Nacht, er drückte es drastischer aus. Er schimpfte zwei Tg über F. den dritten nahm er etwas zurück, gestern war er bereits verzweifelt, weil keine Nachricht hier war und heute überglücklich als ein Brief kam, in dem sie ihn heiss liebt und leider morgen oder Dienstag kommen wird. Vielleicht Dienstg, dann kommt sie mit dem Rivalen, was eine grosse Erleichterung sein wird, denn dann macht er vielleicht doch die Vorträge. Er war bis jetzt *nur* müde und erschöpft und voll Angst. Er fürchtete sich schon beim Eintreten, z.B. weil eine Formel in seinen Pass gestempelt wurde die in jeden Pass gestempelt wird und nichts zu sagen hat. Dann fürchtete er, dass F. kommt, dann dass sie nicht kommt, jetzt dass sie kommt und die ganzen Tage sass er am Telephon, aber niemand will ihr für gutes Geld ein Zimmer hergeben. Wegen des Punktes, den er nicht mit Dir besprochen hat, und den er Dir nicht zugeben wird – und dieser ist es, der Dich in ihrem Gesicht abstösst, nämlich, dass es ihr nichts macht, wenn ihre Cousine die charwoman als Diebin entlässt, obwohl nicht die char. die Börse gestohlen hat. Diesen Punkt bespricht er ganz offen mit mir und der Cousine, aber sonst schützt er sie und wird lieber sagen ich bin »nuts«. Aber das ist verständlich. Ich hoffe sie kommt nicht mit einem Kind vom Nemetz hier an, aber auch das kann man bezahlen, die Raten gesetzlich sind nicht gross und die freiwilligen kann Dein Bruder nur zahlen wenn ers hat. Es war leicht zu erkennen, dass sie sich auch Dir gern an den »Kopf« geworfen hätte, wie du es nennst, aber für Dich hatte sie schon immer eine kleine Schwäche und Du hast eine kleine Schwäche für sie, aber Schwächen sind Dein *starker* Punkt. Deinem Bruder ist auch aufgefallen, dass man Dich abends besser mit Deinen Roués allein lässt. Die in Chat. haben mir nicht gefallen, Charlus hatte es leichter, trotz seines grauen Schopfs, er liebte mehr die Verbrecher und konnte gut zahlen. Erinnerst Du Dich an einen Monolog einer Klosettfrau? Nur Canetti kann das auch noch schreiben.

Ich schreib Dir keinen langen Brief, weil Du so gemein bist und ich nicht Perlen vor die Inverts werfe. Ich hab ihn mit Deinem Parfum Numero 5 parfümiert, das der Bauscherl wirklich gekauft hat, auch Eier Bonbons und dried bananas brachte er mir, was sehr lieb ist. Besonders entzückend ist Dein Parfüm, ich trau michs nicht anzurühren, es riecht stark schon bei geschlossener Flasche. Ich sandte Dir Honig, mit Jaqueline, die sich beschwerte, dass Du tea nicht bestätigst hast, den ich auch früher sandte. Aber trotz Parfum, kein »Londoner Brief«. Anrufe sind fünf im Tag von allerlei Helgas (die Helga ist zauberhaft schön und war vorige Woche hier), heute lehnte ich sie ab, weil offiziell der Lauser noch nicht hier ist.

Jetzt schicke ich Dir noch viel Küsse, persönlich trau ich mich nicht, im Brief ists geradezu eine Artigkeit, ihr I.s braucht solche feminine Staffagen. Ewig werde ich Dich lieben und segnen, erstens überhaupt, zweitens weil Du der Proust bist, drittens weil du so schön und gescheit bist, schön auch noch, viertens weil Du diese Stimme hast, die beim Bauscherl schon rauher geworden ist (die Enttäuschungen) – und last not least, weil er diesen Plan entworfen hat, der ihn sehr befriedigt, und vielleicht send ich Dir *noch* einen Brief über Dich von ihm, den Du nicht wert bist. Aber nur wenn Du sofort schreibst. Die F. hat zwei Liebhaber in Schweden gestanden, das ist schon etwas wert und so muss er nicht solche »Schuldgefühle gegen sie« haben. Ich schliess jetzt, ungern, aber aus Albertinischem Trotz. Grossartig, dieses missverstandene Telegramm, grossartig diese zweite Hälfte Proust beginnend mit dem Tod der Grossmutter.

Dein letzter Brief enthielt auch Proustsche Grössen, aber nicht die Lasterhaftigkeit stösst Dich ab, Anna würde Dir weiter gefallen und ist viel billiger in dieser Hinsicht, absolut wahllos, aber es hat sie nicht ganz demoralisiert. – Du gefällst mir, weil Du *weise* bist.

Alles erdenklich Liebe
Peggy

Riechst Du die 5?
Herrlich!
Der Bauscherl fand hier schon etwas Text (Bürstenabzug) der Komödie vor.

Elias an Georges *15. Juni 1948*

15. Juni 1948

Mein lieber Georg,
jetzt sind es drei Wochen, dass ich von Dir weg bin; mir kommt es vor wie ein Augenblick und eine Ewigkeit; den kurzen Zettel

aus Strassburg rechnest Du nicht; also *ist* es eine Ewigkeit, dass ich nicht geschrieben habe.

Strassburg war schrecklich. Paris war schrecklich. Ich möchte gar nicht mehr davon schreiben. »Nagel« hat mich und meine Stücke auf das Unverschämteste beleidigt; er denkt gar nicht daran, etwas übersetzen zu lassen. Deine Farben-Theorie scheint vorläufig recht zu behalten. Bis die Stücke in der ganzen Welt aufgeführt werden (und Du wirst es noch erleben), wird Deine Farben-Theorie explodieren, aber warum sollst Du einstweilen mich nicht mit Goethe vergleichen? Es ist leider das erste und einzige Mal, dass jemand diesen Vergleich riskiert; es wird das letzte Mal bleiben; und ich werde zu einem ganz gewöhnlichen erfolgreichen Dramatiker herabsinken, pfui Teufel.

Es geht mir besser, seit ich in London bin. Ich arbeite glücklich und ernsthaft an meinen Vorträgen. Nicht nur habe ich den ganzen »Ulysses« wieder durchstudiert, ich bin wieder mitten im Proust; auf die Gefahr hin, mir Deine Verachtung noch mehr zuzuziehen, werde ich in den nächsten drei Wochen den ganzen Proust durchlesen. Man kann das, obwohl Du es nicht glaubst. Ich erinnere mich genau an den einzigen wirklich hässlichen Augenblick zwischen uns: Du hast geglaubt, ich könnte über Proust sprechen, ohne ihn ganz zu kennen. Nun, das *könnte* ich wohl, aber ich täte es nicht; ich habe zuviel Respekt für ihn.

Mein lieber, lieber Georg: es ist merkwürdig, wie viel Stachel bleiben: es sticht mich, dass Du meine Stücke missachtest; es sticht mich, dass ich meine krankhaften Brief-Ausbrüche vor Dir hatte (ich bin immer so bei Briefen; Du hast Proust zu schlecht gelesen, um zu begreifen, was da wirklich passiert); es sticht mich, dass ich dort nicht gearbeitet habe; es sticht mich, dass Du diese entsetzliche Friedl mit mir gesehen hast (sie ist eben wieder angekommen und wohnt bei der Veza, die sie in 24 Stunden leer und kahl fressen wird). Es sticht mich, dass ich nicht bis zum Schluss mit Dir *allein* war; was alles hast Du mir *nicht* erzählt! Es sticht mich, und das allein sticht mich wirklich, dass ich Dich nicht durch meine blosse Anwesenheit pumperlgesund gemacht habe.

Jojo habe ich bei der Familie gesehen. Seine Bilder (ich sah nur drei) sind zweifellos sehr begabt. Eine Genauigkeit und

Ehrlichkeit, eine konzentrierte Nüchternheit der Form, verbunden mit einer heute selten gewordenen Liebe für grosses Format: es ist alles etwas trocken, die Farben entstammen der klassischen italienischen Malerei; es sind schöne Farben; am meisten verdankt er Braque. Ich war angenehm überrascht; ich hatte, ehrlich gesagt, nach den Erinnerungen an seine frühen Sachen, *nichts* erwartet. *Wieviel* es ist, kann ich nach den drei Bildern aber unmöglich sagen. Schreib ihm aber nichts darüber, ausser dass ich beeindruckt war. Die Familie ist unheimlich; sie ist von mir erfunden, verglichen mit dieser lauwarmen albernen leidenschaftslosen Canetti-Brut sind diese Leute wunderbar (die Alte! die Tante Esther! der Onkel, der sehr *stolz* ist, Du hättest das sehen sollen). An die Canettis werde ich einige Jahre nicht mehr denken können. Man müsste sich den Namen ändern lassen. Hätte ich es nur rechtzeitig getan. Die Veza jedenfalls darf mich nicht mehr so nennen. Es ist ein Trost noch, dass Du auch so heisst; aber Du hast es leichter: es gibt wenigstens keinen andern Georg in der Familie. Am meisten ärgert mich der Mensch, der *genau* so heisst wie ich; der Teufel soll ihn holen.

Ich beneide Dich sehr, um die Ruhe, seit ich weg bin. Ich beneide Dich um Vieles. Hätte ich nur Deine Vernünftigkeit; Deine Freiheit von Angst; und nicht diese irrsinnige Mischung von Weichheit und Generosität, die mein Leben bis jetzt vereint hat. Nicht dass Du weniger weich bist; aber Deine Weichheit ist mit Treue verquickt, statt mit Generosität. Nimm diesen Brief nicht zu ernst; es ist noch kein Brief; es ist Teil eines Monologs, den ich über Dich und mich halte, seit ich weg bin, eines einzigen Monologs; im nächsten Brief werde ich ihn unterbrechen und Dir so schreiben wie es sich gehört. Wenn Du es kannst, schreib mir Du indessen, aber konkret über Dich und alles dort, jede Person die ich gekannt habe, selbst den langweiligsten noch.

Lebwohl. Sei umarmt und geküsst von Deinem
Elias.

Nissim und Lucienne waren in Belgien; ich hab nur die Kleine gesehen; es geht ihr ausgezeichnet. Paris hasse ich in der Erinnerung wie nur eh und je.

Mrs Canetti 14 Crawford Str W1

June 24.
12 Uhr nachts

Liebster Benjamin,
Dein Brief war so bezaubernd und geistsprühend, dass ich Dir sofort schreiben muss, u. es wäre besser ich wartete, denn es ist nachts u. ich darf nicht tippen (wegen einer kuriosen Alten im ersten Stock) Also es war so: Dein Bruder telephonierte neun Tage lang um Zimmer, brach alle Abkommen, seine Ankunft geheim zu halten und ging neun Tg lang *betteln* zu F's *guten* Freunden (!). Niemand wollte sie. Da er mir aber hochmütig gesagt hatte, sie zieht auf *keinen* Fall zu mir, bekam ich Mitleid, denn er war ganz auf mich angewiesen. Sie wohnte eine Woche bei mir und sank immer mehr von ihrer Höhe herab. Die komischen Geschichten u. ihre Pläne – bis die Maschine es mir leichtmacht. Der Bauscherl steht die meiste Zeit bei ihr herum, arbeitet wenig, denn er muss der M-L. Sand in die Augen streuen, und hat alle Freunde alarmiert, die ich nur zum Teil abhalten kann (alles wegen Zimmer für F.). (wenden)

⟨auf der Rückseite:⟩

er fand ein teures Mietzimmer durch *unsere* Freunde, die *sie* nicht kennen.

Der Brief ist ein falsches ungerechtes Bild von ihm, ausser zu Dir. Du wirst ihn sofort zerreissen! Bitte!

Ich habe für ihn den ganzen Proust – nicht gelesen, sondern durchgearbeitet, mit Notizen Einfällen etc. Ich habe ihm auch gesagt: immer habe ich alles verstanden, eingesehen, immer habe ich mich eingefühlt. *Jetzt*, wo ich ihm alles geebnet habe, wo die Schickse bei mir gewohnt hat, bei mir speist, hier mit ihm schläft und hier badet, sehe ich *nichts* ein: sind die Vorträge nicht fertig so gehe ich zu meinem solicitor und reiche um die Scheidung ein. Dies mag Dir nicht wie eine Drohung vorkommen, es ist eine: die M-L. würde sofort die Ehe verlangen, die F. würde sie verlangen, beide mit Drohungen. Ich habe ihm gesagt, warum ich die Scheidung für einen Segen ansehe – für *mich* wäre sie einer. Ich werde ihm weiter helfen u. ihn antreiben. Aber *ich* werde nur gewinnen, wenn er die Vorträge nicht hält – mehr sag ich nicht, denn ich bins müde. Am 2. Tg ihres Aufenthalts hier wurde ihr die Brieftasche gezogen mit einem Checque v. 33 Pfund, Bargeld 3 £ u. Dokumente. Das Durcheinander in der Person ist unbeschreiblich und nur *ich* konnte durchsetzen, dass sie ihren Roman fertig typt, für den sie sich einen Vorschuss erwartet. Gebs Gott. Beide sind eitel Dankbarkeit u. tiefe Rührung. Er hat – und ich werde Dir die Briefe einsenden, zwei grossartige Anträge für Vorlesungen hier in London, alles weil überall zu lesen ist, dass er in B. vortragen wird. Hier in London mit *Forster* u. den grössten engl. Autoren zusammen, ein Zyklus. Spricht er nicht in B., geht das flöten, er sagte schon, er wird die anderen Vorträge nicht schaffen können, er hat für den mit Forster *nur 2 Monate Zeit.* In Wahrheit will er bei F. herumsitzen, denn der Maler kommt, u. *Du* bist so aufgesessen wie *ich früher* immer. Den Maler *fürchtet* er u. wir haben schon besprochen, er u. ich dass wir ihn hier *nicht* lancieren werden. Dies ist *ihr* hauptsächlicher Gedanke. Ausserdem sagte sie mir, sie will unbedingt ein Kind und jetzt!! Er ist ein wenig stutzig, aber auch das mag Komödie sein. Ich schäm mich, dass ich Dir auf Deinen geistreichen Brief so antworte, aber Du bist der einzige Mensch, der Anteil nimmt und der ihn retten wird, wenn ich mein Amt niederlege.

Ich bin sehr einverstanden mit Deinem Plan nach Paris zurückzugehen. Wenn Du Dich nicht überarbeitest, werden die paar germs bald verschwinden, die Seele ist so wichtig, wenn sie sich freut, freut sich der Körper und arbeitet zur Gesundheit. Nur nicht *viel* arbeiten, ich glaube, das wirst Du gelernt haben, Du lernst zu. Darum hab ich nie so grosse Angst um Dich, Du bist so ein herrliches Werk. Er schwärmt von Dir und wird Dir sogar wirklich jeden Monat schreiben – er klammert sich an Dich wie an das, was seinem Charakter fehlt. Bitte zerreisse diesen Brief. Er sagte, er hatte alle meine Schimpfbriefe bei Dir vorgefunden u. gelesen, ist das möglich? Bitte beantworte diese Frage. Und jetzt will ich Dir eine Million Mal danken für diesen Proust: er ist mein liebster moderner Autor. Er ist mein Element, mein Trost, meine Luft, meine Sehnsucht, meine Erfüllung, meine Rechtfertigung, mein Stolz, meine Rettung. Und genau das alles bist Du auch!!! Bald mehr –

Die Edith will mit Mann und Kind hierher übersiedeln, mich stört sie weiter nicht u. das Kind soll uns freuen.

Das gewünschte Buch werde ich Dir verschaffen u. Du borgst es mir einmal. Ich bin so toll mit Proust, dass ich zum 2. Mal lese, dass ich nichts lesen will als alles von ihm und Biographien über ihn. Eine kam gerade v. Paris an, und scheint sehr gut zu sein.

Alles Liebe, soll ich razor blades senden? Schreib mir sofort!!!

In Liebe
Peggy

Ich wäre Dir dankbar wenn Du ihm schriebst wie stolz Du bist, dass er *auch* hier in London mit Forster vortragen wird. Und nichts von meinem VERRAT!

Elias an Georges *wohl 28. Juni 1948*

Montag

Mein geliebter Georg, ich halte Deinen Brief noch in der einen Hand und mit der anderen treibt es mich schon zur Antwort. Unsere Rollen, was das Schreiben anlangt, haben sich vertauscht. Ich habe mit grösster Unruhe auf Deine Antwort gewartet; wahrscheinlich werden Dir meine häufigen Briefe bald lästig werden. Weisst Du, dass es sonst niemand auf der Welt gibt, dem ich schreiben *könnte*, ohne das Gefühl zu haben, dass es sinnlos und verlogen ist; Du bist der einzige Mensch, der mich *kennt* und vielleicht doch ein wenig gern hat (Frauen kann man da nicht zählen, und auf alle Fälle schreibt man immer zu ihnen her*unter*).

Es beunruhigt mich sehr, dass Du plötzlich eine fatalistische Haltung zu Deiner Krankheit einnimmst. Leg Dich doch um Gottes willen noch nicht fest auf Paris. Dass Du weiteren konkreten, medizinischen Eingriffen misstraust, endlich, ist ein grosser Fortschritt; aber die Verbindung Deiner eigenen Person mit Deinen Arbeiten und Theorien ist einfach verbrecherisch. Weder bist Du Dein eigener bester Beweis, noch ist fast immer etwas im Sinne einer Katastrophe zu deuten (entschuldige die Verkürzung Deines Gedankengangs, Du weisst, worauf ich mich beziehe). Halt Dich und Dein ganzes weiteres Leben um Gottes willen *offen*; lass *Dich* mit Deinen Theorien in Ruhe; o was ich darum gäbe, wenn Deine eigene Krankheit nichts, überhaupt nichts mit Deiner Arbeit zu tun hätte. Wie kann ein System dieser Art, mit einem selbst im Mittelpunkt, stimmen; Du tust auf Deine Weise was Nietzsche getan hat; nur ist Dein System nicht der Prozess einer Gottwerdung – Du wirst stattdessen zur ganzen Tuberkulose mit all ihren Verästelungen und Möglichkeiten. Wenn Du das einmal ganz klar sehen könntest, wie ich es Dir ansah, mit Liebe, aber von *aussen*, so würdest Du vielleicht die Verbindung zwischen Dir und diesem entsetzlichen System entschlossen durchschneiden, und dann, aber nur dann wäre Dein Lebenswille stark genug, die Krankheit zu überwinden. Glaub nicht, dass ich das leichthin oder herzlos sage; es gehört Mut dazu; aber noch viel mehr Mut für Dich, das zu erkennen; und sonderbar, ich bin fest davon überzeugt, dass Du, *nur* Du genug Mut dazu aufbringen könntest.

Ich will Dir nicht mehr darüber sagen, weil es so bitter, ernst und wichtig ist. *Genau* könntest Du es nur, in allen Einzelheiten, sehen, wenn ich eine Geschichte darüber schreiben würde; aber das natürlich bringe ich nicht über mich; bis Du ganz gesund bist, werde ich es, für Dich allein, einmal tun, und Du wirst sie dann vernichten, als den letzten Rest Deiner Krankheit.

Ich habe eine merkwürdige Sicherheit über Dich. Ich glaube, dass Du gesund werden wirst, weil ich Dich so sehr liebe und ich wäre Dir dankbar, wenn Du über einen scheinbar, aber nur scheinbar so naiven Satz nicht das Gesicht verziehst. –

– Seit 14 Tagen bereite ich meine Vorträge vor und lese nichts als Proust. Wie konntest Du sagen, dass man das nicht hintereinander weg lesen kann. Ich habe die ersten sechs Bände fertig (Swann, A l'ombre u.s.w., Du Côté de Guermantes) und ausserdem hab ich schon »Le Temps Retrouvé« gelesen. Seit vielen Jahren hat mich nichts so beeindruckt. Du hast natürlich recht, das letzte ist besonders grossartig; die theoretischen Stellen darin sind das Tiefste und Schlüssigste, das ein Künstler je über seine eigene Methode gesagt hat. Es bleibt nichts zu deuten übrig; ich werde mich hüten, viel Eigenes dazu zu tun. Es kränkt mich noch immer, dass Du auch nur einen Augenblick annehmen konntest, ich würde über Proust sprechen, ohne jede *Silbe* seines Werkes zu kennen. Wahrscheinlich dient mir der ganze Vortrag nur dazu, um es endlich einmal wirklich aufzunehmen. Meine Scheu und Zögerung vor solchen Werken, dem Einzigen schliesslich, was in der Welt zählt, ist religiöser Natur; es ist die Scheu, die Menschen früher vor Gott hatten; ich schäkere nicht gern damit. Alle grossen Erlebnisse bereitet man so vor, durch Ausweichen und Umkreisen, und der ungeheure und unausweichliche Sprung, den man dann macht, wenn es ernst wird, ist, glaube ich, die legitimste Form der Verehrung.

Du hast mich damals wirklich und ungerecht verletzt, nämlich dort, wo ich am saubersten bin, und ich kann nicht umhin, Dir eine Busse zu diktieren. Ich erwarte von Dir als Geschenk *den vollständigen französischen Proust*; Du kannst mir ihn, wenn Du willst, paarweise, in je 2 Bänden schicken; lieber wäre es mir; wenn ich ihn zu meinem Geburtstag schon ganz da hätte, *von Dir.*

Die Biographie von Pierre-Quint habe ich schon; es stehen aufregende Sachen über Proust selbst darin.

Vielleicht hast Du recht mit Paris. Bedenke aber, wie die Familie beschaffen ist, die einem diese Stadt versaut. Dein eigener Name spaziert dort tagtäglich herum und sieht aus wie ..... (Du kennst doch die ewige Geschichte der andern Verwechslung, mit einem Jazz-Kapellmeister?). Ich glaube, dass Familie etwas wie Todsünde ist. Es gibt nichts Schöneres als Mutter, Bruder, Vater, Schwester, aber jedes *allein*; auf einem Fleck zusammen sind sie der Tod; sie ersticken einander gegenseitig und atmen einem die Luft schal. Es sollte in jeder Stadt der Welt, aber *weit auseinander*, *eine* solche ungeheuere Sache geben, *einen* Bruder, *einen* Sohn, selbst eine Tante, aber nie und nirgends zusammen. Man sollte sie in diesen jeweiligen Städten *suchen* müssen, mit Schwierigkeiten, und Versammlungen der ganzen Gesellschaft müssten wie Konspirationen mit Gefängnis bestraft werden.

Wie wahr das ist, kannst Du daraus ersehen, dass eine so reiche und zweifellos schöne Stadt wie Paris durch eine Familie trüb und giftig werden kann; wenn ich nächstes Mal hinfahre, will ich nur Dich allein sehen. Überhaupt genügst Du mir für alle Verwandten der Welt, den Jojo ausgenommen.

Wirst Du mir weiter über das Sanatorium schreiben? Ich möchte genau wissen, was *alle* machen, die ich dort gesehen habe, nicht nur der Cohen. Den ..... (schreibt man ihn so?) hab ich in Paris auf der Strasse getroffen; er war zum Erbarmen armselig und traurig; den Menschen hat das Sanatorium zu einer Person aufgeblasen. Es ist mir unbegreiflich, wie ein solcher Bursche das Leben danach noch aushält. Da ist, mit dieser ganzen Einrichtung von Spitälern und Sanatorien, etwas nicht in Ordnung. Man macht die Menschen gesund und setzt sie dann in die Wüste aus, wie sollen sie nicht verdursten.

Lebwohl, mein lieber, lieber Georg, lass Dein Meer von Zärtlichkeit nicht zu rasch verdampfen; ich bin auch mit dem übrig bleibenden Salz zufrieden, wenn Du es in Briefe verpackst und häufig herschickst.

Dein Bruder Elias (der sich über die Schönheit dieses Wortes »Bruder« noch immer nicht fassen kann)

Veza an Georges *1. Juli 1948*

Mrs V. Canetti 14 Crawford Street London W1
Telephone: WEL beck 9334 falls Du kommst
July 1.

Liebster Benjamin,
Dein Bruder was thrilled to bits über Deinen entzückenden Brief und hat Dir sofort und ebenso reizend geantwortet. Er ist so gut gelaunt, seit wir die Putana hier haben, dass mir alles andere schon Nebensache ist, denn wenn er gut gelaunt ist, gelingt ihm alles, und obwohl es mit den lectures noch genau so steht wie in meinem verzweifelten Brief, hab ich doch Hoffnung, dass er drei Vorlesungen machen wird, denn er liest jetzt wirklich Proust und ist hell begeistert und liebt ihn auch jetzt mehr als Joyce and Kafka, was beweist, wie begabt Du bist. Er kam soeben nach einer vergnügten Nacht bei mir an, ist ganz grün, glänzend gelaunt und trifft jetzt Frances, den Sekretär von Atlee, der nicht schlecht in Angst ist, denn hier sieht es aus wie Krieg. Ich glaub das keinen Augenblick, in der ersten Woche wären alle Engländer tot, so verhungert sind wir, und die Russen werdens auch nicht wollen. Aber die Angst hier ist gross. Du und der Proust wissen aber, dass es mehr braucht

als Geplänkel, nämlich die Agression in den Völkern, oder die Zeit, die dazu reif sein muss, oder etwas anderes, das Du besser erklären wirst, jedenfalls, ich glaub nicht daran, aus biologischen Gründen. Ich glaub der Bauscherl hofft es schlau, damit er die Vorlesungen nicht halten muss. So etwas von Faulheit hat die Welt noch nicht gesehen. Bitte schreib mir viel über seine Vorlesungen, damit er sich vor Dir fürchtet. Wenn Du etwas extra sagen willst, das geht auf einem separaten Zettel, ich bekomm die Briefe zuerst, will ihm aber Deine zeigen, er ist immer sehr besorgt um Dich. Niemand liebt Dich wie er. Er sagt es tut ihm gut, wenn Du so auf F. schimpfst denn dann ist er fester ihr gegenüber. Ich bin eitel Freundschaft und Wohlwollen, letzteres ist mir leider im Blut und das wird viel ärger, ersteres ist pure Diplomatie, damit ich sie in der Gewalt hab, wenn sie ausschlägt, sie ist mir etwas hörig. So sind wir Mütter.

Hier ist alles sonst lustig, der Doktor hat einen Drohbrief, dass der Ehegatte der Jackie ihn auf Störung der Ehe und 5000 Pfund damages klagen wird. Darüber sind lange Besprechungen und Dein Bruder ist in Todesangst, denn die Jackie hat ihm während ihrer Liebschaft mit dem Alten nachgestellt und der Alte will, dass er dies bei Gericht aussagt und ihn rettet. Von »Gericht« schreib kein Wort in Deinem Brief, das Wort allein macht ihn krank vor Angst und wenn der Ehemann wirklich klagt, wird das mit einem Bruch mit dem Doc enden, nie im Leben geht der Bauscherl zu Gericht. Der Steiner ist vollkommen kalt gestellt, so verdreht ihm die F. den Kopf was mein Triumph ist, denn sie ist mir lieber als dieser Bandwurm. Du wirst sicher sagen, ich hab das alles arrangiert aus Machiavellismus, ich fühl mich sehr geehrt dass Du mich so teuflisch siehst und mich eine Sadistin nennst, dabei bin ich mit euch beiden die ärgste Mutterkuh, und hab auch der grässlichen Regine immer gesagt, wie gern Du sie hast u.s.w. und das fällt einem weiss Gott schwer, sie artet sofort aus und wird so überheblich dass das Zimmer birst. Ich bin froh, diese Familie los zu sein, das war nicht auszuhalten, sie wollten auch immer überall eingeführt werden, diese Prätention ohne innere Berechtigung ist lästig. Da Du sicher alle unsere Freunde kennst: die Kae hat ihr Baby, ein Mädchen. Die Helga (sie ist zauberhaft schön) wirst Du heiraten müssen, komme endlich. Ich bin sehr nett, weil ich Dir schon wieder schreibe, und ich tus nicht per air mail, weil nach diesem paradiesischen Ort die Briefe ebenso lang gehen wie mit gewöhnlicher Post. Ich koch dem Lauser täglich, nach France kann er sich an die Kost hier nicht gewöhnen. So steht also jetzt alles hier und unsere Angst ist nur die M-L. denn die darf nichts erfahren. Die F. legt aber grossen Wert darauf sich mit Deinem Bruder zu kompromittieren. Ich leg Dir einen der Briefe bei, send ihn sofort zurück, ich antwortete selbst und zwar affirmativ, ich denk mir absagen kann man immer. Ich will unbedingt, dass er in London liest. Erwähn unbedingt den Brief, und wie impressed du bist, gottlob er will Dir imponieren und Du allein hast Macht über ihn. Er ist so herzig, dass man ihn nicht packen kann, wie Du sagtest er entgleitet immer. Ich möcht, dass er im Herbst wieder nach Paris fährt, wegen der Übersetzung. Wenn Du da nicht hilfst sind wir verloren, ist sie schlecht kann das Buch natürlich nicht reussieren. Ich weiss es ist eine riesige Frechheit, aber Du hast uns immer geholfen, immer.

Leb recht wohl schreib über Dich, über Dich über Dich!!!!!!!

Alle meine Liebe, glühend
Deine Peggy

Sadist and Sapphist

Veza an Georges *26. Juli 1948*

Mrs V. Canetti 4 Crawford Street London W1

July 26.

Liebster Lindore,
ich weiss, aber da ich eine Sadistin bin, freu ich mich, dass Du vergebens auf meinen Brief gewartet hast, Du hast das gern. Ich parfümier ihn dafür mit Deinem parfum, von dem ein Zehntel leider schon weg ist, obwohl ich ihn gut versteckt halte. Ich war bis jetzt Sklaventreiber und jetzt ist der Proust Vortrag fertig und sehr schön und dauert zwei Stunden. Zum Glück ist der Canetti auf die dritte Woche verschoben worden, so dass auch der Kafka fertig wird, und den Joyce hat er eh nicht gelesen, zum Joyce wirds nicht kommen. Den Proust las er ganz, nicht weil es für den Vortrag ist sondern aus Leidenschaft. Er will Dir aber an den Kopf werfen, dass der Gide,

Dein Idol, ein Essay über Proust schrieb und hinzufügte: »obwohl er nur einen halben Band gelesen hat!« Hoffentlich ist Dir nicht zu heiss und da Du ein nobler Charakter bist, rächst Du Dich hoffentlich nicht, ich bin keine Masochistin und wir sind sehr ungeduldig über Dich zu hören, Dein Bruder ist sehr besorgt, er glaubt nicht, dass ich nicht geschrieben hab und fürchtet es ist Dir nicht gut, bitte beruhig ihn, sonst muss ich der Edith und Jaqueline schreiben. Die Friedl ist ein spassiger Wirbel und jetzt ist ihre Schwester gekommen und will sich im Lichte Canettis einen Mann holen mit folgenden Eigenschaften: Kompliziert, gescheit aber nicht zu sehr, gebildet aber nicht zu sehr, sehr gut angezogen, reich, schön, jung, wenn möglich engl. Adel, launenhaft sonst langweilt sie sich und snobbish. Alle diese Kinoeigenschaften figurieren nicht in unserem Kreis und sie wird leer abziehen. Den Roman von Friedl hat der Bauscherl gut bearbeitet und er wird wahrscheinlich genommen werden. Der Bauscherl hat das Buch für Dich bestellt, über meine Verwandten gings nicht, das wär ein zu grosses Entsetzen.

Dein letzter Brief war wieder geistsprühend und alle hier warten schon auf Dich. Sechs Tage Lulu ist zu viel, hoffentlich konntest Dus aushalten. Ich will Dir den Proust V. senden, aber der C. sagt, Du bist zu gescheit, Dir wird er nicht genügen, der Bauscherl hat aber neue Sachen darin gefunden, die in den anderen Kommentaren und Essays nicht stehen. Zum Beispiel, dass 1000 und eine Nacht einen grossen Einfluss übte, nicht nur Saint Simon, und dass deshalb nie ein Ende ist, nie ein Abschnitt, weil auch 1000 und eine Nacht nicht endet. Sehr viel weiss er über die Nichtexistenz von Geld zu sagen, das heisst über das viele Geld, das existiert, wie der Reichtum in 1000 und einer Nacht und die Einteilung für den Einleitungsvortrag ist: Proust, der Dichter der Vergangenheit, Kafka der Zukunft und J. d. Gegenw. In Kafka ist alles vague, nicht zu Ende geführt, es gibt kein Ende. Dies drückt er viel präziser und reicher aus, er ist verzaubert von Proust, und hat ihn ganz gelesen. Charlus ist eine Dostojevski Figur und P's Charaktere nehmen – wie in 1000 und 1er Nacht später die Maske ab, so Rachel, Charlus, das ist sehr schön und gut erklärt. Wie mir William am Telephon sagte, er kommt erst in der 3. Woche, bat ich ihn, dem C. nichts zu sagen, denn er macht die Vorträge zu reich, zu originell, zu viel neue Gedanken, er wird zu viel haben (!), ich bat ihn zu sagen, es ist *möglich*, dass er erst in der 3. Woche liest. Das tat der gute William, wurde aber rot und stotterte, denn er war sehr indigniert obwohl er mich liebt, und der Canetti sagte ihm auf den Kopf zu, dass er von mir instruiert ist. So weiss er es jetzt und Du kannst Dir das Tempo vorstellen. Ich bin aber selig, dass P. fast fertig ist, noch nicht diktiert. Natürlich genügt er ihm noch lang nicht und er wird ihn nicht zum Druck hergeben. Der F. ist er wieder hörig und sie macht weiter ihre Mätzchen, da ich aber jetzt so gut mit ihr stehe, red ich ganz offen, was ich zu sagen hab und es macht ihn stutzig.

Er ist froher, seit sie hier ist, und das beruhigt mich, es wird nicht dauern, sie braucht ihn wegen seiner »influencial friends« und dem Cape Verlag, also strengt sie sich an und ich denke an Swann, und sag mir die Illusion ist wahrscheinlich das Wichtige. Ich hab so alles in mir zerstört woran ich glaubte, dass ich ihm jetzt helfe eine Talmi Beziehung aufrecht zu halten. Denn auch dem Swann ist die O. fad geworden. Ich selbst bin hart und abseitig genug geworden, um mich über sie zu amüsieren, und mir schmeichelt sie erst recht, denn die Stadt ist in diesem Jahr mit fliegenden Fahnen zu mir über gegangen und sie fragen mich, wie sie sich verhalten sollen.

Bitte sei nicht grausam, schreib über Dich, der Bauscherl wartet so auf Antwort auf seinen Brief. Sei herzlichst, leidenschaftlich umarmt von Deiner Ewigen Ungetreuen

All my love
Peggy

Veza an Georges *20. August 1948*

Mrs V. Canetti 14 Crawford Street London W1

August 20.

Liebster Schwager,
nur, weil du vollkommen recht hast über die Spanische Ausgabe, schreib ich Dir noch *einen* Brief aber der nächste kommt im nächsten Jahr zu Deinem Geburtstag. Über die sp. Ausgabe haben wir uns so gefreut, ganz besonders Dein Bruder, bei mir war etwas Neid dabei, dass ich vergessen hab darüber zu

schreiben, eben, weil wir so viel darüber sprachen und auch aus Neid. Du hast auch vollkommen recht mit Deinem Proustschen Feingefühl, dass mein letzter Brief nicht ganz up to the mark war, was du aber nicht erwähntest aber ich hatte so einen Zorn auf Deinen Bruder, weil nichts geschrieben war und ich immer keifen musste, dass ich auch auf Dich einen Zorn hatte, weil Du der Bruder bist. Jetzt bin ich versöhnt (mit den Vorträgen) denn sie sind fast fertig und der Bauscherl fährt so Gott will morgen nach Bryanston, das heisst, wenn die Friedl nicht Kopfweh hat. Ich erwart ihn jeden Moment zum Einpacken. Es fehlt nur ein kleines Stück über Kafka und das wird er wohl heut nachts machen, anyhow Kafka ist erst der dritte Tag. Der Einleitungsvortrag ist herrlich, auch Francis findet es, dem die Werke der Sebastian nicht gefallen, aber sie gefällt ihm und er macht bereits Ausflüge mit ihr allein, denn seine Frau ist verreist.

Ende Sept. in Paris ist sehr erfreulich, ich wusste schon alles, ich korrespondier mit Jaqueline, die mir natürlich das grosse Ereignis von dem refugee mitteilte und auch seinen Brief einsandte. Darin steht, dass die Tante und der Onkel finden, sie ist alright, nur die Stimme ist hart (Herzlosigkeit, fragt er neckisch) und ihre Bewegungen sind altjüngferlich. Sie fragt mich, ob sein Brief ein Liebesbrief ist, ich schwieg darüber, mir scheint es eine geschäftliche glatte Sache. Aber man kann nicht nach einem Brief urteilen. Ich hab noch nie ein Mädchen gesehen, dass so hübsch ist und dabei so reizlos. Eine Leiche liesse einen weniger kalt.

Ich riet ihr darum zu einer Probezeit. Sehr wählerisch über Nasen kann sie nicht sein, denn ich kenn keinen abstossenderen Typ als den Steiner und der hat ihr gefallen. – Mein Neffe ist anfangs Sept. in Paris und wird Claudine anrufen, hat aber etwas Angst, und so ist es nicht sicher. Mir ist leid, dass Du ihn nicht sehen wirst, er ist ein anziehender Junge und erholt sich zusehends. Er hat jetzt einen Preis gewonnen für die besten Karikaturen in einer Zeitschrift. Dein Brief und die Beschreibung der Joes war köstlich.

Wer die Bourdon ist, weiss ich nicht mehr, hoffentlich nicht die nurse die aussieht wie die Puppe eines Bauchredners. Bitte welcher ist der Punkt in dem ich Dich imitierte? Ist es meine Traumwelt, dann möcht ich sie immer behalten und werds sicher, denn mein Leben gefällt mir nicht. Nach Paris würd ich nicht kommen, nicht wenn mir Lord Nuffield einen Aeroplan schenkt, denn Du hättest bestimmt keine Zeit für mich und Paris ist schön, oh ja, aber ich würds nicht sehen. Ich würd den E.C. sehen, die ganzen Weiber und Du wärst gené en public avec moi, denn ich bin wirklich »nicht zum Herzeigen« (Lieblingsausdruck von Robert Neumann). Dies ist schon zu lang für eine Beleidigte, ich muss also schliessen. Lese weiter für Hutchinson, der kein gutes Buch druckt, und schreib Kurzgeschichten für die Jugend für eine engl. Zeitschrift, die Clement illustriert sie und erklärt wir werden schön verdienen. Wait and see. Über den Bauscherl wird er Dir selbst schreiben und warum *er* auf einen entzückenden Brief keine Antwort hatte und darum besorgt sein musste ist mir schleierhaft. Bitte schreib nur noch, wie die letzte Aufnahme ausgefallen ist, ich hab Dir auch noch einmal geschrieben. Sei weiter schön, gescheit, nicht *zu* gut, nicht *zu* weich, und schreib ein Tagebuch. Schreib täglich hinein. Denn Du schreibst brillant.

Alles Liebe
Peggy.
All my love
Peggy

Veza Canetti im Regent's Park,
London um 1952

Elias Canetti nach dem Abschluß von ›Masse und Macht‹,
London 1959

Mrs. V.J. Canetti 8 Thurlow road London N.W.3.

24. Juni 1959.

Lieber Chevalier Suprême,

heute Früh zerbrach ich ein Glas und dachte das ist gut und dann kam Canetti mit Deinem Brief. Er war hocherfreut und ganz aufgeregt und besonders weil die Feier an diesem hochheiligen Ort ist und eure Mutter wird zusehen (diese sehnsüchtigen Vorstellungen habe ich auch zuweilen und verstehe sie sehr gut und was wissen wir darüber?).

Wie Du Dir denken kannst, war Dein Bruder fest entschlossen zu fahren. Doch dann erinnerte ich ihn unsanft, dass am 7. Juli der Termin ist an dem er endgültig sein Werk absenden muss und mein Widerstand betrübte ihn sehr. Er dachte daran und versprach nur einen Tag zu bleiben. Das ist es nicht – solche tiefe Eindrücke und schöne Aufregungen stören den Strom seiner Gedanken und er hat noch 2 Wochen fest zu arbeiten. Ich selbst kann nicht kommen, denn ich bin schon wieder in Trauer, diesmal (bitte lach nicht) über meine Milli, die ich umgebracht habe, ich schickte sie zum Vet und er nahm ihr das Licht ihrer klugen Augen. Sauberkeit ist Kälte, Schmutz ist Wärme – ich liess sie vertilgen, weil sie kränkelte und Schmutz verbreitete. Jetzt ist es rein in unserer flat, aber wie fehlte sie mir. Erst Deine schöne Nachricht heute hat sie verdrängt.

Wir trösten uns damit, dass Du sehr umringt sein wirst, nachher hast Du auch viel zu tun, vor Deiner herrlichen Reise, und so ist es besser, Canetti besucht Dich und Jaques wenn Du aus Brazilien zurück bist, und bitte lass uns nicht ohne Nachrichten und schreibe besonders, wann Du auf Ferien fährst, vielleicht lassen sich einige Tage einschieben, wenn Canetti mit freiem Kopf und erleichtert von der Last grosser konzentrierter Arbeit mit Dir allein sein kann. Er schickt Dir zum Zeichen seiner Freude (und stolz über Dich) den kleinen Abschnitt der »Überlebenden«, ja, und ich würde es sogar selbst zur Post tragen, doch wird er das feierlich selbst tun wollen.

Deine zwei Flus waren schrecklich, weil Du doch gewiss sehr ängstlich wirst, ganz ohne Grund, wie Du genau wie ich weisst, Du wirst sie sicher noch achtzig Mal haben, jedes Jahr zwei Mal, und sie wird Dich nicht in Gefahr bringen. Aber natürlich tat es uns sehr leid – weil Du gelitten hast und das tapfer wie immer mit Größe verschweigst.

Recht viel Glück und ein frohes Fest, Chevalier, sprecht ihr Beide euch jetzt nur mehr als Chevaliers an? Canetti ist ordentlich froh, dass Jaques sich wohl fühlt, das war »the chance of life« und wird sich nicht wiederholen.

Canetti wird Dir selbst schreiben und besser.

Veza Canetti
»die Schwägerin der beiden Chevaliers«

Elias an Georges *3. Juli 1959*

Freitag, den 3. Juli 1959

Mein lieber Georg,
nun ist das grosse Ereignis vorüber und ich gratuliere Dir, wie immer, zu spät. Ich wäre aus vielen Gründen gern gekommen. Aber ich habe es einfach nicht gewagt, wegen Veza. Das Manuskript soll am 7. Juli abgehen, und zwar endgültig, ich arbeite – nun, wie Du wahrscheinlich immer arbeitest, buchstäblich Tag und Nacht. Veza, die ein wirklich elendes Jahr hinter sich hat, lebt seit Monaten in solcher Spannung auf diesen Moment hin, dass jede Unterbrechung für sie gefährlichste Folgen gehabt hätte. Sie hat sich grossartig gehalten. Sie hat sich in mein Werk vollkommen eingearbeitet und ist Satz für Satz mit mir durchgegangen. Die Ratschläge, die sie mir gegeben hat, waren unschätzbar. Wo immer etwas unklar war, hat sie es gespürt und mich nicht geschont, und ihr deutsches Sprachgefühl ist von einer Feinheit und Tiefe, die mich *täglich* überrascht hat. Aber während sie mir geistig ....., hat sie seelisch in einer Art von Nacht gelebt. Ich bin keinen Tag von ihr weggeblieben, so wie sie mir geholfen hat, habe ich sie überwacht. Das Schlimmste ist vorüber. Das Werk, d.h. der erste Band von über 1000 Seiten ist fertig. Du würdest es nicht mehr erkennen, nach dem erbärmlichen Dreck, den Du vor 10 Jahren zu Gesicht bekamst. Etwa 300 von den alten Seiten, die Du kennst, habe ich verwendet, wenn auch stark überarbeitet, und nur die drei psychiatrischen Kapitel, die Du nicht mochtest, sind im grossen und ganzen geblieben, wie sie waren. »Der Fall Schreber« kommt mir jetzt bedeutender vor als je, er enthält

die meisten Dinge, die ich entdeckt habe, in einem fremden Wahnsystem zusammengefasst und ist so von unschätzbarer Beweiskraft. Da meine eigenen Gedanken nicht ausgeführt waren, konntest Du das damals unmöglich sehen.

Ich bin mehr als zufrieden. Ich weiss, dass ich mit diesem Buch eine Art von Unsterblichkeit erlangt habe, und wenn ich morgen sterben sollte, habe ich nicht umsonst gelebt. Noch vor einem Jahr hätte ich das nicht sagen können. Ich habe mir damit den Nobelpreis verdient, sei es den für Literatur oder den für Frieden, natürlich werde ich ihn nicht bekommen. Aber darauf kommt es nicht an: ich *weiss* in mir, dass niemand sonst so tief in die Verwirrung unseres Jahrhunderts eingedrungen ist. In weniger Zeit hätte ich es nicht machen können. Das sage ich, obwohl ich mir meiner Trägheit sehr wohl bewusst bin. Aber ich fange an zu glauben, dass diese Trägheit nichts andres als ein Schutz war, vor Voreiligkeit und »logischen Schlüssen«, die alle wahre Einsicht nur versperren können.

Lieber Georg, ich weiss sehr wohl, was für eine furchtbare Sache vor genau einem Jahr zwischen uns passiert ist. Ich habe viel darüber nachgedacht. Du hast mich sehr schwer getroffen und ich hätte nicht, so wie ich Dich liebe und so wie ich bin, mit weniger Wildheit darauf reagieren können. Für mich war es lange, als hätte ich das letzte Band zwischen meiner Vergangenheit und mir zerschnitten. Ich war fest entschlossen, mein Werk zu vollenden und mir dann das Leben zu nehmen. Zu meinem eigenen Erstaunen habe ich an diesem Entschluss bis in dieses Frühjahr hinein festgehalten. Dann begann ich zu fühlen, dass allerhand, was absolut und für immer zerstört schien, insgeheim wieder nachgewachsen ist. Es war gut, dass ich so stark mit der Arbeit und mit Veza beschäftigt war, so konnte ich der inneren Auseinandersetzung mit Dir nur selten nachgeben. Heute fühle ich mich vor mir selbst rechtfertigt. Wie immer Du über mich denkst, Dein Zweifel an mir (und als das habe ich letzten Endes das Ganze empfunden) ist gegenstandslos geworden. Mein Werk, an das niemand mehr ehrlich glauben konnte, ist da. Ich bin gerettet und ich will leben. Ich will in Zukunft viel und sehr Verschiedenes schreiben. Ich werde von niemand je wieder abhängig sein. Ich werde vielleicht auch niemand mehr wieder *ganz* trauen, aber das heisst ja nur, dass man erwachsen ist: es war höchste Zeit. Wie sehr ich

Dich wieder liebe, habe ich an meiner stürmischen Freude bei Deiner Nachricht erkannt. Ich wünsche Dir eine segensreiche Reise und umarme Dich als Dein alter Bruder Elias.

Bitte sage der Veza nie ein Wort über das, was ich Dir in diesem Brief geschrieben habe. Sie ist *immer* gefährdet.

Du schreibst das Leben, aber wenn Du lebst, verschreibst Du Dich.

Veza an Elias, 19. April 1948

London–Paris–Zürich

VEZA CANETTI wird 65jährig am 1. Mai 1963 in London sterben, ohne die Veröffentlichung ihrer Werke erlebt zu haben. 1980 widmet Elias Canetti ihrem Andenken seine »Lebensgeschichte 1921–1931«, *Die Fackel im Ohr.*

GEORGES CANETTI wird 60jährig als angesehener Tuberkuloseforscher und Vizepräsident des Pariser Institut Pasteur am 27. August 1971 in Vence sterben. Seinen Nachlaß übernehmen die Kinder des Bruders Nissim, nun Jacques, in Paris. 1977 widmet Elias Canetti seinem Andenken seine »Geschichte einer Jugend«, *Die gerettete Zunge.*

ELIAS CANETTI wird 1971 zum zweiten Mal heiraten, 1972 eine Tochter bekommen und bis zum Tod seiner zweiten Frau ein Leben zwischen Zürich und London führen. 1981 wird er mit dem Nobelpreis geehrt. Ab 1990 setzt er sich für die Publikation der Werke von Veza Canetti ein. Am 14. August 1994 stirbt er 89jährig in Zürich.

Paris, den 10. Juni 1933

Meine allerliebste Veza,

soeben Ihr Brief angekommen und ich muss wirklich sagen, dass er geradezu unverständlich ist – obwohl ich ihn sehr gut verstehe. Nur eines ist ganz klar, dass nämlich ich der einzige halbwegs normale Mensch unter uns 4 (Sie, Elias, Mama und ich) bin. Sie haben meinen Brief in einer Weise missverstanden, die einfach haarsträubend ist. Sie haben allerhand gesehen, unter und neben den Zeilen gelesen, nur darauf geantwortet – und überhaupt wer wollte denn [illegible] in der Sache zwischen Mama und Elias eine Antwort von Ihnen! Dass ich Ihnen darüber schrieb sollte doch nicht heissen dass ich Ihnen dann auch nur die geringste Rolle beimass. Sie hatten sie gewiss aber nur passiv, waren nur ein Vorwand an dem der ganz gesetzmässige Konflikt zwischen Mama und Elias keine Nahrung fand genau so wie er sie bei hundert anderen Anlässen gefunden hatte und gefunden hat. Ich schrieb Ihnen darüber wie man mit einem Freunde etwas besonders Launiges, Interessantes bespricht,

Briefentwurf Georges an Veza, 10. Juni 1933 (Seite 1)

Zürich, den 22. Januar 1935

Mein liebe, liebe Georg, ich bin verzweifelt, weil ich gar keine Nachricht von Dir habe, auch Veza nicht, niemand, die Adresse der Mission weiss ich nicht mehr, ich kann mich nicht einmal bei ihm nach Dir erkundigen. Vor etwa drei Wochen schrieb ich Dir aus dem Tessin, Du musst den Brief bekommen haben, er war an die Adresse gerichtet, die Du mir angegeben hast. Es fehlt uns [illegible]. Es hat Dich vielleicht gekränkt, dass ich Dich zehn Tage auf Antwort warten liess; und da das eine schwere und durch nichts zu begründende Anklage wäre, musst Du mir dieses eine Mal, darum beschwöre ich Dich, den Fortbestand glauben. Mein Entschluss, zu reisen, um Dich zu sehen (alles Andere sind nur Nebensächlichkeiten gewesen) stand fest, als ich deinen Brief las. Du musst wissen, dass Veza und ich in einer [illegible]

Brief Elias an Georges, 22. Januar 1935 (Seite 1)

29. Nov.

Süsser Georg!

Jetzt machen Sie auch noch eine Entdeckung! Wenn Sie nicht so schön wären! Und diese Stimme allein würde genügen! Ich hab so Angst vor Ihnen, das heisst, vor mir, dass ich zu meinem Schutz die Baronesse Birgitte Eleonore von Kleinau für Sie nach Wien bestellt habe, lesen Sie selbst. Sie ist so schlank als ich dick bin und so jung als ich alt und bildschön und elegant. Es gehört sich viel Selbstverleugnung dazu, dass ich sie kommen lasse 20 Jahre alt und um 20 Kilo schlanker als ich. Aber

Wir haben eine Kuh im Garten u. frische Eier

Mrs Canetti c/o Mrs Fistoulari

21 Campden Hill Court, Campden Hill rd, London W8

September 21. 1945.

Dearest Georges,

no, this is not my address, its Annas, Anna Mahlers, I put it on top, because we are supposed to give our address and I dont want th this letter to come back, for reasons you'll soon understand. In this country they are so courtious as to open your letter at the P.O. and returning it without reading it, to the address on top. In an anvelop "on your majesty's service."

I just got your telegramm and this inspires me to write you a long letter - up to now I could not, and you can imagine how downcast we were, when the op. was postponed. So now, I can enjoy the magnificent letter that came in the morning, and that we read twice. Your brother w i l l be happy to see the telegr. to-night when back from London. We knew it is a slight operation, but what operation i s light. And above all, your magnanimity in writing and even cheering us up and being brave as y o u are brave. Write at once how you feel. Paris??

How long do you think you'll have to stay in the sana? Dont forget to thank Regine for the wire. And answer sober questions, not only the great ones. How long? Because for your physic it may be good but for your psychic Paris is surely the better place. Also send me a list of the things you cant get in Paris, food, I mean. Dont forget, a whole list, +) we dont know here, we live in the lap of luxury concerning food, compared to Belsen, of course, for everything can only be taken relatively. +) We get plenty to eat, as much as we like, but always the same monotonous things - I am sick and tired of bacon, cheese, roast lamb, biscuits and dried eggs. Owing to good connections of yours brother to a baroness, we get shell eggs now and then, but a lady here said the other day to me: this is my shell egg of 1945. She gets one a year.

+) I'll do my best to find a way. legal of course!

Brief Veza an Georges, 29. November 1937 (Seite 1)

Brief Veza an Georges, 21. September 1945 (Seiten 1 und 2)

1911 (there it is and I was so careful it should not come forth, I seem to be a spiritualistic medium, things coming forth against my will, ectoplasm forming 9 9 9 , no 1911. It just shows. Even though nearly dead, very nearly, I manifest my affection for G.C. Which I tell you, because my old age, decay and despair, I am a clinic case for despair, a melancholy maniac, shall not destroy our ties, by which word I dont mean cravats. Nothing shall destroy the afinity between us three, E.C. included. Not even I shall destroy it.) I'll - w a s I careful- tell you now, why I'm going to move to a boarding house soon from here, not a London one, but here, near your brother, who remains at the usual, dry address that I usually give you... Durris...brr . the whole address is stingy, miserly, mean, filthy, as the owners are. I suffered two years during the Blitz, not wanting your brother to go back to London. Oh, how we had to fight to get the exorbitant rent. When I washed a pair of stockings all in secret, they w o u ld find it out, for they are religious people, the man being a retired country parson . His wife was 58, when they met, he at that time being 68. They lived in all innocence together in their bed, if that disturbs you. For they are pious people and, kind of saintly. So saintly, that they drove me out of my wits, telling us every week we would have to leave, because the Germans may invade and then they would get killed for harbouring Jews. Only when t there was a bomb on Amersham, they grow mild for a while, because they feared the wrath of the Lord even more then the Germans. Oh how I prayed for bombs! For when they stopped they did fear God much, but the Germans more. At last I was half mad and moved into the house of a proletarian, a woman who could neither read nor write. - "I go to the dance every night" - she told me apologetically, and I felt this

Zu dieser Ausgabe

Im Nachlaß des jüngsten Bruders von Elias Canetti, Georges Canetti, der seit 1931 in Frankreich lebte, hat sich eine große Zahl von Briefen gefunden, unter ihnen als der wohl bedeutendste Fund die hier edierten Briefe von Elias und Veza. Die Papiere lagen in einem Überseekoffer und hatten sich in einem feuchten Keller voll Wasser gesogen. Die Briefe waren teils in den Kuverts zu Bündeln geschnürt, teils chaotisch in den Koffer gestopft. Bei der groben Sortierung nach Absendern und anschließenden Datierung zeigte sich, daß die Briefe von Bruder und Schwägerin aus dem Zeitraum 1933–38 und 1944–48 offenbar nahezu lückenlos vorliegen.

Die Briefe von Elias sind alle mit der Hand, überwiegend mit Bleistift geschrieben. Seine Handschrift ist in den frühen Jahren sehr viel größer und raumgreifender als in der zweiten Hälfte seines Lebens. Die Briefe von Veza sind – trotz ihrer Behinderung, ihr fehlte die linke Hand – zum Großteil auf der Maschine geschrieben und anschließend von Hand korrigiert.

Der Text wird wortgetreu wiedergegeben, auch in Groß- und Klein- sowie Zusammen- und Getrenntschreibung. Korrigiert wurden nur eindeutige Verschreibungen und Tippfehler. Auch die Zeichensetzung wurde nur korrigiert, wo es sich um eindeutige Fehler handelt (etwa, wenn am Ende eines Satzes kein Punkt gesetzt, das nachfolgende Wort jedoch groß geschrieben ist, oder wenn ein Anführungszeichen oder eine Klammer nicht geschlossen ist), und in den seltenen Fällen, wo das Fehlen oder Vorhandensein eines Satzzeichens das Verständnis erschwert. Beibehalten wurde die sparsame Kommasetzung insbesondere Vezas, deren Satzgefüge durch den Rhythmus kunstvoll gegliedert sind. Durch Unterstreichung oder anders hervorgehobene Wörter sind *kursiv* gesetzt. Nicht entzifferbare Stellen sind durch fünf Punkte ..... gekennzeichnet. Die wenigen Konjekturen stehen in ⟨Winkelklammern⟩.

In den späteren Kriegs- und ersten Nachkriegsjahren verlangte die britische Zensur, daß Briefe nach Frankreich in englischer Sprache abgefaßt wurden. Veza befolgte in ihren Briefen vom 18. Mai 1940 bis zum 25. Februar 1947 dieses Gebot (in dieser Zeit sind nur der Brief an Georges vom 4. Oktober 1945 – bis auf das PS – und der Brief an Elias vom August 1946 auf deutsch geschrieben). Elias hielt sich aus ungeklärten Gründen nicht daran – manches deutet darauf hin, daß er Briefe über Neuseeland schickte. Die englisch verfaßten Briefe wurden für diese Ausgabe von Karen Lauer ins Deutsche übersetzt. Hier folgt die Orthographie dem heute üblichen Gebrauch (»klassische« Rechtschreibung); für den Leser ist also das Vorkommen von *ß* ein Signal, daß er hier einen übersetzten Brief vor sich hat.

Der Anmerkungsteil versucht, Personen, Sachverhalte und Hintergründe so weit zu erklären oder ins Gedächtnis zu rufen, wie es für die Lektüre der Briefe hilfreich ist. Naturgemäß bleiben auch Stellen im Dunkeln.

Die Originale der Briefe wurden aufgefunden im Fonds Jacques Canetti in Suresnes bei Paris; nach der Drucklegung dieses Buches sind sie in den Besitz der Zentralbibliothek Zürich (ZB) übergegangen, wo sich der größte Teil des schriftlichen Nachlasses von Elias Canetti befindet. Die beiden Briefe aus dem Jahr 1959 wurden im Archiv des Institut Pasteur in Paris gefunden.

Dank an Françoise Canetti, Suresnes · Johanna Canetti, Zürich · Julia Breimeier, Ravensburg · Hanna Burger, Wien · Iso Camartin, Zürich · Ingrid und Marcel Canetti, Paris · Daniel Demellier, Paris · Christoph Eggenberger, Zürich · Ariane Fasquelle, Paris · Bernd-Jürgen Fischer, Berlin · Ingrid Grüninger, Stuttgart · Sven Hanuschek, München · Veronika Hoffmann, München · Jochen Meyer, Marbach · Marc Rassat, Paris · Ines Schlenker, London · Gerhard Schuster, München · Yves Sobel, Suresnes · Raphaël Sorin, Paris · Elizabeth Winter, London.

Anmerkungen

Abgekürzt zitierte Literatur

VEZA CANETTI

Die Gelbe Straße. Roman. Mit einem Vorwort von Elias Canetti und einem Nachwort von Helmut Göbel. München: Hanser 1990

Der Oger. Ein Stück. Nachwort von Elias Canetti. München: Hanser 1991

Geduld bringt Rosen. Erzählungen. München: Hanser 1992

Die Schildkröten. Mit einem Nachwort von Fritz Arnold und einer Lebenschronik. München: Hanser 1999

Der Fund. Erzählungen und Stücke. Nachwort von Angelika Schedel. München: Hanser 2001

ELIAS CANETTI

Werke in zehn Bänden. München: Hanser 1992–2005

I Die Blendung. 1992

II Hochzeit. Komödie der Eitelkeit. Die Befristeten. Der Ohrenzeuge. 1995

III Masse und Macht. 1994

IV Aufzeichnungen 1942–1985. Die Provinz des Menschen. Das Geheimherz der Uhr. 1993

V Aufzeichnungen 1954–1993. Die Fliegenpein. Nachträge aus Hampstead. 2004

VI Die Stimmen von Marrakesch Das Gewissen der Worte. 1995

VII Die gerettete Zunge. 1994

VIII Die Fackel im Ohr. 1993

IX Das Augenspiel. 1994

X Aufsätze. Reden. Gespräche. 2005

Ausgaben aus dem Nachlaß

Party im Blitz. Die englischen Jahre. Aus dem Nachlaß herausgegeben von Kristian Wachinger. Mit einem Nachwort von Jeremy Adler. München: Hanser 2003

Aufzeichnungen für Marie-Louise. Aus dem Nachlaß herausgegeben und mit einem Nachwort von Jeremy Adler. München: Hanser 2005

SEKUNDÄRLITERATUR

Sven Hanuschek: Elias Canetti. Biographie. München: Hanser 2005

Elias Canetti – Bilder aus seinem Leben. Herausgegeben von Kristian Wachinger. München: Hanser 2005

11 *in Straßburg:* Der Dirigent Hermann Scherchen (1891–1966) hatte Elias zu der von ihm organisierten Arbeitstagung für moderne Musik eingeladen, die vom 7. bis 16. August in Straßburg stattfand. Elias Canetti widmete im *Augenspiel* sowohl Scherchen (IX 44–51), den er dort als Machtmenschen beschreibt, als auch der Tagung (IX 56–66) ein eigenes Kapitel. – *Nissims Braut:* Der Schallplattenproduzent und Musikimpresario Nissim Canetti (geboren 1909 in Rustschuk, seit 1926 in Paris, seit 1931 naturalisierter Franzose, seit seiner Flucht nach Algerien 1940 offiziell Jacques Canetti, gestorben 1997 in Paris), der mittlere der drei Brüder, war in erster Ehe verheiratet mit Edith Vanburger; vgl. die Memoiren von Jacques Canetti: *On cherche jeune homme aimant la musique* (Musikliebender junger Mann gesucht), Paris: Calmann-Lévy 1978, S. 68.

14 *»Wolf Solent« von John Cowper Powys:* erschienen 1929 in London bei Cape (und New York: Simon and Schuster), übersetzt von Richard Hoffmann, Berlin u.a.: Zsolnay 1930. – *»Die Gelbe Strasse«:* Veza Canettis Folge von zusammenhängenden Erzählungen *Die Gelbe Straße* ist als »Roman« und mit einem Vorwort von Elias erst 1990 postum erschienen. – *Ihrer Cousine Mathilde:* Mathilde Arditti, Tochter von Bellina, der ältesten Schwester der Mutter von Elias und Georges, die ihren Cousin Josef Arditti geheiratet hatte. Elias notiert 1971, daß er sie sehr geliebt habe, und bedauert später, daß er sie in seiner Autobiographie nicht erwähnt hat (Hanuschek, S. 188 und 624). – *den A's:* vermutlich: den Ardittis; sowohl Geschwister als auch Cousins und Cousinen der Mutter von Georges und Elias, Mathilde Canetti geb. Arditti, lebten in Paris. Die Canetti-Brüder waren mit ihrem Cousin, dem Kunstmaler Georges Arditti, eng befreundet.

16 *bei der mündlichen Prüfung:* Georges studierte 1929–31 in Wien und 1931–36 in Paris Medizin. – *drei Brüder Powys:* neben John Cowper (1872–1963) Theodore Francis (1875–1953), der mehrere von seiner christlichen Einstellung geprägte Romane und zahlreiche Kurzgeschichten schrieb, und Llewelyn (1884–1939), der in den USA, der Schweiz und Kenia lebte und insgesamt 26 Bücher veröffentlichte (einen Roman, eine Biographie, Essays und autobiographische Schriften). – *früher reiner Philosoph:* John Cowper Powys schrieb zwar auch mehrere philosophische Werke, jedoch bereits 1915 seinen ersten Roman. – *Renée:* Elias' und Georges' Cousine Renée Arditti, die Schwester von Mathilde Arditti. – *ob Du sie der Mama auch erzählen sollst:* Im *Augenspiel* erklärt Elias, sie habe erst beim Erscheinen der *Blendung*, also im Oktober 1935, davon erfahren (IX 208). Die Heirat wird dort von Elias erst in diesem Zusammenhang erwähnt.

18 *als Mit-Arbeiterin einer hiesigen Zeitung:* der Wiener *Arbeiter-Zeitung* (*AZ*), das Zentralorgan der österreichischen Sozialdemokraten. Elias rühmt sie im Vorwort zur *Gelben Straße* als »die bestgeschriebene Zeitung Wiens«. Hier erschienen 1932/33 zehn Erzählungen Vezas unter verschiedenen Pseudonymen, darunter auch »Der Kanal« (eingegangen in *Die Gelbe Straße*). Engelbert Dollfuß, der 1932 Bundeskanzler einer konservativen Koalitionsregierung geworden war, hatte im März 1933 das Parlament für handlungsunfähig erklärt und aufgelöst und regierte seitdem mit Hilfe des Kriegswirtschaftlichen Er-

mächtigungsgesetzes von 1917, wobei er die Linke aufs schärfste bekämpfte. Am 21. Januar 1934 ließ er den Verkauf der *AZ* verbieten. – *staatenlos:* Dieser Status hatte auch nach 1938 noch Vorteile: Veza war nicht mehr von der Abschiebung bedroht, denn Staatenlose fielen nach dem »Anschluß« Österreichs ans Deutsche Reich – anders als österreichische Juden – nicht unter die »Nürnberger Gesetze«. Auch die Emigration war leichter: Veza und Elias mußten keine Vermögensanmeldung einreichen und daher auch keine »Reichsfluchtsteuer« zahlen, sondern lediglich eine steuerliche Unbedenklichkeitserklärung vorweisen. (Nach Hanna Burger: Staatenlos. Die Verrätselung einer Biographie. In: John Pattillo-Hess, Mario R. Smole Hg.: *Elias Canetti – Chronist der Massen, Enthüller der Macht.* Wien 2006) – *die hiesigen Ereignisse:* Nach dem gewaltsam niedergeschlagenen sozialdemokratischen Arbeiteraufstand vom 12. bis zum 14. Februar 1934 waren die Sozialdemokratische Partei und die Gewerkschaften verboten worden.

19 *Roman: Die Blendung*, die zwischen Herbst 1930 und September 1931 entstanden war. – *Komödie:* die *Komödie der Eitelkeit*, entstanden Ende 1933 bis Februar 1934 (Hanuschek, S. 303), erschienen München: Hanser 1964, uraufgeführt 1965 in Braunschweig. – *Reinhardt in der Josefstadt:* Max Reinhardt leitete seit 1924 neben dem Deutschen Theater in Berlin auch das Wiener Theater in der Josefstadt (bis 1937). – *für einen Wiener Schriftsteller ... ein Filmbuch:* Laut einem Brief von Renée Arditti an Georges vom 10. Dezember 1934 hat Elias »zwei Filmmanuskripte geschrieben«; sie setzt hinzu: »Leider sind hier nicht viel Aussichten, da die Emigranten starke Konkurrenz machen, auch fehlen Elias glaube ich die richtigen Beziehungen zur Filmbranche. Glaubst Du nicht, dass es Sinn hätte Nissim die Manuskripte einzusenden?« Das zweite Filmmanuskript erwähnt Veza in ihrem Brief vom 20. Dezember 1934, vgl. zu S. 30. – *Dea Gombrich:* Anna Amadea Leonie (Dea) Gombrich (1905–1994), Schwester des Kunsthistorikers Ernst Gombrich. Die in Wien geborene Geigerin, deren Familie mit Gustav Mahler und Arnold Schönberg befreundet war, emigrierte 1936 nach England und heiratete Sir John Forsdyke, den Direktor des British Museum. Vgl. IX 80.

20 *Berg:* Elias lernte durch Scherchens Vermittlung Alban Berg persönlich kennen. Von dem tiefen Eindruck, den Berg als Person auf ihn machte, zeugt ein Kapitel im *Augenspiel* (IX 215–219). Er stand bis zu seinem Tod am 24. Dezember 1935 in Kontakt mit ihm. – *Nissim ... bei seiner Firma:* Nissim Canetti war seit 1930 bei der Schallplattenfirma Polydor, dem französischen Ableger der Deutschen Grammophon Gesellschaft, tätig, wo er u.a. Edith Piaf entdeckte.

21 *Scherchens Tagung:* Scherchen hielt im Juli 1934 eine ähnliche Tagung ab wie im August 1933 (s. zu S. 11, *in Straßburg*).

22 *Récépissé:* Quittung über die Gebühr für die Aufenthaltsgenehmigung.

23 *Strassburger Chronik (von Königshofen):* von Jakob Twinger von Königshofen (um 1400); zum folgenden vgl. IX 65 f. – *den kommenden Krieg in Europa:* In Österreich war die wachsende Bedrohung zuletzt durch den nationalsozia-

listischen Putschversuch und die Ermordung von Bundeskanzler Dollfuß am 25. Juli 1934 spürbar geworden, auch wenn die Aufstände im ganzen Land niedergeschlagen werden konnten und der noch mit Österreich verbündete Mussolini durch den Aufmarsch von Truppen am Brenner Hitler dazu brachte, sich von dem Putschversuch zu distanzieren.

24 *die Fackel:* das Ende Juli 1934 erschienene Heft von Karl Kraus' Zeitschrift *Die Fackel* mit dem Titel »Warum die Fackel nicht erscheint«. Kraus hatte seit der Machtergreifung der Nazis nur noch eine kurze Grabrede auf Adolf Loos und ein Gedicht publiziert, in dem er erklärte: »Ich bleibe stumm; / und sage nicht, warum« (Oktober 1933), was ihm heftige Angriffe in der Presse eingetragen hatte. In dem fraglichen Heft begründete er nun sein Schweigen auf 315 Seiten dahingehend, »daß sich in meinem polemischen Dasein mir so manches geistig gefügt hat: der Weltkrieg und alles, was es vor- und nachher gab ⟨…⟩; daß ich mich aber der Erscheinung Hitler nicht gewachsen fühle« (S. 249). Zugleich kritisierte er den von Dollfuß' Regierung gewaltsam niedergeschlagenen sozialdemokratischen Aufstand vom Februar 1934 als den »einer bejammernswerten Kampftruppe, die Heilloses getan, Heilloseres erlitten hat, von Leitartiklern mit falschen Parolen berauscht« und verteidigte Dollfuß gegen die Sozialdemokraten als einen möglicherweise »ernsteren Arbeiterfreund ⟨…⟩ als die Bürogehilfen der Revolution« (S. 256f.). – *15. Juli … Schober:* Bei einem Konflikt zwischen sozialdemokratischen Schutzbündlern und nationalen Frontkämpfern am 30. Januar 1927 hatten Frontkämpfer einen achtjährigen Jungen und einen Kriegsinvaliden erschossen. Als die drei Männer, die sich zu der Tat bekannten, freigesprochen wurden, kam es am 15. Juli 1927 in Wien zu einem Arbeiteraufstand, dessen Niederschlagung 90 Menschen das Leben kostete. Johann Schober war zu dieser Zeit Polizeipräsident in Wien. Karl Kraus ließ danach plakatieren: »Ich fordere Sie auf, abzutreten«. Vgl. VIII 239. – *Thersites:* Antiheld in der *Ilias*; äußerlich häßlich, von niedriger Abkunft und von unedler Gesinnung. Beschimpft Agamemnon und fordert ihn zur Heimfahrt auf, wird deshalb von Odysseus ausgepeitscht.

25 *das falsche Vorbild der Brüder von Gogh:* Theo van Gogh (1857–1891) arbeitete bei einer Galerie in Paris und unterstützte seinen Bruder Vincent (1853–1890) mit Geld und dem Versuch, seine Werke zu verkaufen. Ihr inniges Verhältnis schlug sich in einem umfangreichen Briefwechsel nieder, der 1914 veröffentlicht wurde und noch im selben Jahr auf deutsch erschien. – *der Brüder Goncourt:* Jules (1830–1870) und Edmond (1822–1896) de Goncourt hatten einen intensiven, von gegenseitiger Sympathie und Literaturkennerschaft geprägten Briefwechsel und publizierten ab 1887 gemeinsam das Tagebuch *Journal des Goncourt* mit »Erinnerungen aus dem literarischen Leben«.

26 *Edith:* geb. Vanburger, Ehefrau von Nissim Canetti.

27 *meine Mutter musste sterben:* Rachel Calderon war am 13. Oktober 1934 gestorben. – *Vogel:* Wladimir Vogel (1896–1984), Schweizer Komponist deutsch-russischer Abstammung, der an Scherchens Tagung im August 1933 teilgenommen hatte (s. zu S. 11, *in Straßburg*). –*bei einem Mäzen:* Wladimir Rosenbaum

(1894–1984), berühmter Schweizer Anwalt russischer Abstammung, der mit seiner Frau, der Pianistin Aline Valangin, in seinem Zürcher Haus die künstlerische Avantgarde empfing und Verfolgten Zuflucht bot. Weil er 1936 der gegen Franco kämpfenden Spanischen Republik ein Flugzeug verschaffte, wurde er 1937 verhaftet. – *eine Oper:* Laut Darstellung im *Augenspiel* scheiterte der Plan an der mangelnden Gleichberechtigung von Komponist und Dichter (IX 164). Im Nachlaß befindet sich das undatierte Typoskript eines Librettos, die *Affenoper*, die jedoch auch in den fünfziger Jahren entstanden sein könnte (Hanuschek, 224).

28 *Anna:* Elias hatte die Tochter Alma und Gustav Mahlers im Mai 1933 kennengelernt (vgl. IX 69–72) und eine »heftige Leidenschaft« (IX 59) für die Bildhauerin entwickelt, die damals mit dem Verleger Paul Zsolnay verheiratet war. Anna hatte schon im August 1933, als Elias in Straßburg war, ihr Verhältnis mit ihm schriftlich beendet. Zu der Rolle, die er ihr in seinem Leben gab, vgl. eine Notiz vom 21. Februar 1979: »Ich glaub ⟨…⟩ dass meine Liebe zu Anna etwas in mir so entscheidend verändert hat, dass *nichts* mehr danach dasselbe war« (ZB 59, zit. nach Hanuschek, S. 272; vgl. auch IX 114). – *zwei Theaterstücke:* das »Lustspiel« *Der Tiger* (postum erschienen 2001 in *Der Fund*) und *Der Oger* (postum erschienen 1991; uraufgeführt 1992 am Schauspielhaus Zürich). – *»der junge Doktor«:* Rolle in *Der Oger.*

30 *seine herrliche Komödie:* die *Komödie der Eitelkeit*, s. zu S. 19. – *Alma Mahler:* nacheinander Ehefrau von Gustav Mahler, Franz Werfel und Walter Gropius, Mutter von Anna Mahler und Manon Gropius (vgl. IX 54). – *einen Film für den Forster:* wohl Rudolf Forster (1884–1968), österreichischer Schauspieler, der zunächst in Stummfilmen spielte, 1931 in *Dreigroschenoper* von Georg Wilhelm Pabst. – *Tante Bellina:* älteste Schwester der Mutter; s. VII 122 ff.

32 *»Pneumothorax«:* das Eindringen von Luft in den Brustraum, das bewirkt, daß ein Lungenflügel in sich zusammenfällt. Ein künstlich herbeigeführter Pneumothorax wurde früher als Therapie gegen Tuberkulose angewandt. – *Da oben:* im Sanatorium des Etudiants de France in St Hilaire du Touvet oberhalb von Grenoble, wo Georges in den kommenden Jahren immer wieder behandelt wurde und auch als Arzt arbeitete.

36 *Dr. Rosenbaum.* Siehe zu S. 27, *bei einem Mäzen.* – *eine grosse Vorlesung aus meinen Sachen:* Laut dem Augenspiel las er dort den ersten Teil der *Komödie der Eitelkeit* (IX 165–170).

37 *Vezas Stück:* Es kann sich nur um das Manuskript von *Der Oger* handeln. – *Mathilde Cambi:* In den Wiener Jahren bestand eine enge Beziehung zwischen Elias und der gleichaltrigen Mathilde Camhi, mit der er mütterlicherseits verwandt war; nach Auskunft ihres Sohnes Raphaël Sorin war sie die erste, die an Elias' Begabung geglaubt hat. – *Theaters de l'»Œuvre«:* Théâtre de l'Œuvre, 1893 in symbolistischer Tradition gegründetes Pariser Avantgardetheater, das 1896 mit Alfred Jarrys absurder Satire *Ubu roi* eines der skandalträchtigsten Stücke der Theatergeschichte uraufführte. – *Onkel Josef:* Joseph Canetti (1886–1977), der jüngere Bruder des Vaters, der in Paris lebte; vgl. das Familienfoto von 1938 (S. 112/113).

38 *gratuliere ... zum Doktor:* zum Bestehen des medizinischen Examens; seine Doktorarbeit reichte Georges erst 1939 ein.

39 *Kaverne:* durch Gewebezerstörung (hier durch Tuberkulose) entstandene Höhle im Körper (in diesem Fall in der Lunge).

40 *Canettis Buch: Die Blendung. – durch Vermittlung von Stefan Zweig:* Vgl. *Das Augenspiel* (IX 176f.); Elias verachtete Stefan Zweig (1881–1942) als einen Vertreter der »Alltagsliteratur« (IX 161), »dessen Geltung auf Betriebsamkeit beruhte« (IX 253). – *einen neuen ... Verlag:* Mit einer Bürgschaft des Straßburger Zeitungsverlegers Jean Hoepffner erschien *Die Blendung* im Oktober 1935 im Wiener Verlag Herbert Reichner (Impressum: Wien, Leipzig, Zürich 1936). – *Mme Cohn ... Frau Prof. Hamm:* Madeleine Cohn und ihre Schwester.

41 *Brickhäuschen:* Häuser in Backstein-Bauweise (engl. *brick*). – *Ici vous voyez ... Ci gît la guerre:* Hier sehen Sie ... Hier ruht der Krieg. – *knapp vor dem Ausbruch eines neuen Krieges:* Hitler hatte am 16. März 1935 die allgemeine Wehrpflicht wiedereingeführt und damit gegen den Versailler Vertrag verstoßen. Die angekündigte Wiederaufrüstung auf eine Truppenstärke von 580000 Mann richtete sich der Erklärung nach gegen die Sowjetunion, die daraufhin im Mai Beistandsabkommen mit Frankreich und der Tschechoslowakei traf. Großbritannien, Frankreich und Italien vereinbarten im April im Stresa-Abkommen, allen weiteren Verstößen Deutschlands gegen den Vertrag gemeinsam entgegenzutreten. Großbritannien schloß jedoch am 18. Juni das deutsch-britische Flottenabkommen, das die Stärke der beiden Flotten auf 35 : 100 festschrieb, worin die Briten einen Erfolg ihrer »Appeasement«-Politik sahen. (Ein Luftwaffenabkommen wurde von Deutschland jedoch Ende 1935 abgelehnt, das Flottenabkommen am 28. April 1939 gleichzeitig mit dem deutsch-polnischen Nichtangriffspakt gekündigt.)

44 *der Ereignisse in der Radetzkystrasse:* bezieht sich auf frühere Auseinandersetzungen mit der Mutter, vgl. VIII 103ff. – *Einer der bedeutendsten Verlage:* Eine amerikanische Ausgabe der *Blendung* erschien erst 1947 bei Alfred A. Knopf in New York.

45 *in Deutschland höchstwahrscheinlich zu einem Verbot:* Der Herbert Reichner Verlag galt (da ab 1935 Stefan Zweig zu seinen Autoren zählte) als »jüdischer« Verlag; als »ausländischem« (österreichischen) Verlag war ihm der Vertrieb seiner Bücher in Deutschland zwar nicht verboten, aber es kam 1936 zu einer Beschlagnahmung seines Leipziger Lagers, die nur mit diplomatischer Intervention rückgängig gemacht werden konnte. Nach dem »Anschluß« Österreichs im März 1938 wurde der Verlag liquidiert. – *Druck meiner »Komödie der Eitelkeit«:* Siehe zu S. 19. – *Wohnung in Grinzing:* Am 2. September 1935 waren Veza und Elias in die Wohung in der Himmelstraße 30 gezogen. – *die abscheuliche in der Stadt:* die Wohnung in der Ferdinandstraße 29, 2. Bezirk (Leopoldstadt), wo zunächst Veza mit Mutter und Stiefvater gewohnt hatte, ab November 1933 bis August 1935 dann Veza zusammen mit Elias.

46 *in der Hagenberggasse:* Hagenberggasse 47, 13. Bezirk (Hacking), Elias' Wohnung von Mai 1927 bis November 1933. – *was Thomas Mann nun über mei-*

nen Roman schreibt: Thomas Mann hatte Elias am 14. November 1935 zum Erscheinen der *Blendung* gratuliert; in seiner Antwort vom 25. April 1936 dankt ihm Elias für »das wache Gefühl einer Sicherheit, die ich aus Ihrer Zustimmung ⟨…⟩ wie aus einer guten Quelle, ein jahrelang Dürstender, schöpfte, und gerade diese Sicherheit hatte ich oft bitter nötig, denn Angriffe gegen die ›Blendung‹ gab es nicht wenige« (Thomas Mann, *Briefe*, Band I, Frankfurt a. M.: S. Fischer 1962, S. 118).

47 *»Zauberberg«:* Im *Augenspiel* würdigt Elias den Roman als eine *»ausführliche* Auseinandersetzung« mit der »Problematik des Todes« (IX 250).

48 *Concours:* die französische Form des Staatsexamens, bei der eine Rangfolge aller Teilnehmer ermittelt wird.

49 *an dem kühnsten Buch … Buch gegen den Tod:* nach *kühnsten* gestrichen: »Roman«. Elias hat das Projekt des Romans *Todfeind*, der um einen Paranoiker kreisen sollte, noch mehrere Jahre verfolgt; im Februar 1942 stellte der den Plan zurück und entschied sich für die aphoristische Form (Hanuschek, S. 647); sein Leben lang hat er Aufzeichnungen für sein *Totenbuch* gesammelt. – *in einem Brief, den ich vor vier Jahren Thomas Mann schrieb:* Im Oktober 1931 hatte Elias Thomas Mann ein Manuskript der *Blendung* geschickt, der es ihm jedoch, sich mit der »Unzulänglichkeit seiner Kräfte« entschuldigend, ungelesen zurückschickte – »ein sehr harter Schlag« für Elias (IX 250).

50 *Dr. Sonne:* Abraham Sonne (1883–1950), den Elias 1933/34 regelmäßig im Café Museum traf und der als Avraham ben Yitzhak hebräische Gedichte veröffentlichte. Elias schildert im *Augenspiel* (IX 127 ff.) seine Bewunderung für ihn. – *Dr. Sapper:* Theodor Sapper (1905–1982), Mitarbeiter zahlreicher Zeitungen und Zeitschriften; übersetzte aus dem Spanischen und Französischen. Später Dozent und Herausgeber der Anthologie *Alle Glocken der Erde. Expressionistische Dichtung aus dem Donauraum.* Elias schätzte ihn vor allem wegen seines Romanprojekts *Kettenreaktion Kontra.* – *einem Buch seines Bruders:* Laut Thomas Manns Brief vom 14. November 1935 *Henri IV* von Heinrich Mann.

52 *»awoke one morning and found himself famous«:* »Ich erwachte eines Morgens und stellte fest, daß ich berühmt war«, notierte Byron laut seinem Biographen Thomas Moore nach dem Erscheinen von Canto 1 und 2 von *Childe Harold's Pilgrimage* (1812) in seinen Aufzeichnungen. – *21. Januar 1936:* der erste von mehreren Briefen auf Papier mit dem gedruckten Briefkopf: »Dr. Elias Canetti / Wien-Grinzing / Am Himmel 30«. – *die englische und amerikanische Ausgabe meines Buches:* Die englische Ausgabe erschien erst 1946 bei Jonathan Cape in London, die amerikanische 1947 bei Alfred A. Knopf in New York.

53 *equipieren:* ausstatten. – ⟨*die*⟩ und ⟨*pein*⟩*:* unleserlich; sinngemäß ergänzt. – *alle* …..: ein unleserliches Wort.

54 Chemie-Prüfungen: Elias hatte sein Chemiestudium 1929 in Wien mit der Promotion abgeschlossen. – *Fritz Wotruba:* Zu dem österreichischen Bildhauer Fritz Wotruba (1907–1975) und Elias' »Zwillingsbrüderschaft« mit ihm vgl. IX 90 ff., X 50–60, sowie Kurt Bartsch, Gerhard Melzer (Hg.), Zwillingsbrüder. Elias Canetti und Fritz Wotruba, Wien: Sonderzahl Verlag 2005.

55 *Werfel:* Franz Werfel (1890–1945) mit seinem »O-Mensch!-Gerede« (IX 56) zählte sowohl als Person als auch als Autor zu den Elias am meisten verhaßten österreichischen Schriftstellern (vgl. IX 113–119, 146–148).

57 *Besprechung … von Hermann Hesse, in der »Neuen Züricher Zeitung«:* In der literarischen Beilage der *Neuen Zürcher Zeitung*, Sonntag, 12. Januar 1936:

Erzählende Literatur

»Die Blendung« von Elias Canetti

Es ergibt sich meistes eine starke Wirkung, wenn Phantastisches mit den Mitteln einer heftigen Realistik dargestellt wird. So wirkt dieser merkwürdige Roman eines sehr begabten jungen Dichters nicht nur höchst spannend, sondern er wirkt auch durchaus gekonnt und gemeistert, obwohl die Frage durchaus offen bleibt, ob er eigentlich den Namen einer Dichtung verdiene, oder doch bloß ein glänzend gemachter Reißer, ein flott hingesetztes Virtuosenstück sei.

Auf fünfeinhalb hundert großen Seiten wird erzählt, wie das Leben eines versponnenen Gelehrten und pathologischen Büchernarren dadurch zerstört wird, daß er in dieses sein weltfernes, menschenloses, liebeloses Leben eine Frau hereinläßt. Er heiratet seine Haushälterin, und vom Augenblick der Heirat an ist er verloren, ist es um ihn geschehen, wird sein vereinsamtes aber keineswegs sinnloses Leben Stück um Stück gestört, verrenkt, verdorben, bis er zugrunde gerichtet ist. Erzählt wird dieser Vorgang in allen seinen verwickelten Etappen mit großem Können, aber in einer gewissen Atemlosigkeit und Gehetztheit, und hier empfindet man einen Widerspruch: was einer kurzen Erzählung Kraft und Würze gäbe, wirkt auf der langen Strecke eines so umfangreichen Buches quälend, es besteht eine interessante aber unbehagliche Spannung zwischen dem Tempo und den Dimensionen des Buches. Und vielleicht ist es nicht nur diese Spannung, welche die epische Wirkung gefährdet und in Frage stellt. Vielleicht ist es auch die Diskrepanz zwischen dem eigentlichen Inhalt des Romans, der ein pathologischer ist, und der Breite und Ausdehnung seiner epischen Behandlung.

Technisch ist die Erzählung vollkommen gemeistert, die drei Teile des Romans »Ein Kopf ohne Welt«, »Kopflose Welt« und »Welt im Kopf« entwickeln sich organisch aus einander, und das Gewebe der Einzelschilderung ist überall von gleicher Dichte, die Psychologie ist konsequent, wenn auch etwas chargiert. Es gibt manchen Erzähler, den ich als Dichter viel höher stelle, und der an diesem Autor viel lernen könnte – soweit eben das Dichten erlernbar ist. Man bewundert diesen neuen Erzähler darum, daß ihm niemals der Atem ausgeht; aber eben dieses lückenlos vollkommene Funktionieren hat auch etwas Unvertrautes, der Rhythmus des Buches erinnert oft weniger an Atemzüge als an Motorengeräusch. (H. Reichner-Verlag, Wien.) Hermann Hesse.

58 *Anfrage von Mondadori: Die Blendung* erschien in Italien erst dreißig Jahre später: *Auto-da-fé*, übersetzt von Luciano und Bianca Zagari, Mailand: Garzanti

1967. – *Schliesslich noch ein Interview:* in: *Der Sonntag.* Beilage zu *Der Wiener Tag,* 2. Februar 1936, wo Elias Canetti erklärt:

〈...〉 Es ist heute wieder viel von sonniger Dichtung die Rede. Man möchte sich im Roman wohlfühlen, wie bei einem Skiausflug. Der Dichter soll die Leser anblitzen, mit den Zähnen des Skilehrers, und ein weißes, unbeschriebenes Schneefeld sei die Seele dessen, der schreibt, und auch dessen, der liest. Nun, ich für meinen Teil habe eine andere, wohl veraltete Meinung vom Beruf des Dichters. Ich würde mich schämen, der Welt, in der ich lebe, zu entspringen, auf noch so schöne Berge. Obschon ich sehr wohl weiß, daß nur in diesen Bergen Rettung vor dem drohenden Gastod ist. Der Dichter ist das Gewissen seiner Zeit, verzeihen Sie das pathetische und verbrauchte Wort, und wenn er zum Gewissen der Hölle geworden ist, so liegt es an der Zeit. Unsere Welt ist zum größten Teil eine Realisierung alter und ältester Vorstellungen von der Hölle. Aber es sind einige neue Stufen dazu erfunden worden. Die Hölle hat Fortschritte gemacht, alles macht Fortschritte. Meines Wissens war es früher nicht Sitte, den Sünden auf so generelle und radikale Weise den Atem zu benehmen. Es ist also nicht meine Schuld, wenn Sie an der Lektüre dieses Buches zu ersticken vermeinen.

Der Roman ist als der erste einer Reihe gedacht, deren Plan vielleicht am zutreffendsten mit einer *Comédie humaine an Irren* zu bezeichnen wäre. Er steht in bewußtem Gegensatz zum soziologischen Roman, der sich als Objekt den gewöhnlichen Durchschnittstypus wählt. Ich finde es unmöglich, diese Zeit an ihrem Durchschnittstypus zu fassen. Man muß sich den Extremen zuwenden, und an ihnen das Leben darstellen. Diese außenseitigen Individuen, deren gewöhnliches Leben uns unverständlich erscheint, will ich den Lesern verständlich machen. In dem Augenblick, da sie begreifen, haben sie auch schon Mitschuld an ihrer Narrheit. Wir können nur nachfühlen, was wir selber in uns haben.

〈...〉

〈...〉 Ich halte das Schicksal des Individuums für besiegelt. Es gibt keinen Ausweg, wenn nicht einen, der mir beinahe biologischen Charakter zu haben scheint. Ich glaube an den tiefen und eigentlichen Drang der Menschen, in eine höhere Tiergattung, die Masse, aufzugehen und sich darin so vollkommen zu verlieren, als hätte es nie *einen* Menschen gegeben.

– *Besprechung von Frischauer:* Paul Frischauer (1898–1977), österreichischer Schriftsteller und Journalist, der 1934 nach England emigrierte. – *Grasset:* Diese Hoffnung erfüllte sich nicht; *Die Blendung* erschien in Frankreich erst 1949 bei Arthaud, unter dem Titel: *La Tour de Babel,* übersetzt von Paule Arhex.

59 *einen jungen begabten französischen Schriftsteller:* möglicherweise Henry Muller (1902–1980).

61 *übertauchen:* österr. für »überstehen«. – *Murkl:* Kosename für Elias; regionaler Ausdruck für ein kleines Kind oder einen unansehnlichen, kleinen Menschen.

62 *die schreckliche Nachricht:* Elias' Jugendfreund Hans Asriel hatte Selbstmord begangen. – *»seine Schwester«:* Nuni Asriel. – *der heldenhaften kleinen Frau:* Hans' Mutter Alice Asriel, in deren Haus Veza gewohnt hatte und die bereits seit der Zeit des Ersten Weltkriegs eine Freundin von Elias' Mutter war (vgl. VII 138–144). – *Hans:* Hans Asriel hatte Veza und Elias einander vorgestellt (vgl. VIII 68 ff.). Zur späteren Darstellung seines Verhältnisses zu Hans Asriel vgl. VII 141 f. und VIII 136–141. – *Mein Bruder:* Bucky Calderon besaß ein kleines Süßwarengeschäft in Lightwater bei Bagshot, wo Veza ihn in ihrer Jugend besucht hatte. – *Greissler:* ostösterr. für Krämer.

63 *Huberman:* Der Pole Bronislaw Hubermann (1882–1947) zählte zu den berühmtesten Geigern seiner Zeit.

64 *Napoleon von Aubry: Napoléon et son temps* (Paris: Flammarion 1936) von dem französischen Historiker Octave Aubry (1881–1946). – *eines Schriftstellerkongresses:* In Paris fand im Juni 1937 ein International PEN Congress statt. – *Mathilde:* die Cousine Mathilde Arditti oder Mathilde Camhi. – *Urania:* deutscher Volksbildungsverein, der 1917 in Prag gegründet wurde.

65 *in Prag ... gefeiert:* Die *Blendung* war im Frühjahr 1937 unter dem Titel *Zaslepení*, übersetzt von Zdenka Münzrová, bei Mazáã in Prag erschienen.

66 *Hoepffner:* Zu dem Straßburger Zeitungsverleger vgl. *Das Augenspiel*, IX 171–174; vgl. zu S.40, *einen neuen ... Verlag.*

67 *ich habe Ihre Mutter geliebt:* Am 15. Juni 1937 war Mathilde Canetti, in Paris gestorben.

69 *Ende Juni 1937:* auf Papier mit Trauerrand. – *aus Palästina und England:* von der Schwester und dem Bruder des Vaters von Elias.

70 *Vernier:* wahrscheinlich Jacques Vergnet, ein Patient im Sanatorium, der Ende der dreißiger Jahre starb.

71 *15. und 25. Juli 1937:* auf Papier mit Trauerrand. – *oben ... in St. Hilaire:* Siehe zu S. 32. – *die grosse Novelle:* wohl eine der drei letzten Veröffentlichungen von Veza (unter dem Pseudonym Veza Magd): *Hellseher* (in: *Der Wiener Tag*, Wien 14. März 1937; auch in *Der Fund*, München), *Das Schweigegeld. Eine Geschichte aus einem Luxussanatorium* (in: *Die Stunde*, Wien 11. April 1937; auch in: *Veza Canetti*, München: text + kritik 2002) oder *Geld – Geld – Geld. Das Leben eines reichen Mannes* (in: *Die Stunde*, Wien 1. Mai 1937; auch in: *Veza Canetti*, München: text + kritik 2002); letztere ist der mit Abstand längste der drei Texte. – *»Rhumbs«:* Paul Valéry, *Rhumbs (Notes et Autres)*, Paris: Le Divan 1926. – *Den Lévy-Brühl:* In *Masse und Macht* (III 570) wird auf »das bedeutende Buch« *La Mythologie Primitive* (Paris: Alcan 1935) von dem französischen Philosophen und Soziologen Lucien Lévy-Bruhl (1857–1939) verwiesen. – *die beiden Champions:* wohl die *Histoire poétique de quinzième siècle* (2 Bde., Paris: Champion 1923) von dem französischen Historiker Pierre Champion (1880–1942).

72 *den Metalnikow: La lutte contre la mort* (Paris: Gallimard 1937) von Sergei Metalnikov (1870–1946); russischer Immunologe, der die psychische Konditionierung des Immunsystems untersuchte. – *Pasteur-Institut:* Am Pariser In-

stitut Pasteur hörte Georges 1936/37 Vorlesungen zur Mikrobiologie und absolvierte ein Praktikum.

73 *10. August 1937:* auf Papier mit Trauerrand. – *die Übersiedlung und das Einarbeiten:* 1937 übernahm Georges die Leitung der Abteilung des pathologisch-anatomischen Labors am Pariser Hôpital Cochin bei Pierre Ameuille, die er bis 1944 innehatte.

74 *Ehepaar Renée–Blatt:* Renée Arditti hatte den Dirigenten Josef Blatt (s. zu S. 87) geheiratet. – *das letzte Mal mit der Mama in Reichenhall:* Mathilde Canetti erlitt 1916 gegen Ende des Winters, in dem die Nahrungsmittel in Wien wegen des Krieges knapp waren, einen Zusammenbruch, kam ins Sanatorium und fuhr mit Elias zur Nachkur für einige Wochen nach Reichenhall (VII 154f.). Dort hatte ihr bei einer Kur vier Jahre zuvor der Arzt den Hof gemacht; daß sie ihrem Mann davon und von ihren anregenden Gesprächen mit dem Arzt erzählte, sah Elias später als den Grund für den unvermittelten Tod seines Vaters an (VII 74–78; IX 209–213). – *Nonn:* Von ihrer beider täglichem Spaziergang nach Nonn und zu dem dortigen Kirchhof heißt es in der *Geretteten Zunge*: »Da möchte sie begraben sein, sagte sie« (mit 31 Jahren); »so intim und persönlich wie Nonn war nichts, das war ihr Ort« (VII 155). – *zu euch nach Rheinfelden:* Nach dem Aufenthalt in Reichenhall fuhr Elias mit seiner Mutter über München in die Schweiz, wo sie sich dann in Zürich niederließen. – *dem Dozenten:* der Arzt und Universitätsdozent Julius Weiss, den Mathilde in dem von ihm geleiteten Sanatorium kennengelernt hatte und der sie umwarb. In der *Geretteten Zunge* wird Elias' Eifersucht auf ihn geschildert (VII 147–153); nach dieser Darstellung sehen sie ihn nach Wien jedoch erst in München wieder, wo er ihnen bei der Beschaffung der Reisepapiere hilft und Elias' Ausbrüche gegen ihn bloße Phantasien bleiben (VII 156–161).

75 *das Filmprojekt:* Vgl. S. 63. – *Karybdis und Scylla:* In Homers *Odyssee* zwei Seeungeheuer, die sich an einer Meerenge gegenüberstanden und Seeleuten auflauerten. Die Redewendung »zwischen Skylla und Charybdis« bezeichnet eine Situation, in der von zwei Übeln eines gewählt werden muß. – *Hölderlin-Schicksal:* Der Dichter Friedrich Hölderlin (1770–1843) war die zweite Hälfte seines Lebens in einem Zustand, der als unheilbarer Wahnsinn galt.

77 *»La Princesse de Clève«: La princesse de Clèves* (1678) von Marie-Madeleine Comtesse de La Fayette (1634–1693), der erste psychologische Roman in der französischen Literatur; in ihm wird eine unglücklich liebende Frau dargestellt.

78 *Wenn Genie »die Fähigkeit ist...«:* die populäre Version von Thomas Carlyles Definition des Genies, nach der dieses »in erster Linie in einer außergewöhnlichen Fähigkeit besteht, Mühen auf sich zu nehmen« (im 3. Kap. des 4. Buches von *The History of Friedrich II of Prussia, called Frederick the Great*, London 1858–65). – ⟨*wollte ihn ..... Anna*⟩: eine Zeile unleserlich.

82 *seiner Zeitung:* den *Straßburger Neuesten Nachrichten*. – *Paranoia:* In einer Aufzeichnung von 1936 bezeichnet Elias den Paranoiker als einen Menschen, »dem alles noch Mord bedeutet: das Betreten seines Feldes, das Pflücken einer

Kirsche von seinem Baum, das Berühren seines Fingernagels« (ZB 5a, zit. nach Hanuschek, S. 646).

83 *die Szene Kien–Georg:* der Besuch des Pariser Psychiaters Georges Kien bei seinem Bruder, dem Sinologen Peter Kien, in Wien am Schluß der *Blendung* (I 463–501). – *mit einem Paranoiker:* Vgl. die Beschreibung von Vezas Stiefvater Menachem Alkaley (gest. 1929) in der *Fackel im Ohr* (VIII 124–131). – *sieben andere Operationen:* vermutlich Schwangerschaftsabbrüche; vgl. eine Notiz von Elias vom Januar 1935: »Das zweite Mal, dass aus einem Leben nichts wurde. Wenn ich bedenke, dass Veza sechsmal getötet wurde, und ich nur zweimal!« (Block 28, ZB 3, zit. nach Hanuschek, S. 723, Anm. 22).

84 *noch ungedruckten Roman von Broch:* der 1934–36 entstandene Roman *Die Verzauberung*, der 1953 unter dem Titel *Der Versucher* erschien. Elias hatte Hermann Broch (1886–1951) 1932 kennengelernt. Broch war der erste gewesen, der ihn öffentlich als begabten jungen Schriftsteller vorgestellt hatte (Januar 1933). – *die Cousine:* Regine Béhar-Ova (1897–1993), die Tochter der Tante Sophie, Schwester der Cousine Laurica, die in der *Geretteten Zunge* erwähnt (VII 39 ff.) ist.

85 *2. Oktober 1937:* auf Papier mit Trauerrand.

86 *wie die Japaner handeln:* Bezug auf die Invasion der Japaner in China, die im Juli 1937 begonnen hatte? – *Carrel »L'homme cet inconnu«:* Der französische Chirurg Alexis Carrel (1873–1944), der 1912 den Nobelpreis für Medizin erhielt, forderte in seinem 1935 in Paris erschienenen kulturwissenschaflichen Werk (deutsch 1936) eine Zusammenführung von Natur- und Geisteswissenschaften zu einer allgemeinen »Wissenschaft vom Menschen« (erwägt allerdings auch eugenische Maßnahmen wie die Tötung von Geisteskranken durch Gas).

87 *Josef Blatt:* Josef Blatt (1906–1999), Dirigent, Schüler von Clemens Krauss, Operndirektor in Reichenberg, Teplitz und Brünn, 1933/34 Direktor der Opernschule am Wiener Konservatorium; floh 1937 in die Vereinigten Staaten.

88 *mein liebstes französisches Buch:* Siehe zu S. 77.

90 *eine Entdeckung:* 1937 publizierte Georges einen Artikel über »Die Ursache nicht-tuberkulöser Narben in der Lunge«. – *Baronesse Birgitte Eleonore von Klenau:* vielleicht die Frau oder Tochter des Komponisten Paul von Klenau (ca. 1885–1946), der bis 1930 die Wiener Singakademie geleitet hatte.

91 *meiner Zeitung:* Siehe zu S. 18.

92 *27. Dezember 1937:* auf Papier mit Trauerrand. – *in der »Jalta«:* In der Pension »Villa Yalta« in Zürich-Tiefenbrunnen war Elias in den Jahren 1919–21 untergebracht (VII 222 u. ö.), während die Mutter mit den Brüdern in Arosa lebte.

94 *ein amerikanischer Verlag:* Siehe zu S. 44.

95 *an seinem Roman:* Siehe zu S. 49. – *bewacht mich wie Othello:* In Shakespeares *Othello* wird der General Othello zum Opfer der List des Fähnrichs Jago, der sein Vertrauen in die Treue seiner Frau Desdemona untergräbt, bis er sie aus Eifersucht erdrosselt.

96 *weisser Rabe:* redensartlich für einen ungewöhnlichen Menschen. – *21. und 31. Januar 1938:* auf Papier mit Trauerrand. – *Deinem Geburtstag:* Georges wurde am 23. Januar 27 Jahre alt.

97 *These:* frz. *thèse*: Doktorarbeit. Georges forschte 1938/39 als Stipendiat der Fondation Roux am Institut Pasteur und schloß mit einer Arbeit über »Die latente Wiederansteckung bei Lungentuberkulose« ab. – *»Werkbund« … Scheintod des Dramas:* Umfangreiche Notizen zu den geplanten Vorträgen *Über das Drama* und *Tod oder Scheintod des Dramas* haben sich im Nachlaß erhalten (vgl. Hanuschek, S. 306–308). – *Oskar Kokoschka:* Elias hatte Oskar Kokoschka (1886–1980) im Mai 1937 in Prag kennengelernt und begegnete ihm später im englischen Exil wieder; vgl. das Kokoschka-Porträt in *Party im Blitz*, S. 165–172. – *Tietze:* der in Prag geborene Kunsthistoriker Hans Tietze (1880–1954), der an der Wiener Universität lehrte und 1938 in die USA emigrierte.

98 *Erich Kahler:* österreichischer Historiker und Kulturphilosoph (1885–1970), der mit Friedrich Gundolf, Hermann Broch und Thomas Mann befreundet war. – *»Mass und Wert«:* Exilzeitschrift von Thomas Mann und Konrad Falke, erschien 1937–40, Organ des konservativen Zweigs deutscher Exilliteratur (laut Lieselotte Maas: Handbuch der deutschen Exilpresse 1933–1945, Bd. 2, München: Hanser 1978, S. 365 ff. dort keine Veröffentlichung von Elias Canetti). – *»Traktat über die Schatten«:* In den Notizen zu den Werkbund-Vorträgen finden sich Aufzeichnungen zum Film als einem neuen Reich der Schatten, als das Elias ihn bereits in einem Interview in einer Beilage des *Wiener Tag* vom 18. April 1937 beschrieb (vgl. Hanuschek, S. 307 f., und X 136 f.). – *Hypothese über den Ursprung des musikalischen Rhythmus:* In *Masse und Macht* stellt Elias im Kapitel »Rhythmus« die These auf: »Der Rhythmus ist ursprünglich ein Rhythmus der Füße« (III 32). – *Jo:* Joseph Canetti.

99 *Tante Rachel:* Die jüngere Schwester des Vaters (1888–1978) lebte damals schon in Palästina.

100 *Onkel Joe:* Joseph Canetti.

101 *einen braven Kanzler:* Kurt Schuschnigg (1897–1977) war nach Dollfuß' Ermordung durch Nationalsozialisten 1934 österreichischer Bundeskanzler geworden (ab 1936 auch Bundesführer seiner Partei, der Vaterländischen Front) und setzte Dollfuß' autoritäre Regierungsweise fort. Er versuchte – zuletzt durch das Berchtesgadener Abkommen mit Hitler vom 12. Februar 1938 –, die Unabhängigkeit Österreichs von Deutschland zu sichern. Am 9. März beraumte er für den 13. März eine Volksabstimmung über den Erhalt der österreichischen Eigenstaatlichkeit an, wurde jedoch von Hitler durch Androhung des Einmarsches deutscher Truppen in Österreich am 11. März zum Rücktritt gezwungen. – *Den Lichtenberg:* Zur Begeisterung für Georg Christoph Lichtenberg (1742–1799) und seine *Sudelbücher* vgl. eine Aufzeichnung von 1968: »Er ist nicht mit sich unzufrieden, weil ihm zuviel einfällt. ⟨…⟩ Daß er nichts abrunden mag, daß er nichts zu Ende führt, ist sein und unser Glück: so hat er das reichste Buch der Weltliteratur geschrieben« (V 314). – *Chamberlain:* Arthur Neville Chamberlain (1869–1940), 1937–40 Premierminister als Vertreter der

Konservativen Partei, hielt bis zum März 1939 an seiner »Appeasement«-Politik gegenüber Deutschland fest. Vgl. S. 291 und Anm. zu *blockhead*.

102 *Seis-Inquart:* Arthur Seyß-Inquart (1892–1946), österreichischer Nationalsozialist, wurde am 16. Februar 1938 gemäß dem Berchtesgadener Abkommen österreichischer Innenminister und am 12. März, an dem deutsche Truppen in Österreich einmarschierten, Bundeskanzler; vollzog am 13. März den »Anschluß« Österreichs ans Deutsche Reich. – *soigniert:* gepflegt, seriös. – *»Am Himmel 30«:* Die Briefe vom 21. Januar, 20. Februar, 4. und 23. März 1936 sind auf Briefpapier mit einem gedruckten Briefkopf geschrieben, auf dem die Adresse so angegeben ist.

103 *Professor Moll:* Carl Moll (1861–1945), Stiefvater von Alma Mahler und Mitbegründer der Wiener Sezession. – *mein ehrbarer Bruder:* Siehe zu S. 62. – *Surrey:* darüber eingefügt: »bei Ihnen«.

104 *Schmöckchen:* von *Schmock*, österr. Schimpfwort mit antisemitischer Komponente. – *Freund aus Strassburg:* Jean Hoepffner. – *Bucka:* Auch in dem – verschlüsselten – Brief vom 11. April 1938 kommt eine »Tante Bucka« vor.

105 *urgieren:* österr. drängen. – *Tante:* Zu jener Zeit lebte keine der Tanten von Elias und Georges in Wien.

106 *Gibt es Balsam in Gilead:* nach Jeremias 8,22.

107 *Slatko*: Süßspeise aus eingekochten Früchten.

108 *Ayez … Merci bien:* Hätten Sie die Freundlichkeit, diesen Brief so bald wie möglich dem Doktor auszuhändigen. Vielen Dank. – *Anthologie … meine Photographie:* Vgl. S. 110; möglicherweise Anspielung auf ein Visum, das Georges für Elias und Veza besorgen sollte?

109 *Inliegend eine Probe richtiger Dichtung:* der Artikel »Das deutsche Ja!« von Hermann Graedener aus einer Wiener Zeitung vom 9. April 1938, in dem von dem »wahren Innentum der germanischen Seele« und »einem geschichtsnotwendigen neuen Zeitalter der Deutschheit« die Rede ist.

110 *Tel maitre tel valet:* Wie der Herr, so der Diener. – *Bobby-Witze:* Graf Bobby ist der sprichwörtlich ungeschickte Protagonist eines Typus von oft obszönen Witzen. – *⟨IV.⟩:* in dem handschriftlichen Brief eine III, auf die mittig eine V gesetzt ist, so daß unklar ist, ob es sich um eine IV, V oder VI handelt; dem Inhalt nach wahrscheinlich April.

111 *touch wood:* soviel wie »dreimal auf Holz klopfen«. – *Merkel:* der klassizistische Maler Georg Merkel (1881–1976). *Das Augenspiel* beschreibt ihn als einen »leidenschaftlichen« und zugleich »guten Menschen«, der einer »gemeinen Handlung, eines gemeinen Wortes ⟨…⟩ nicht fähig gewesen« wäre (IX 123); vgl. die »Laudatio auf Georg Merkel« von 1976 (X 95–100).

115 *Tante und Cousine:* Sophie, die Schwester von Elias' Vater, und ihre Tochter Regine. – *Vandsburger:* vermutlich die Mutter von Nissims Ehefrau Edith Vanburger.

116 *meiner Übersetzung:* von *The Power and the Glory* von Graham Greene (1940): *Die Kraft und die Herrlichkeit*, übersetzt von Veza Magd, London: Zsolnay & Heinemann 1947 (1993 erschien sie in einer Überarbeitung von Käthe

Springer bei Zsolnay in Wien); vgl. S. 214. Auf die Arbeit daran dürfte sich ein undatierter, im Original englischer Brief von Friedl Benedikt an Georges beziehen (aus London, 8 St. Agnes Court, Porchester Terrace): »Lieber Georg, es tut mir leid, daß ich Dich immer behellige. Aber Du wirst es vielleicht verstehen, wenn ich es Dir erkläre. Ich weiß nicht, ob Du weißt, daß Veza gerade ein Buch übersetzt. Sie arbeitet jeden Tag um die 10 Stunden. Für ein Buch von 300 Seiten bekommt sie *20 £*. Sie will das Buch in vier Wochen beenden. Von den 20 £ hat Veza sich einen Vorschuß von 5 geben lassen, und gestern kamen zwei Menschen, denen sie Geld schulden, und drohten, Elias' Bücher zu verkaufen, wenn er seine Schulden nicht zahlt, die sich auf £ 12 belaufen. Das ganze Geld für die Übersetzung ist also weg, bevor sie überhaupt fertig ist. Ich brauch Dir wohl nicht zu sagen, in was für einem Zustand Elias und vor allem Veza ist, die so hart arbeitet. / Georg, wenn es Dir irgendwie möglich ist, schick ihnen Geld. Aber versuch, Ihnen £ 10 zu schicken, so daß sie die Miete zahlen können und ihnen noch Geld fürs Essen bleibt. Ich hab mich nach Kräften bemüht, eine kostenlose Unterkunft für sie zu finden. Aber es ist schwer. Bis jetzt ist es mir nicht gelungen. / Wenn Du ihnen 500 Francs schickst, dann ist das nichts, weil sie umgehend die Miete bezahlen, die sie der Vermieterin schulden, und dann wieder ohne einen Penny sind. Wenn Du es nicht hast, kannst Du Dir das Geld vielleicht leihen. Denn sie *müssen* aus diesen Schwierigkeiten herauskommen, wenigstens für ein paar Wochen. Es würde mich sehr freuen, von Dir zu hören.« – *Friedl:* Veza und Elias kannten Frieda Benedikt (1916–1953), die Tochter des Zeitungsverlegers und Privatgelehrten Ernst Benedikt, aus den letzten Jahren in Wien, wo die Familie Benedikt in der Himmelstraße schräg gegenüber wohnte (vgl. IX 203 ff., 220 ff.). Friedls Bild ist in der Figur der Hilde in Vezas Roman *Die Schildkröten* zu erkennen. Sie folgte Elias, der sie gerne als seine »Schülerin« bezeichnete, ins Exil und veröffentlichte unter dem Pseudonym »Anna Sebastian« auf Englisch drei Romane. – *Kae:* die Neuseeländerin Kae Hursthouse, die bei Elias 1940 Deutschunterricht nahm und die bis 1938 mit Franz Steiner verlobt gewesen war. – *van Eyck ... den »Singenden Engeln«:* eine der Tafeln des Genter Altars in der Kathedrale Sint Baafs, der laut Inschrift von Hubert van Eyck (um 1370–1426) begonnen und von seinem Bruder Jan (um 1390–1441) vollendet wurde. – *»La parure« par Maupassant:* In der 1884 erschienenen Erzählung *Der Schmuck* von Guy de Maupassant verarmen der Beamte Loisel und seine Frau durch den Verlust eines Colliers, das Madame Loisel sich zu einem Diner geliehen hat, um einmal in ihrem Leben als wohlhabende, begehrte Frau zu erscheinen.

117 *Chesham Bois:* Ortschaft 50 km nordwestlich von London, bei Amersham. Veza und Elias waren 1940/41 in diese Gegend gezogen, weil das Aufenthaltsrecht in London für Ausländer zunehmend beschränkt wurde; gleichzeitig flohen viele Londoner vor den Bombardierungen und zogen aufs Land. – *Bucks*: die Grafschaft Buckinghamshire.

118 *zehn Minuten von hier:* im Haus »Durris«, wo Veza und Elias zunächst

gemeinsam gewohnt hatten und wohin Veza mehrmals zurückkehrte. – *einen Roman auf Englisch:* verschollen. – *einem Stück (auf Englisch):* verschollen.

119 *Alice und ihrer unschuldigen Tochter:* Alice Asriel und ihre Kinder Walter und Nuni waren deportiert und vergast worden (vgl. Elias' Notiz vom 14. September 1973; Hanuschek, S. 57). – *V 3:* Ab dem Juni 1944 setzte Deutschland gegen England neu entwickelte Geheimwaffen ein (genannt »V-Waffen«, als Abk. für »Vergeltungswaffen«), zuerst die V 1, ein unbemanntes Flugzeug, dann vom September 1944 bis März 1945 die Fernrakete V 2, die als Urtyp aller modernen Raketen gilt. 1100 dieser Raketen erreichten London und Südengland. Die geplante V 3 wurde nicht mehr fertiggestellt.

121 *F.:* Friedl Benedikt. – *Eure Cousine Mathilde:* Mathilde Arditti. – *sein Verleger:* Zu dieser Zeit hatte Elias keinen deutschen Verleger, allerdings entstand gerade die Übersetzung der *Blendung* für den Londoner Verlag Jonathan Cape. – *Psychologie der Macht: Masse und Macht* erschien erst 1960 im Hamburger Claassen Verlag. – *Die Übersetzerin Deines Bruders:* die Historikerin Cicely Veronica Wedgwood (1910–1997) aus der Familie der berühmten englischen Porzellanfabrikanten. Sie war als Lektorin für Cape tätig und hatte diesem den ersten Roman von Friedl Benedikt empfohlen. Vgl. *Party im Blitz*, S. 22–25, 121–123.

122 *Mein Chemiker:* Elias, der in Wien Chemie studiert hatte. – *Zensor:* mit Rücksicht auf die Zensur schrieb Veza ihre Briefe in den Jahren 1940 bis 1947 auf englisch. Kae Hursthouse ermöglichte in den ersten Nachkriegsmonaten die Fortsetzung des Briefwechsels über Neuseeland (Hanuschek, S. 338); vielleicht ist dies auch der Grund, weshalb Elias seine Briefe auf deutsch schreiben konnte.

123 *Warden:* aus der Bevölkerung rekrutierte Freiwillige, die sich um die Sicherheit der Bevölkerung und die Einhaltung der Bestimmungen bei und nach Luftangriffen kümmerten. – *Memoiren des Duc de Saint Simon:* Der Herzog von Saint-Simon (1675–1755) beschrieb in seinen *Mémoires* das Leben am Hofe Ludwigs XIV. und während der Regentschaft des Herzogs Philipp von Orléans in den Jahren 1692–1723. Elias reiht ihn in seinen Aufzeichnungen von 1992 unter die großen Entdeckungen ein, die es in jeder Literatur gebe (V 388).

124 *Edith:* Nissims Frau. – *Während des Einmarsches der Nazis in Frankreich:* ab Mai 1940; am 14. Juni 1940 wurde Paris besetzt. – *Shamrocks:* Shamrock: dreiblättriges Kleeblatt als Wahrzeichen Irlands. – *Daniels' Bericht:* Georges' Verbindung zu dem homosexuellen Arzt Marcel Daniels, dessen Mutter und Geschwister in Manchester lebten, bestand bereits vor 1934. Elias' und Georges' Mutter war bei Daniels in Behandlung. Elias bedauerte später, daß er Briefe von Georges an Daniels vernichtet hat (Hanuschek, S. 287).

125 *»high tea«:* kleine warme Mahlzeit am frühen Abend, zu der Tee serviert wird. – *Robert Neumann:* Elias hat den in Wien geborenen Schriftsteller (1897–1975) in einer Notiz vom 19. April 1951 als einen der »Götzen seines Hasses« bezeichnet (zit. nach Hanuschek, 375). – *an seinem unsterblichen Werk:* Marc (Marcel) Daniels veröffentlichte 1948 in London zusammen mit ande-

ren Autoren *Tuberculosis in Young Adults. Report on the Prophit Tuberculosis Survey 1935–1944*.

126 *Ernst:* Der Kommunist Ernst Fischer (1899–1972) war in den dreißiger Jahren Redakteur der *Arbeiter-Zeitung* (s. zu S. 18); beim Arbeiteraufstand im Februar 1934 boten Veza und Elias ihm und seiner Frau Ruth von Mayenburg Unterschlupf. Er emigrierte über Prag nach Moskau. Am 10. April 1945, unmittelbar vor der Einnahme Wiens durch die Sowjets, war er nach Wien zurückgekehrt. Vgl. dazu Ernst Fischer, *Erinnerungen und Reflexionen*, Frankfurt a. M.: Sendler Verlag 1987, S. 268 ff. und 469 f.

127 *die Beschreibung unseres Hausherrn und unserer Hausfrau:* unter dem Titel *Toogoods oder das Licht* erst 2001 postum erschienen in *Der Fund*. Eine Beschreibung des Ehepaars Milburn von Elias findet sich in *Party im Blitz*, S. 43–60. – *doodle bugs:* umgangssprachlicher Ausdruck für die V 1 (s. zu S. 119), eigentlich: Wünschelruten. – *V-Day: Victory Day*, 8. Mai 1945. – *am 15. Juni:* Todestag der Mutter, Mathilde Canetti.

129 *père Grandet:* Vater der Titelheldin von Honoré de Balzacs Roman *Eugénie Grandet*, ein tyrannischer Geizhals. – *Dea:* Dea Gombrich. – *Dirigenten:* Anna Mahler hatte im März 1943 den russischen Dirigenten Anatole Fistoulari (1907–1995) geheiratet.

130 *Georges Kien:* der Bruder des Protagonisten der *Blendung*; s. zu S. 83 und zu S. 169. – *E. Fisher:* Ernst Fischer. – *»retemps«:* offenbar Verschreibung oder Verlesung; das Wort ist im Französischen nicht nachweisbar. – *PENICILLIN:* Das 1928 entdeckte Pencillin wurde seit 1944 industriell produziert, erwies sich jedoch gegen Tuberkulose-Erreger als unwirksam.

131 *May Collette:* die 1937 geborene Tochter von Nissim und Edith. – *zwei Frauen:* Friedl Benedikt und die Malerin Marie-Louise von Motesiczky (1906–1996), eine Schülerin von Max Beckmann, die mit ihrer Mutter in Amersham lebte, mehrere Porträts von Elias malte und u. a. mit Olda und Oskar Kokoschka befreundet war. Elias hatte ihr 1942 ein Heft mit »Aufzeichnungen« geschenkt (erschienen postum: *Aufzeichnungen für Marie-Louise*, München: Hanser 2005). – *Mein zweites Stück … auf Englisch:* verschollen.

132 *Chamfort:* Nicolas de Chamfort (1741–1794), französischer Schriftsteller, der durch seine 1795 erschienenen *Maximes, pensées, caractères et anecdotes* bekannt wurde.

133 *Brightsche Krankheit:* historische Bezeichnung für eine akute oder chronische Nierenerkrankung.

135 *des großen Sieges der Labour Party:* Am 5. Juli 1945 hatten in Großbritannien Parlamentswahlen stattgefunden, am 26. Juli wurden die Ergebnisse bekanntgegeben. Die Labour Party errang 48 % der Stimmen und erhielt die Mehrheit der Sitze im Unterhaus. Siehe auch zu S. 295.

136 *FRIEDEN MIT JAPAN:* Am 10. August 1945 hatte die japanische Regierung sich zur Kapitulation gegenüber den USA bereit erklärt, am 11. August hatten die USA die Bedingungen angenommen. Am 16. August befahl der japanische Kaiser den Streitkräften, die Kämpfe einzustellen. – *unsere Freundin:*

Kae Hursthouse, die 1942 nach Neuseeland zurückgekehrt war. – *Atombombe:* Die Amerikaner hatten am 6. August Hiroshima und am 9. August Nagasaki bombardiert. Das Ereignis beschäftigte Elias noch wochenlang in seinen Aufzeichnungen, von denen er einige in den 1973 erschienenen Band *Die Provinz des Menschen* aufnahm. Dort heißt es unter »*August 1945*«: »Die Materie ist zerbrochen, der Traum von der Unsterblichkeit ist zerschellt ⟨...⟩. Alle Sicherheit kam aus der Ewigkeit. Ohne sie, ohne dieses herrliche Gefühl irgendeiner, wenn schon nicht der eigenen Dauer, ist alles schal und vergeblich. ⟨...⟩ Wir sind so schuldig, daß es auf uns schon fast nicht mehr ankommt« (IV 93 f.). Im »Epilog« von *Masse und Macht* (III 553–559) und in dem 1971 erschienenen Essay *Dr. Hachiyas Tagebuch aus Hiroshima* (VI 303–310) taucht das Thema noch einmal auf. – *nach Deiner Komödie:* der *Komödie der Eitelkeit*, s. zu S. 19. – *mein unsterbliches Stück ... ein zweites:* Vgl. S. 127 und 131.

137 *Elias:* Elias Canetti, Cousin von Georges und Elias. – *sein Werk: Masse und Macht*, s. zu S. 121.

138 *Werden meine Briefe zensuriert?:* In den erhaltenen Briefen sind keine Spuren einer Zensur zu erkennen. – *Maudy und Cissy:* Mathilde und Cissy Arditti.

140 *Auto-da-Fé:* Ketzerverbrennung, Bücherverbrennung. – *Mein Neffe:* Roy Calderon, der Sohn von Bucky Calderon.

141 *werd ich ⟨*⟩:* im englischen Original: »I9ll (there is your birthday again)« – werd ich (da ist wieder Dein Geburtstag). Georges war 1911 geboren. Offenbar war auf Vezas Schreibmaschine das Apostroph über der 9 (»I'll«), s. zu S. 145.

142 *Brand von Ibsen:* das 1866 erschienene Ideendrama *Brand* von Henrik Ibsen um den Pfarrer Brand, der mit radikaler Kompromißlosigkeit an seinen religiösen Grundsätzen festhält. – *Mein deutsches Pseudonym von einst:* Veza hatte in den dreißiger Jahren diverse Pseudonyme benutzt; gemeint ist wohl der Name »Veza Magd«, unter dem jedoch später auch ihre Greene-Übersetzung erschien (vgl. S. 116). – *der Wiener Regierung freundschaftlich verbunden:* Ernst Fischer war Unterrichtsminister in der ersten Regierung der Zweiten Republik.

143 *Isère:* Nebenfluß der Rhône, fließt durch die Savoyer Alpen und durch Le Touvet bei Grenoble, den Talort von St Hilaire.

144 *Mrs. Fistoulari:* Anna Mahler, s. zu S. 129.

145 *»on your majesty's service«:* richtig *on his Majesty's service*: frei durch Ablösung. – *Baronin:* Marie-Louise von Motesiczky, aus der österreichischen Familie von Lieben. – *Ich werd ⟨*⟩:* im englischen Original: »I9ll (there it is and I was so careful it should not come forth, I seem to be a spiritualistic medium, things coming forth against my will, ectoplasm forming 9 9 9, no 1911. It just shows. Even though nearly dead, very nearly, I manifest my affection for G.C. Which I tell you, because my old age, decay and despair, I am a clinic case for despair, a melancholy maniac, shall not destroy our ties, by which word I dont mean cravats. Nothing shall destroy the afinity between us three, E.C. included. Not even I shall destroy it.) I'll – was I careful – tell you now« – Ich werd

(da ist es, und ich hab so achtgegeben, daß es nicht durchbricht, ich schein ein spiritistisches Medium zu sein, gegen meinen Willen brechen Dinge durch, das Ektoplasma formt sich zu 9 9 9, nein 1911. Es schlägt einfach durch. Obwohl ich beinahe tot bin, fast ganz, drück ich doch meine Zuneigung für G. C. aus. Was ich Dir erzähl, weil mein Alter, mein Verfall und meine Verzweiflung – was die Verzweiflung anlangt, bin ich ein klinischer Fall, eine melancholische Irre – die »ties« zwischen uns nicht zerstören sollen, und damit sind nicht die Krawatten, sondern die Bande gemeint. Nichts soll die Verwandtschaft zwischen uns dreien zerstören, E. C. eingeschlossen. Nicht einmal ich werde sie zerstören.) Ich werd – nun hab ich aber achtgegeben – Dir jetzt erzählen. Vgl. Abb. S. 372. – *Belsen:* das Konzentrationslager Bergen-Belsen im Kreis Celle. – *knauserig … wie's die Besitzer sind:* Siehe zu S. 127; zu Mr. Milburns Geiz vgl. auch *Party im Blitz*, S. 51 f.

146 *ein musical play:* verschollen.

147 *Selfridges:* Kaufhaus in London. – *Cape:* Siehe zu S. 121. – *»Hochzeit«:* das Drama *Hochzeit*, das Elias 1931/32 geschrieben hatte (erschienen München: Hanser 1964, uraufgeführt 1965 in Braunschweig). – ⟨*⟩*:* im englischen Original folgt hier: »(no I9ll, no, that must be rare manifestations)« – (keine I9ll, nein, das müssen seltene Manifestationen bleiben).

148 *midinettes:* wörtlich: junge Näherinnen; leichte Mädchen. – *eine Freundin dort:* Kae Hursthouse.

149 *Alice lebt:* ein Irrtum; s. zu S. 119. – *Harry Arditti:* Cousin von Elias und Georges.

150 *Time & Tide:* die britische Zeitschrift *Time and Tide*, in der Beiträge von vielen bekannten Schriftstellern jener Zeit erschienen, etwa von D. H. Lawrence, George Orwell und Virginia Woolf. – *er schlägt folgendes Spiel vor:* Vgl. *Hochzeit*, II 53 ff.; von Veza abgewandelt.

151 *der arme König von Heine:* Heinrich Heine, *Neuer Frühling*, XXIX.

152 *in der englischen und amerikanischen Zone:* Österreich war in eine britische, eine französische, eine amerikanische und eine sowjetische Besatzungszone aufgeteilt worden. – *Tommy:* volkstümliche Bezeichnung für den britischen Soldaten, einfacher Soldat generell. – *Muschik:* russ. Bauer. – *Freund in der österreichischen Regierung:* Siehe zu S. 142. – *Jerry:* volkstümliche Bezeichnung für den deutschen Soldaten, »die Deutschen«.

154 *Alice … Nuni:* Siehe zu S. 119. – *meine Cousine in Mc:* Maudy in Manchester, s. S. 143.

155 *mein zweites Stück:* Vgl. S. 131 und 136. – *mein erstes Stück:* Vgl. S. 127. – *Barrabas:* der Räuber, den das Volk statt Jesus auswählt, als Pilatus zum Osterfest die Freigabe eines Gefangenen anbietet (Johannes 18,38–40). – *ich … werd* ⟨*⟩*:* im englischen Original: »I9ll … (and that 9 is unvoluntarily)« – ich … werd (und diese 9 war nicht beabsichtigt).

156 *»sac«:* taschenförmige Kaverne in der Lunge. – *dieses neue Serum:* vermutlich Streptomycin (s. zu S. 262). – *Dein Pamphlet über die Juden:* nicht veröffentlicht und kein Manuskript im Nachlaß nachweisbar.

157 *Briefe von Walpole:* Der englische Schriftsteller Horace Walpole (1717–1797), dessen Roman *The Castle of Ortranto* (1764) als erster Vertreter der Gattung des britischen Schauerromans gilt, führte einen ausgiebigen Briefwechsel mit kulturellen und politischen Größen seiner Zeit, darunter der Dichter Thomas Gray und Voltaire.

158 *Madame Loisel aus La parure:* Siehe zu S. 116. – *nur eine von tausend Eigentümlichkeiten dieser Leute:* Zu den Milburns s. zu S. 127 und 145 f.

159 *Enttäuschung über Österreich:* Bei der ersten Nationalratswahl der Zweiten Republik am 25. November 1945 hatte die konservative Österreichische Volkspartei mit knapp 50% der Stimmen die absolute Mehrheit der Mandate erlangt. – *mein Freund wieder im Amt:* Ernst Fischer wurde als Unterrichtsminister am 20. Dezember durch ein ÖVP-Mitglied abgelöst.

160 *Kleidungsvorschriften:* In Großbritannien galten für die Textilindustrie während des Krieges strenge Vorschriften, die die Verwendung diverser Stoffe (etwa von Seide, die für Fallschirme gebraucht wurde) und den Stoffverbrauch für einzelne Kleidungsstücke (etwa die Länge und Weite von Röcken) reglementierten. – *zwei Bücher von Dir:* 1946 erschienen in Paris bei Flammarion *Le bacille de Koch dans la lésion tuberculeuse du poumon* und *L'allergie tuberculeuse chez l'homme.* – *Erzherzog von Österreich:* Otto von Habsburg (geb. 1912) war nach dem »Anschluß« 1938 aus Österreich geflohen; nach dem Exil in den USA und Frankreich lebte er ab Juni 1945 wieder in Österreich, bis er des Landes verwiesen wurde und Österreich im Januar 1946 verließ.

161 *Hess:* Rudolf Heß war im Mai 1941 allein nach Großbritannien geflogen, um dort mit dem Herzog von Hamilton, den er für den Anführer der englischen Friedensbewegung hielt, über Frieden zu verhandeln. Er wurde von den Briten in Kriegsgefangenschaft genommen und nach Kriegsende nach Nürnberg überführt, wo er im Oktober 1946 zu lebenslanger Haft verurteilt wurde.

163 *exculpiert:* entschuldigt.

164 *Gracian:* Baltasar Gracián y Morales (1601–1658), spanischer Schriftsteller und Philosoph, bekannt vor allem durch seine Spruchsammlung *Handorakel.* – *Quevedo:* Über Francisco Gómez de Quevedo y Villegas (getauft 1580, gest. 1645) schreibt Elias im *Augenspiel:* »Er wurde, nach Swift und Aristophanes, zu einem meiner Ahnen« (IX 275; vgl. IV 382 und X 173). – *Swift:* Elias wertete *Gulliver's Travels* von dem anglo-irischen Satiriker Jonathan Swift (1667–1745) als einen seiner wichtigsten frühen Leseeindrücke (V 77, VII 52). 1967 notierte er: »Bei Aristophanes, bei Quevedo, bei Swift begreift er seinen eigenen Haß« (V 212). – *Poulou:* Spitzname für Paul. – *Jojo:* der Kunstmaler Georges Arditti (geb. 1914).

165 *Marcel:* Marcel Daniels.

167 *Smerdiacov:* In Dostojewskis Roman *Die Brüder Karamasow* kehren die drei Brüder in das Haus ihres Vaters zurück, dem sie alle drei den Tod wünschen. Sein Mörder wird jedoch Smerdjakow, ein illegitimer Sohn des Alten und Epileptiker, der damit die Maxime seines intellektuellen Halbbruders Iwan

umsetzt: »Alles ist erlaubt.« Der älteste der Brüder wird für die Tat verurteilt, und Smerdjakow bleibt unentdeckt, bis er Iwan ein Geständnis ablegt und danach Selbstmord begeht.

168 *englische Staatsbürgerschaft:* von Elias erst 1952 beantragt (Hanuschek, S. 377). – *von meinen Verwandten aus U.S.:* ihre Cousine Veza Cansino (s. zu S. 207).

169 *Darnley:* Henry Stuart, Lord Darnley (1545–1567), der zweite Ehemann der schottischen Königin Maria Stuart. Vgl. den folgenden Brief; dort benutzt sie auch das Wort *darn*, ein Euphemismus für *damn*. – *Etudiants:* das Sanatorium des Etudiants in St Hilaire du Touvet. – *wie Dein Bruder Dich im »Irrenhaus« beschreibt:* In diesem Kapitel der *Blendung* wird der Psychiater Georges Kien als der junge Professor beschrieben, »den sie liebten, weil er schön und gütig war« (I 432), der die »Kranken behandelte 〈…〉, als wären sie Menschen« (I 434). – *Rich, Patho …:* Arnold R. Rich: *The Pathogenesis of Tuberculosis*, Springfield, Ill.: Thomas 1944.

170 *holten sie ihre Freundin:* Vgl. *Toogoods* in *Der Fund*, S. 201–203, und *Party im Blitz*, S. 48–50.

172 *Bothwell:* der Protestant James Hepburn, Earl of Bothwell (um 1536–1578), der als Liebhaber Maria Stuarts und als Mörder ihres Ehemanns Darnley galt und sie 1567 heiratete (möglicherweise nach einer gewaltsamen Entführung und Vergewaltigung). – *Riccio:* David Riccio, Sekretär Maria Stuarts, der ursprünglich als Sänger an den Hof gekommen war und den ihr Ehemann Darnley 1566 aus Eifersucht ermordete. – *»schwer ruht … drückt«:* Shakespeare, *Heinrich IV.*, 2. Teil, III,1, hier in der Übersetzung von August Wilhelm von Schlegel und Ludwig Tieck (Shakespeare, *Sämtliche Werke*, 1. Abt., Bd. II, Heidelberg [4]1978, S. 285). – *Jack the Ripper:* Pseudonym eines nicht identifizierten englischen Serienmörders, der 1888 in London mehrere Prostituierte ermordete. – *Elizabeth and Essex von Lytton Strachey:* die 1928 erschienene romanhafte Biographie von dem englischen Schriftsteller und Kritiker (1880–1932), in der dieser auf bissige, unterhaltsame Weise die Beziehung zwischen Elisabeth I. und ihrem Favoriten, dem Earl of Essex, schildert.

173 *Plus il y a … belles:* Je mehr Scheiße, desto schöner die Blumen. – *Blondine:* Friedl Benedikt.

174 *homme à femmes:* Frauenheld. – *mit einer jungen Witwe:* Annemarie Meier-Graefe, die Witwe des Kunsthistorikers Julius Meier-Graefe, die Broch 1949 heiratete.

175 *Zitat aus Macbeth:* in dieser Form nicht in Shakespeares Tragödie. – *Retz:* die *Mémoires* des Kardinals Jean François Paul de Gondi de Retz (1613–1679). – *Aubry, Napoleon:* Siehe zu S. 64.

177 *dit Le Beau, dit Le Savant, dit Le Grand, dit Phoebus, dit Romeo:* genannt der Schöne, der Kluge, der Große, Phoebus, Romeo. – *quand même:* trotzdem. – *meine … Schwägerin:* die Frau von Bucky Calderon.

180 *die fragliche Person:* Friedl Benedikt.

181 *Juden aus dem Eastend:* der Schriftsteller William (»Billy«) Goldman, von

dem in den vierziger Jahren mehrere Bücher in London erschienen, darunter *East End My Cradle*, London: Faber & Faber 1940.

182 *(was Du von ihr hältst und):* Im maschinenschriftlichen englischen Original wurde »all that you think of her and« nachträglich von Hand in Klammern gesetzt und »better not« darübergeschrieben.

183 *wie strahlend die Sonne in Dänemark scheint:* wohl mit Bezug auf Shakespeares *Hamlet*, wo Hamlets Gefährte Marcellus erkennt: »Etwas ist faul im Staate Dänemark« (I,4), Hamlet sich vor dem Mörder seines Vaters jedoch zunächst verstellen muß.

184 *27. März 1946:* Dieser Brief ist im Original französisch.

189 *erfährst. .....:* am unteren Rand 4–5 Zeilen abgeschnitten.

190 *zwei Bücher veröffentlicht:* Von Friedl Benedikt waren 1944 unter dem Pseudonym Anna Sebastian bei Cape in London die beiden Romane *Let Thy Moon Arise* und *The Monster* erschienen. – *sehr schlechte Kritiken:* Friedls Romane erhielten durchaus positive Kritiken (vgl. Hanuschek, S. 340).

193 *des dritten Romans:* Der Roman *The Dreams* erschien 1950 bei Cape in London. – *»The Monster« ... Französisch:* Anna Sebastian, *Le Monstre*, übersetzt von Marguerite Lichtenberger, Paris 1946. – *drei gute Stücke von ihr:* In Frage kommen *Der Oger* und *Der Tiger* (s. zu S. 28) und die beiden verschollenen englischen Stücke (vgl. S. 127 und 131).

194 *meinen 25 Jahren:* Im Alter von 25 Jahren schrieb Elias die *Blendung*.

196 *Billy:* William Goldman.

197 *amerikanischen Agentin:* möglicherweise Helga Greene, die Schwester von Graham Greene.

200 *Alice:* Siehe zu S. 119.

201 *wie die Stuarts:* Das schottische Geschlecht der Stuarts verlor im 17. Jahrhundert zweimal durch eine Revolution die englische Krone und mußte ins Exil gehen: im Jahr 1649 mit der Hinrichtung Karls I., dessen Versuch, die Einführung des Anglikanismus in Schottland zu erzwingen, zum Bürgerkrieg geführt hatte, und 1688 mit der Flucht Jakobs II., dessen Rekatholisierungspolitik den Widerstand der parlamentarischen Opposition hervorgerufen hatte. – *viel gelernt und nichts vergessen:* Talleyrand soll im September 1815 über die aus dem Exil zurückkehrenden Adligen gesagt haben: »Sie haben nichts gelernt und nichts vergessen.«

203 *Dr. Hirschtritt:* Die Freundschaft zu Emanuel Hirschtritt bestand schon seit der Wiener Zeit, wo gemeinsame sonntägliche Ausflüge unternommen wurden und Hirschtritt die Canettis finanziell unterstützte (Auskunft des Sohnes Stephen Hearst, 5. April 2003).

204 *»Insanity Fair«:* »Jahrmarkt des Irrsinns«, in Anspielung auf den Roman *Vanity Fair* (1847/48; Jahrmarkt der Eitelkeit) von William Makepeace Thackeray. – *Hat nicht sie ... Nazi-Wien:* In Vezas stark autobiographischem Roman *Die Schildkröten* scheitert Hilde, in der Friedls Bild zu erkennen ist, mit ihrem naiven Versuch, dem Schriftsteller Kain und seiner Frau ein Flugzeug zur Flucht aus dem nationalsozialistischen Wien zu besorgen.

206 *Kritik im »Times literary supplement«:* Dort erschien am 11. Mai 1946 eine Kritik von R.D. Charques, in der dieser schrieb, das Buch »hinterlasse den Eindruck einer bloßen mitteleuropäischen Ominosität, die nicht nur etwas Schweres hat, sondern zugleich trivial ist. Herr Canetti ist offensichtlich ein Autor mit beeindruckend ehrgeizigen Zielen, hartnäckig, sehr überzeugt von einem Ideal von Bildung und Gelehrtentum und von der Suche nach der Wahrheit und behaftet mit einer quälenden, nervösen geistigen Ernsthaftigkeit. Als Romanautor jedoch hat er wenig Berührung mit dem Leben. Tatsächlich neigt er nur zu einer monotonen, vorgefertigten und ein wenig grotesken Phantasie, die bei ihm die fehlende wahre Einbildungskraft ersetzt, und hat nur eine fahrige Vorstellung vom Gewöhnlichen an Stelle eines wirklichen Verständnisses dafür. Indem er einen fürchterlichen, inkonsequenten Wirbel um Banalitäten macht und sie so zu absurden, alles andere als lebensechten Proportionen aufbläht, raubt er selbst dem Element einer intellektuellen Phantasie in dem die Bedeutung, die sie sonst haben könnte.« Demgemäß hätten Peter Kien und Therese keinerlei »Ähnlichkeit mit einem menschlichen Wesen«. – *»Cary« ...»The Horse's Mouth«:* In dem 1944 in London erschienenen dritten Band einer Romantrilogie von Joyce Cary (1888–1957) wird das tragikomische Leben eines Malers beschrieben, der trotz aller Zweifel an seinem Können der Kunst alles andere unterordnet und seine Geliebte teils als Bedrohung seines Künstlertums, teils als mütterliche Trostspenderin sieht.

207 *Veza Cansino:* die »kleine« Veza; Elias schreibt in *Party im Blitz*: »Die beiden Vezas hatten eine schwärmerische Liebe füreinander« (S. 169). – *Marie Louse:* Marie-Louise von Motesiczky; ein Tippfehler? Engl. *louse*: Laus, oder als Schimpfwort soviel wie: Schwein. Im Brief vom 10. September 1946 ist bei ihrem Namen das »u« über das »i« getippt (S. 233).

210 *Onkel Joe:* Joseph Canetti.

212 *dem 15.:* dem Todestag der Mutter, Mathilde Canetti.

213 *für den Film:* Zu einer Verfilmung der *Blendung* ist es nicht gekommen.

214 *Erscheinen Deiner zwei Bücher:* Siehe zu S. 160. – *meine Übersetzung von »The Power and the Glory«:* Siehe zu S. 116.

215 *Wiener Schriftsteller:* möglicherweise Robert Neumann. – *Angebot für Italien:* Siehe zu S. 58. – *Ehrlich:* der in Wien geborene Bildhauer Georg Ehrlich (1879–1966), der 1938 nach England emigriert war.

217 *Margarete:* Margaret Gardiner (1904–2005), Cousine von Friedl Benedikt. In *Party im Blitz* nennt Elias ihr Haus 35 Downshire Hill einen »Hauptsitz der Moderne«, weil sie dort abstrakte Kunst sammelte und viele »zeitweilige Bewohner und Besucher« aus Kunst und Wissenschaft beherbergte (S. 137f.). – *Martin:* Martin Bernal, der Sohn von Margaret Gardiner und J. Desmond Bernal. – *Pathé de Fois gras:* Gänseleberpastete (pâté de foie gras). – *drei Hexen:* Veza, Friedl Benedikt und Marie-Louise von Motesiczky; mit Bezug auf die drei Hexen in Shakespeares Tragödie *Macbeth*, die mit ihren Prophezeiungen den ehrgeizigen General Macbeth zunächst dazu verleiten, nach dem Thron zu

streben und den König zu ermorden, und ihn dann durch ihre irreführenden Weissagungen in sein Verderben rennen lassen.

218 *dressing gown:* Morgenmantel. – *Porter:* Gepäckträger. – *due:* fällig. – *a glimpse of Bauscherl zu erhaschen:* Elias sehen zu können. – *queue:* Schlange.

219 *matter of fact:* nüchtern, prosaisch. – *Oplatka:* tschech. Oblaten (oblátka). – *Veza Canetti.:* darunter eine handschriftliche Zeile abgeschnitten (der Brief selbst ist auf der Maschine geschrieben).

220 *Cousine von Friedl:* Margaret Gardiner.

221 *Charing Cross:* Stadtteil von London.

222 *der Tochter von Lord Croft:* Diana Croft, Tochter von Sir Henry Page Croft, Frau von Fred Uhlman (s. zu S. 243; vgl. *Party im Blitz*, S. 147). – *Onkel Joe:* Joseph Canetti. – *Dieser Klecks:* Tintenklecks und Loch im Papier bei »dau⟨ght⟩er« und »wrot⟨e⟩«; bei dem konjizierten Verb »⟨give⟩« (möglich wäre z. B. auch »⟨send⟩«) dagegen handelt es sich um eine Auslassung von Veza. – *Maud Arditti:* die Cousine Mathilde Arditti. – *Lost Property Office:* Fundbüro.

224 *Karl Hirsch:* Vezas Cousin Charlie Hirsch, mit dem sich die drei Canetti-Brüder und ihre Mutter von September 1924 bis Oktober 1925 die Wohnung seiner Mutter Olga Hirsch in der Wiener Radetzkystraße geteilt hatten. Elias beschreibt den damaligen Barpianisten unter dem Namen Johnnie Ring als dicken, aber hübschen, vielleicht homosexuellen »Schmeichler« (VIII 96–99). – *mit unserem Zahnarzt:* Emanuel Hirschtritt.

225 *Thackeray sagt: every kind woman is a match maker:* Jede gutherzige Frau ist eine Ehestifterin.

228 *die »Hochzeit« in Wien aufgeführt:* Zu dieser Aufführung ist es nicht gekommen.

229 *unser Freund, der Doktor:* Emanuel Hirschtritt?

230 *eine nette Frau:* Lucienne Torrès (als Sängerin: Lucienne Vernay), die Nissim 1943 in Algier kennengelernt hatte, folgte ihm 1946 nach Paris; nach Nissims Scheidung von seiner ersten Ehefrau Edith heirateten die beiden am 15. September 1947. – *Hat er diese Theater bekommen:* Nissim hatte während des Krieges in Algier ein Cabaret »Les trois ânes« betrieben. 1947 eröffnete er im Pariser Stadtteil Montmartre das Cabaret »Les trois baudets«, wo u. a. Juliette Gréco, Jacques Brel und Georges Brassens auftraten. – *wichtige Schritte … um nach Frankreich zu fahren:* Am 15. September 1946 schrieb Veza an Nissim: »wir haben zwei sehr beunruhigende Briefe von Georg und auch Edith schrieb mir, dass er sehr schlecht aussieht. Ich wäre Ihnen daher sehr verbunden, wenn Sie uns alles genau über Georg schreiben würden, und ob er kräftig genug ist diese neue Operation zu überstehen. Ich habe auch heute alle Schritte beim Home Office [Innenministerium] begonnen um nach Frankreich zu fahren, obwohl Georg es augenblicklich nicht wünscht, dass ich komme. Es beruhigt aber Canetti und da es viele Wochen dauert, bis so ein Gesuch bewilligt wird, möchte ich bereit sein. Canetti selbst will noch etwas zuwarten, er hat sich hier eine Existenz aufgebaut und es ist für Staatenlose nicht ganz leicht zurückzukehren, eigentlich überhaupt unmöglich, und nur für uns möglich, weil er sehr

gute Beziehungen hat. Bitte keinesfalls Georg wissen zu lassen, dass ich Ihnen schrieb, denn er könnte sonst befürchten, wir wissen mehr über seinen Fall als er selbst, was nicht richtig ist, wir wissen nur, was er selbst uns mitteilte, und das ist genug arg. Ich wüsste auch gerne, ob Sie mir ein Zimmer in einem anständigen Hotel reservieren lassen könnten, denn ich will nicht bei Verwandten wohnen. Mir werden ungefähr siebzig Pfund Sterling vom Home Office zugebilligt, was längst ausreichen dürfte.« – *roués:* (gerissene) Burschen, Buben.

231 *vom Pasteur:* vom Institut Pasteur; s. zu S. 72.

235 *für die Schweiz … neu auflegen wollen:* Die zweite deutschsprachige Ausgabe der *Blendung* erschien erst 1948 im Münchner Verlag Willi Weismann. – *Joe und Elias:* der Onkel Joseph und der Cousin Elias Canetti, beide in Paris. – *der Herausgeber:* Der Autor und Journalist Cyril Connolly (1903–1974) war 1939–50 Herausgeber der Literaturzeitschrift *Horizon* und einer der bekanntesten Kritiker seiner Generation.

236 *so viele Zonen:* Wien war 1945–55 von Frankreich, Großbritannien, der Sowjetunion und den USA besetzt und bis auf die Innere Stadt in getrennt verwaltete Sektoren aufgeteilt. – *Anstalt:* Hôpital des Fougerays, Châteaubriant.

237 *Ameuille:* Georges' ehemaliger Chef Pierre Ameuille (1880–1948; s. zu S. 73) operierte und behandelte ihn in den vierziger Jahren.

239 *Meine Stücke gehen nach Wien, Salzburg etc.:* Keines von Vezas Stücken wurde zu ihren Lebzeiten aufgeführt. – *Meine Cousine in New York:* Veza Cansino.

240 *Marianne:* Ehefrau von Elias Canetti (Cousin). – *Tante … Mathilde in Wien:* Bellina, die Mutter von Mathilde Arditti, oder Sophie, die Mutter von Mathilde Camhi. – *»The Monster«:* Siehe zu S. 190 und 193. – *Macaulay:* Die unvollendete *History of England* von Thomas Babington, Lord Macaulay of Rothley (1800–1859) gilt als ein literarisches Meisterwerk. – *»Bills«:* engl. *bill:* Rechnung.

242 *Therese:* die weibliche Hauptfigur in der *Blendung*. – ~~*der Jakob (das ist der, der die Linsen nicht bekam):*~~ Jakob verkaufte seinem hungrigen Zwillingsbruder Esau für dessen Erstgeburtsrecht ein Linsengericht (1. Mose 25, 29–34). – *»La Femme du Boulanger«, »L'Atalante«:* zwei Klassiker des französischen Films, von Marcel Pagnol (1938) bzw. Jean Vigo (1934).

243 *der Wiener Schwiegersohn von Lord Croft:* Fred Uhlman (1901–1985), aus Deutschland gebürtiger Jurist, Maler, Schriftsteller, gründete 1938 in seinem Haus 47 Downshire Hill den Freien Deutschen Kulturbund, dem u.a. John Heartfield und Oskar Kokoschka angehörten. Vgl. *Party im Blitz*, S. 147–151. – *crook:* Schwindler, Gauner.

245 *préparatifs:* Vorbereitungen.

246 *Ihr Haus an der Adresse:* 35 Downshire Hill; s. zu S. 217. – *ein großer Physiker:* J. Desmond Bernal (1901–1971), politisch tätig als Kommunist. In *Party im Blitz* rühmt Elias ihn für seine »Offenheit und Wißbegier für alles« und seinen »vollkommenen Mangel an Hochmut« (S. 140). – *in Muße* ⟨*⟩*:* im engli-

schen Original: »~~leisurly~~ leiseurly (I cant spell the word) – in Muße (ich weiß nicht, wie man das Wort schreibt). Korrekt wäre: leisurely.

247 *ihr Vater:* Auch Elias nennt Alan Gardiner »den bedeutendsten Ägyptologen seiner Zeit« (*Party im Blitz*, S. 137).

248 *Guy Fawkes:* englischer katholischer Offizier, dessen geplantes Sprengstoff-Attentat auf König Jakob I. am 5. November 1605 vereitelt wurde. Der Jahrestag der Aufdeckung wird als Guy-Fawkes-Day in Großbritannien noch heute gefeiert. – *»On his Majesty's service«:* Siehe zu S. 145. – *Festzug des Lord Mayor:* Seit der Magna Charta von 1215 durften die Bürger der City of London ihren Bürgermeister selbst wählen, nach seiner Wahl mußte dieser jedoch dem König oder der Königin vorgestellt und von diesen anerkannt werden. Der daraus hervorgegangene Festzug nach Westminster findet noch heute am 9. November nach der alljährlichen Wahl des Bürgermeisters des historischen Stadtteils City of London statt. – *Duchesse des Ursins:* mächtige Hofdame am Hof Ludwigs XIV., die auch in den Memoiren des Herzogs von Saint-Simon ausführlich erwähnt wird. Ihr Name ist verbunden mit dem geflügelten Wort: »Sie herrschte, aber sie regierte nicht.«

249 *Mon très mignon et charmant et très beau-frère:* Mein allerliebster und reizender und sehr schöner Schwager (Wortspiel mit beau-frère: Schwager; wörtl. schöner Bruder). – *was Tante Trotwood tat:* In Charles Dickens' Roman kommt Davids reiche, exzentrische Großtante Betsey Trotwood, um seiner Mutter bei der Geburt beizustehen, reist jedoch empört wieder ab, als sie erfährt, daß das Kind ein Junge ist. – *Herr Hoe:* Laut einer unveröffentlichten Aufzeichnung von Elias (ZB 60) Jean Hoepffner; »Herr Hoe« ist auch der Titelheld einer Erzählung von Veza (in *Der Fund*, S. 33–37). – *Sir J. Wedgwood:* Gemeint ist Veronicas Vater, Sir Ralph Wedgwood. In *Party im Blitz* schreibt Elias, er habe »das Gesicht eines keltischen Zauberers« (S. 24). – *Josia Wedg.:* Josiah Wedgwood, 1st Baron Wedgwood (1872–1943), Ururenkel des gleichnamigen Gründers der Porzellanmanufaktur; als Mitglied des Unterhauses für die Labour Party kritisierte er die »Appeasement«-Politik und die Einwanderungsbeschränkungen für Juden (vgl. *Party im Blitz*, S. 24 f.).

250 *Time and Tide:* Siehe zu S. 150. – *Julia Strachey:* englische Schriftstellerin (1901–1979), Nichte von Lytton Strachey. – *Tornb~~oy~~ee:* Philip Toynbee (1916–1981), Romancier und Journalist.

251 *dem dritten Roman von Anna Sebastian:* Siehe zu S. 193. – *Egon Friedells Buch … das Leben Lichtenbergs:* Egon Friedell hat zwar wiederholt Schriften von Lichtenberg herausgegeben, jedoch keine Biographie über ihn veröffentlicht; 1946 erschien von ihm der phantastische Roman *Die Rückkehr der Zeitmaschine*. Unter dem Titel *Lichtenbergs Leben* war 1944 der erste Band einer auf zwei Bände angelegten Lichtenberg-Biographie von Otto Deneke erschienen. – *Universität von Soundso:* Göttingen.

252 *den »Schnitt«:* Offenbar war Georges wieder operiert worden. – *eine Cousine, die Veza heißt:* Veza Cansino.

254 *Hutchinson:* Londoner Verlag. – *L'Enfant tué:* René Benjamin (1885–

1948), *L'Enfant tué*, Paris: Éditions nouvelles 1946. – *»Tower of Babel« erscheint im Feber in New York:* 1947 bei Alfred A. Knopf.

256 *einen anderen Mann:* wohl der in Ungarn geborene Maler Endre Nemes (1908–1985), mit dem Friedl in Schweden zusammenlebte.

257 *Cassou:* Von dem Widerstandskämpfer Jean Cassou (1897–1986) war 1945 in Paris der Roman *Le centre du monde* erschienen.

258 *eine … hatte:* eine Abtreibung. – *Willie:* William (»Billy«) Goldman. – *für ein Linsengericht:* Siehe zu S. 242.

259 *Terroristen:* Der zunehmende zionistische Terrorismus gegen die Briten in Palästina führte Anfang Februar 1947 zu Evakuierungen und zur Zusammenziehung der verbleibenden Briten in Sicherheitszonen. Am 18. Februar erklärte die britische Regierung das britische Mandat in Palästina für »in der Praxis undurchführbar« und bat die UN, die Verantwortung für die Lösung der sogenannten Palästina-Frage zu übernehmen. Am 15. November 1946 hatte Veza bereits an Nissim geschrieben: »Die Palästina Terroristen machen uns es schwer unsere Würde zu bewahren, und weiss Gott, das Volk hier ist nobel.« – *Shinwell … hat alles verdorben:* Emanuel (»Manny«) Shinwell (1884–1986), jüdischer Labour-Politiker, der als Energieminister unter Attlee für die Verstaatlichung des Bergwesens zuständig war und heftig dafür kritisiert wurde, daß es ihm nicht gelungen war, die Kohlenkrise abzuwenden, die im Februar 1947 einen Großteil der britischen Industrie lahmlegte.

260 *Streptomycin:* Mit diesem 1943 in Amerika entdeckten Antibiotikum wurde 1944 das erste spezifische Medikament gegen Tuberkulose verfügbar; der Amerikaner Selman A. Waksman wurde dafür 1952 mit dem Nobelpreis geehrt.

261 *»volupté«:* Lust, Wollust.

262 *»Carence«:* Unzulänglichkeit, Nichtstun. – *»chère belle-sœur«:* liebe Schwägerin.

266 *dem Herausgeber:* Herausgeber oder Herausgeberin; nicht ermittelt. – *freu mich darauf, Dich zu sehen:* Als Veza schließlich nach Frankreich abgereist war, schrieb Elias an Nissim: »Lieber Nissim, / ich schreibe Dir nur in aller Eile. Harry [Arditti], unser Cousin, geht in ein paar Wochen nach Paris. Er ist erst vor kurzem angekommen und ich konnte ihn nicht vor heute erreichen. / Ich hoffe, dass Veza schon in Paris ist. Sie ist nun vielleicht doch knapp mit Geld. Bitte sei so lieb und *dränge* ihr 10 000 Frs auf. Damit sie es nimmt (Du weißt wie stolz sie ist) sag ihr, dass Du dieses Geld für sie von Harry bekommen hast, obwohl es nicht wahr ist. / Du wirst schon schauen, dass sie nicht allein abreist und alles bei ihr in Ordnung ist. / Vielen Dank und auf baldiges Wiedersehen / Dein Bruder Elias.« Nach Ihrer Rückkehr schrieb Veza aus London an Nissim: »Lieber Jack, / verzeih all die Mühe, die Du und die gute Lucienne mit mir hatten. / Danke für Dein Eingreifen, ich nahm nur 4000,– fr. (viertausend) von Regine, da es zu spät war, um etwas zu kaufen. / Hoff, Euch geht's weiterhin gut. Die besten Wünsche und Euch beiden alles Liebe / Veza« (15. April 1947; im Original englisch).

267 *Hotel Lutetia:* Das Hotel am Boulevard Raspail in Paris war in den dreißiger Jahren eine berühmte Anlaufstelle für die intellektuellen Emigranten, 1940–44 Hauptquartier der nationalsozialistischen Spionageabwehr und nach dem Krieg Treffpunkt Überlebender aus deutschen Konzentrationslagern. – *Sac:* Reisetasche. – *Tu l'as voulu, Georges Dandin:* zum geflügelten Wort gewordene Wendung aus Molières Komödie *George Dandin ou Le Mari confondu* (uraufgeführt 1668), in der sich der betrogene Ehemann am Ende des 1. Aktes sagt: »Vous l'avez voulu, George Dandin!« – Du hast es nicht anders haben wollen. – *Fougerays:* das Hôpital des Fougerays in Châteaubriant.

268 *country bumpkin:* Landpomeranze, Provinzlerin. – *Master of the tower:* Herr des Turms (Türmchens?), Kerkermeister? – *pansement:* Verband.

269 *»Französische Briefe«:* möglicherweise Anspielung auf den Roman *Lettres Persanes* (1721), wo Montesquieu ein Sittenbild der Pariser Gesellschaft malt, indem er zwei Europa bereisende Perser Briefe an ihre Angehörigen in der Heimat schreiben läßt. – *vertige, regime:* Schwindel, Diät. – *ne lui … poison:* Gib ihm nicht zu viel Gift. – *vom jungen Merkel:* der Sohn von Georg Merkel.

270 *genanten:* (von frz. *gênant*) unangenehmen, peinlichen. – *Elias Canetti:* dem Cousin von Georges und Elias. – *je suis une femme incomprise:* Ich bin eine unverstandene Frau. – *Elizabeth … der arme Essex:* Siehe zu S. 172. Robert Devereux, Earl of Essex, versuchte, nachdem er bei der Königin in Ungnade gefallen war, durch einen Staatsstreich die Kontrolle über London zu erhalten und wurde hingerichtet. – *H.:* Harry Arditti.

271 *un lâche:* ein Feigling. – *de ton cousin gateux:* dein verkalkter Vetter. – *Loire inferieure:* unteres Loire-Tal.

272 *Barreau:* möglicherweise der französische Schauspieler und Regisseur Jean-Louis Barrault (1910–1994), der vor allem durch seine Rolle in Marcel Carnés Film *Kinder des Olymp* (1945) berühmt wurde. – *meinen Doctor:* Emanuel Hirschtritt? – *exhausted:* erschöpft.

273 *Marcel:* der 1927 geborene Sohn von Elias Canetti, dem Cousin von Elias und Georges.

274 *den Sartre:* der 1946 in Buchform erschienene Aufsatz *Réflexions sur la question juive* (Betrachtungen zur Judenfrage). – *Partisan Review:* bekannte amerikanische politische und literarische Zeitschrift (1934–2003), in der u.a. T.S. Eliot und George Orwell publizierten. – *Review:* Rezension; schon nach der Rückkehr aus Paris hatte Veza ihrem Schwager Nissim berichtet: »Als ich ankam, waren etwa *zwanzig* Kritiken aus New York da, die meisten günstig, aber von führenden Magazinen und Zeitungen einige hervorragend, was mich natürlich schrecklich gefreut hat« (16. April 1947). – *Capulets:* eine der beiden verfeindeten Familien in Shakespeares Tragödie *Romeo and Juliet*. – *der alte Arditti:* Henry Abraham Arditti, einer der drei Cousins von Georges' und Elias' Mutter, die 1911, als die Familie Canetti nach Manchester zog, bereits dort lebten (vgl. VII 66).

275 *der Asra:* In Heinrich Heines Gedicht »Der Asra« (1846) erklärt der Sklave, der die »wunderschöne Sultanstochter« liebt und täglich »bleich und

bleicher« wird, er gehöre zum Stamm der Asra, »welche sterben, wenn sie lieben«. – *die accompagnes:* die Begleiter. – *On second thought:* Wenn ich's mir recht überlege. – *Kafka-Brod:* Max Brods Buch *Franz Kafka. Eine Biographie* (Prag 1937) war 1946 in New York noch einmal auf deutsch erschienen. – *Elias C.:* der Cousin. – *die Trials:* die *Law Reports of Trials of War Criminal*, 15 Bde., London: H.M.S.O. 1947–1949 oder *Trial of the Major War Criminals before the International Military Tribunal*, 42 Bde., Nürnberg 1947–1949.

276 *»combien esceque'on donne au Rabbiner«:* Wieviel gibt man dem Rabbiner. – *Noble, der Löwe:* Figur des Königs in *Le Roman de Renard*, altfranzösische Sammlung von Tierfabeln von verschiedenen Verfassern aus dem 12./13. Jahrhundert. – *das mit dem Zucker ist sehr ernst:* Elias litt auch im Alter unter leichtem Diabetes.

277 *das sichere Angebot: Die Blendung* erschien in Frankreich erst 1949 bei Arthaud unter dem Titel *La Tour de Babel*. – *»Children of Vienna« von Robert Neumann:* Neumanns Roman erschien 1947 unter dem Titel *Enfants de Vienne* bei dem Pariser Verlag Éditions Atlas.

278 *strictly confidential:* streng vertraulich.

279 *completely cured:* völlig geheilt. – *eine Scheinehe:* im Juni 1947 mit einem Herrn Widholm, damit sie in Schweden bleiben konnte. – *Klemperer:* Der Dirigent und Komponist Otto Klemperer (1885–1973) war nach Stationen u. a. in Prag, Straßburg und Berlin 1933 in die USA emigriert und kehrte 1947 nach Europa zurück.

280 *Herlie:* Eileen Herlie (geb. 1920), debütierte auf der Bühne in London in Jean Cocteaus *L'aigle à deux têtes*. Mit der Rolle der Mutter im *Hamlet*-Film von Laurence Olivier (1948) begann ihre Karriere als Filmschauspielerin. – *Fistl:* Anna Mahlers Ehemann Anatole Fistoulari. – *ich refüsierte:* ich lehnte ab.

281 *der Doktor:* Emanuel Hirschtritt? – *Verlag … mit G.:* Gallimard. – *Verlag … von … Kafka:* Von Franz Kafka waren bei Gallimard vor dem Krieg *Le Procès* und *Le Château* und 1946 *La Métamorphose* erschienen.

282 *It beats me:* Das geht über meinen Verstand. – *Claudine:* Claudine Canetti (geb. 1929), die jüngere Tochter von Onkel Joseph. – *Arth.:* der französische Verlag Benjamin Arthaud. – *Kutusov:* Michail Ilarionowitsch Kutusow (1745–1813), russischer Feldmarschall und Nationalheld, Führer des »Großen Vaterländischen Krieges« gegen Napoleon. In Leo Tolstois *Krieg und Frieden* erscheint er als Napoleons positiver Gegenspieler, der im Gegensatz zu diesem weiß, daß er als einzelner die geschichtliche Entwicklung nicht lenken kann, und daher in seiner Kriegführung auf Zeit und Geduld setzt. Gemeint ist hier Elias. – *»urgent«:* dringend.

283 *Clothing coupons:* Bezugsscheine für Kleidung. – *sweet ration coupons:* Bezugsscheine für Süßigkeiten. – *parcels:* Pakete. – *razor blades:* Rasierklingen. – *Post office saving book:* Postsparbuch. – *saving certificates:* Sparbriefe. – *trinkets:* wertlose Schmuckstücke, Kinkerlitzchen. – *food tins:* Lebensmitteldosen. – *X-mas pudding:* traditionelles britisches Weihnachtsdessert aus im Wasserbad gegartem Kuchenteig mit Trockenfrüchten. – *die sehr liebe Sekretärin:* die mit

Veza und Elias befreundete Kunsthistorikerin und spätere Meeres-Archäologin Honor Frost. – *round the corner:* um die Ecke.

284 *how many hundred flees have you got:* Wie viele Hundert Flöhe haben Sie? – *»Ghost of the Flea«: Ghost of a Flea* (um 1819) von William Blake (1757–1827). – *die ... highbrow Stadt:* die Intellektuellen der Stadt. – *nur schritt der Kutusov zuletzt doch ein:* Nachdem die russischen Truppen Entscheidungsschlachten lange ausgewichen waren, stellten sie sich unter Kutusow am 7. September 1812 bei Borodino an der Moskwa Napoleons Grande Armée, die zwar den Sieg davontrug, aber große Verluste erlitt. Napoleon konnte am 14. September Moskau besetzen, mußte jedoch nach dem Brand der Stadt bereits im Oktober den Rückzug antreten, bei dem seine Armee fast vollständig vernichtet wurde. – *Therese:* Siehe zu S. 242.

285 *Glocks:* Sir William Glock und seine Frau Clement, eine Malerin der Hampstead-Gruppe, die aussah »wie Apoll« (*Party im Blitz*, S. 207), lebten in Marshfield in den Cotswold Hills (bei Bristol). – *ihren Roman:* Siehe zu S. 193. – *nur ..... diesmal:* ca. 20 Anschläge wegen Tintenklecks im Falz unleserlich. – *H.:* Hutchinson. – *reports ... readers:* Lektoratsgutachten ... Gutachter.

286 *sale:* Verkauf. – *Contou:* Jean Contou, Lektor bei Arthaud. – *Weltwoche:* Zürcher Zeitung.

288 *chief Justice Jackson:* Robert H. Jackson, Chefankläger beim ersten der Nürnberger Prozesse. – *copies:* Exemplare. – *Labastie:* der Verleger des französischen Verlages Droin-Labastie. – *für Arthaud entschieden:* Die französische Ausgabe der *Blendung* erschien 1949 in der Übersetzung von Paule Arhex bei B. Arthaud, Grenoble und Paris, unter dem Titel *La Tour de Babel.*

289 *cable:* Telegramm. – *you will understand ... opportunities:* Sie werden verstehen, daß Mr C. es sich nicht leisten kann, seine anderen Chancen zu vertun.

290 *royalties:* Honorar nach verkauften Exemplaren.

291 *Herzog von Orleans:* Philipp I. Herzog von Orleans (1640–1701; bei Hofe genannt »Monsieur«, verheiratet mit Liselotte von der Pfalz), den sein Bruder Ludwig XIV. von der Politik fernhielt, war homosexuell und hielt sich im Palais Royal einen Hof mit Günstlingen. – *delightful:* köstlich. – *satelites:* Außenposten. – *Papershortage:* Papierknappheit. – *proof copy:* Druckfahnen. – *»To the Bitter End«:* Hans Bernd Gisevius (1904–1974) hatte den Bericht über seine Mitwirkung im deutschen Widerstand unter dem Titel *Bis zum bittern Ende* 1946 in Zürich bei Fretz & Wasmuth herausgebracht; die englische Übersetzung *To the Bitter End: An Insider's Account of the Plot to Kill Hitler, 1933–1944* erschien 1948 bei Cape in London. Gisevius, der dem Oberkommando der Wehrmacht angehörte, hatte Verbindungen zu den westlichen Alliierten und konnte sich nach dem Attentat auf Hitler am 20. Juli 1944 dem Zugriff der Gestapo entziehen. 1947 sagte er als Zeuge bei den Nürnberger Prozessen aus. – *blockhead:* Dummkopf. Gemeint ist Chamberlain, der am 29. September 1938 mit Hitler, Mussolini und dem französischen Ministerpräsidenten Daladier das Münchener Abkommen unterzeichnete, das die Tschechoslowakei zwang, die sudetendeutschen Gebiete an das Deutsche Reich abzutreten. – *I swear:* das

schwöre ich. – *contract:* Vertrag. – *fait accompli:* eigentlich: vollendete Tatsache; hier: bereits ausgehandeltes Geschäft.

292 *Fougerays:* Hôpital des Fougerays, Châteaubriant. – *mais vous travaillez beaucoup:* Sie arbeiten aber viel! – *charwoman:* Putzfrau.

293 *Dear me:* Oje. – *Jam:* Marmelade. – *Marmalade:* Orangenmarmelade.

294 *Schacht:* Hjalmar Schacht (1877–1970), Reichswirtschaftsminister, 1937 wegen Kritik an Göring zurückgetreten; 1939 legte er aus Protest gegen die Kriegswirtschaft sein Amt als Reichsbankpräsident nieder. Nach dem gescheiterten Attentat vom 20. Juli 1944 wurde er als Mitverschwörer verhaftet. – *die schöne Cousine:* In *Die gerettete Zunge* erwähnt Elias eine Tante Linda mit zwei Kindern in Lausanne, eine verwitwete Schwägerin seiner Mutter (VII 90 f.). – *»La Porte Etroite«:* Anspielung auf den »Bericht« *Die enge Pforte* (1909) von André Gide, in dem es um entsagende Liebe und den Verzicht auf irdisches Glück geht. – *Home Office:* Innenministerium.

295 *Diseuse:* Vortragskünstlerin, Deklamatorin. – *Atlee:* Clement Richard Attlee (1883–1967), 1935–55 Führer der Labour Party, 1940–45 Mitglied der Koalitionsregierung Churchills, den er nach dem Wahlsieg seiner Partei im Juli 1945 als Premierminister ablöste. Seine Regierung führte radikale Reformen durch, verstaatlichte u. a. die Eisenbahn, Gas und Elektrizität und baute einen Sozialstaat auf. Unter seiner Regierung zogen sich die Briten aus Indien und Palästina zurück. 1951 wurde er wiederum durch Churchill abgelöst.

296 *De Valera:* Eamon de Valera (1892–1975), irischer Politiker, Gründer der republikanischen Partei Fianna Fáil, 1932–48, 1951–54 und 1957–59 Premierminister, 1959–73 Staatspräsident. – *Francis … Graham Laurison:* Francis Graham-Harrison (1914–2001), der zu einem guten Freund von Elias wurde (vgl. *Party im Blitz*, S. 25 f.); seine Frau Carol Stewart übersetzte später *Masse und Macht* ins Englische. – *am I glad that it is a lovely brown fur:* bin ich froh, daß es ein schöner brauner Pelz ist. – *seal:* Seehund. – *Astrachan:* Fell von Frühgeburten oder jungen Lämmern einer in Südrußland heimischen Schafart. – *Ambra:* gelbe Ambra: Bernstein. – *Flu:* Influenza, Grippe. – *sekkiert:* österr. *sekkieren*: belästigen, quälen.

298 *Trebitsch:* Siegfried Trebitsch (1869–1956), Schriftsteller und Übersetzer. – *Hochzeit:* Prinzessin Elisabeth (seit 1952 Königin Elisabeth II.) heiratete am 20. November 1947 Philip Mountbatten, Herzog von Edinburgh. – *»fuss«:* Wirbel, Theater. – *ein foreigner:* ein Ausländer: Prinz Philip wurde als Prinz von Griechenland und Dänemark auf der griechischen Insel Korfu geboren und erst im Frühjahr 1947 britischer Staatsbürger. – *She … Duke:* Einen *englischen* Herzog hat sie wohl nicht heiraten können. – *Ischl … der Kaiser:* Bad Ischl, beliebter Sommerfrischeort der k.u.k. Monarchie, in dem sich Kaiser Franz Joseph (1830–1916) und Elisabeth (»Sisi«; 1837–1898) verlobt hatten. – *Capricorn:* Henry Millers Roman *Tropic of Capricorn* (1939).

299 *Jaqueline:* Jacqueline Canetti (1921–1971), die ältere Tochter von Onkel Joseph. – *asset:* Aktivposten, Guthaben; Vorzug, »Plus«.

300 *Lecture Tours:* Vortragsreisen.

301 *in Deutschland und Österreich:* Im Februar 1948 schloß Elias mit dem Münchner Verlag Willi Weismann den Vertrag für die zweite deutschsprachige Ausgabe der *Blendung*, die erst Ende des Jahres erschien (zur Zusammenarbeit der Canettis mit dem Verlag vgl. *Broch – Canetti – Jahnn. Willi Weismann und sein Verlag 1946–1954*, bearbeitet von Jochen Meyer, Marbacher Magazin 33/1985, S. 27–45). – *auch seine Theaterstücke:* Weismann brachte eine Buchausgabe der *Komödie der Eitelkeit* heraus, und zwar erst 1950, in einer Auflage von 600 Exemplaren, die nur teilweise aufgebunden wurden. – *Emil Ludwigs Autobiographie:* Emil Ludwig (eigentl. Cohn, 1881–1948), *Geschenke des Lebens: ein Rückblick*, Berlin 1931. Elias hatte den erfolgreichen deutschsprachigen Autor etlicher Biographien von historischen Persönlichkeiten in Wien bei den Benedikts kennengelernt und erzählt im *Augenspiel* spöttisch, wie Ludwig mit seinen Begegnungen mit Mussolini prahlte (IX 240 f.). – *nincompoop:* Einfaltspinsel. – *Fritz Jerusalem:* Der Arzt Fritz Jerusalem (1903–1955; später bekannt unter dem Namen Fritz Jensen) war mit den Canettis aus der Wiener Zeit bekannt.

303 *Monsieur Verdoux:* schwarze Komödie von Charles Chaplin, in der dieser einen arbeitslosen Bankangestellten spielt, der reiche Witwen heiratet und ermordet, um seine gelähmte Frau und seine Kinder zu ernähren. Der Film, den Chaplin selbst als seinen klügsten und brillantesten bezeichnete, wurde, als er 1947 herauskam, von Presse und Publikum weitgehend abgelehnt, ja in Memphis in den USA sogar verboten. – *Candide:* der Titelheld in Voltaires Roman *Candide oder der Optimismus* (1759), der auf der Suche nach der »besten aller möglichen Welten« um die Erde reist. – *Schonung ... an dem Tag:* mit rotem Farbband geschrieben.

304 *frankly:* um ehrlich zu sein. – *»a mental case«:* psychisch krank. – *recom.: recommandé*, als eingeschriebener Brief.

307 *»Couver«⟨?⟩:* nicht eindeutig zu entziffern; vielleicht für »Couvert«. – *drei Vorträge über Proust, Joyce und Kafka:* Aus den geplanten drei Vorträgen wurde ein »Einführungsvortrag« *Proust – Kafka – Joyce*, den Elias im August 1948 in der »Summer School« in Bryanston/Dorset in englischer Sprache gehalten hat. Der Vortrag ist (zusammen mit einer Übersetzung ins Deutsche) erstmals 2005 gedruckt in X 9–48. – *Eliot:* Zu Elias' Schmähungen des englisch-amerikanischen Dichters T. S. Eliot (1888–1965) vgl. *Party im Blitz*, S. 8 f., 12–14, 40, 70–73. – *Father d'Arcy:* Der Jesuit, Schriftsteller und Philosoph Martin d'Arcy (1888–1976) gilt als der berühmteste engl. Apologet des Katholizismus und inspirierte viele bekannte Persönlichkeiten, z. B. Evelyn Waugh, zur Konversion.

309 *refugee:* Flüchtling; im Haus Maida Vale 187 bei »Frau Professor Fischel«, der Elias Ende Mai 1951 ein Foto von sich widmet als dem »einzigen Menschen, der mir je ein Heim gegeben hat«.

310 *Tante Ernestine:* die Schwester der Mutter. – *slump:* Konjunkturrückgang. – *Tante Arditti:* vermutlich Bellina Arditti. – *The King's Farmer:* jemand, an den die Eintreibung königlicher Einkünfte verpachtet war. – *Sandrigham:* Sandringham, Ortschaft in Norfolk, ca. 150 km nordöstlich von London, mit

dem Sandringham House, einem Landsitz des brit. Königshauses. – *die junge:* Lady Elizabeth Bowes-Lyon (1900–2002), seit 1936 Königin Elisabeth als Frau von König Georg VI. – *die Alte:* Mary of Teck (1867–1953), seit 1910 Königin Maria als Frau des 1936 verstorbenen Königs Georg V. – *Princess Marguerite:* richtig: Margaret (1930–2002), die jüngere Tochter von Georg VI. und Elisabeth. – *Princess Elizabeth:* Margarets ältere Schwester (geb. 1926), seit 1952 Königin Elisabeth II. – *Cissi:* Cissy Arditti, die Cousine von Elias und Georges. – *there is a strange women around the church:* (richtig: *woman*) da ist eine fremde Frau bei der Kirche.

311 *nightmares:* Alpträume. – *Jaqu. Ed.:* Jacqueline und Edith. – *disgustedly:* angewidert. – *in Vaucluse bei Freunden:* bei Marie-Louise von Motesiczky.

312 *Roman:* Siehe zu S. 193.

314 *miserable:* sehr unglücklich.

315 *Elias Canetti:* der Cousin. – *quoique, nicht parceque:* obwohl, nicht weil. – *ein Freund von Canetti:* Franz Baermann Steiner (1909–1952), Lyriker und Ethnologe, seit 1937 mit Elias bekannt, seit 1938 in England. In *Party im Blitz* schreibt Elias über ihn: »Weniger einnehmend als er konnte kein Mensch in Erscheinung treten. Aber dann sprach man mit ihm, und er hatte, auf seine langsame und scheinbar leidenschaftslose Art, immer etwas zu sagen. Es war immer klar und konkret und jeder Rhetorik bar« (S. 127).

316 *Radiographie:* Röntgenaufnahme. – *are just going to pieces:* brechen einfach zusammen. – *eine grossartige Erklärung darüber:* Vgl. *Masse und Macht* (III 26–28). – *Ex Rays:* engl. *X-ray:* Röntgenaufnahme.

317 *Mein Doctor:* Emanuel Hirschtritt? – *Lumbago:* Hexenschuß. – *er ist »Lucky«:* er hat Glück, er bringt Glück. – *A la Recherche du temps gagné:* Auf der Suche nach der gewonnenen Zeit. – Auf der Rückseite von Seite 1 und 2 (Original und Durchschlag):

Personen der Hochzeit

Oberbaurat Segenreich, Brautvater

Johanna, Die Brautmutter

Christa, Die Braut

Karl, ihr Bruder im dritten Semester

Mariechen, das Jüngste, vierzehnjährig

318 *des Übersetzers ... eine Frau:* Paule Arhex. – *disciple:* Schüler. – *unsere »posh« friends:* unsere vornehmen Freunde.

319 *Je t'adore:* Ich bete dich an.

320 *Putaine:* frz. *putain:* Hure.

321 *»Entzündung«:* Friedl Benedikt starb 1953 an der Hodgkinschen Krankheit. – *V.D.:* Abk. für engl. *venereal disease:* Geschlechtskrankheit. – *Schnürlsamt:* österr. für Cordsamt.

322 *Brief von Nissim:* Erhalten ist ein auf englisch verfaßter Entwurf von Elias' Hand für einen Brief, den ihm Nissim zur Vorlage bei den engl. Behörden schreiben sollte: »Mein lieber Bruder, / Es ist höchste Zeit, daß Du uns endlich besuchen kommst. Du hast es schon so lang versprochen, und schließ-

lich ist es jetzt neun Jahre her, daß wir uns zum letztenmal sahen. Georges geht es gar nicht gut; er ist immer noch im Sanatorium, oberhalb von Grenoble, und ich denke, Du solltest auch mit ihm mindestens vier Wochen verbringen, es würde seinem Gesundheitszustand sicherlich gut tun. Gerade Du solltest wissen, wie entscheidend der Einfluß emotionaler Faktoren auf einen sehr kranken Menschen sein kann. / In Paris bist Du mein Gast. In meiner Wohnung ist genug Platz; und natürlich wird es uns freuen, Dich auch für die Zeit einzuladen, die Du bei Georges bleibst. Also komm bitte, und mache Dir keine Sorgen um die finanzielle Seite. Ich kann Dir gar nicht sagen, wie glücklich wir wären, Dich als unseren Gast in Frankreich zu haben, für mindestens zwei oder drei Monate. Alle, die ganze Familie, freut sich darauf, Dich zu sehen. Also schieb es nicht länger auf. / Dein Dich liebender Bruder.«

323 *seine »Bewunderer« aus Prag, lauter miese Baldover:* wohl Franz Baermann Steiner und H.G. Adler (s. zu S. 329), der mit Steiner befreundet war und später sein Nachlaßverwalter wurde.

324 *kein Grund für Nissim sein sich zu ärgern … er selbst braucht nichts von ihm:* Am 25. April 1948 berichtet Nissim in einem Brief an Georges über Elias' Besuch: »Elias ist sympathischer als früher, denn er gibt sich sehr viel Mühe damit, sich auf uns einzustellen. Und doch muß ich ihm einen ärgerlichen Hang zum ›Parasitentum‹ vorwerfen, das ihm so selbstverständlich vorkommt, daß er es gar nicht merkt. Die Zeiten, wo wir in Lausanne die Besuche der Verwandten ersehnten und ihnen Geld abnahmen, sind ja wohl vorbei. Elias aber findet es ganz normal, von rechts und links (und vor allem bei den Verwandten) Vorschüsse und Darlehen zu nehmen, und dabei wäre es doch ein Leichtes gewesen, seinen Aufenthalt in Frankreich mit einem Vorschuß seines Verlegers zu bestreiten«. – *Theater vom Nissim:* Siehe zu S. 230. – *der Kleinen:* Nissims erstes Kind aus der zweiten Ehe, Françoise, war am 4. April 1948 geboren worden. – *Nurse:* Krankenschwester.

326 *curriculum … das Negativ:* Lebenslauf und Photographie für die Verlagswerbung. Vgl. zu S. 333. – *dem Verlag:* Weismann in München. – *Lucky Name:* glückbringender Name. – *der schönste Ort:* Ménerbes, ein mittelalterliches Dorf in der Gebirgskette des Luberon. – *meine Freunde:* Marie-Louise von Motesiczky hatte Elias in die Provence eingeladen.

327 *Deine Abhandlung über die Juden:* Siehe S. 156 und. Anm. – *»Concours«:* das französische Staatsexamen.

328 *faulty action:* Fehlleistung. – *Well I suppose … again:* Nun, ich nehme an, wenn ich meine Tasche hier vergesse, heißt das, ich würde sehr gern wiederkommen. – *schiache:* österr. *schiach:* hässlich. – *overawed:* tief beeindruckt, eingeschüchtert. – *celebrity:* Berühmtheit. – *Its my way of rubbing it in to them and it worked:* Das ist meine Art, es ihnen unter die Nase zu reiben, und es hat funktioniert. – *»disembark«:* von Bord gehen. – *report on Musso:* der fiktive Bericht über einen Kriegsverbrecherprozeß gegen Mussolini: Cassius (d.i. Michael Foot), *The trial of Mussolini: being a verbatim report of the first great trial for war criminals held in London sometime in 1944 or 1945*, London: Gollancz 1943. – *flawless:* makellos,

vollkommen. – *when the fair … underrated:* Veza zitiert aus der englischen Übersetzung von C.K. Scott-Moncrieff; eine französische Proust-Ausgabe stand den Canettis noch nicht zur Verfügung (vgl. S. 351). Aus dem Original übersetzt lautet die Stelle: »wenn die Unbekannte von geringer Herkunft war. Ebenso wie ein intelligenter Mensch keine Angst hat, von einem anderen intelligenten Menschen für dumm gehalten zu werden, so wird ein vornehmer Mann nicht von einem Edelmann, sondern nur von einem Bauerntölpel fürchten, seine Vornehmheit verkannt zu sehen« (übersetzt von Bernd-Jürgen Fischer). Das Zitat steht am Anfang des 2. Teils von »In Swanns Welt«. – *her grace's maid:* Bei Proust schläft Swann nicht mit dem Dienstmädchen von Ihrer Hoheit, sondern posiert vor ihr.

329 *Deine Essays … nach D. gehst.:* mit rotem Farbband geschrieben. – *D.:* Deutschland. – *das Brains trust:* die Diskussionsrunde. – *Adlers Werke:* H(ans) G(ünther) Adler (1910–1988), aus Prag gebürtiger Schriftsteller, 1941–45 in Konzentrationslagern inhaftiert, seit Februar 1947 in London; bekannt wurde er durch seine ab 1955 erschienenen autobiographischen Bücher. – *gold fish bowl:* Goldfischglas. – *das Thema die »Juden«:* Die Resolution 46 des Sicherheitsrates der Vereinten Nationen vom 17. April 1948 forderte alle Personen und Organisationen in Palästina auf, auf Gewalt zu verzichten und sich jeder politischen Betätigung zu enthalten, die die Rechte, Ansprüche oder Haltung der jüdischen oder arabischen Seite verletzen könnte. – *Terroristen:* Siehe zu S. 259. Seit der Annahme des Teilungsplans für Palästina durch die UN-Vollversammlung am 29. November 1947 herrschten in Palästina bürgerkriegsartige Zustände. Rechtsextreme zionistische Milizen wie die von Menachem Begin geleitete Irgun und Lehi (Stern Gang), die den Teilungsplan ebenso ablehnten wie die gegen die Errichtung eines jüdischen Staates in ihrer Heimat kämpfenden Araber, hatten seitdem zahlreiche Angriffe und Sprengstoffanschläge auf arabische Einrichtungen und Dörfer verübt. Bei dem Massaker in dem arabischen Dorf Deir Jassin vom 9. bis 11. April 1948 hatten Verbände der Milizen Irgun und Lehi etwa zweihundert Zivilisten ermordet. – *shooting … crime:* Geiseln zu erschießen ist mit Abstand das schlimmste und verabscheuenswürdigste Verbrechen, das es gibt. Im Juli 1947 hatte die Irgun zwei britische Offiziere als Geiseln genommen und, als ihre Forderungen nicht erfüllt wurden, erhängt.

330 *Statesman:* Das 1913 von Sidney und Beatrice Webb, George Bernard Shaw und Mitgliedern der Fabian Society gegründete, in den Jahren 1931–60 von Kingsley Martin herausgegebene Magazin New Statesman, in dem u.a. auch Virginia Woolf und T.S. Eliot veröffentlichten. – *Za vef of hetraid:* die Welle des Hasses (The wave of hatred). – *Boston-tea party:* Anspielung auf die Bostoner Protestaktion gegen die Teesteuer, die den Konflikt zwischen den Kolonisten und dem Mutterland Großbritannien verschärfte.

331 *hussy:* Flittchen. – *wie die Zipporah:* Der Vergleich mit Moses' Frau Sephora (Zippora) auf einem Fresko von Botticelli findet sich bei Proust im 2. Teil von »In Swanns Welt«. – *4 Nurenb. Trials!:* Siehe zu S. 275. – *chick-checker*

Kükensortierer (*chick sexer*), der die Küken nach dem Geschlecht sortiert. – *tea-taster:* Teekoster.

332 *wie man sich für die Aphorismen interessiert:* Vgl. S. 132. – *Silver wedding:* die Silberhochzeit von König Georg VI. und Königin Elisabeth, den Eltern von Königin Elisabeth II. – *bei* dem *Vater:* Der Vater der Brüder Canetti war 31jährig an Herzversagen gestorben.

333 *Kapitel über Inverts:* engl. *invert*: (etwas) Umgekehrtes; Homosexueller; bei Proust in »Sodom und Gomorrha«, 1. Teil. – *inverted Love:* »inverted« nachträglich eingefügt. – *sich um die »Hochzeit« herumdrücken:* Am 27. April hatte Veza geschrieben: »Sehr geehrter Herr Weismann, Canetti wird Ihnen rechtzeitig ein Nachwort für die ›Hochzeit‹ schicken, das zugleich seine Theorien über das moderne Drama enthalten wird. Das curriculum wird er leider nicht schreiben, ich hoffte, sein gelehrter Bruder bringt ihn dazu, doch ists ihm nicht gelungen. Es ist das Einzige, das auch ich schlecht treffe und so sende ich Ihnen ein Stück aus dem amerikanischen ›jacket‹ und übersetzte es indem ich einige Ungenauigkeiten verbesserte. ⟨…⟩ Hier würde man die Religion eines Autors nie erwähnen, doch Canetti ist stolz darauf Spaniole zu sein. Er ist 42 sieht aber viel jünger aus, und Verleger sind immer überrascht und erfreut ihn zu sehen, statt eines mürrischen Gelehrten steht ein sehr angenehmer Mensch vor ihnen.« Am 6. Mai sandte Veza »diese vorzügliche Lebensbeschreibung Canettis, die sein Bruder verfaßte« an Weismann (mitgeteilt von Jochen Meyer, Marbach; die Beilage ist nicht erhalten).

335 *Gog:* In Hesekiel 38 ist Gog ein Fürst aus dem Lande Magog, den Gott als Instrument benutzt, um den Heiden seine eigene Macht zu beweisen: Er will ihn mit einem großen Heer gegen Israel aussenden und dann Feuer und Schwefel über ihn regnen lassen. – *Car:* frz. Reisebus.

336 *Funiculaire:* auf Schienen fahrende, von einem Seil gezogene Bergbahn. – *Mme Cohen:* wohl die Frau des Chefarztes (s. S. 317). – *you are telling me:* wem sagst du das. – *Kirkegaard hat gehungert:* ein Irrtum oder eine Fehlinformation? Søren Kierkegaard war 29, als er 1843 mit *Entweder – Oder* sein erstes großes Werk veröffentlichte (darin das *Tagebuch des Verführers*). Er stammte aus einer wohlhabenden Familie und führte während seines Theologiestudiums das Leben eines Bonvivant, der zwar Schulden machte, die sein Vater jedoch schließlich bezahlte. Als dieser 1838 starb, erbte Kierkegaard ein beträchtliches Vermögen, von dem er bis zu seinem Tod im Jahr 1855 lebte.

337 *sekkiert:* österr. *sekkieren*: belästigen, quälen.

338 *Stenographie:* Inzwischen ist erwiesen, daß Elias' Stenographie, die er selber als Geheimschrift bezeichnete, von Fachleuten ohne weiteres zu lesen ist. Die Erstfassungen von weiten Teilen seines Werks sind darin verfaßt.

339 *Dulcinea:* die Angebetete von Don Quijote; hier ist Friedl Benedikt gemeint. – *wie krank euer Vater war:* Siehe zu S. 332. – *Vomitiv:* Brechmittel.

340 *Über die Du mich … in suspense lassen wirst:* In bezug auf die du mich … auf die Folter spannen wirst. – *Vindobona:* römische Siedlung an der Stelle des

heutigen Wien. – *mein einziger Verbündeter:* möglicherweise Francis Graham-Harrison, der offenbar mit Friedl Benedikt angebändelt hatte (vgl. S. 358).

341 *Palästina:* Am 14. Mai 1948, dem letzten Tag des britischen Mandates über Palästina, proklamierte der jüdische Nationalrat entgegen den Forderungen der UN-Resolution 46 die Unabhängigkeit des Staates Israel mit Beginn des folgenden Tages. Der unmittelbar darauf folgende Angriff der Staaten Ägypten, Transjordanien, Syrien, Libanon, Saudi-Arabien und Irak führte zum Ersten Arabisch-Israelischen Krieg, der bis zum 3. Juni 1949 dauerte. – *wie in Russland:* Nach den russischen Pogromen der Jahre 1881/82 gründete dort eine Gruppe junger Leute eine erste zionistische Bewegung für die Einwanderung von Juden nach Palästina.

343 *germs:* Keime, Bakterien. – *fair fat und fifty:* hübsch, dick und fünfzig; englische Redewendung (eigentlich: *fat, fair and forty*), vgl. Sir Walter Scotts Roman *St Ronan's Well* (1823), wo der Prinzregent mit diesen Worten beschreibt, wie eine Ehefrau sein sollte.

344 *charwoman:* Putzfrau. – *nuts:* verrückt. – *Nemetz:* Endre Nemes. – *Roués:* (gerissene) Burschen, Buben.

345 *die Helga:* die Schauspielerin Helga Aichinger, die eine kleine Rolle in Carol Reeds Film *Der dritte Mann* (1949) spielte; Zwillingsschwester von Ilse Aichinger. – *dieses missverstandene Telegramm:* In »Die Entflohene« erhält Marcel ein Telegramm von Gilberte, das durch einen Fehler des Telegraphenbeamten mit »Albertine« unterzeichnet ist. – *Tod der Grossmutter:* in »Die Welt der Guermantes«, 2. Teil, 1. Kapitel.

346 *Jojo:* der Maler Georges Arditti.

347 *der Mensch, der genau so heisst wie ich:* Elias, der Cousin.

348 *solicitor:* Anwalt.

349 *ihren Roman:* Siehe zu S. 193. – *in B.:* in Bryanston (s. zu S. 307). – *der Maler:* Endre Nemes.

350 *Eine kam gerade v. Paris an:* wohl die Proust-Biographie von Léon Pierre-Quint; s. S. 352.

352 *Biographie von Pierre-Quint:* Léon Pierre-Quint, *Marcel Proust, sa vie, son œuvre*, Paris: Sagittaire 1925. – .....: unleserlich: vielleicht Maud Wats oder Marcel Weber.

353 .....: unleserlich: vielleicht Angies. – *was thrilled to bits:* war außer sich vor Freude. – *Putana:* »die Zersetzende«; in der indischen/hinduistischen Mythologie Dämonin, die den kleinen Krishna vergiften sollte; doch als sie ihm die Brust reichte, sog Krishna mit der Milch alle Lebenskraft aus ihr, bis sie tot umfiel. Gemeint ist Friedl. – *Frances:* Francis Graham-Harrison. – *hier sieht es aus wie Krieg:* Die drei westlichen Besatzungsmächte hatten im Februar/März und April bis Juni bei der Londoner Sechs-Mächte-Konferenz (mit den Niederlanden, Belgien und Luxemburg) erstmals ohne die Sowjetunion getagt und am 20. Juni in den deutschen Westzonen eine Währungsreform durchgeführt. Die Sowjetunion verhängte daraufhin am 24. Juni eine vollständige Blockade über die Berliner Westsektoren. Am 28. Juni startete Großbritannien eine Luftbrücke.

354 *der Doktor:* Emanuel Hirschtritt? – *auf… damages klagen:* auf… Schadenersatz klagen.

355 *impressed:* beeindruckt. – *reussieren:* reüssieren: Erfolg haben. – *über Dich über Dich … glühend:* mit rotem Farbband geschrieben. – *Lindore:* Lindor ist in Beaumarchais' Lustpiel *Le barbier de Séville* (1775) der Deckname des Grafen Almaviva, der in dieser Verkleidung Rosina anbetet und dem sie ein Billett zukommen läßt.

356 *Einleitungsvortrag:* Siehe X 9–48. – *William:* William Glock.

357 *influencial friends:* (richtig: *influential*) einflußreiche Freunde.

358 *nicht ganz up to the mark:* ein wenig unter meinem sonstigen Niveau. – *anyhow:* wie auch immer. – *nurse:* Krankenschwester.

359 *Lord Nuffield:* britischer Industrieller, der aus einer Fahrradwerkstatt einen Autokonzern (Morris) aufgebaut hatte, sprichwörtlich reich. – *Du wärst gené en public avec moi:* Du würdest dich in der Öffentlichkeit mit mir genieren. – *schreib Kurzgeschichten für die Jugend für eine engl. Zeitschrift:* verschollen. – *die Clement:* Clement Glock. – *Wait and see:* Abwarten und Tee trinken! – Hier endet das geschlossene Briefkonvolut; vgl. S. 373f.

363 *8 Thurlow road:* seit 1954 die gemeinsame Wohnung der Canettis in Hampstead, London. – *Chevalier Suprême:* 1959 wurde Georges Canetti zum »Ritter« der frz. Ehrenlegion ernannt. – *sein Werk: Masse und Macht* erschien 1960 bei Claassen in Hamburg. – *Vet:* Tierarzt. – *flat:* Wohnung. – *Flus:* Grippen.

364 *the chance of life:* die Chance seines Lebens. – *geistig …..:* zwei bis drei Wörter nicht zu entziffern.

365 *Nobelpreis:* 1981 wurde Elias für sein Gesamtwerk mit dem Nobelpreis für Literatur geehrt.

Nachweis der Abbildungen

Personenregister

Aus: Sven Hanuschek, Elias Canetti – Biographie

Eine Überwindung des Todes müßte auch eine Überwindung von Geschichte bedeuten. Alles, was die gegenwärtige Welt ausmacht, würde erfahrbar werden, alle Landschaften, alle Sprachen, alle Menschen würden *bleiben*, erst das wäre die wahrhaft globalisierte Welt, um den Anachronismus zu setzen. Während sich das nationalsozialistische Nachbarland zu einem neuen Krieg, zur großen allgemeinen Lebensverkürzung rüstete, hat Canetti sich 1936 gewünscht, das Historische könne von der Welt abfallen wie eine alte Haut: »Wohl keinem einzelnen Menschen wird es je vergönnt sein, sie alle in sich zu haben, die Bilder, die Völker, die Sprachen. Aber man soll es doch wenigstens *wollen*; darin bereitet sich die planetarische Gesinnung vor, von deren Machtergreifung das Weiterfristen allen irdischen Lebens abhängig ist.«[38]

Canettis Schreiben gegen den Tod ist nicht zuerst durch die ihm nächsten Menschen ausgelöst worden, es bleibt aber sehr stark von ihnen bestimmt. Veza Canetti ist hier zuerst zu nennen, eine Frau, die ihr Leben lang ins Land der Selbstmörder will, eine düstere Todesdroherin, die er am Leben halten will, gegen deren schwarze Stimmungen er sich durchsetzen will. Auch die Rolle des Bruders Georg Canetti ist nicht zu unterschätzen. Der war zwar einerseits als Arzt ein vorbildlicher Kämpfer gegen den Tod, war selbst ein Leben lang schwer krank und hat selbstverständlich eine Operation nach der anderen hingenommen. Aber wenn seine Kranken erst einmal gestorben waren, tat er so, als hätten sie nie existiert. Fast zehn Jahre nach Georges' Tod hat sein Bruder auf dem Papier mit ihm gerechtet, was er nicht gekonnt hätte, hätte er sich an dessen Maximen gehalten. Elias Canetti stellte sich drei neue Brüder Karamasow vor, den Ältesten, der jeden Tod rückgängig machen wolle, den mittleren, den Reichen, der von benützten Toten ausgesprochen gut leben könne, und den jüngsten, der die Toten annihiliert: »Der Tote wird *noch* besser entfernt, ganz und gar, komplett, es hat ihn nie gegeben. Sein Ort, sein Name, sein Auge – nichts! Ein Bruder war kein Bruder, denn er ist Niemand. Ein Vater? Eine Mutter? Niemand. Man ist allein als Waise auf die Welt gekommen. Der beste Freund, wie hiess er denn nur, gar nichts hiess er. Eine Geliebte? Wie jede! Eine Frau? – Wer war sie? Ein Kind? War es ein Mädchen oder ein Knabe? – wenn es unbedingt sein muss, kann man im Register nachsehen. Welche Alles-Rücksicht auf den Überlebenden! Nur dieser zählt. Nur auf ihn kommt es an. Der Überlebende ist König. Kein Haar seines heiteren Herzens darf ihm gekrümmt werden. Keine Last, kein Gram, kein angebliches Gedenken. Erspart sei ihm jede Träne. Seine Tage sind gezählt, welche Vergeudung, auch nur eine einzige seiner Stunden zu beschweren!«[39] Durch Veza ließ Georges diese Haltung auch seinem Bruder empfehlen, nach Friedl Benedikts Tod. Er bedauerte nur, daß er diese Empfehlung noch während Friedls Krankheit hatte übermitteln lassen – abfinden könne man sich nicht mit dem Tod, und bevor man sich der Verzweiflung ergebe, sei doch das Austilgen aus dem eigenen Bewußtsein das Beste. Dem alten Elias Canetti kam die Auffassung seines Bruders als die »radikalste« vor, »die ich kenne«, Georg sollte »mein Gesprächsgegner« sein im projektierten *Totenbuch*.[40] Georg ist das Vorbild für den »praktischen Pfau«, »P.«, in den veröffentlichten Aufzeichnungen der *Provinz des Menschen*, ein langer, dialognaher Eintrag im Todesjahr Veza Canettis (IV, 272f.).

In der Tagespresse, auch in der Literaturwissenschaft ist gelegentlich unterstellt worden, Canettis ganzer Todeskomplex sei einfach der eigenen Angst vor dem Tod geschuldet, und sein eigentlicher Ausweg ins Überleben sei das literarische Werk gewesen.[41] In Canettis thematisch gebündelten Aufzeichnungen über den Tod wird nun deutlich, daß ihm

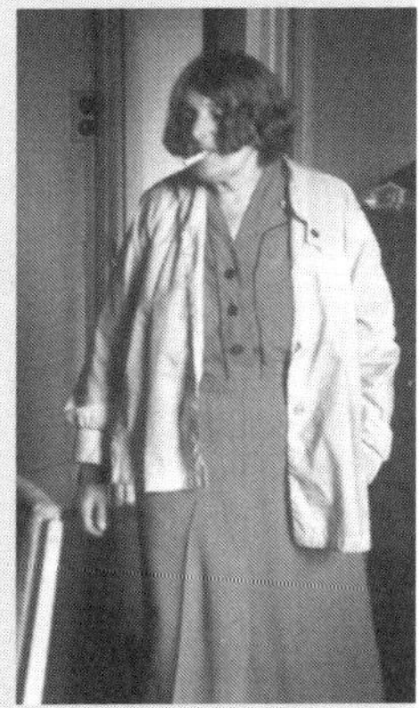

»Das letzte Bild von meiner geliebten Veza, 12. Februar 1963«

Veza Canetti in der Londoner Wohnung 8 Thurlow Road, 1961

Veza Canetti stirbt am 1. Mai 1963.

Aus: Elias Canetti – Bilder aus seinem Leben